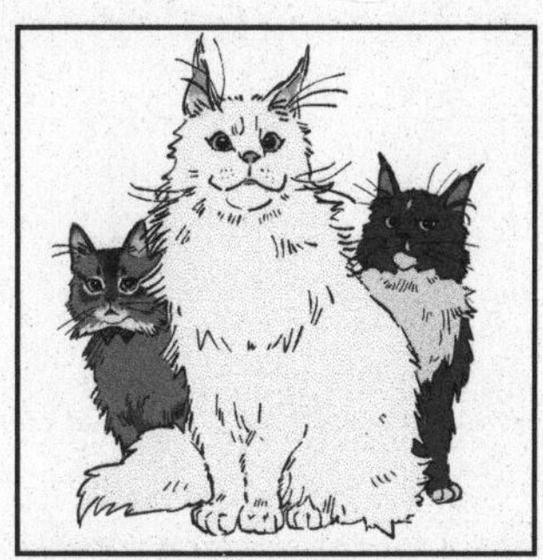

Natsuo Sai

Während ich Konoha Shinden zeichnete, haben mich viele Leute unterstützt – Kishimoto-sensei, die Assistenten, die zuständigen Redakteurinnen… Ich bin ihnen unendlich dankbar. Einen Lebensabschnitt der Figur Mirai zu zeichnen hat mir vielfältige neue Erkenntnisse vermittelt. Ich habe als Zeichnerin eine erfüllte und glückliche Zeit verbracht.

NARUTO

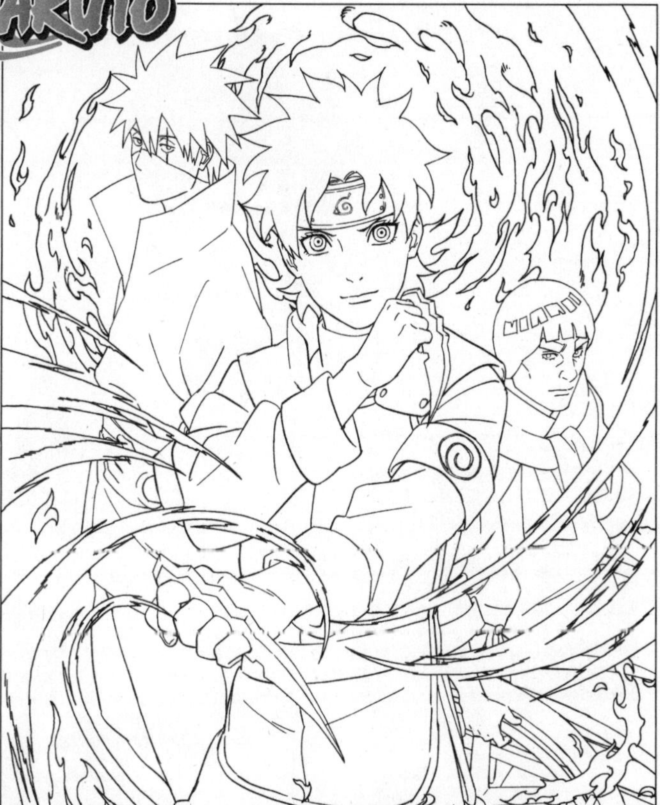

Band 2

KONOHA SHINDEN

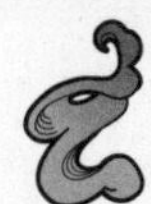

DIE SCHRIFTEN DER DAMPFWOLKEN

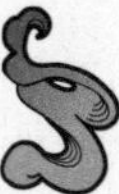

STORY: MASASHI KISHIMOTO + SHO HINATA (JUMP J BOOKS) MANGA: NATSUO SAI

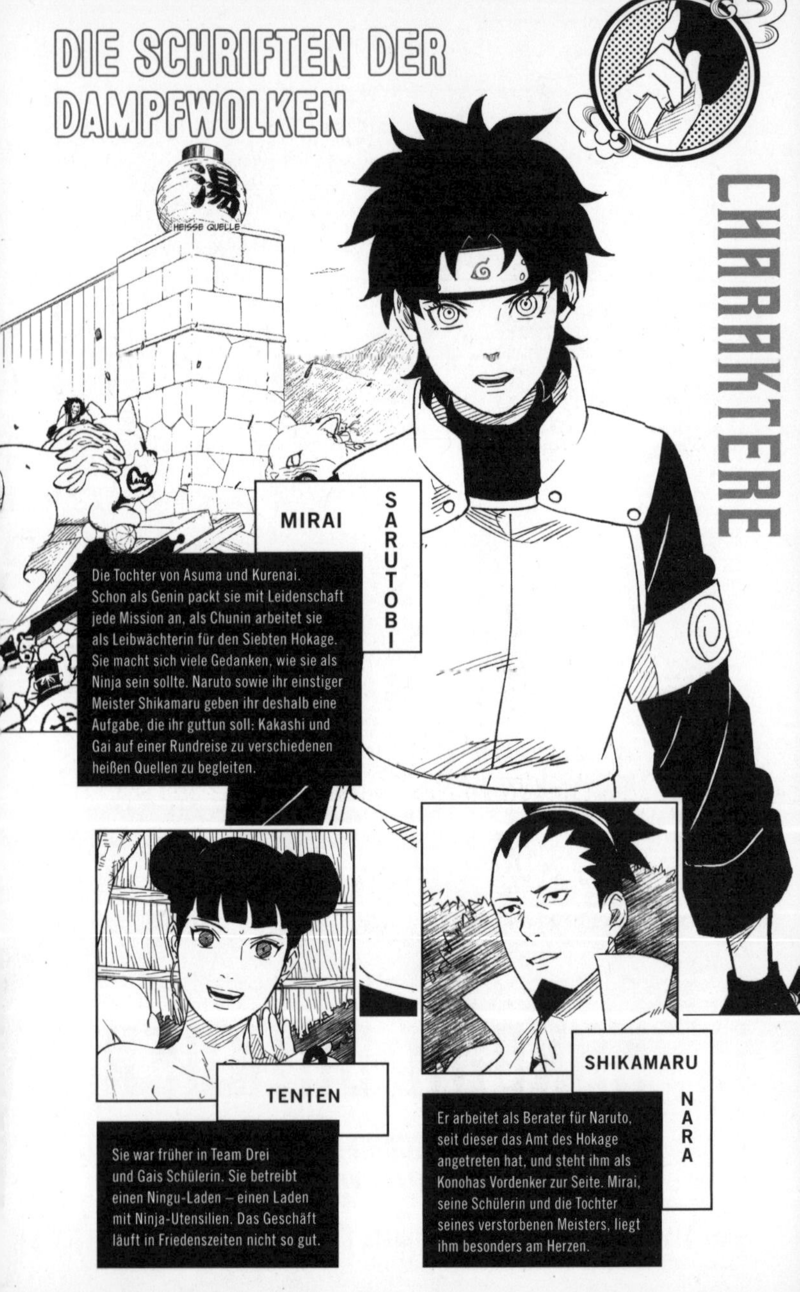
DIE SCHRIFTEN DER DAMPFWOLKEN
湯
HEISSE QUELLE
CHARAKTERE
MIRAI SARUTOBI
Die Tochter von Asuma und Kurenai. Schon als Genin packt sie mit Leidenschaft jede Mission an, als Chunin arbeitet sie als Leibwächterin für den Siebten Hokage. Sie macht sich viele Gedanken, wie sie als Ninja sein sollte. Naruto sowie ihr einstiger Meister Shikamaru geben ihr deshalb eine Aufgabe, die ihr guttun soll: Kakashi und Gai auf einer Rundreise zu verschiedenen heißen Quellen zu begleiten.
TENTEN
Sie war früher in Team Drei und Gais Schülerin. Sie betreibt einen Ningu-Laden – einen Laden mit Ninja-Utensilien. Das Geschäft läuft in Friedenszeiten nicht so gut.
SHIKAMARU NARA
Er arbeitet als Berater für Naruto, seit dieser das Amt des Hokage angetreten hat, und steht ihm als Konohas Vordenker zur Seite. Mirai, seine Schülerin und die Tochter seines verstorbenen Meisters, liegt ihm besonders am Herzen.

KONOHA SHINDEN

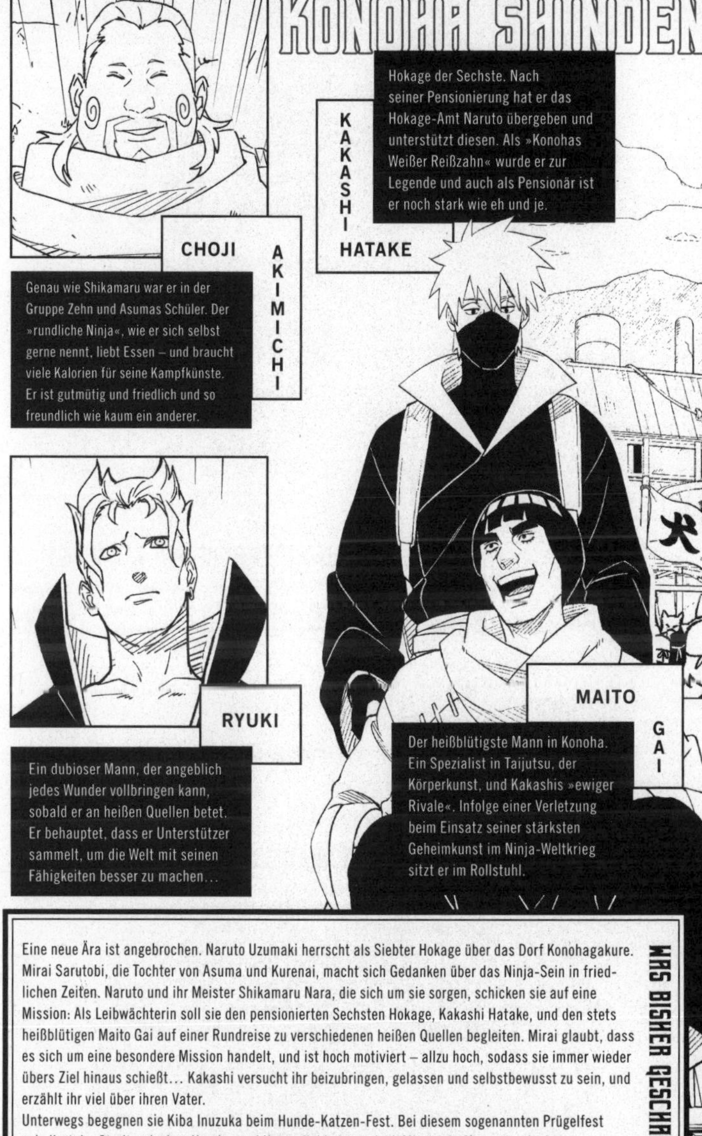

KAKASHI HATAKE

Hokage der Sechste. Nach seiner Pensionierung hat er das Hokage-Amt Naruto übergeben und unterstützt diesen. Als »Konohas Weißer Reißzahn« wurde er zur Legende und auch als Pensionär ist er noch stark wie eh und je.

CHOJI AKIMICHI

Genau wie Shikamaru war er in der Gruppe Zehn und Asumas Schüler. Der »rundliche Ninja«, wie er sich selbst gerne nennt, liebt Essen – und braucht viele Kalorien für seine Kampfkünste. Er ist gutmütig und friedlich und so freundlich wie kaum ein anderer.

RYUKI

Ein dubioser Mann, der angeblich jedes Wunder vollbringen kann, sobald er an heißen Quellen betet. Er behauptet, dass er Unterstützer sammelt, um die Welt mit seinen Fähigkeiten besser zu machen…

MAITO GAI

Der heißblütigste Mann in Konoha. Ein Spezialist in Taijutsu, der Körperkunst, und Kakashis »ewiger Rivale«. Infolge einer Verletzung beim Einsatz seiner stärksten Geheimkunst im Ninja-Weltkrieg sitzt er im Rollstuhl.

WAS BISHER GESCHAH

Eine neue Ära ist angebrochen. Naruto Uzumaki herrscht als Siebter Hokage über das Dorf Konohagakure. Mirai Sarutobi, die Tochter von Asuma und Kurenai, macht sich Gedanken über das Ninja-Sein in friedlichen Zeiten. Naruto und ihr Meister Shikamaru Nara, die sich um sie sorgen, schicken sie auf eine Mission: Als Leibwächterin soll sie den pensionierten Sechsten Hokage, Kakashi Hatake, und den stets heißblütigen Maito Gai auf einer Rundreise zu verschiedenen heißen Quellen begleiten. Mirai glaubt, dass es sich um eine besondere Mission handelt, und ist hoch motiviert – allzu hoch, sodass sie immer wieder übers Ziel hinaus schießt… Kakashi versucht ihr beizubringen, gelassen und selbstbewusst zu sein, und erzählt ihr viel über ihren Vater.
Unterwegs begegnen sie Kiba Inuzuka beim Hunde-Katzen-Fest. Bei diesem sogenannten Prügelfest eskaliert der Streit zwischen Hunde- und Katzenliebhabern, doch Mirai schafft es, durch eine Kombinations-Kunst aus den Spezialkräften ihrer Eltern – Asumas Feuer und Kurenais Genjutsu – die aufgebrachte Menge zu beruhigen.
Währenddessen sind in Yu-no-Kuni verdächtige Typen am Werk…

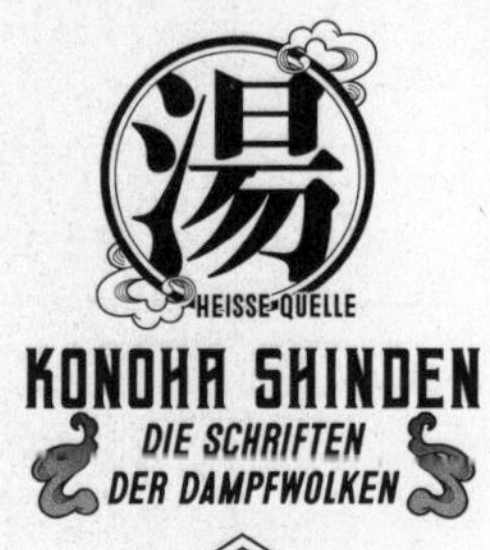
湯
HEISSE QUELLE
KONOHA SHINDEN
DIE SCHRIFTEN
DER DAMPFWOLKEN

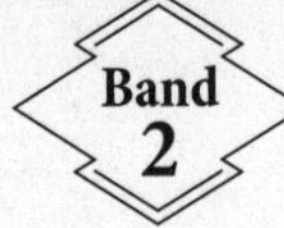
Band
2

INHALT

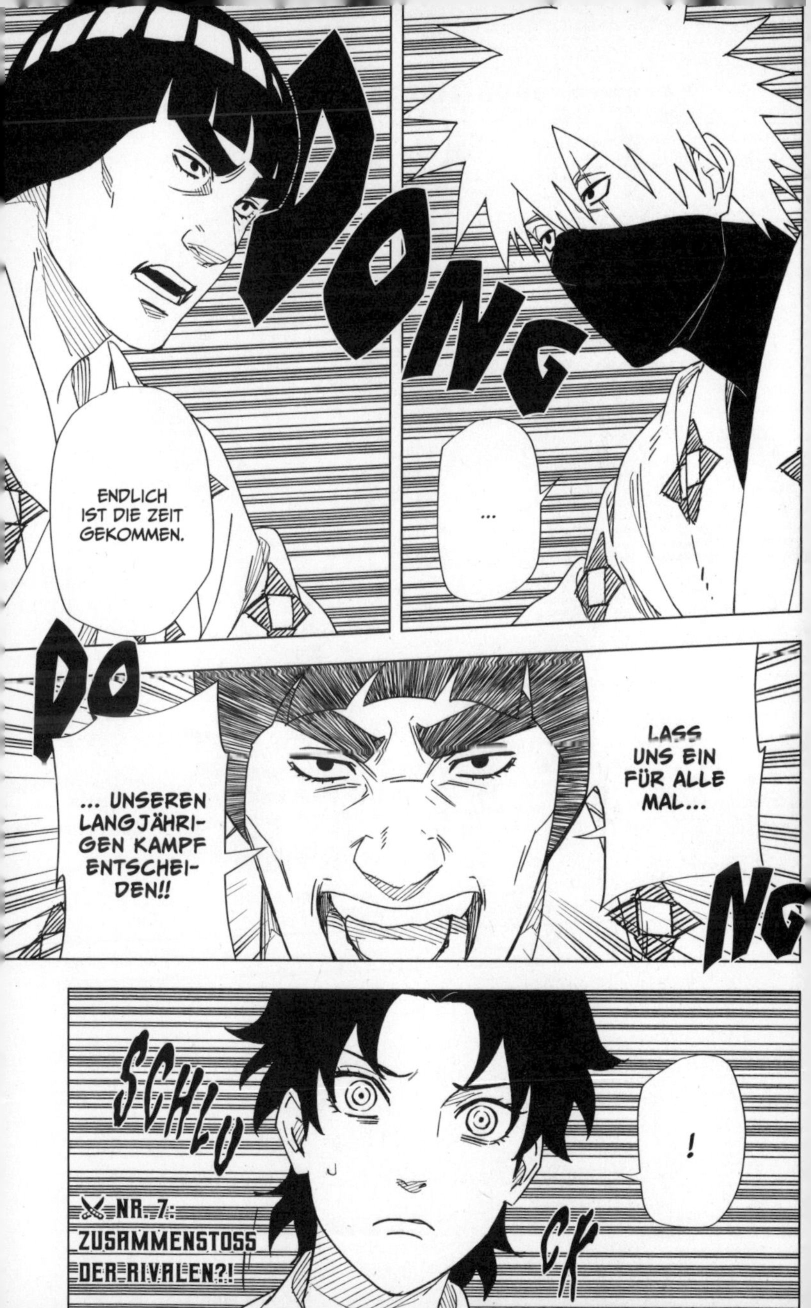
DOONG
...
ENDLICH IST DIE ZEIT GEKOMMEN.
DO
NG
LASS UNS EIN FÜR ALLE MAL...
... UNSEREN LANGJÄHRIGEN KAMPF ENTSCHEIDEN!!
!
SCHLUCK
NR. 7: ZUSAMMENSTOSS DER RIVALEN?!

NR. 7: ZUSAMMENSTOSS DER RIVALEN?!

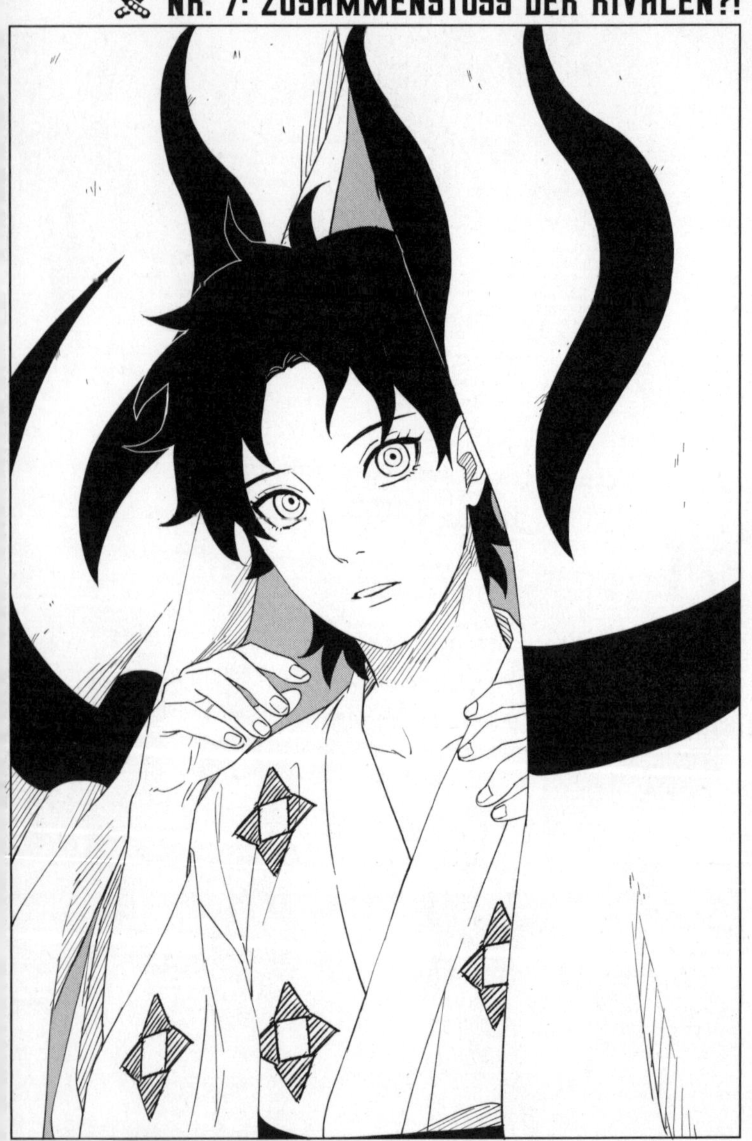

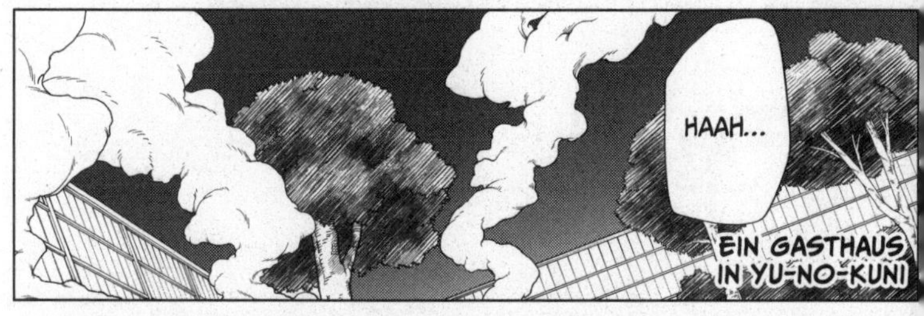
HAAH...
EIN GASTHAUS IN YU-NO-KUNI

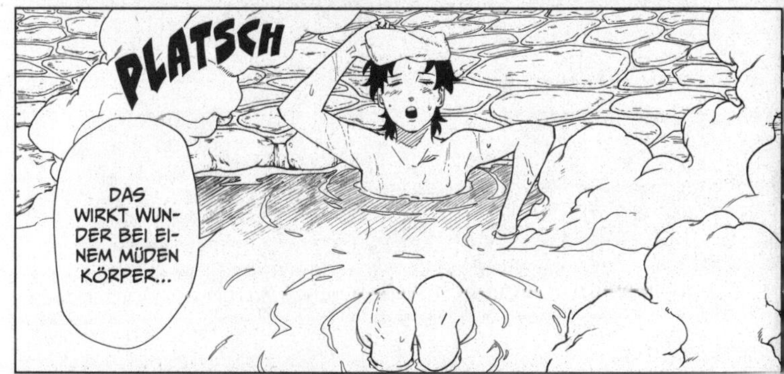
PLATSCH
DAS WIRKT WUNDER BEI EINEM MÜDEN KÖRPER...

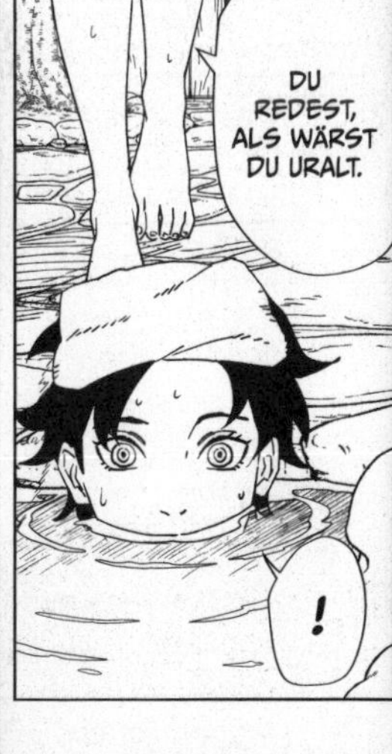
DU REDEST, ALS WÄRST DU URALT.
!

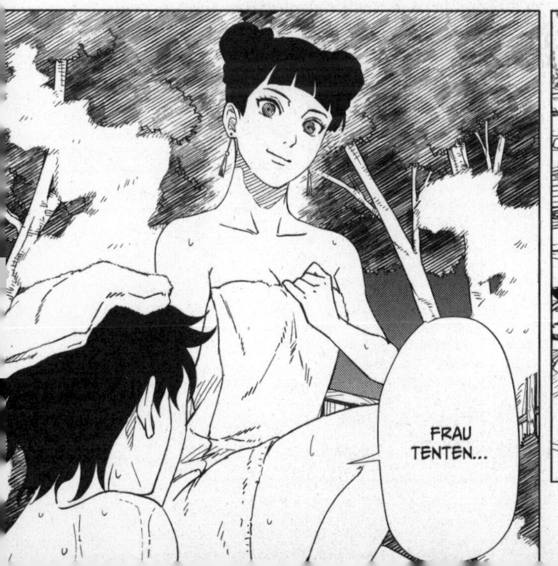
FRAU TENTEN...

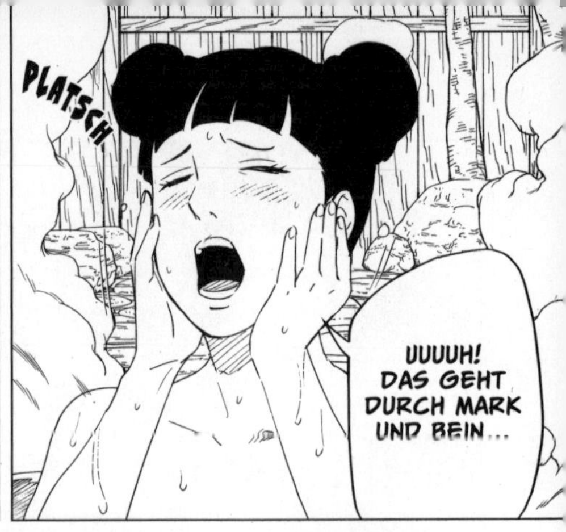
PLATSCH
UUUUH! DAS GEHT DURCH MARK UND BEIN...

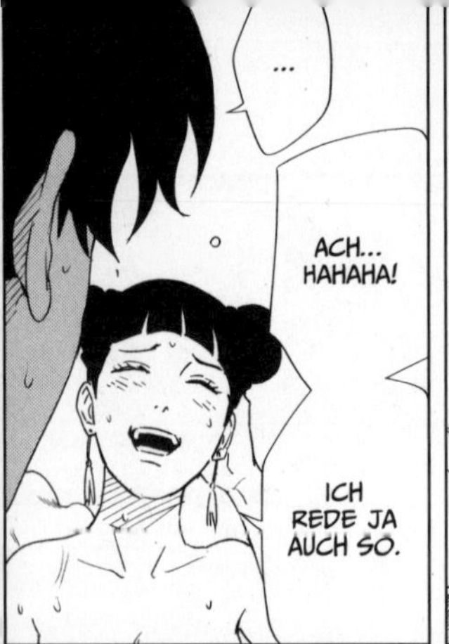
...
ACH... HAHAHA!
ICH REDE JA AUCH SO.

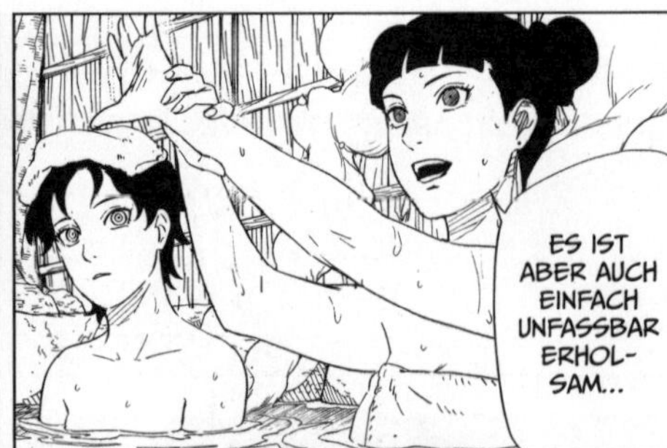
ES IST ABER AUCH EINFACH UNFASSBAR ERHOL-SAM...

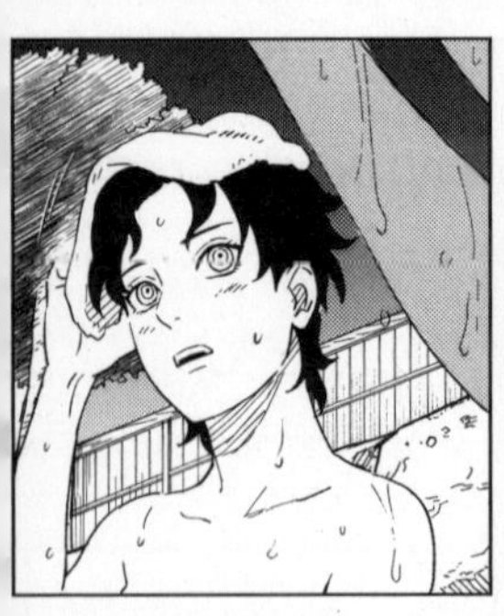

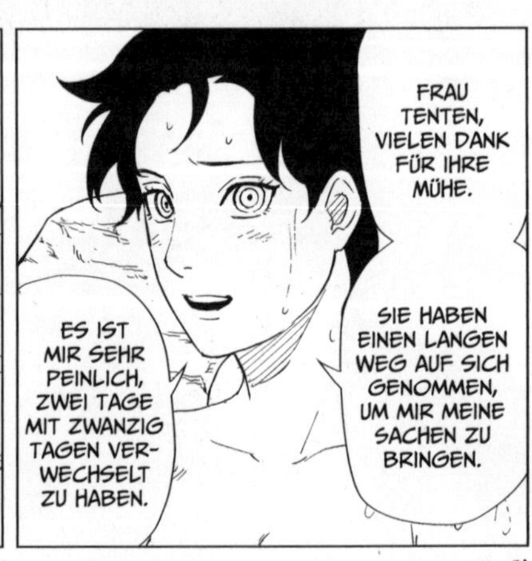
FRAU TENTEN, VIELEN DANK FÜR IHRE MÜHE.
SIE HABEN EINEN LANGEN WEG AUF SICH GENOMMEN, UM MIR MEINE SACHEN ZU BRINGEN.
ES IST MIR SEHR PEINLICH, ZWEI TAGE MIT ZWANZIG TAGEN VER-WECHSELT ZU HABEN.

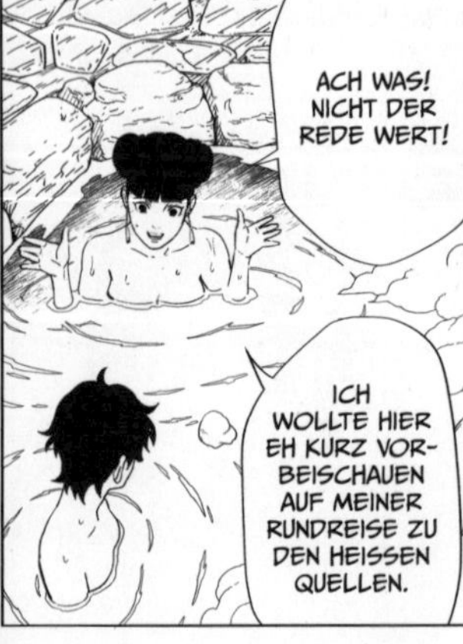
ACH WAS! NICHT DER REDE WERT!
ICH WOLLTE HIER EH KURZ VOR-BEISCHAUEN AUF MEINER RUNDREISE ZU DEN HEISSEN QUELLEN.

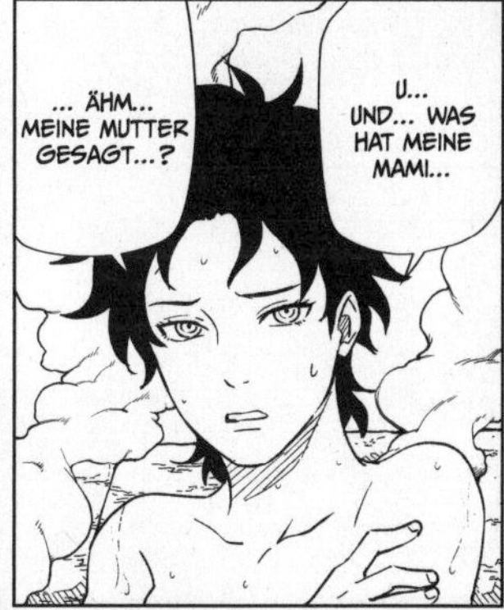
U...
UND... WAS
HAT MEINE
MAMI...
... ÄHM...
MEINE MUTTER
GESAGT...?

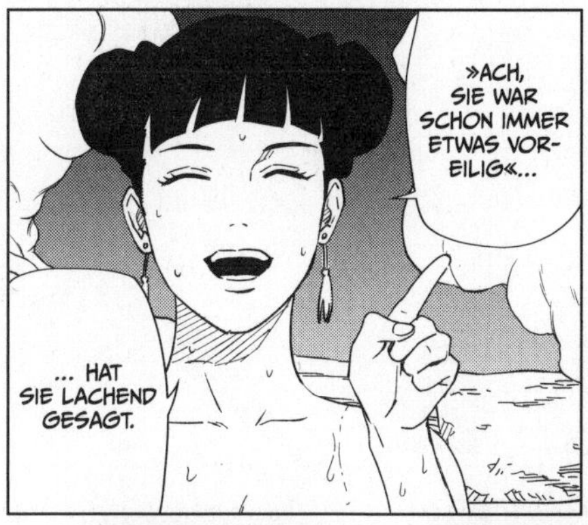
»ACH,
SIE WAR
SCHON IMMER
ETWAS VOR-
EILIG«...
... HAT
SIE LACHEND
GESAGT.

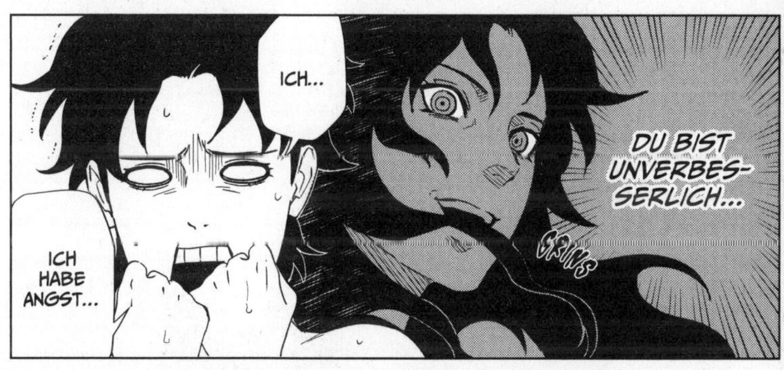
DU BIST
UNVERBES-
SERLICH...
GRINS
ICH...
ICH
HABE
ANGST...

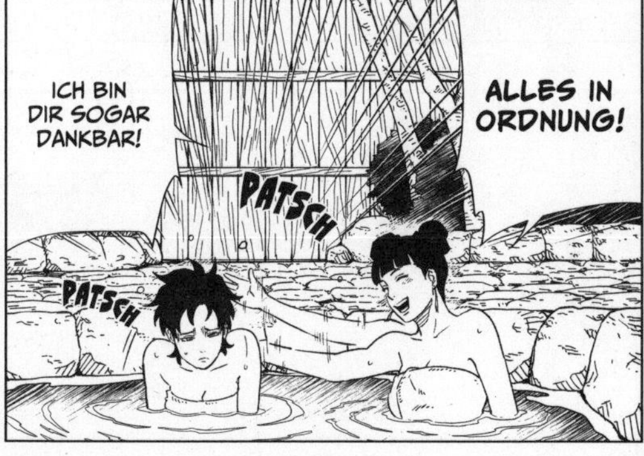
ALLES IN
ORDNUNG!
ICH BIN
DIR SOGAR
DANKBAR!
PATSCH
PATSCH

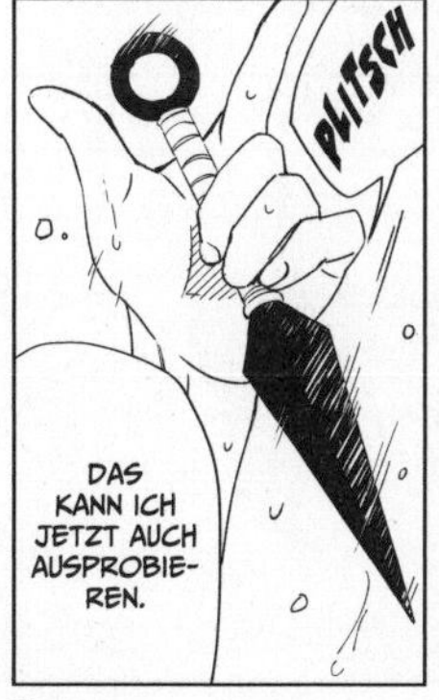
PLITSCH
DAS
KANN ICH
JETZT AUCH
AUSPROBIE-
REN.

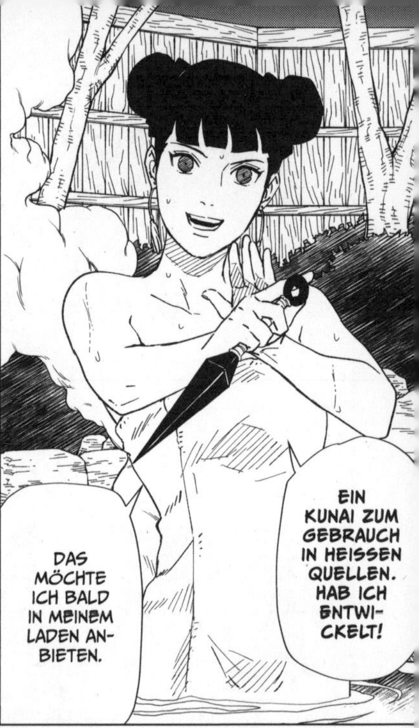
EIN KUNAI ZUM GEBRAUCH IN HEISSEN QUELLEN. HAB ICH ENTWICKELT!
DAS MÖCHTE ICH BALD IN MEINEM LADEN ANBIETEN.

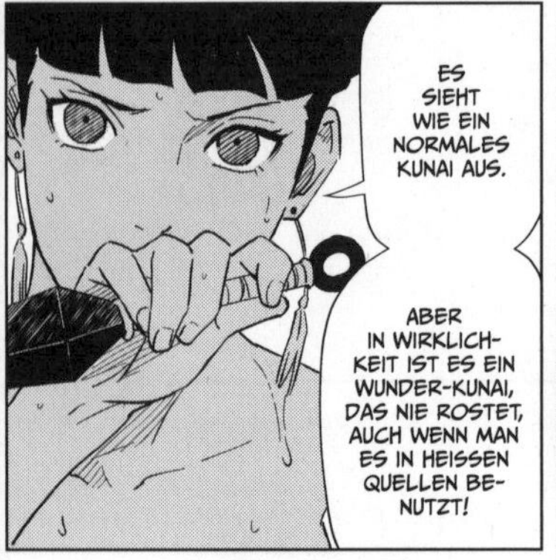
ES SIEHT WIE EIN NORMALES KUNAI AUS.
ABER IN WIRKLICHKEIT IST ES EIN WUNDER-KUNAI, DAS NIE ROSTET, AUCH WENN MAN ES IN HEISSEN QUELLEN BENUTZT!

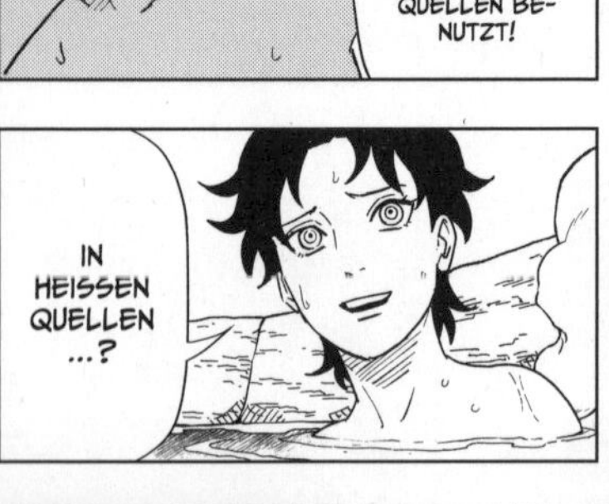
IN HEISSEN QUELLEN ...?

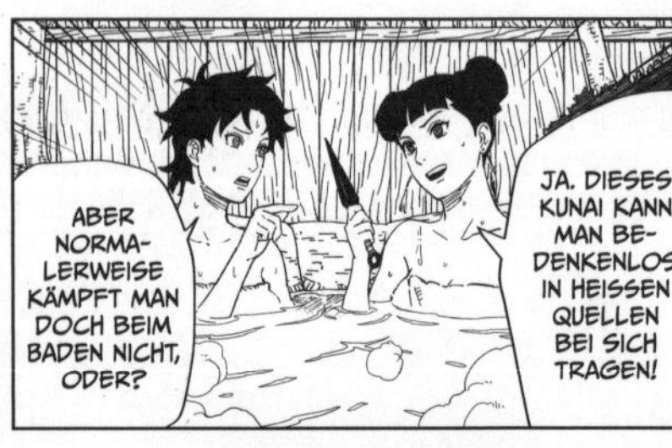
JA. DIESES KUNAI KANN MAN BEDENKENLOS IN HEISSEN QUELLEN BEI SICH TRAGEN!
ABER NORMALERWEISE KÄMPFT MAN DOCH BEIM BADEN NICHT, ODER?

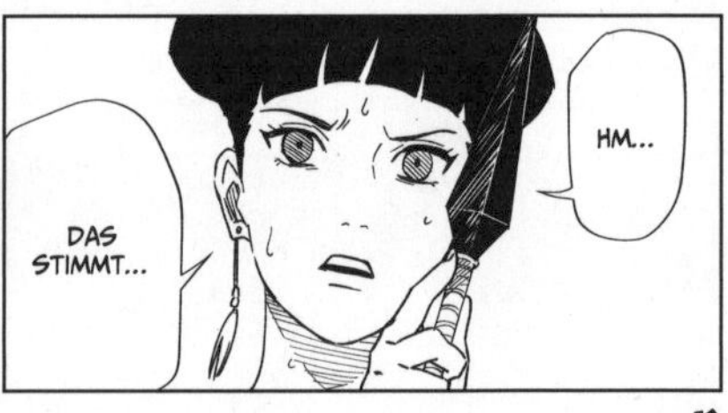
HM...
DAS STIMMT...

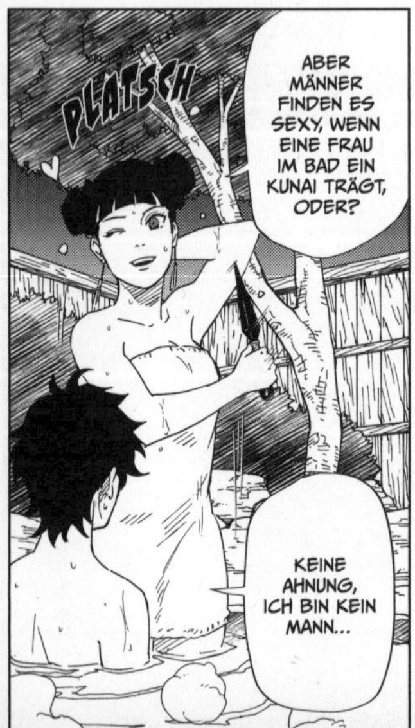
PLATSCH
ABER MÄNNER FINDEN ES SEXY, WENN EINE FRAU IM BAD EIN KUNAI TRÄGT, ODER?
KEINE AHNUNG, ICH BIN KEIN MANN...

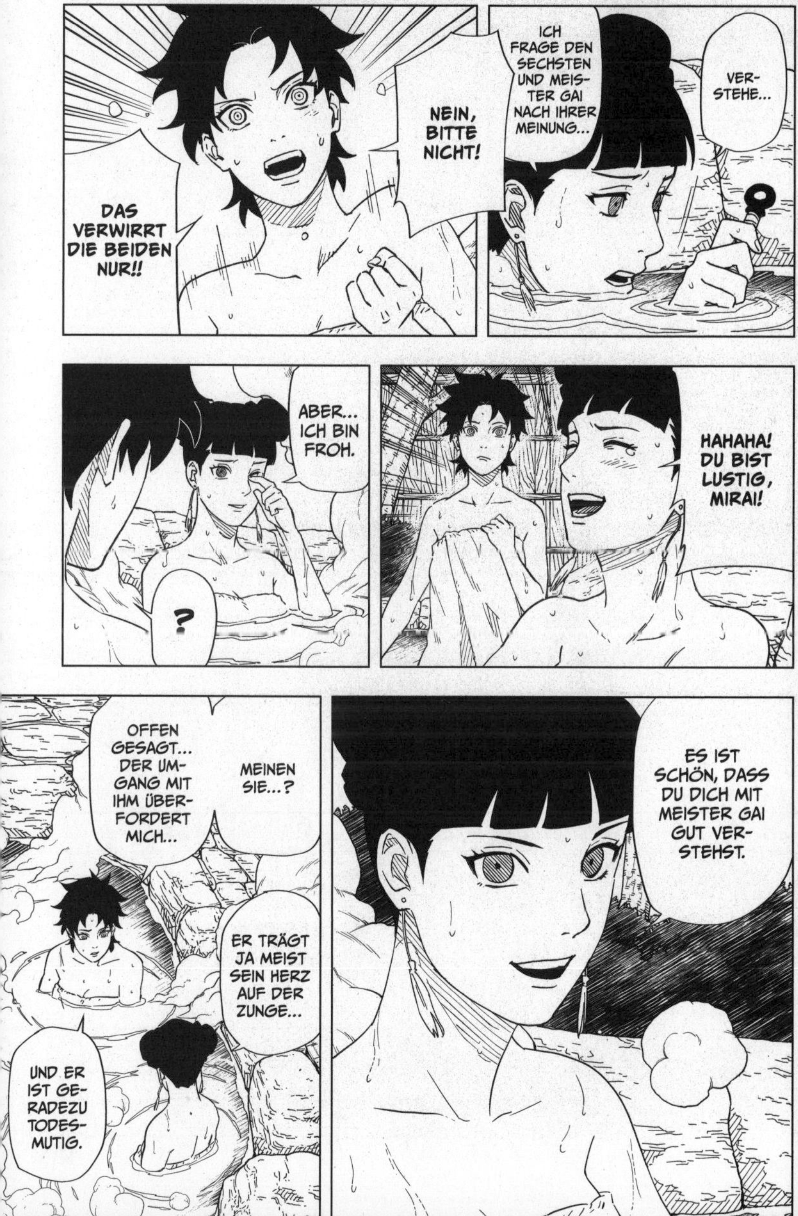

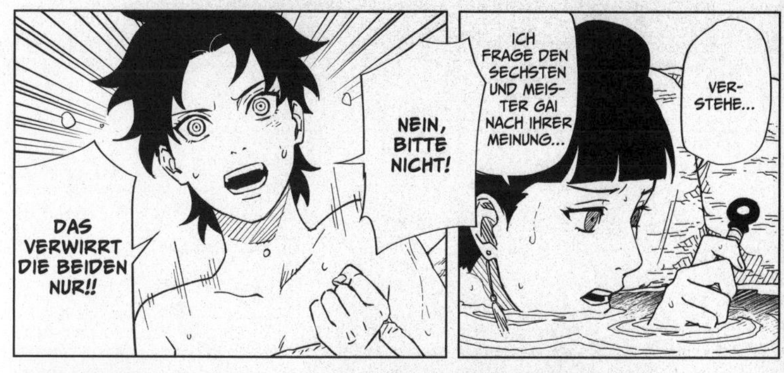

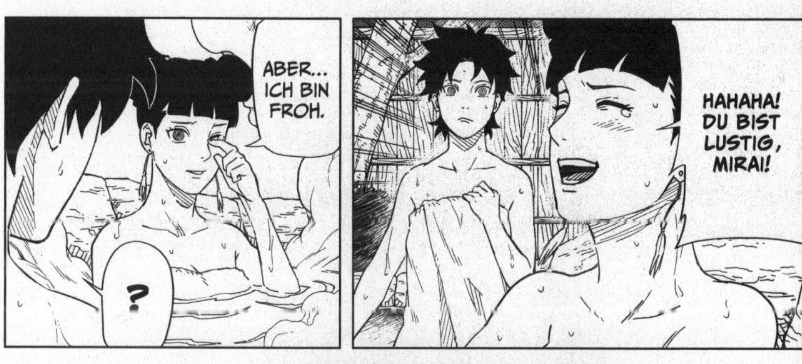

ES IST SCHÖN, DASS DU DICH MIT MEISTER GAI GUT VERSTEHST.

MEINEN SIE...?

OFFEN GESAGT... DER UMGANG MIT IHM ÜBERFORDERT MICH...

ER TRÄGT JA MEIST SEIN HERZ AUF DER ZUNGE...

UND ER IST GERADEZU TODESMUTIG.

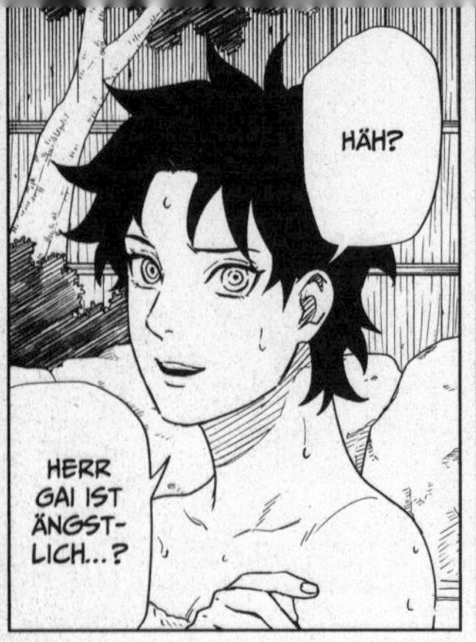
HÄH?
HERR GAI IST ÄNGST-LICH...?

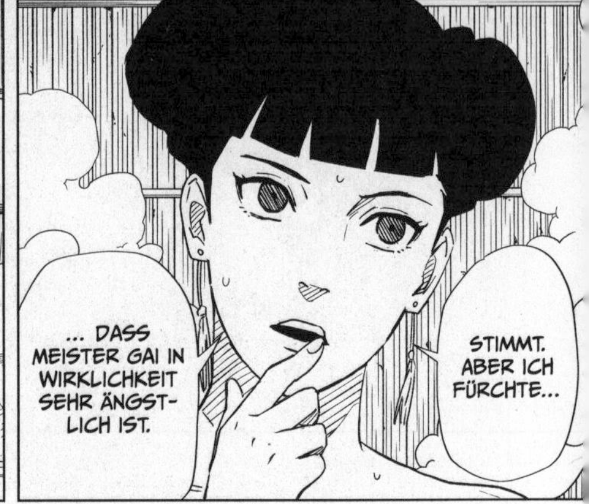
STIMMT. ABER ICH FÜRCHTE...
... DASS MEISTER GAI IN WIRKLICHKEIT SEHR ÄNGST-LICH IST.

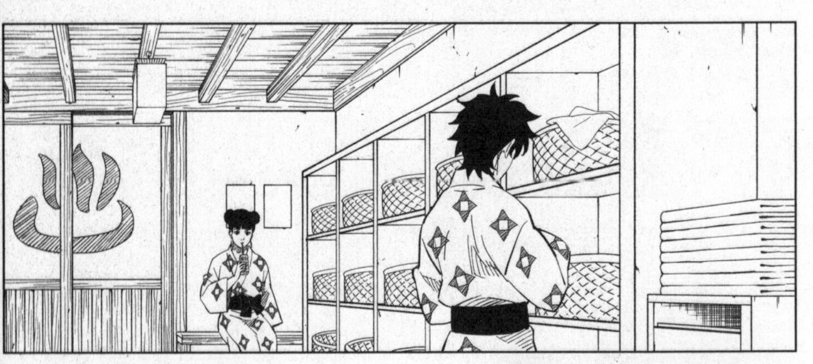

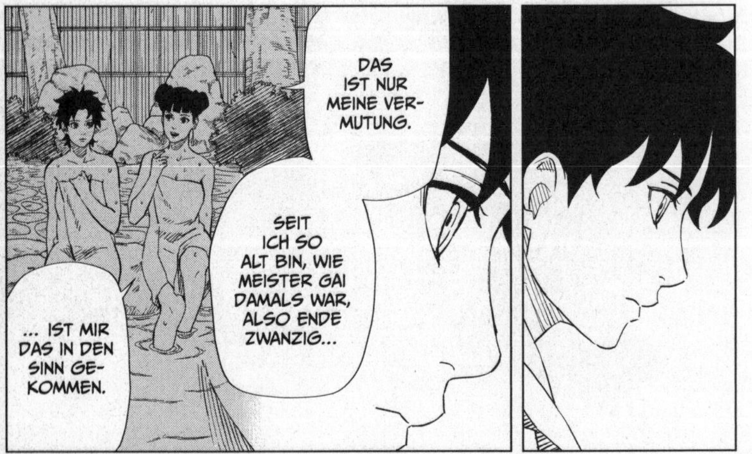
DAS IST NUR MEINE VER-MUTUNG.
SEIT ICH SO ALT BIN, WIE MEISTER GAI DAMALS WAR, ALSO ENDE ZWANZIG...
... IST MIR DAS IN DEN SINN GE-KOMMEN.

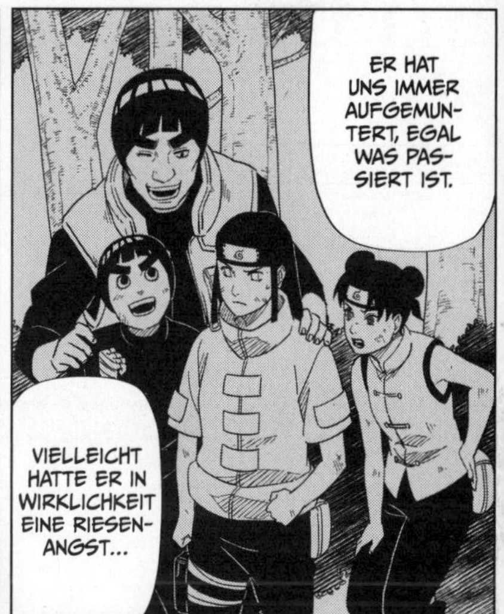
ER HAT UNS IMMER AUFGEMUNTERT, EGAL WAS PASSIERT IST.
VIELLEICHT HATTE ER IN WIRKLICHKEIT EINE RIESENANGST...

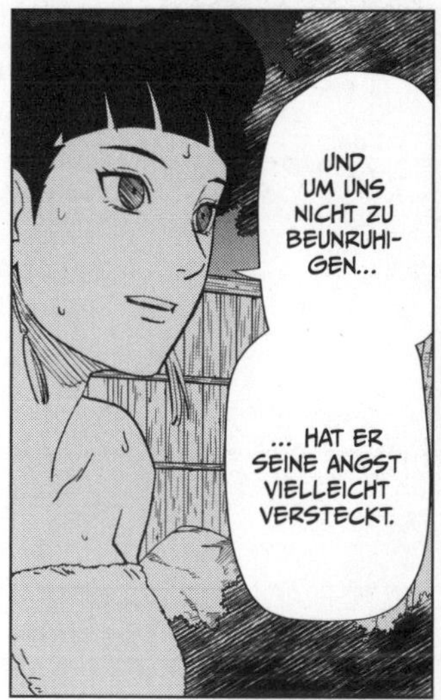
UND UM UNS NICHT ZU BEUNRUHIGEN...
... HAT ER SEINE ANGST VIELLEICHT VERSTECKT.

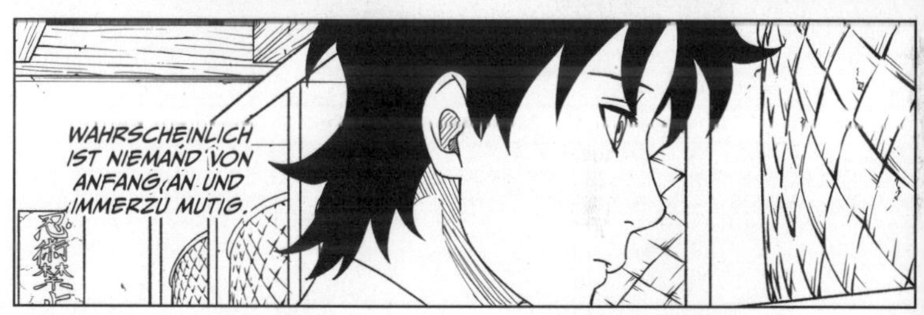
WAHRSCHEINLICH IST NIEMAND VON ANFANG AN UND IMMERZU MUTIG.
忍術禁止

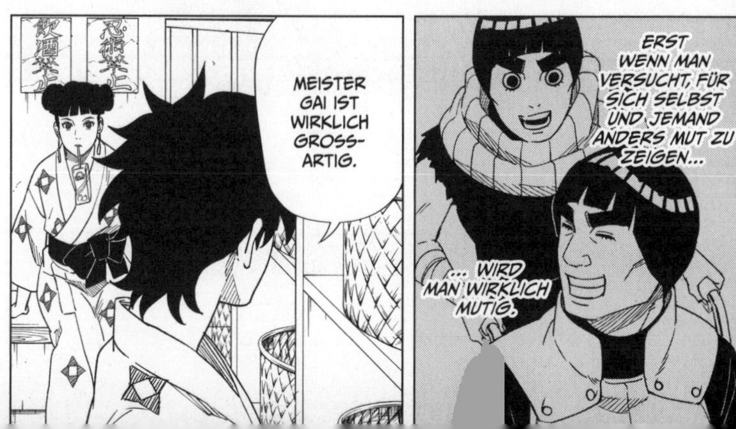
ERST WENN MAN VERSUCHT, FÜR SICH SELBST UND JEMAND ANDERS MUT ZU ZEIGEN...
... WIRD MAN WIRKLICH MUTIG.
MEISTER GAI IST WIRKLICH GROSSARTIG.
飲酒禁止
忍術禁止

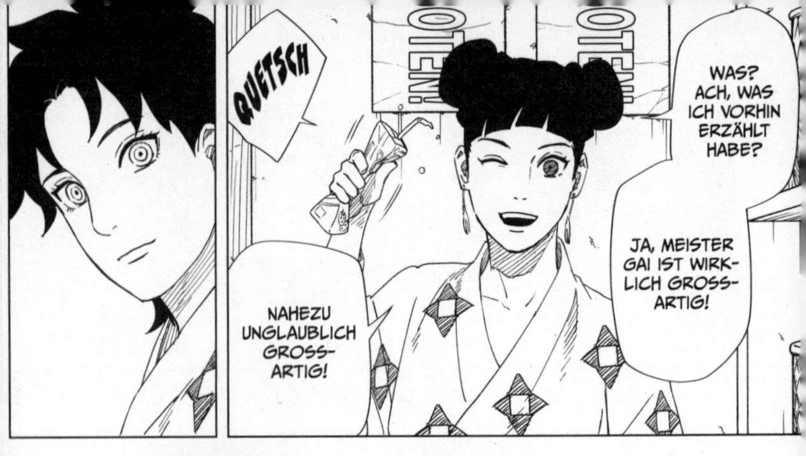
WAS? ACH, WAS ICH VORHIN ERZÄHLT HABE?
JA, MEISTER GAI IST WIRKLICH GROSSARTIG!
QUETSCH
NAHEZU UNGLAUBLICH GROSSARTIG!

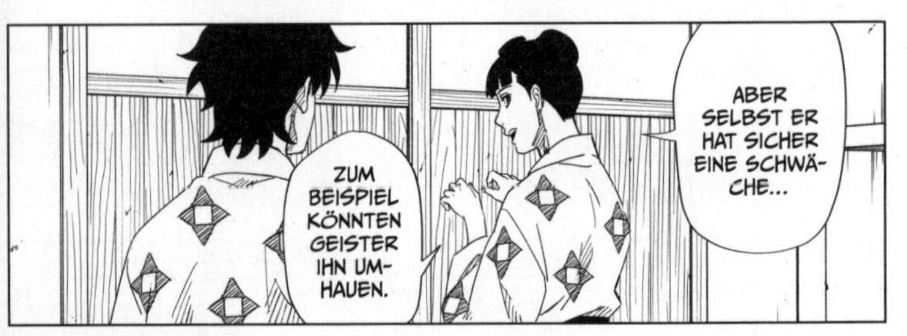
ABER SELBST ER HAT SICHER EINE SCHWÄCHE...
ZUM BEISPIEL KÖNNTEN GEISTER IHN UMHAUEN.

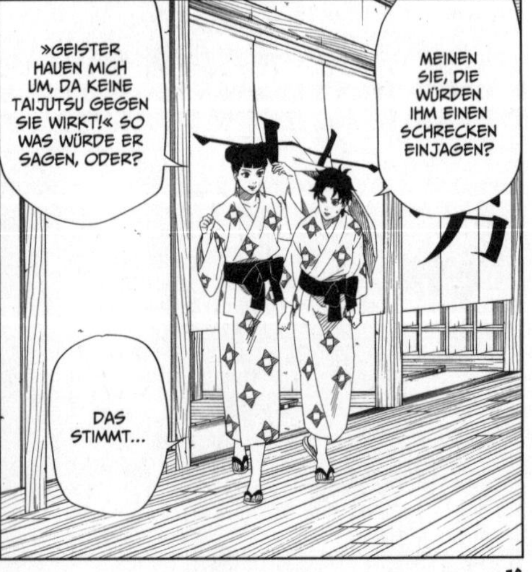
MEINEN SIE, DIE WÜRDEN IHM EINEN SCHRECKEN EINJAGEN?
»GEISTER HAUEN MICH UM, DA KEINE TAIJUTSU GEGEN SIE WIRKT!« SO WAS WÜRDE ER SAGEN, ODER?
DAS STIMMT...

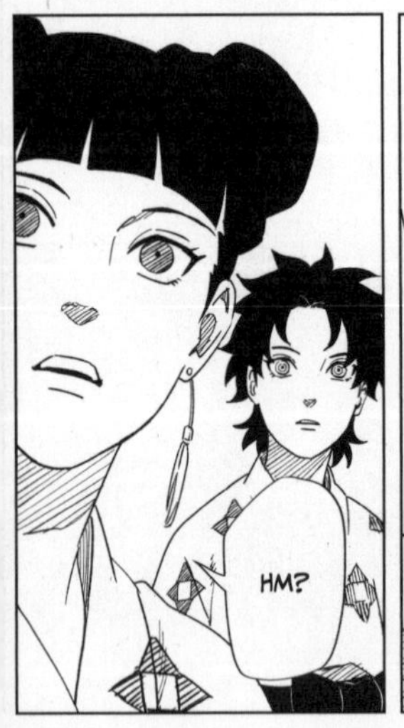
HM?

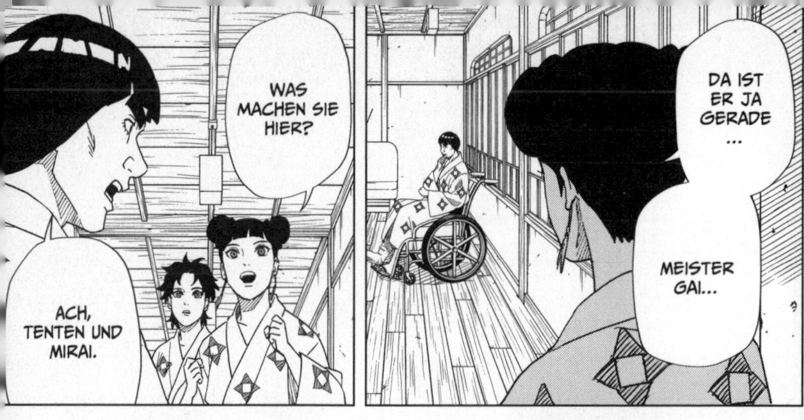
DA IST ER JA GERADE ...
MEISTER GAI...
WAS MACHEN SIE HIER?
ACH, TENTEN UND MIRAI.

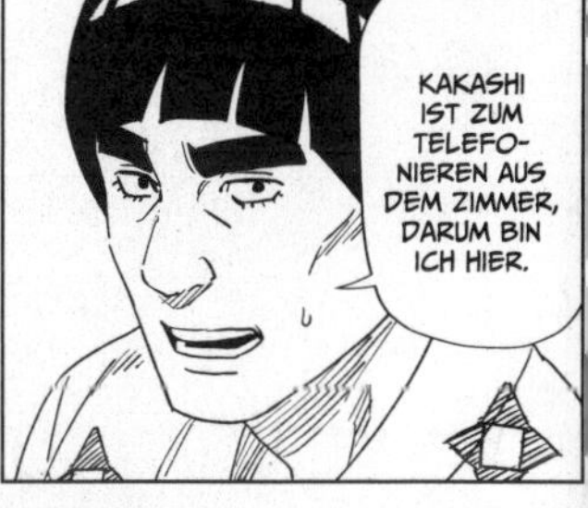
KAKASHI IST ZUM TELEFONIEREN AUS DEM ZIMMER, DARUM BIN ICH HIER.

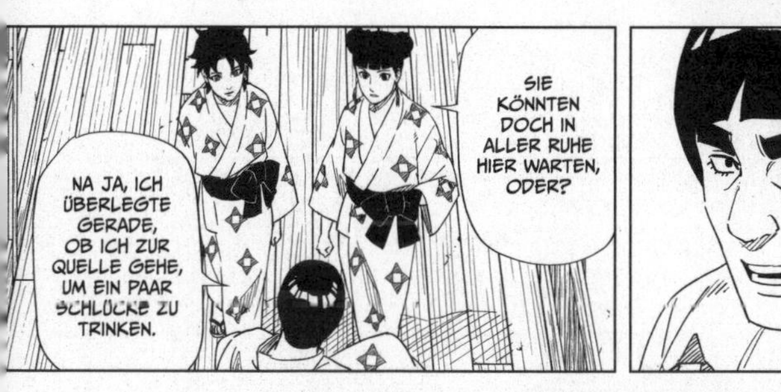
SIE KÖNNTEN DOCH IN ALLER RUHE HIER WARTEN, ODER?
NA JA, ICH ÜBERLEGTE GERADE, OB ICH ZUR QUELLE GEHE, UM EIN PAAR SCHLÜCKE ZU TRINKEN.

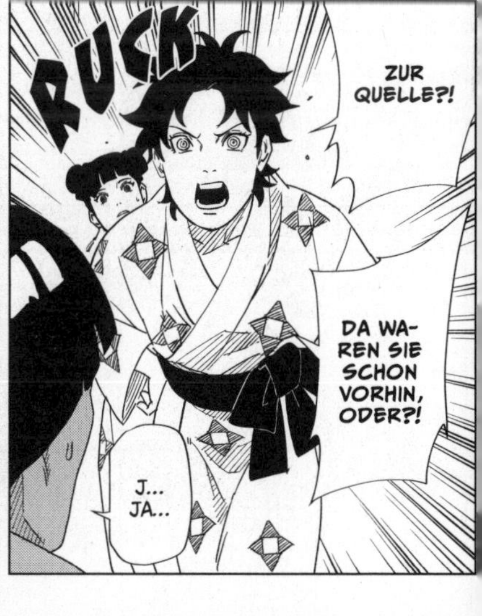
RUCK
ZUR QUELLE?!
DA WAREN SIE SCHON VORHIN, ODER?!
J... JA...

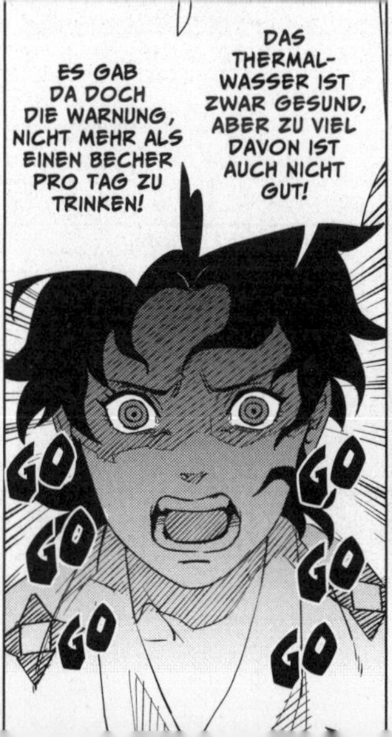
DAS THERMALWASSER IST ZWAR GESUND, ABER ZU VIEL DAVON IST AUCH NICHT GUT!
ES GAB DA DOCH DIE WARNUNG, NICHT MEHR ALS EINEN BECHER PRO TAG ZU TRINKEN!
GO GO GO GO GO GO GO

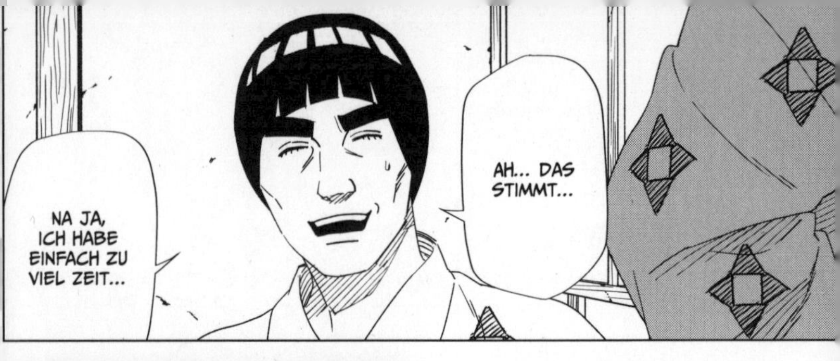
AH... DAS STIMMT...
NA JA, ICH HABE EINFACH ZU VIEL ZEIT...

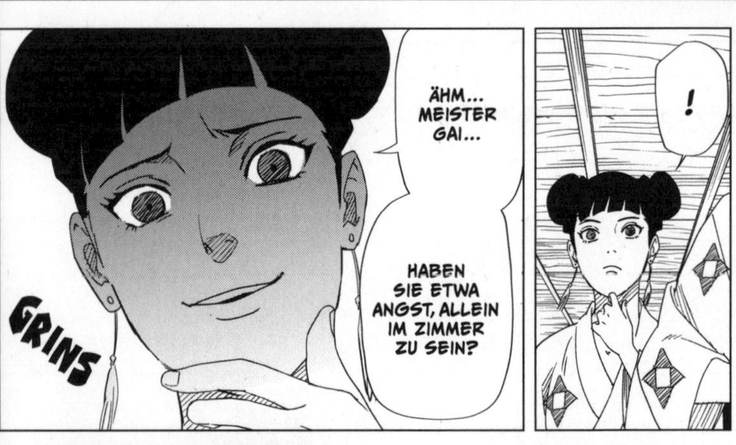
!
ÄHM... MEISTER GAI...
HABEN SIE ETWA ANGST, ALLEIN IM ZIMMER ZU SEIN?
GRINS

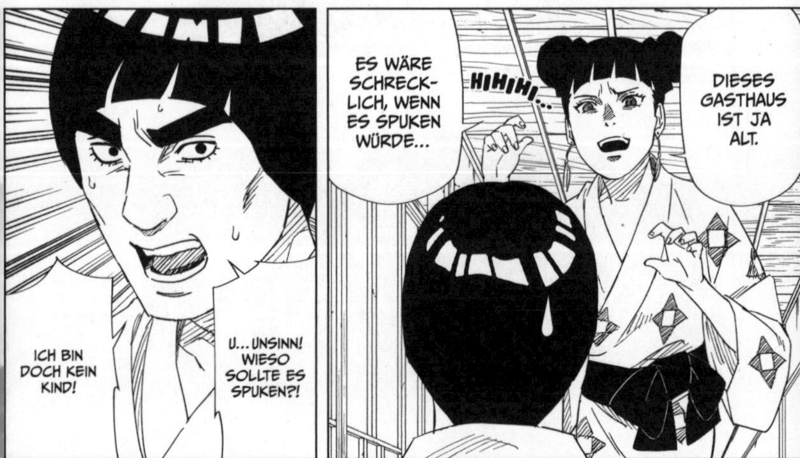
DIESES GASTHAUS IST JA ALT.
HIHIHI...
ES WÄRE SCHRECK-LICH, WENN ES SPUKEN WÜRDE...
U... UNSINN! WIESO SOLLTE ES SPUKEN?!
ICH BIN DOCH KEIN KIND!

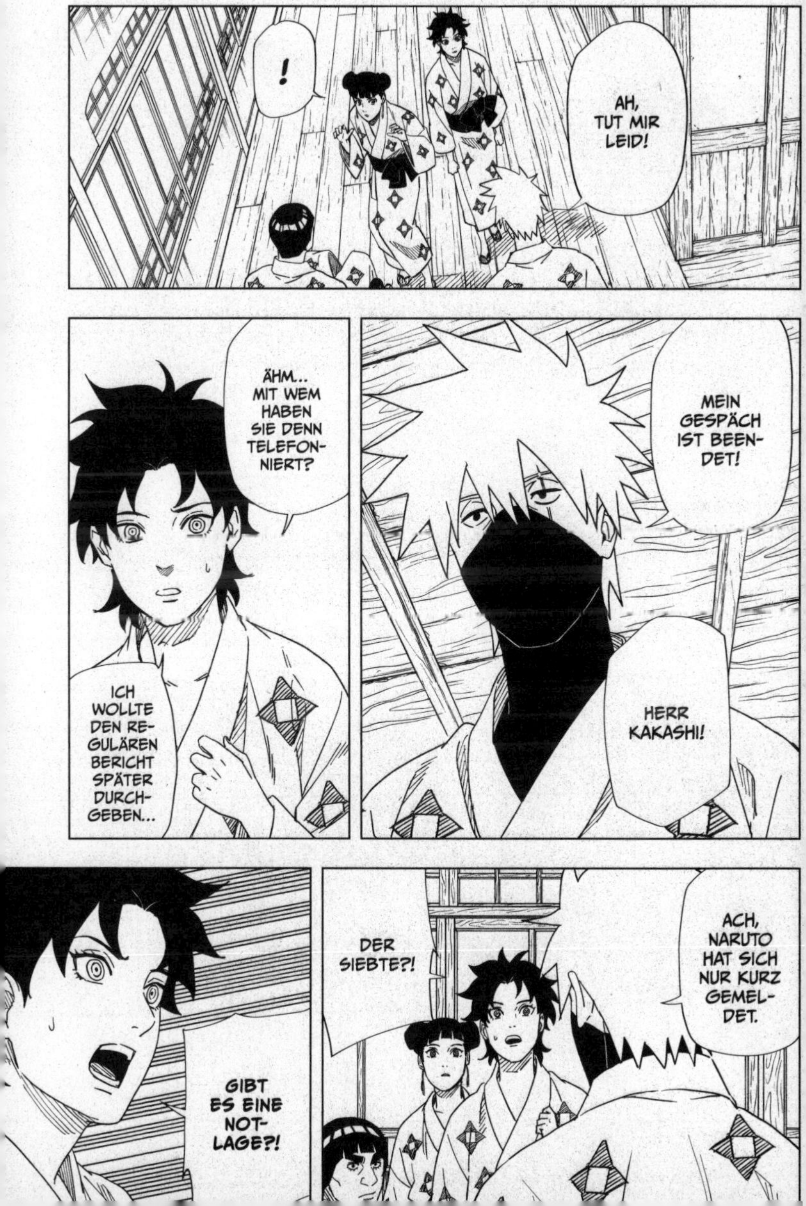

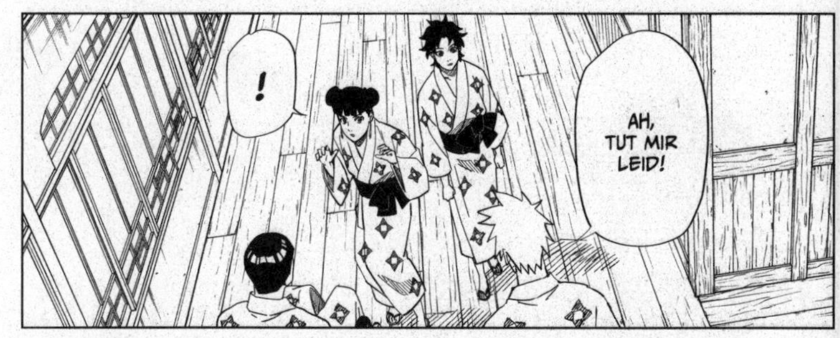

MEIN GESPÄCH IST BEENDET!

HERR KAKASHI!

ÄHM... MIT WEM HABEN SIE DENN TELEFONIERT?

ICH WOLLTE DEN REGULÄREN BERICHT SPÄTER DURCHGEBEN...

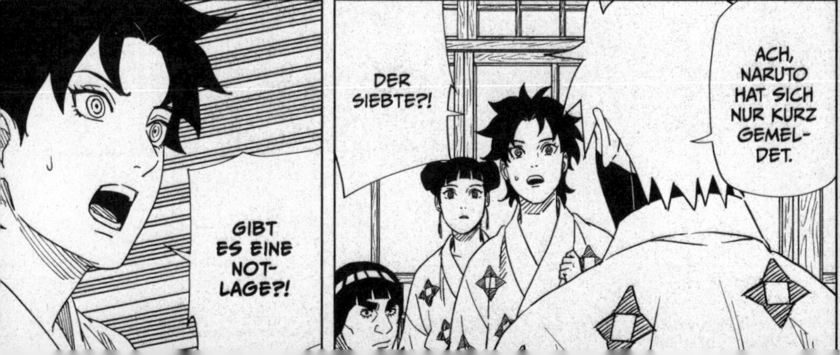

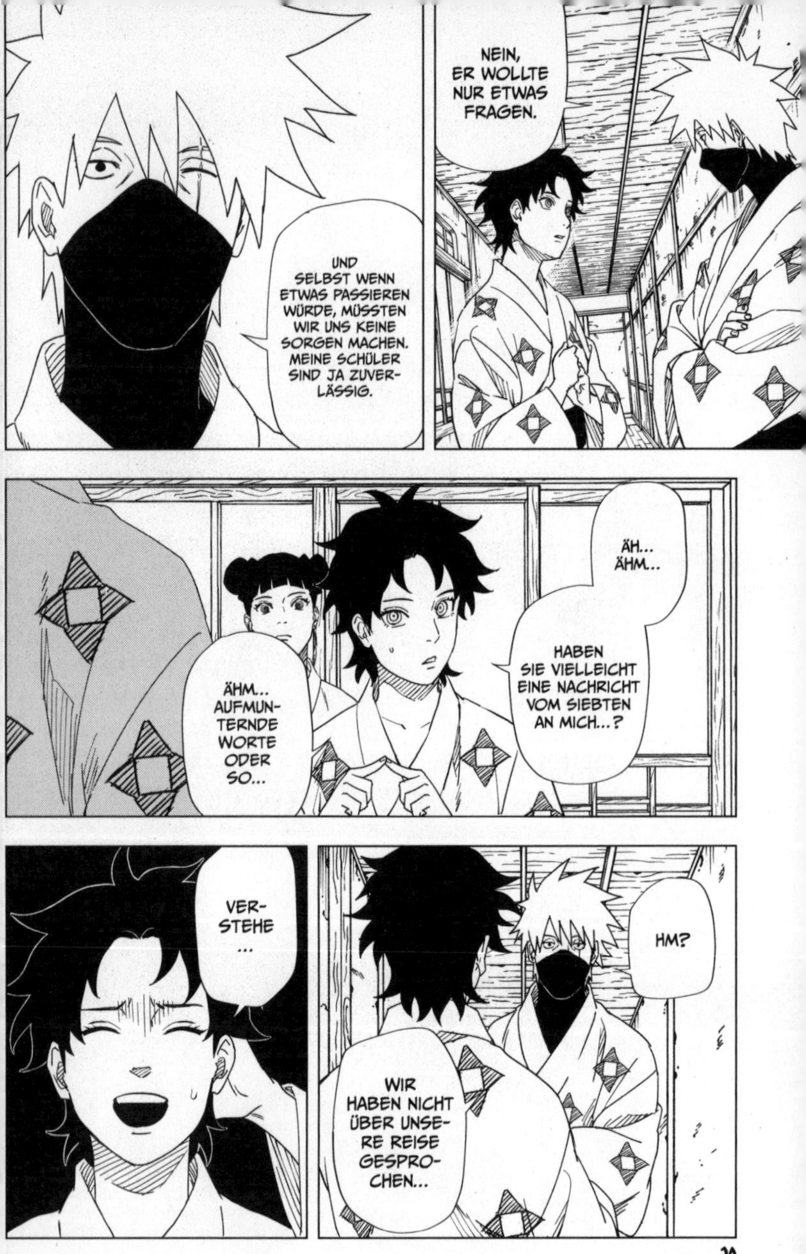

NEIN, ER WOLLTE NUR ETWAS FRAGEN.

UND SELBST WENN ETWAS PASSIEREN WÜRDE, MÜSSTEN WIR UNS KEINE SORGEN MACHEN. MEINE SCHÜLER SIND JA ZUVERLÄSSIG.

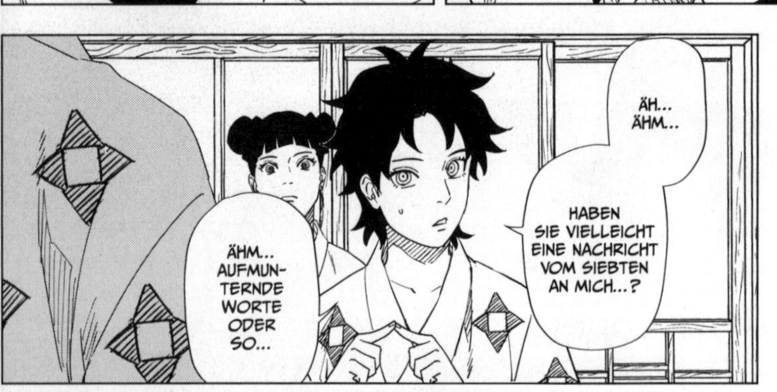

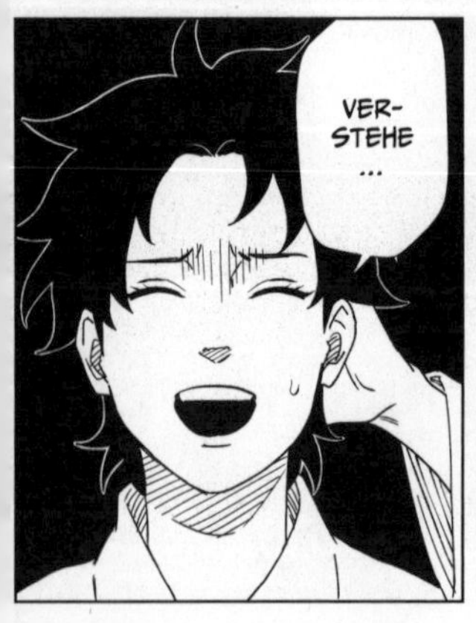

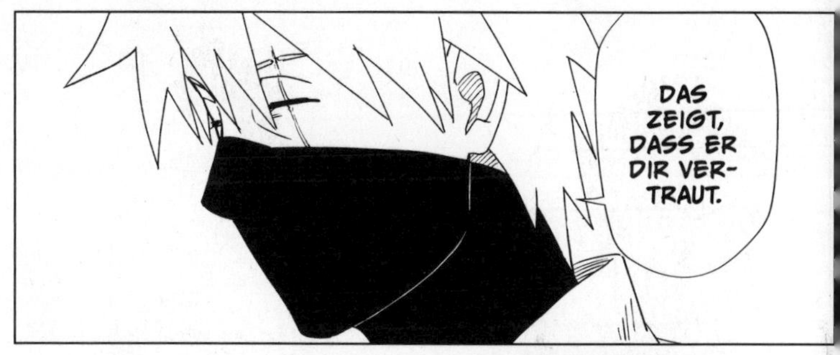
DAS ZEIGT, DASS ER DIR VERTRAUT.

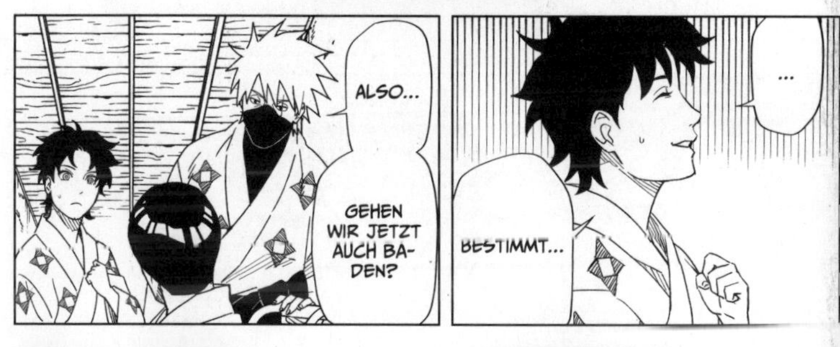
...
BESTIMMT...
ALSO...
GEHEN WIR JETZT AUCH BADEN?

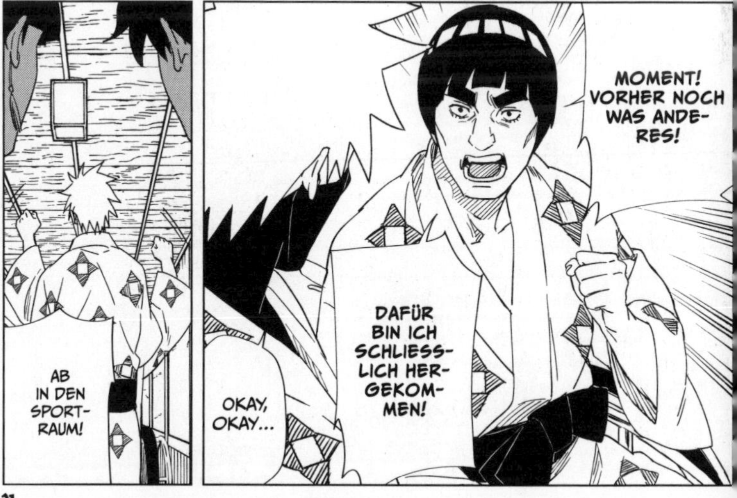
MOMENT! VORHER NOCH WAS ANDERES!
DAFÜR BIN ICH SCHLIESSLICH HERGEKOMMEN!
OKAY, OKAY...
AB IN DEN SPORTRAUM!

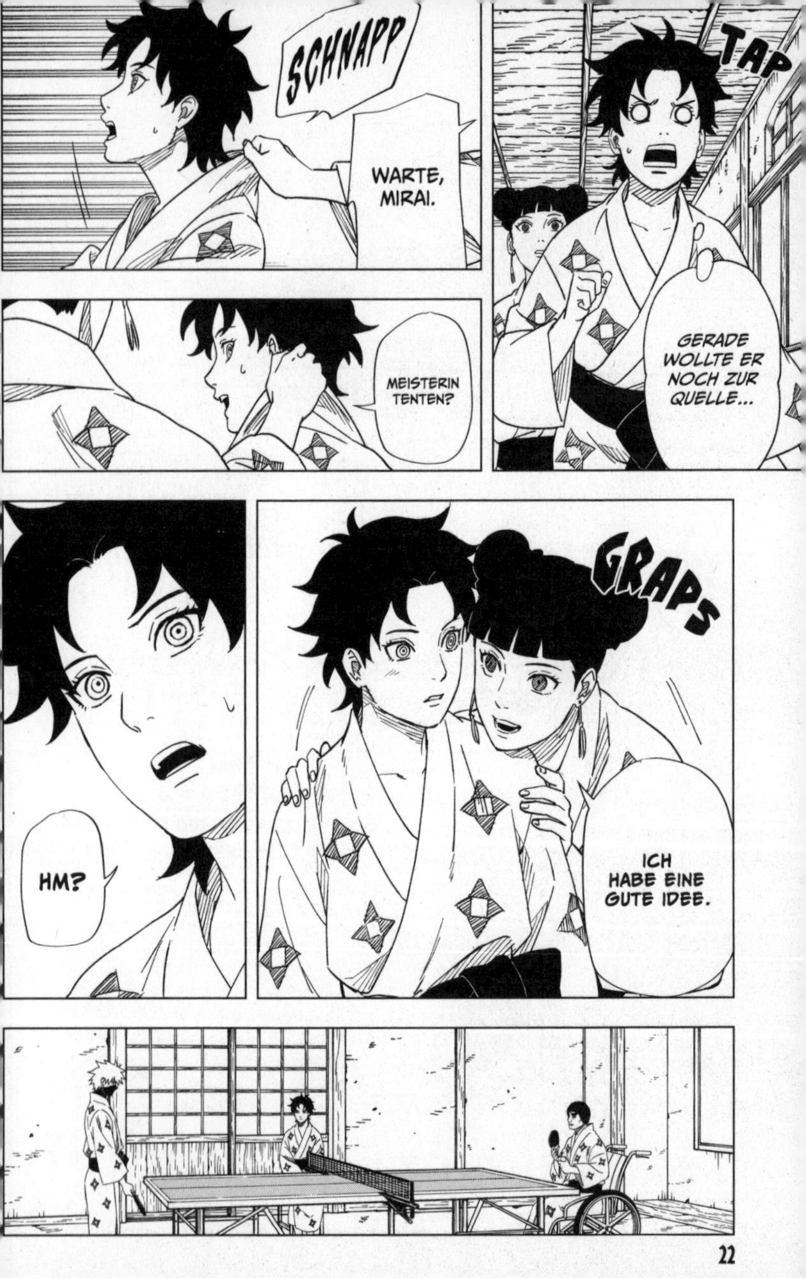

TAP
GERADE WOLLTE ER NOCH ZUR QUELLE...
SCHNAPP
WARTE, MIRAI.
MEISTERIN TENTEN?

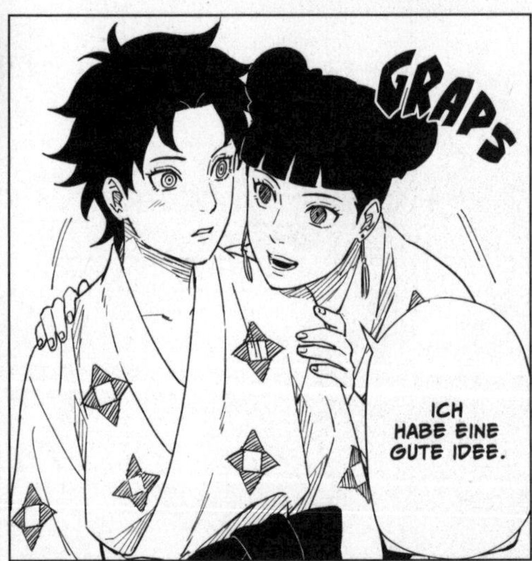

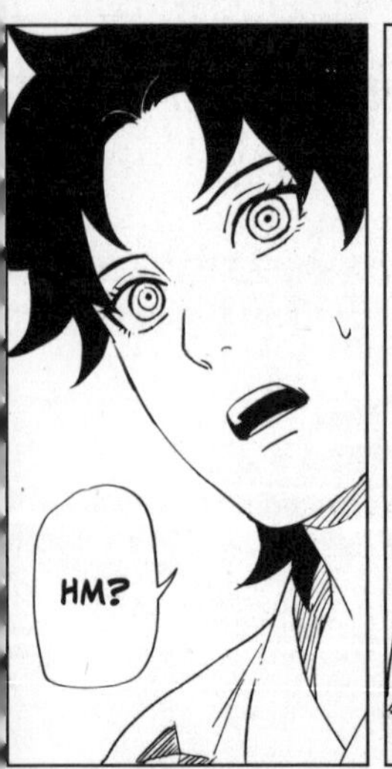

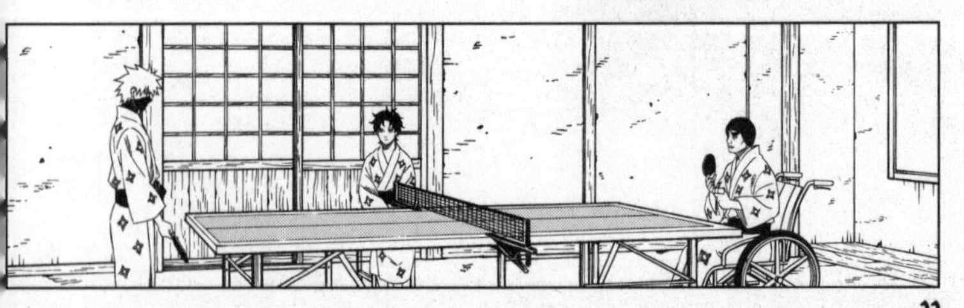

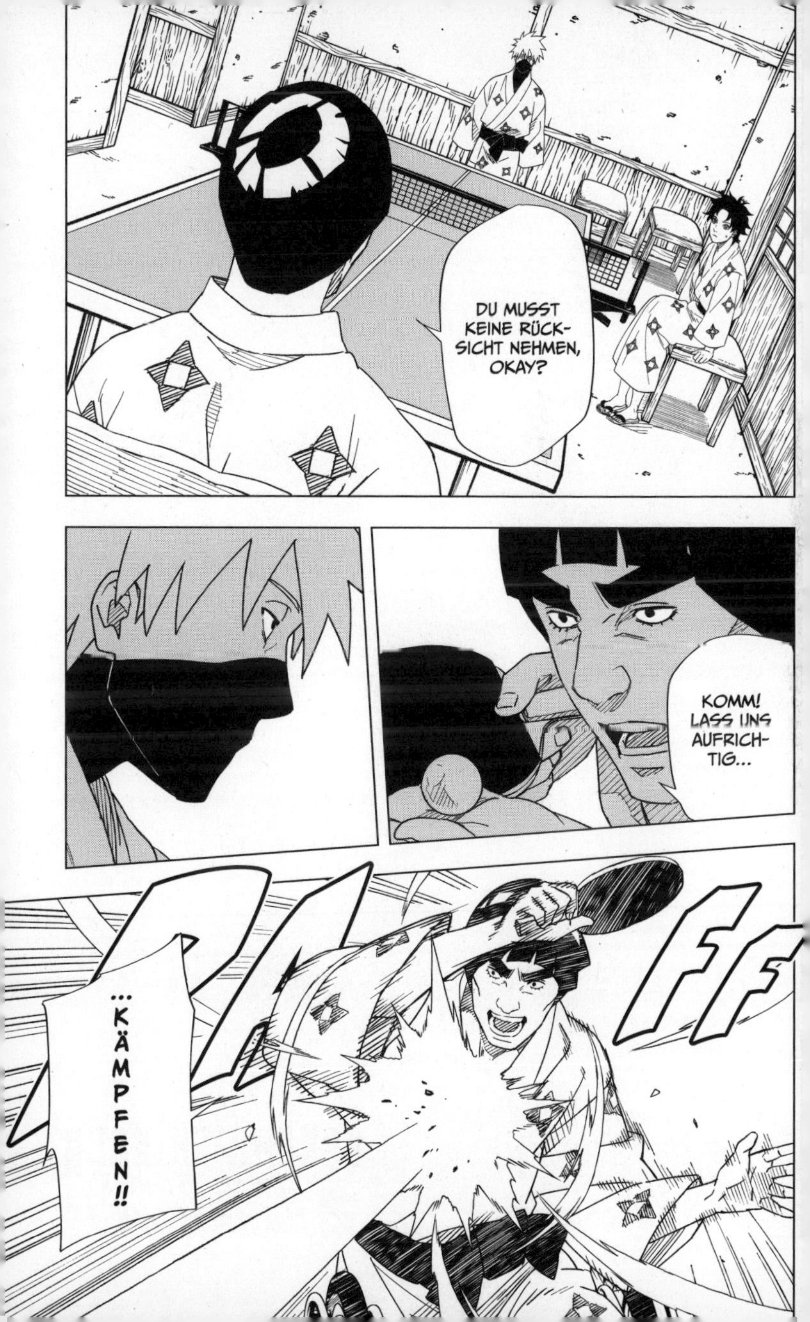

DU MUSST KEINE RÜCK-SICHT NEHMEN, OKAY?

KOMM! LASS UNS AUFRICH-TIG...

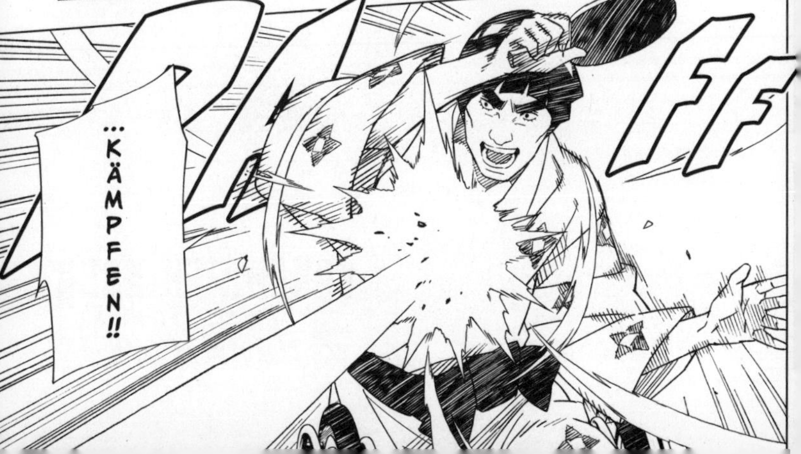

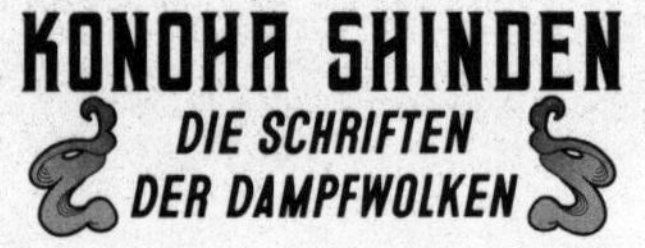
KONOHA SHINDEN
DIE SCHRIFTEN
DER DAMPFWOLKEN

NR. 8: DIE GEISTER

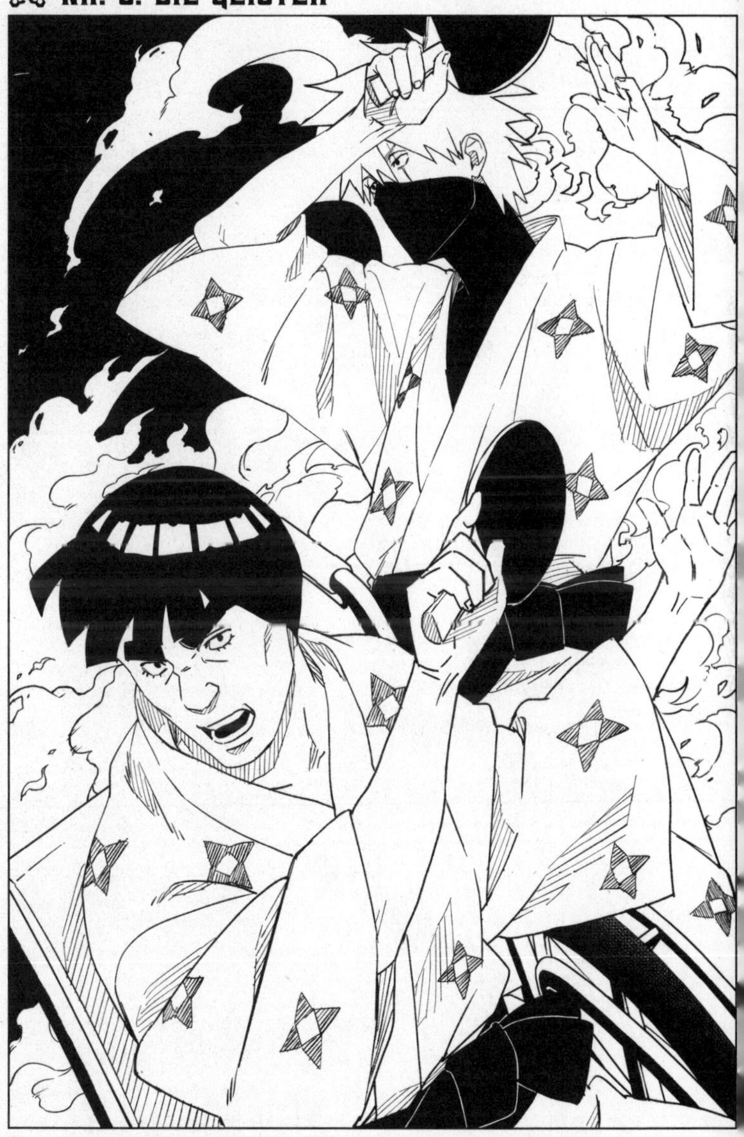

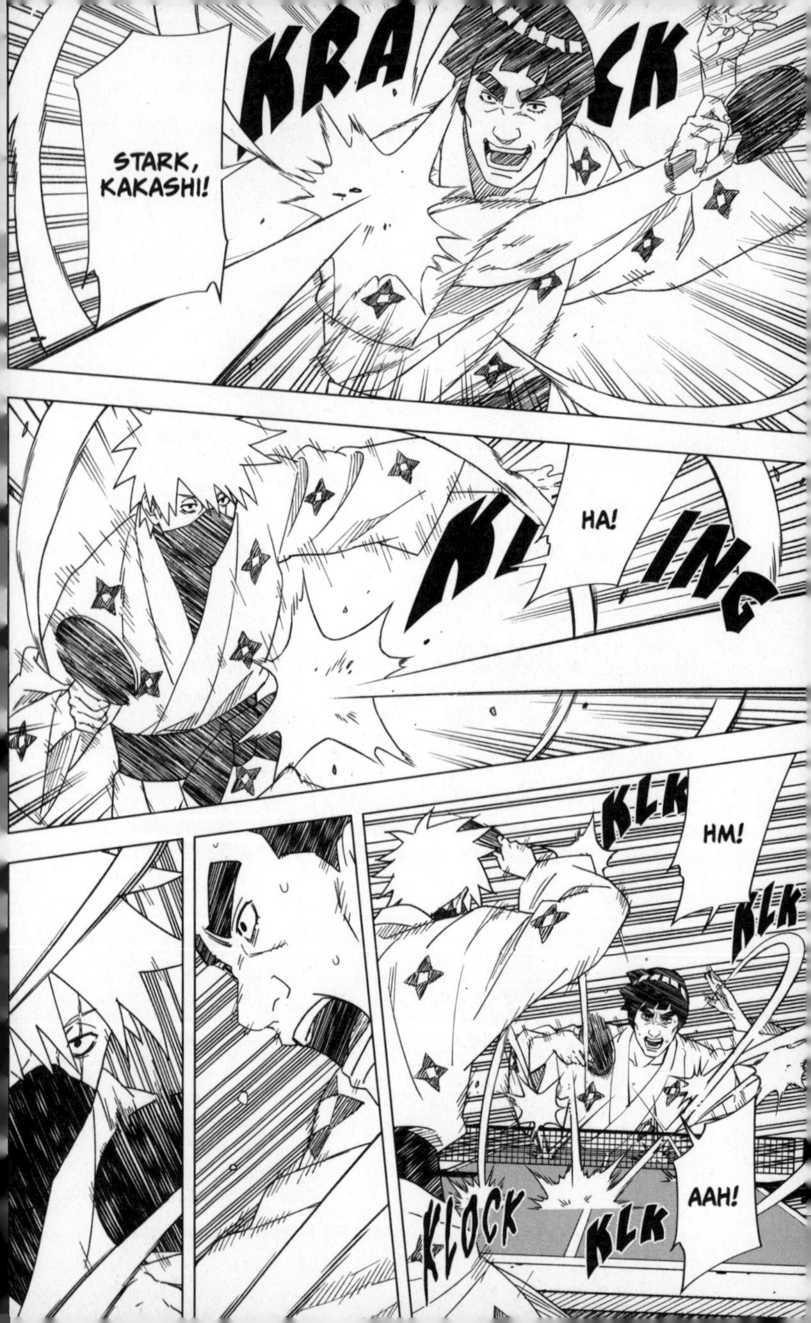
KRA
CK
STARK, KAKASHI!
KL
ING
HA!
KLK
HM!
KLK
AAH!
KLK
KLOCK

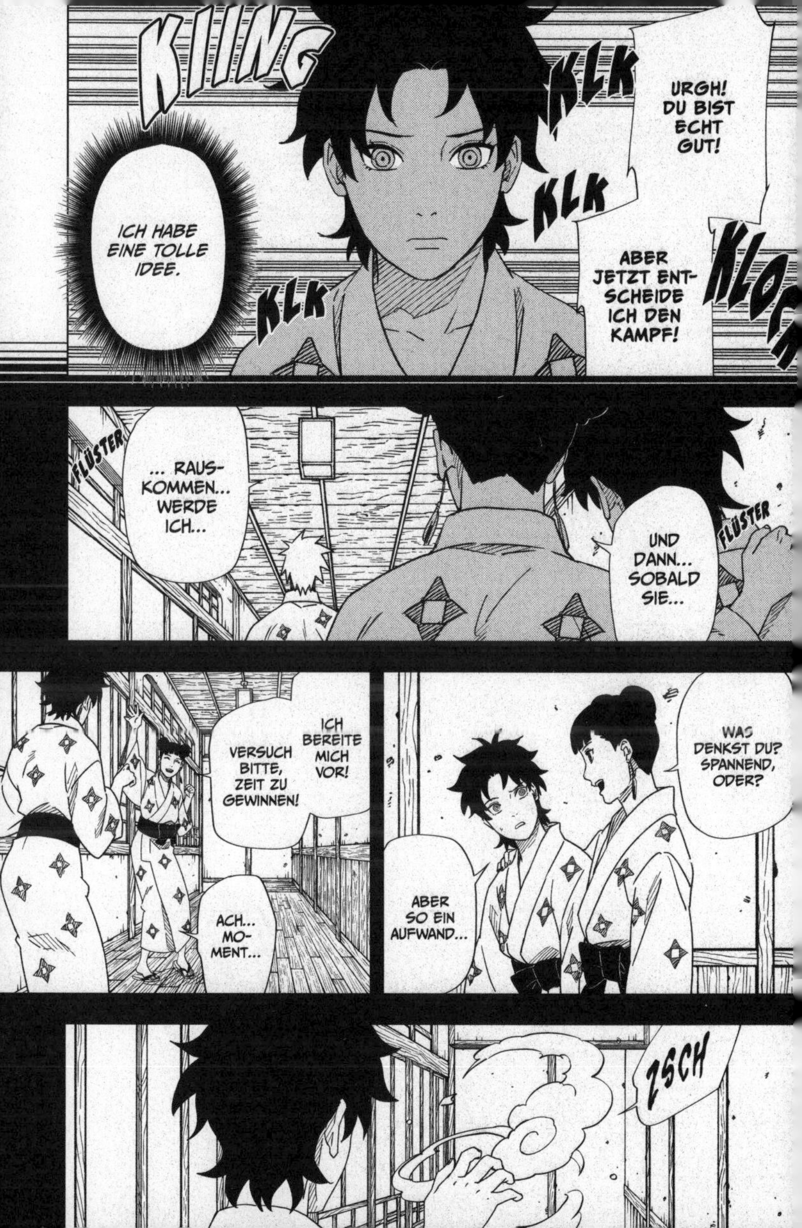

URGH! DU BIST ECHT GUT!
KLK
KLONK
ABER JETZT ENT-SCHEIDE ICH DEN KAMPF!
KLK
KLIING
ICH HABE EINE TOLLE IDEE.
KLK
FLÜSTER
UND DANN... SOBALD SIE...
FLÜSTER
... RAUS-KOMMEN... WERDE ICH...
WAS DENKST DU? SPANNEND, ODER?
ABER SO EIN AUFWAND...
ICH BEREITE MICH VOR!
VERSUCH BITTE, ZEIT ZU GEWINNEN!
ACH... MO-MENT...
ZSCH

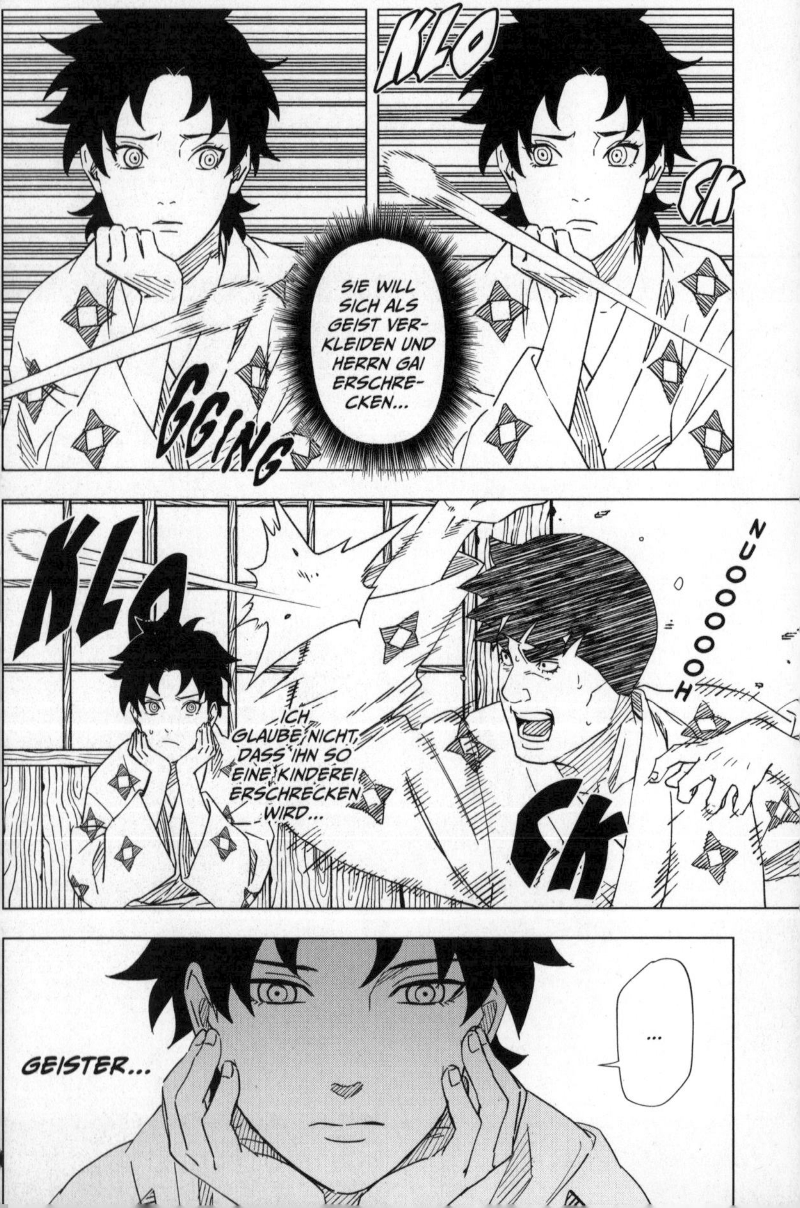

KLO
CK
SIE WILL SICH ALS GEIST VERKLEIDEN UND HERRN GAI ERSCHRECKEN...
GGING

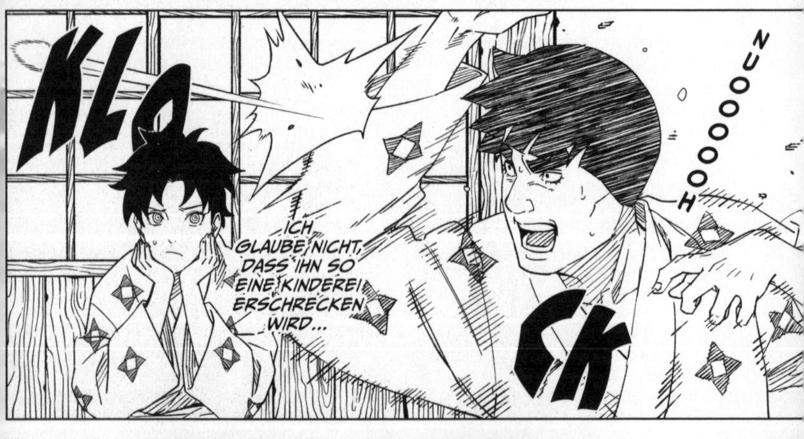

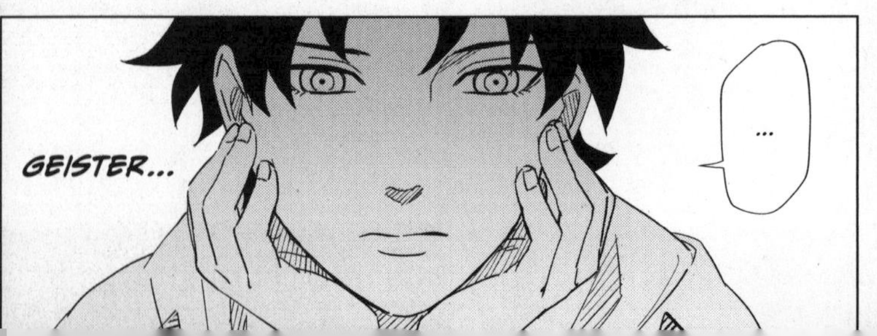

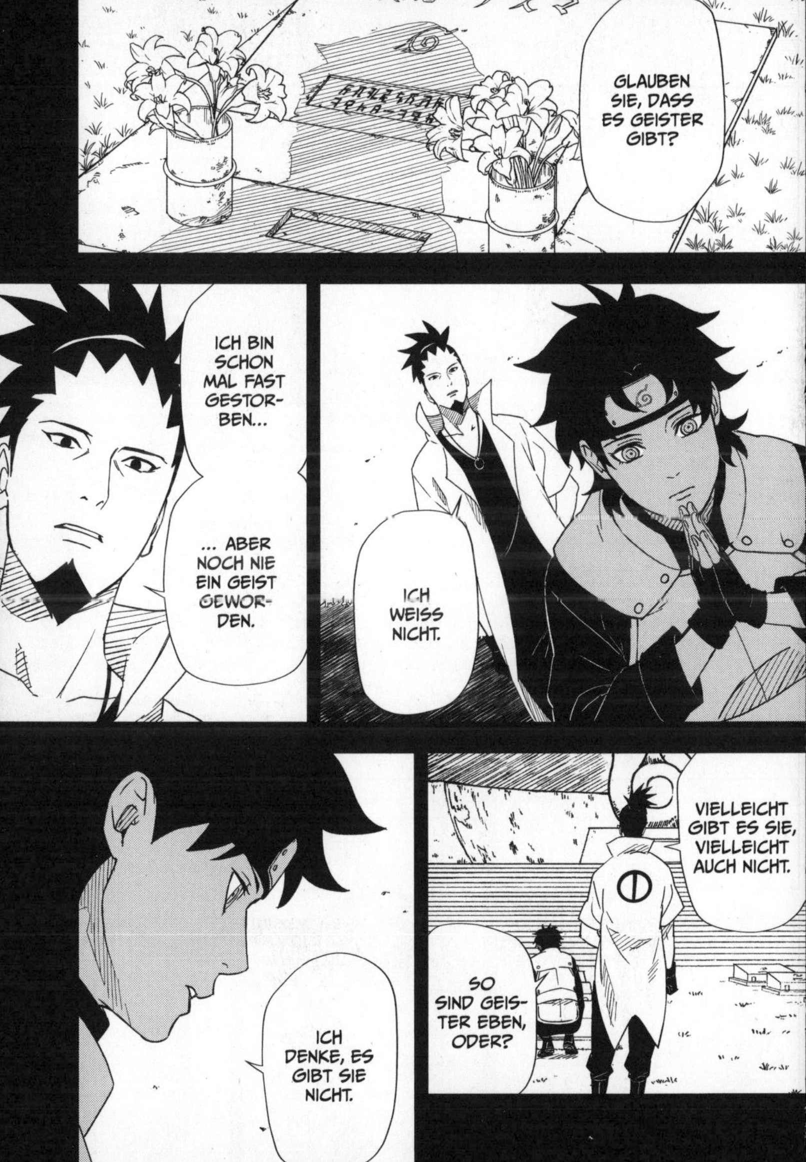
アスマ
GLAUBEN SIE, DASS ES GEISTER GIBT?
ICH WEISS NICHT.
ICH BIN SCHON MAL FAST GESTORBEN...
... ABER NOCH NIE EIN GEIST GEWORDEN.
VIELLEICHT GIBT ES SIE, VIELLEICHT AUCH NICHT.
SO SIND GEISTER EBEN, ODER?
ICH DENKE, ES GIBT SIE NICHT.

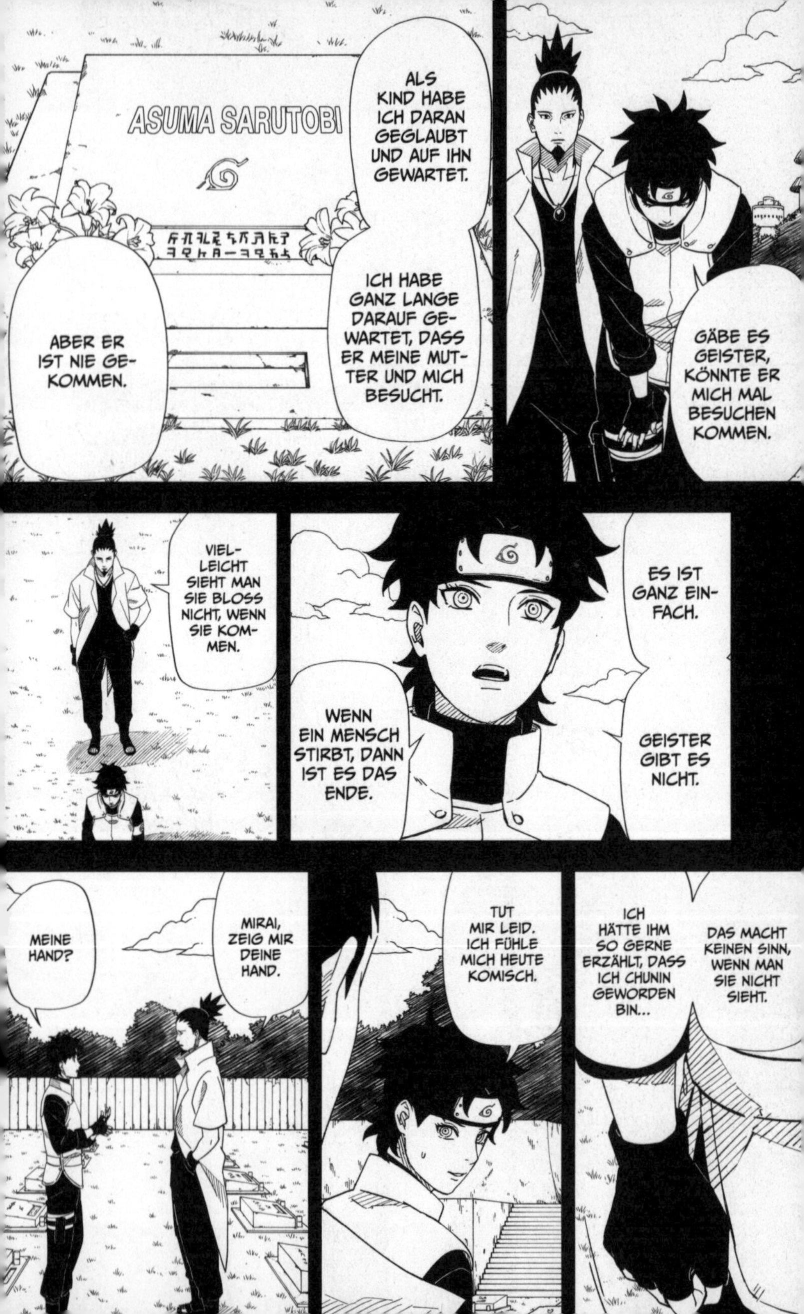
GÄBE ES GEISTER, KÖNNTE ER MICH MAL BESUCHEN KOMMEN.
ASUMA SARUTOBI
ALS KIND HABE ICH DARAN GEGLAUBT UND AUF IHN GEWARTET.
ICH HABE GANZ LANGE DARAUF GE-WARTET, DASS ER MEINE MUT-TER UND MICH BESUCHT.
ABER ER IST NIE GE-KOMMEN.
ES IST GANZ EIN-FACH.
GEISTER GIBT ES NICHT.
WENN EIN MENSCH STIRBT, DANN IST ES DAS ENDE.
VIEL-LEICHT SIEHT MAN SIE BLOSS NICHT, WENN SIE KOM-MEN.
DAS MACHT KEINEN SINN, WENN MAN SIE NICHT SIEHT.
ICH HÄTTE IHM SO GERNE ERZÄHLT, DASS ICH CHUNIN GEWORDEN BIN...
TUT MIR LEID. ICH FÜHLE MICH HEUTE KOMISCH.
MIRAI, ZEIG MIR DEINE HAND.
MEINE HAND?

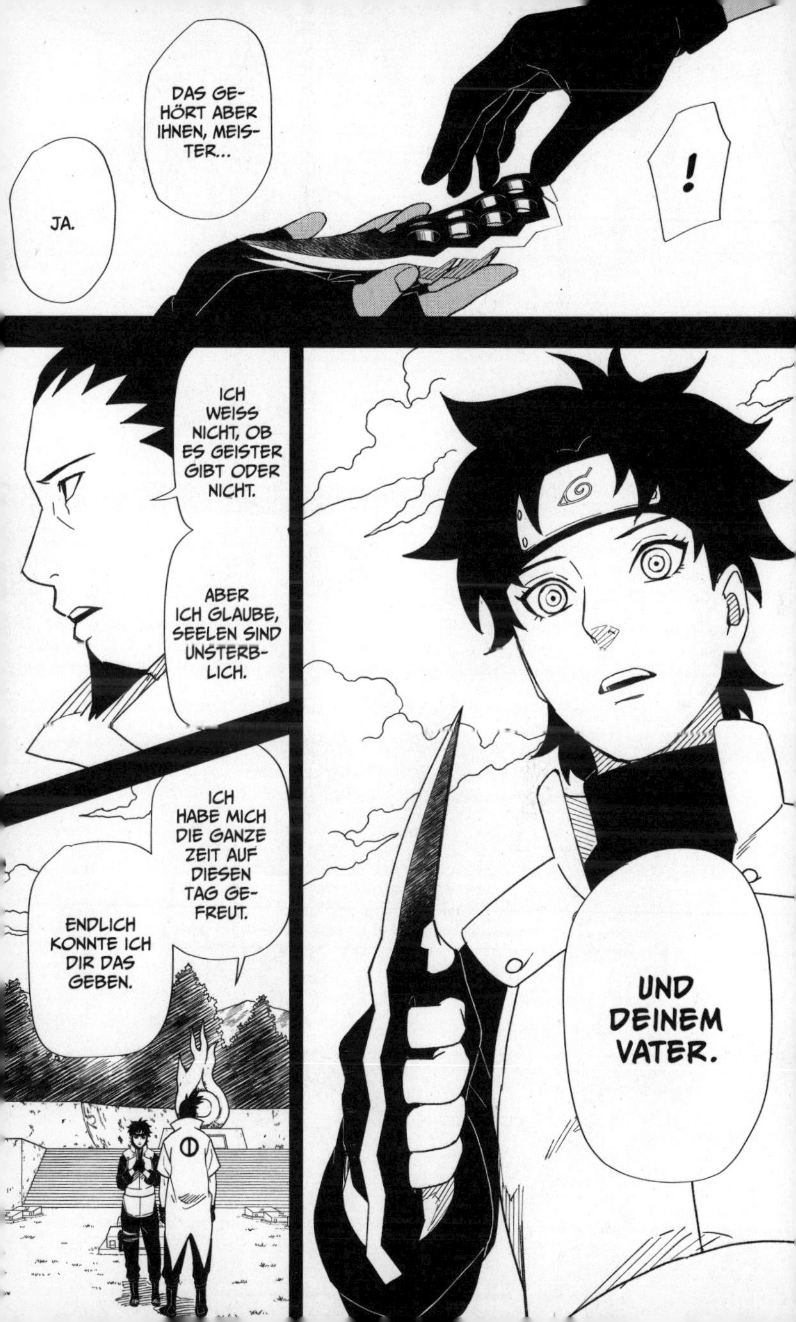
!
DAS GEHÖRT ABER IHNEN, MEISTER…
JA.
ICH WEISS NICHT, OB ES GEISTER GIBT ODER NICHT.
ABER ICH GLAUBE, SEELEN SIND UNSTERBLICH.
ICH HABE MICH DIE GANZE ZEIT AUF DIESEN TAG GEFREUT.
ENDLICH KONNTE ICH DIR DAS GEBEN.
UND DEINEM VATER.

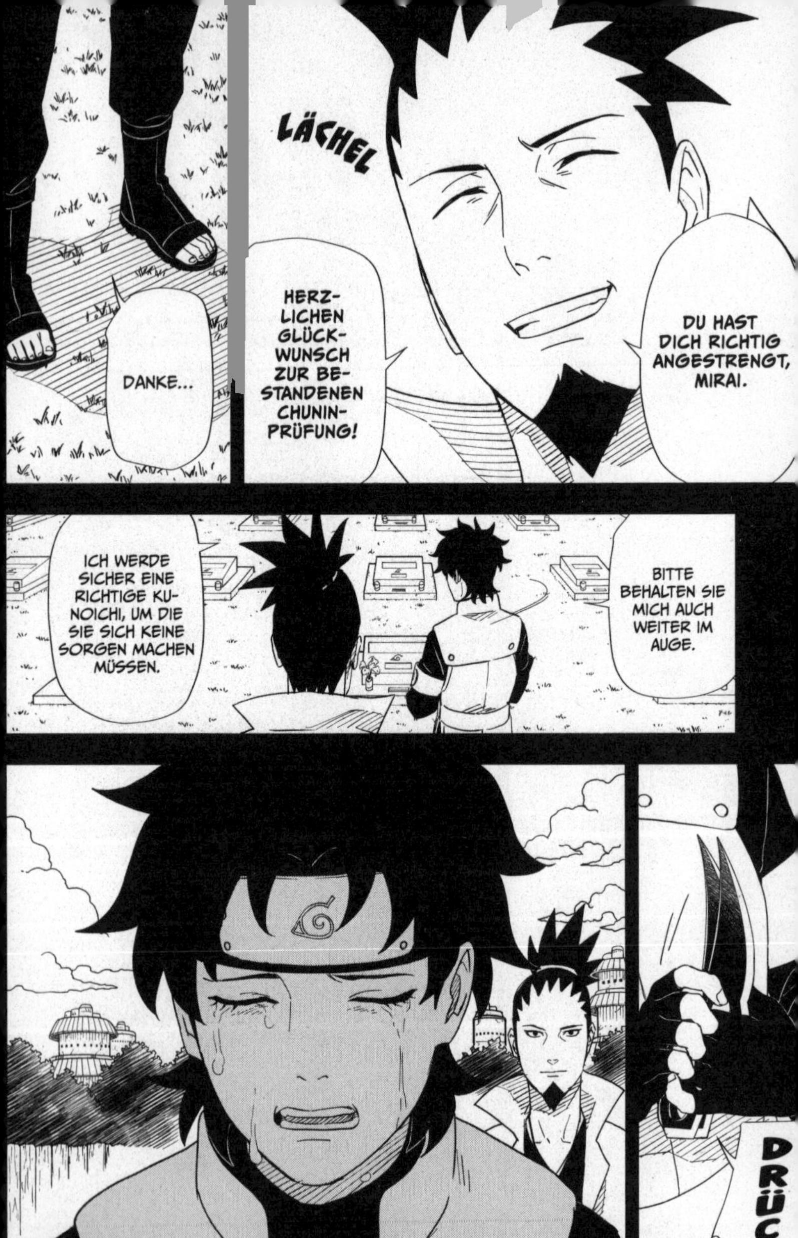
LÄCHEL
DU HAST DICH RICHTIG ANGESTRENGT, MIRAI.
HERZLICHEN GLÜCKWUNSCH ZUR BESTANDENEN CHUNINPRÜFUNG!
DANKE…
BITTE BEHALTEN SIE MICH AUCH WEITER IM AUGE.
ICH WERDE SICHER EINE RICHTIGE KUNOICHI, UM DIE SIE SICH KEINE SORGEN MACHEN MÜSSEN.
DRÜCK

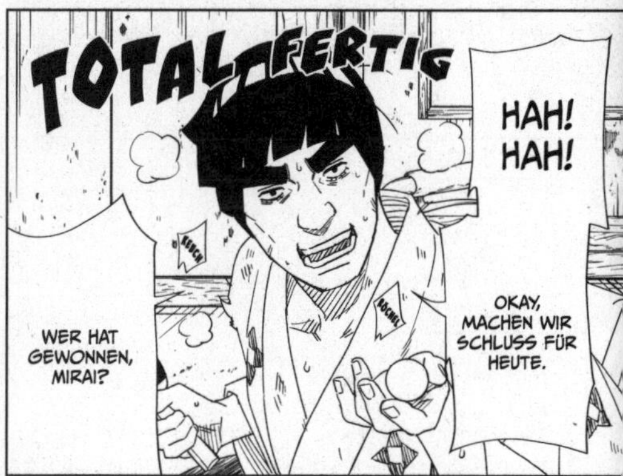
TOTAL FERTIG
HAH! HAH!
OKAY, MACHEN WIR SCHLUSS FÜR HEUTE.
WER HAT GEWONNEN, MIRAI?

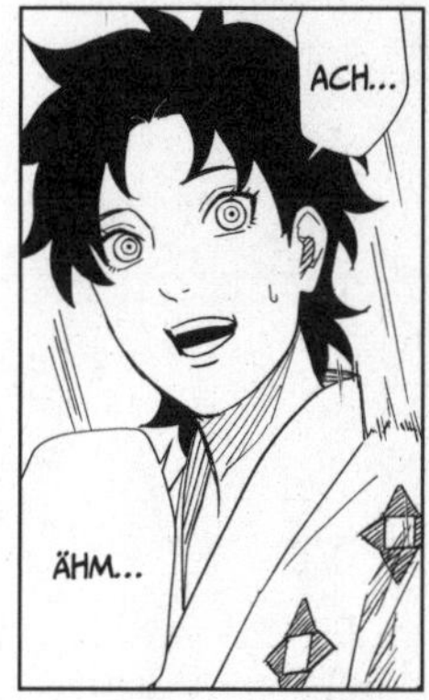
ACH...
ÄHM...

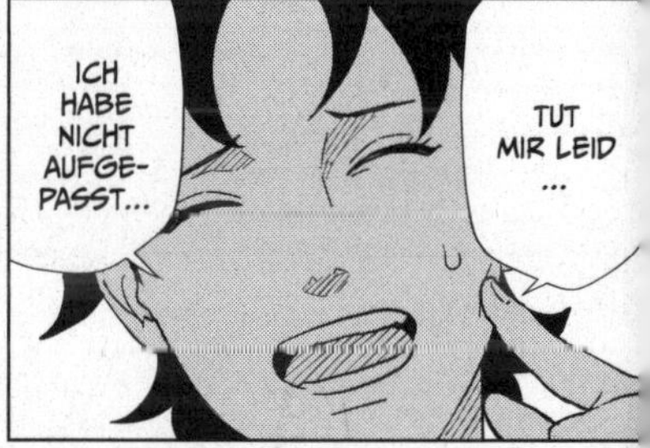
TUT MIR LEID ...
ICH HABE NICHT AUFGEPASST...

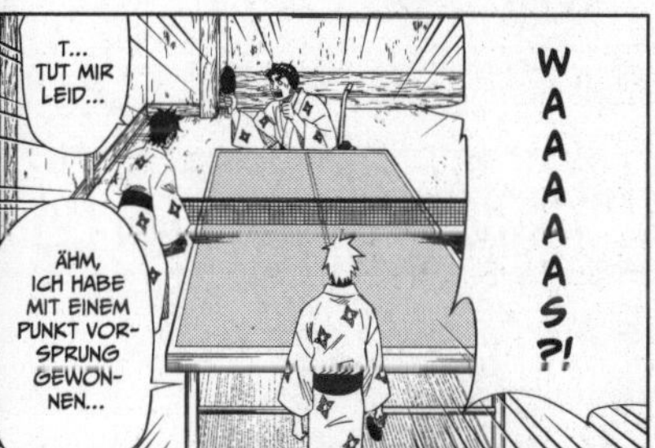
WAAAAAAS?!
T... TUT MIR LEID...
ÄHM, ICH HABE MIT EINEM PUNKT VORSPRUNG GEWONNEN...

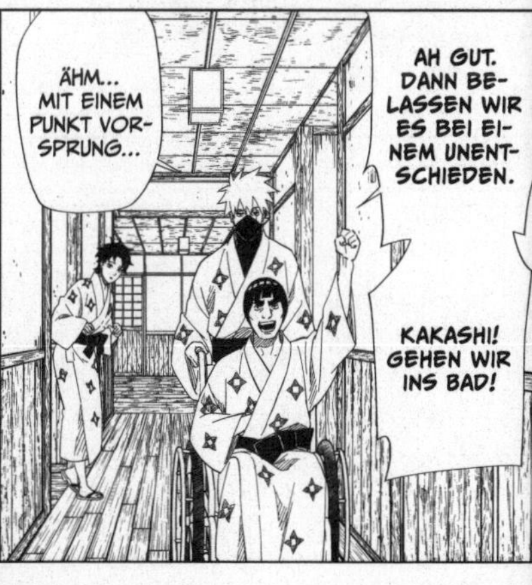
AH GUT. DANN BELASSEN WIR ES BEI EINEM UNENTSCHIEDEN.
ÄHM... MIT EINEM PUNKT VORSPRUNG...
KAKASHI! GEHEN WIR INS BAD!

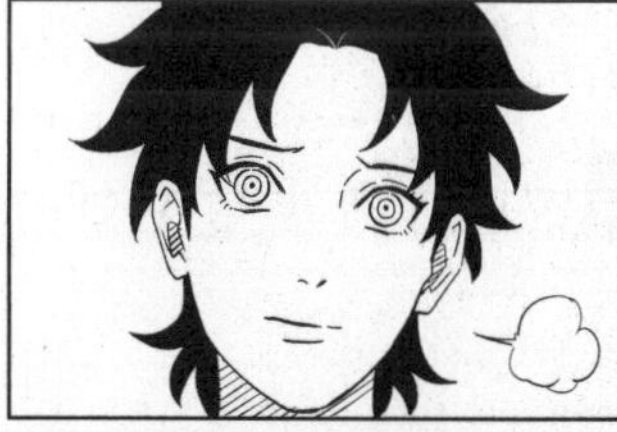

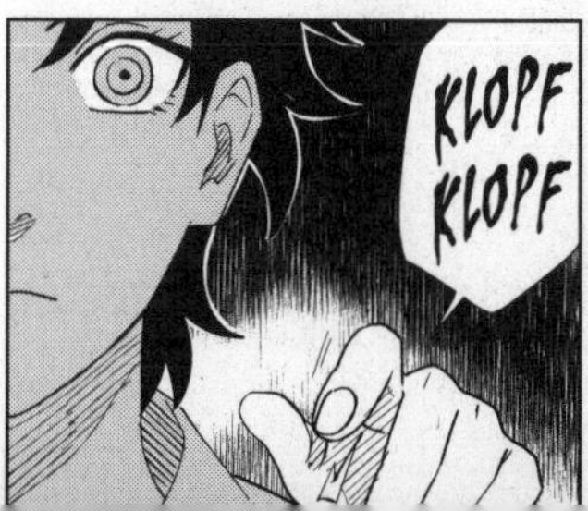
KLOPF KLOPF

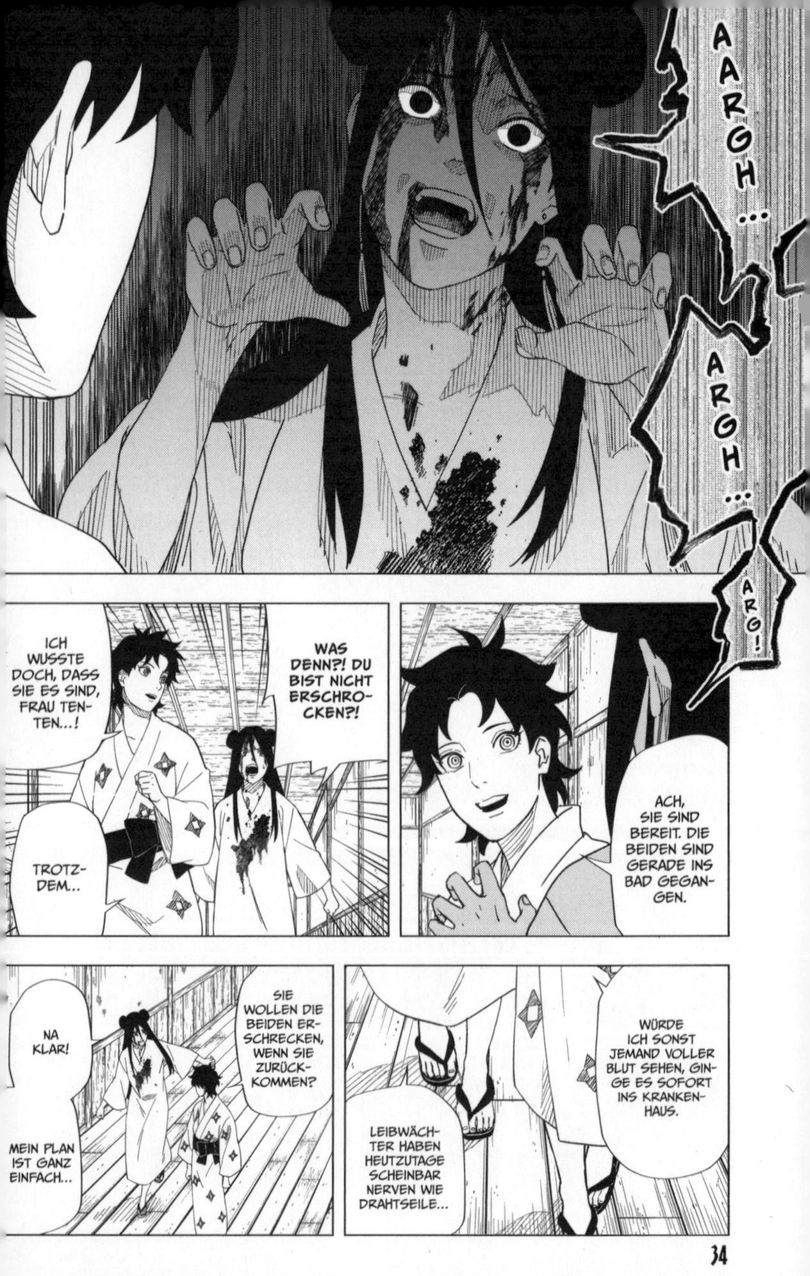

AARGH ... ARGH ... ARG!

ACH, SIE SIND BEREIT. DIE BEIDEN SIND GERADE INS BAD GEGANGEN.

WAS DENN?! DU BIST NICHT ERSCHROCKEN?!

ICH WUSSTE DOCH, DASS SIE ES SIND, FRAU TENTEN...!

TROTZDEM...

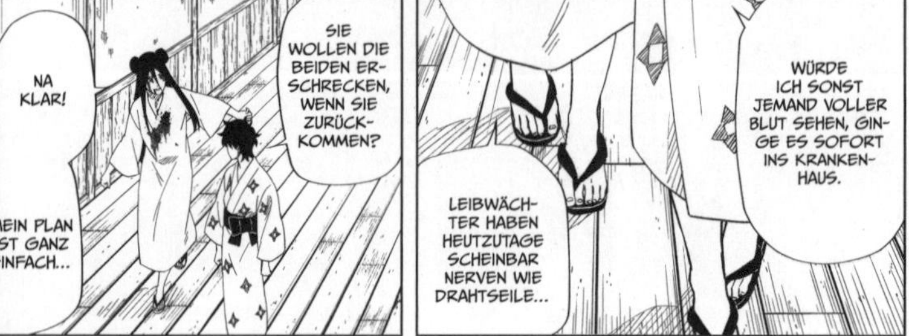

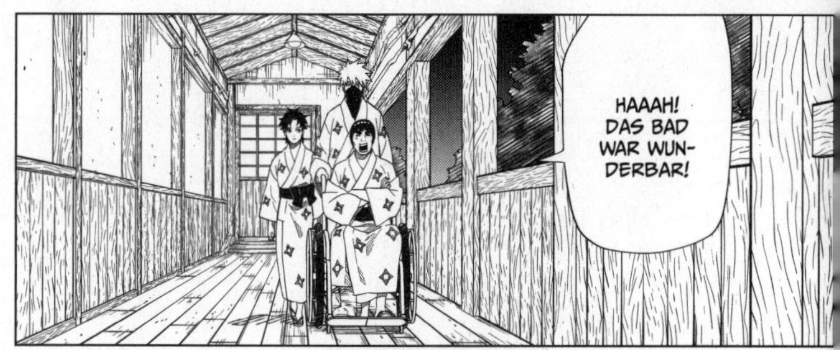
HAAAH!
DAS BAD
WAR WUN-
DERBAR!

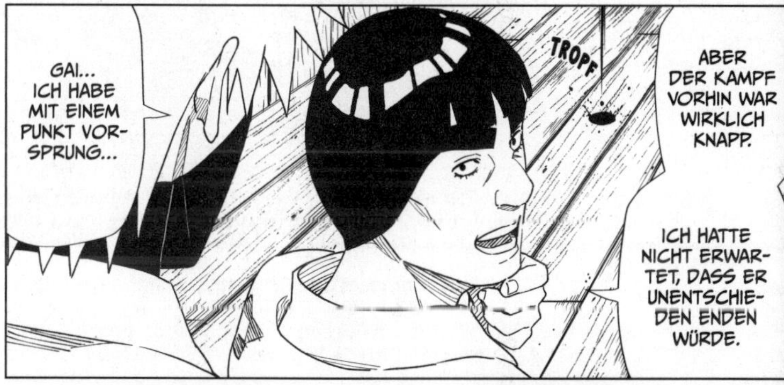
ABER
DER KAMPF
VORHIN WAR
WIRKLICH
KNAPP.
TROPF
ICH HATTE
NICHT ERWAR-
TET, DASS ER
UNENTSCHIE-
DEN ENDEN
WÜRDE.
GAI…
ICH HABE
MIT EINEM
PUNKT VOR-
SPRUNG…

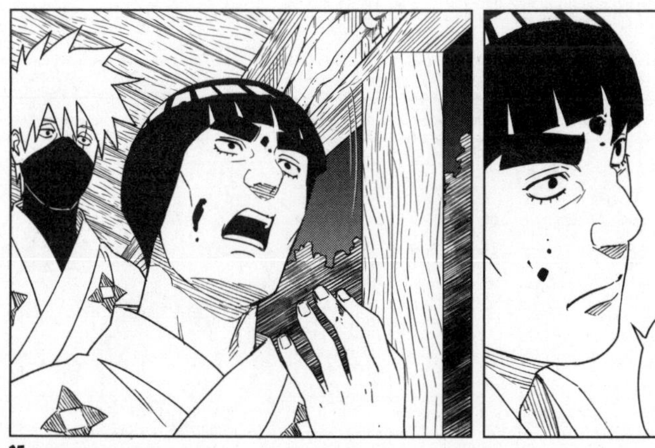
TROPF
HM?

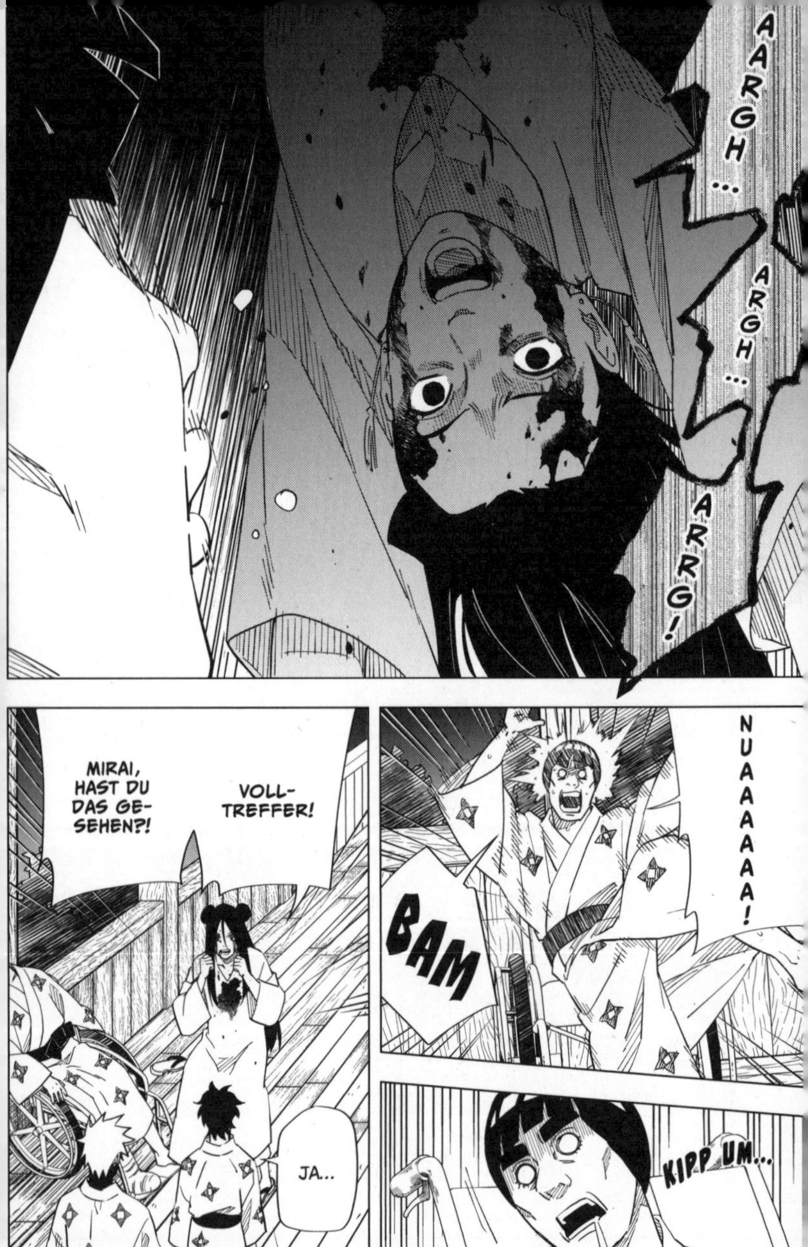
AARGH...
ARGH...
ARRG!
NUAAAAAAAA!
BAM
KIPP UM...
VOLL-
TREFFER!
MIRAI,
HAST DU
DAS GE-
SEHEN?!
JA...

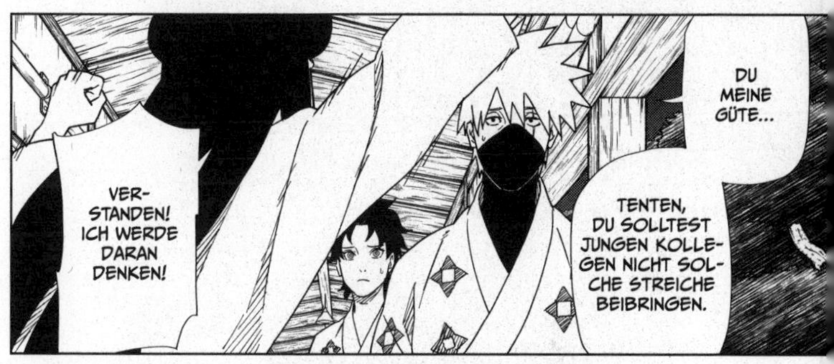
DU MEINE GÜTE...
TENTEN, DU SOLLTEST JUNGEN KOLLEGEN NICHT SOLCHE STREICHE BEIBRINGEN.
VERSTANDEN! ICH WERDE DARAN DENKEN!

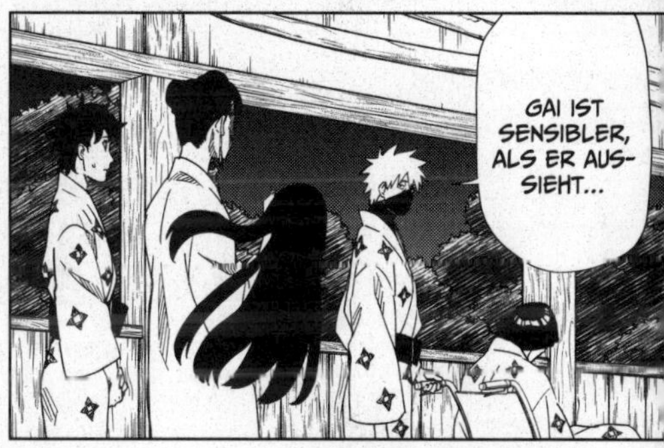
GAI IST SENSIBLER, ALS ER AUSSIEHT...

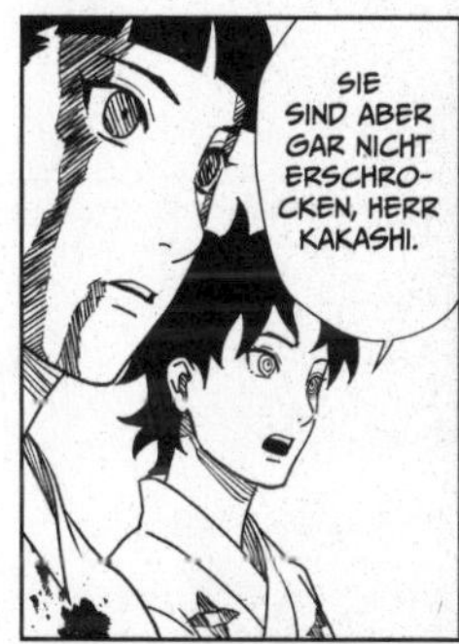
SIE SIND ABER GAR NICHT ERSCHROCKEN, HERR KAKASHI.

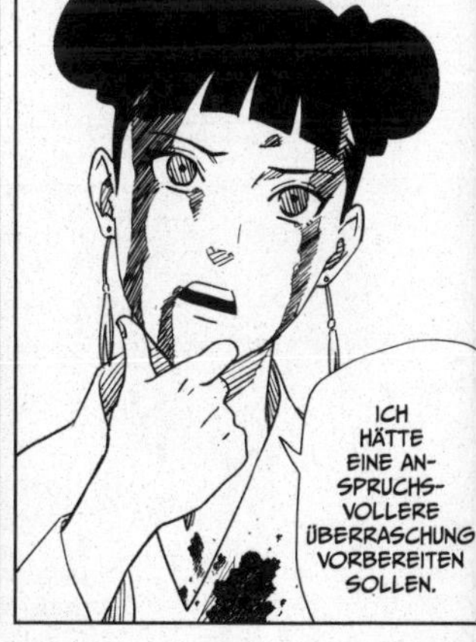
ICH HÄTTE EINE ANSPRUCHSVOLLERE ÜBERRASCHUNG VORBEREITEN SOLLEN.

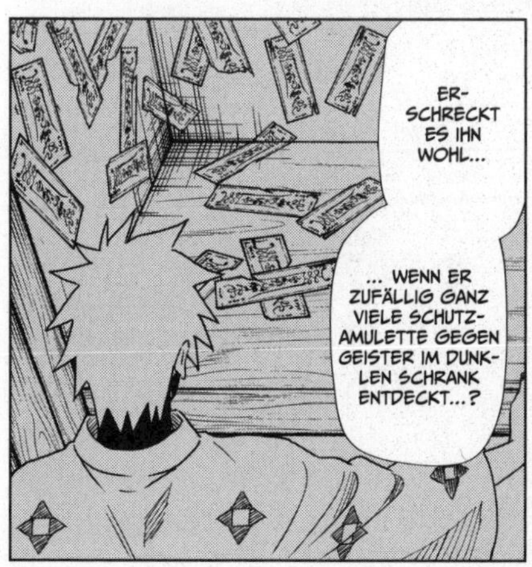
ERSCHRECKT ES IHN WOHL...
... WENN ER ZUFÄLLIG GANZ VIELE SCHUTZAMULETTE GEGEN GEISTER IM DUNKLEN SCHRANK ENTDECKT...?

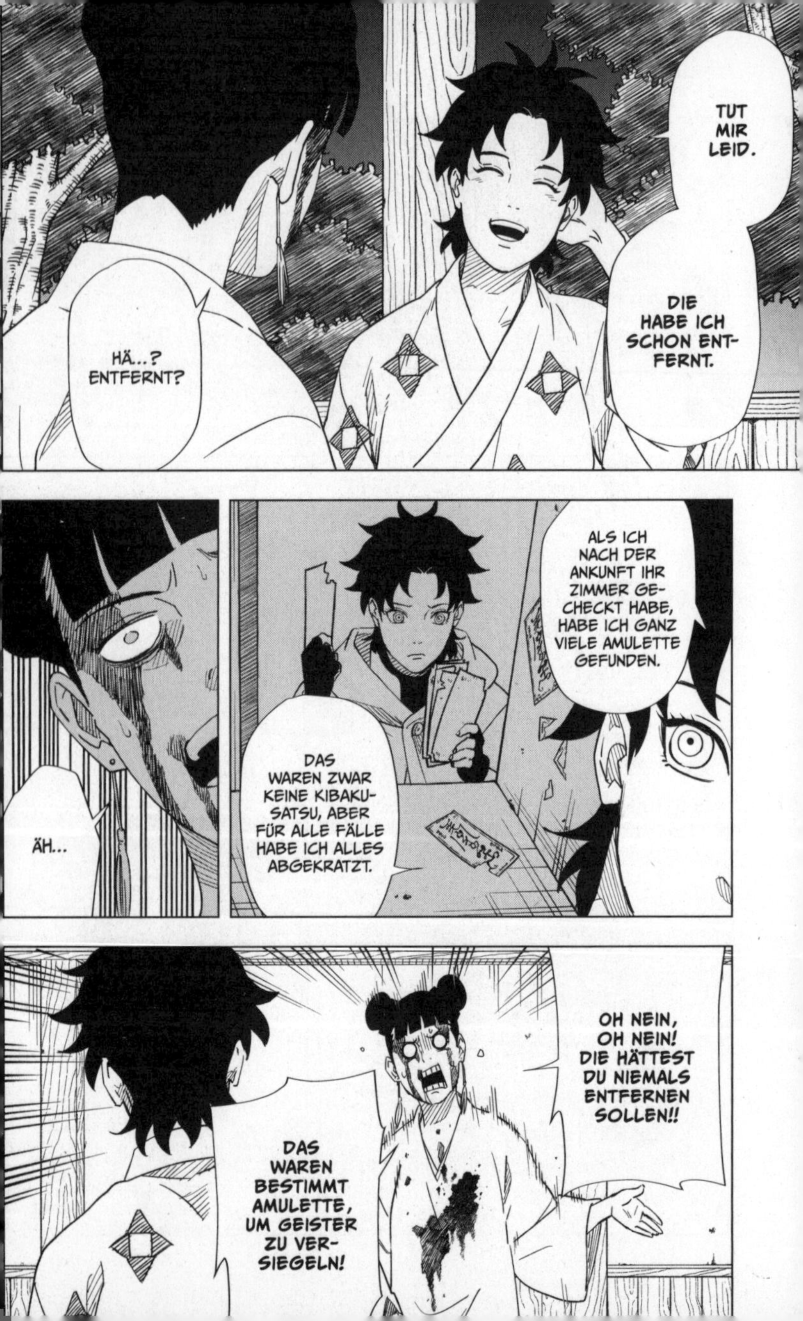

TUT MIR LEID.
DIE HABE ICH SCHON ENTFERNT.
HÄ...? ENTFERNT?

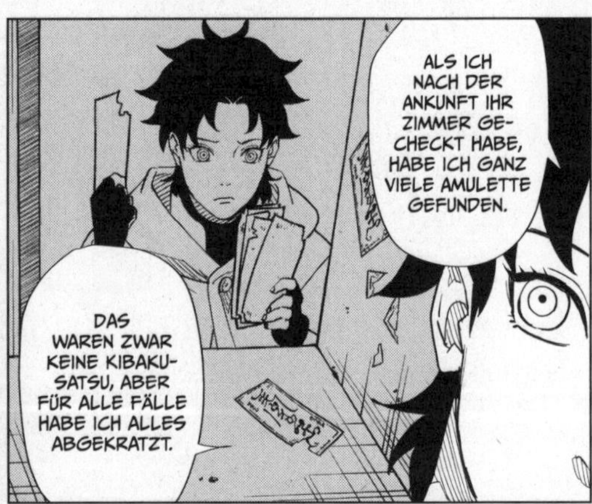

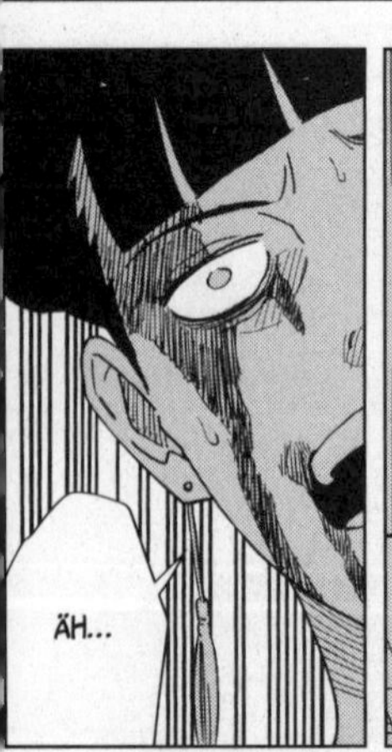

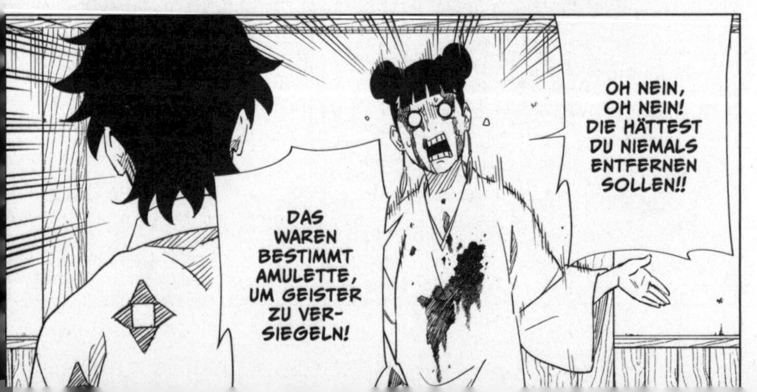

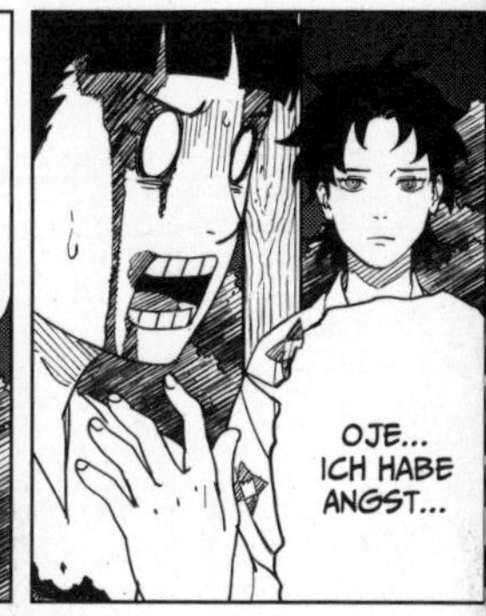
OJE... ICH HABE ANGST...

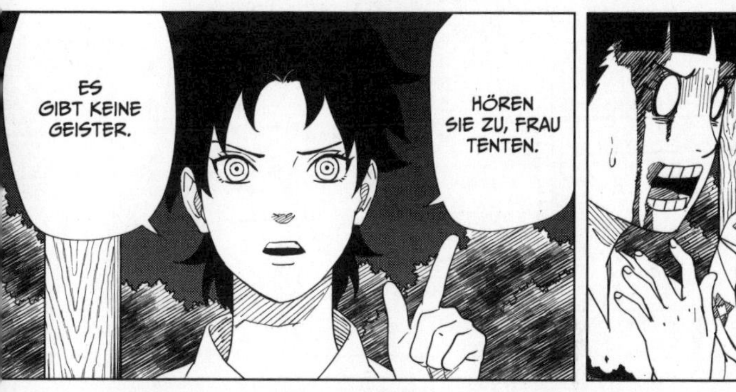
HÖREN SIE ZU, FRAU TENTEN.
ES GIBT KEINE GEISTER.

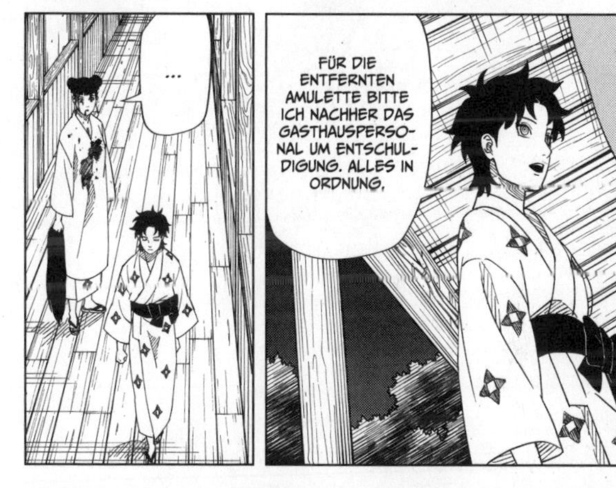
FÜR DIE ENTFERNTEN AMULETTE BITTE ICH NACHHER DAS GASTHAUSPERSONAL UM ENTSCHULDIGUNG. ALLES IN ORDNUNG.
...

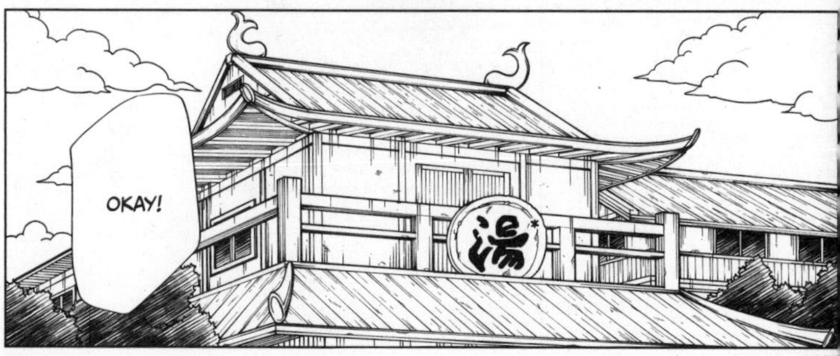
OKAY!
湯*

* BAD

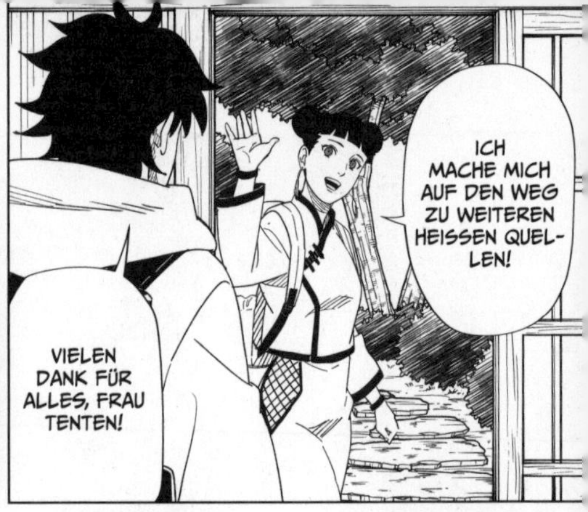
ICH MACHE MICH AUF DEN WEG ZU WEITEREN HEISSEN QUELLEN!
VIELEN DANK FÜR ALLES, FRAU TENTEN!

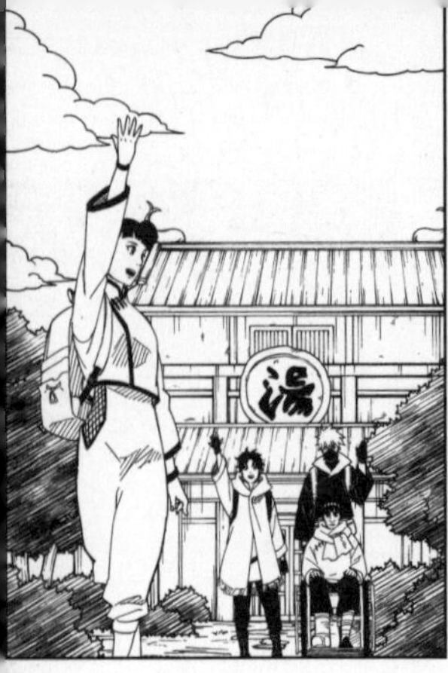

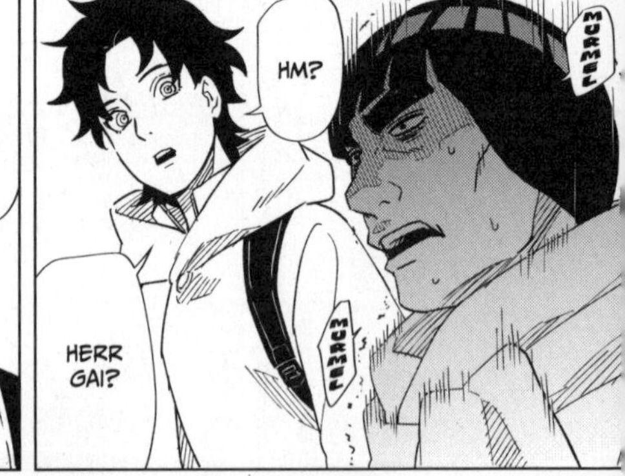
MURMEL
HM?
HERR GAI?
MURMEL

SEIT GESTERN IST ER SO...

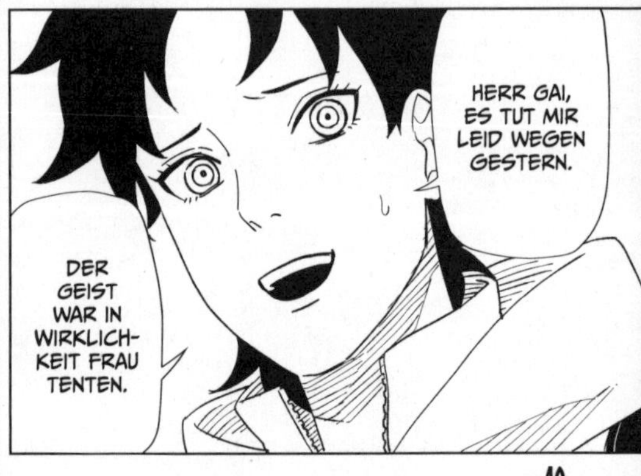
HERR GAI, ES TUT MIR LEID WEGEN GESTERN.
DER GEIST WAR IN WIRKLICHKEIT FRAU TENTEN.

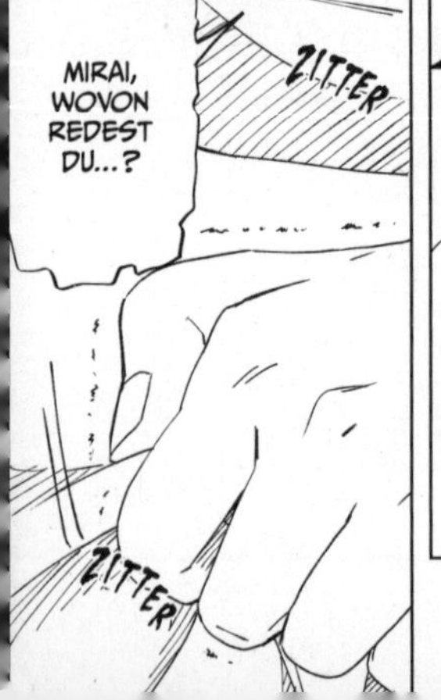
ZITTER
MIRAI, WOVON REDEST DU...?
ZITTER

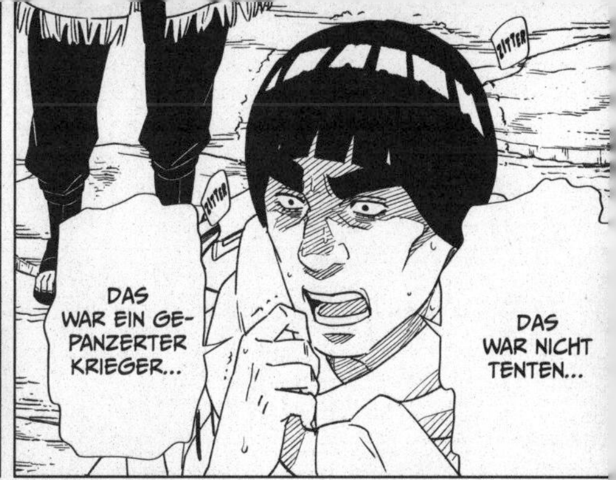
ZITTER
ZITTER
DAS WAR NICHT TENTEN...
DAS WAR EIN GEPANZERTER KRIEGER...

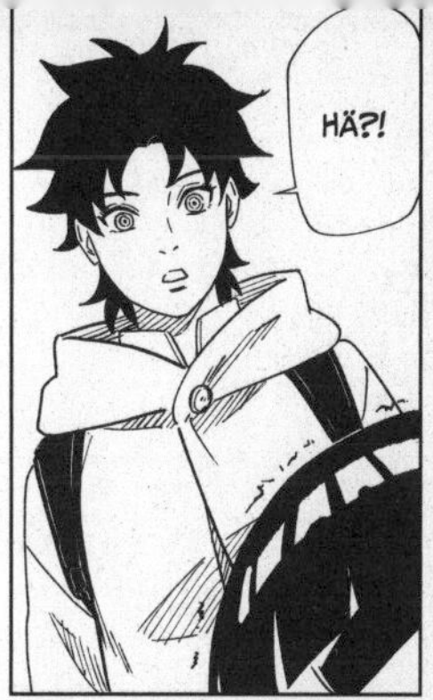
HÄ?!

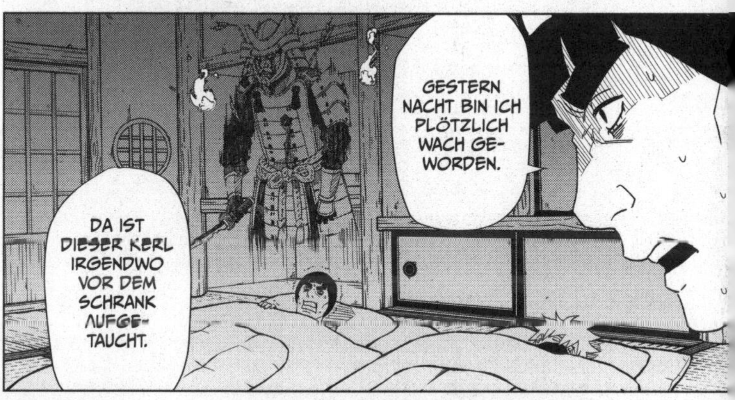
GESTERN NACHT BIN ICH PLÖTZLICH WACH GEWORDEN.
DA IST DIESER KERL IRGENDWO VOR DEM SCHRANK AUFGETAUCHT.

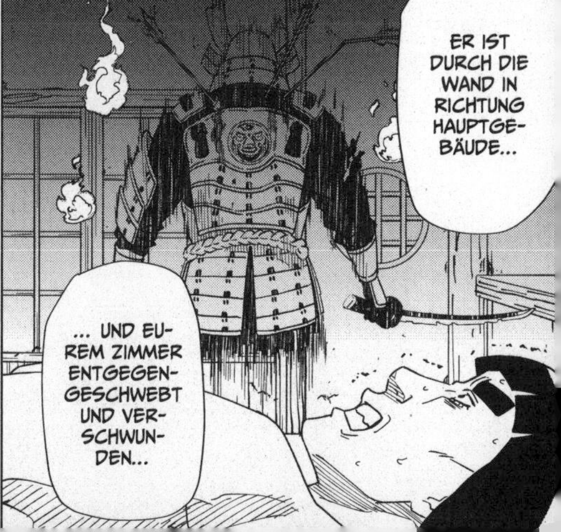
ER IST DURCH DIE WAND IN RICHTUNG HAUPTGEBÄUDE...
... UND EUREM ZIMMER ENTGEGENGESCHWEBT UND VERSCHWUNDEN...

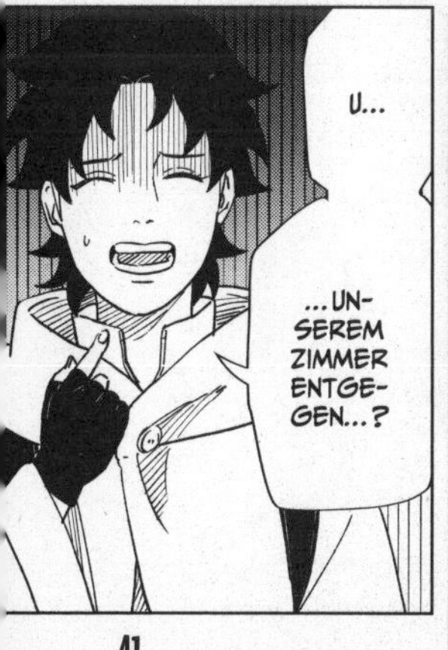
U...
...UNSEREM ZIMMER ENTGEGEN...?

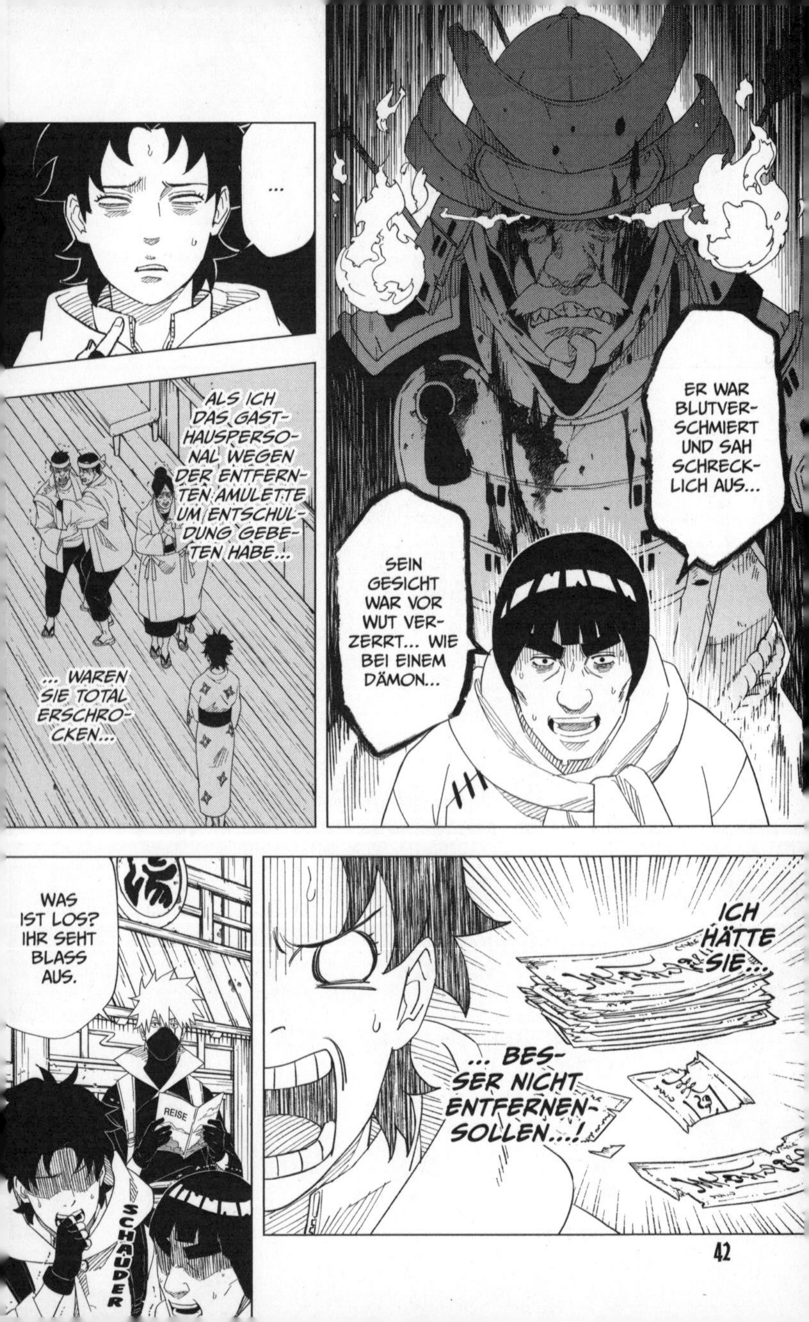

ER WAR BLUTVER-SCHMIERT UND SAH SCHRECK-LICH AUS...
SEIN GESICHT WAR VOR WUT VER-ZERRT... WIE BEI EINEM DÄMON...

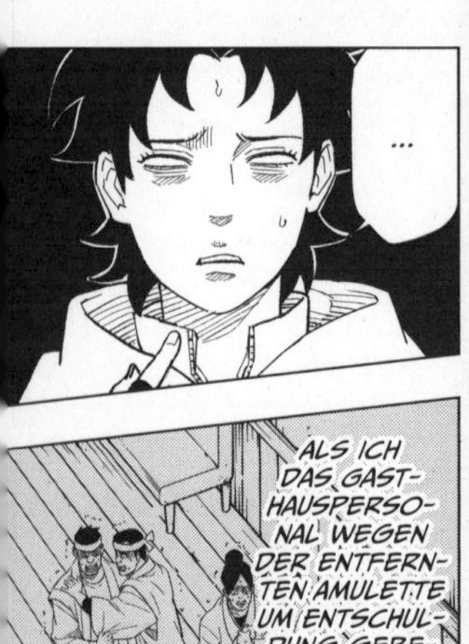

ALS ICH DAS GAST-HAUSPERSO-NAL WEGEN DER ENTFERN-TEN AMULETTE UM ENTSCHUL-DUNG GEBE-TEN HABE...
... WAREN SIE TOTAL ERSCHRO-CKEN...

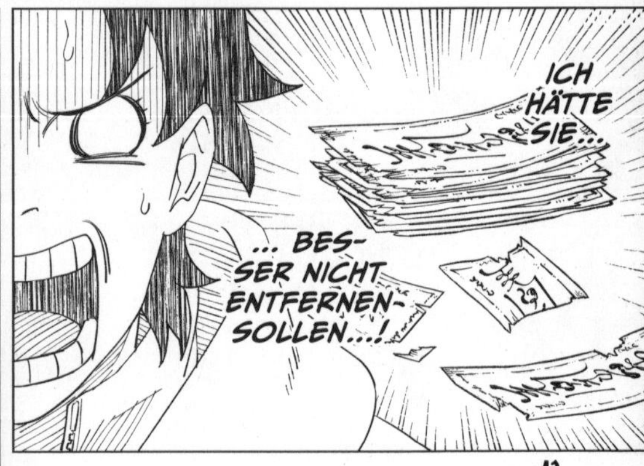

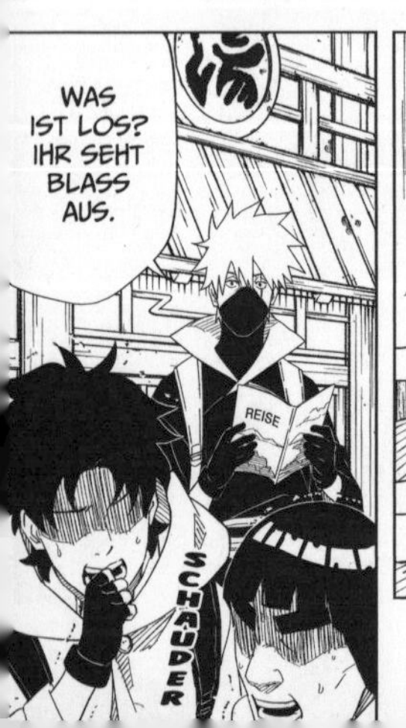

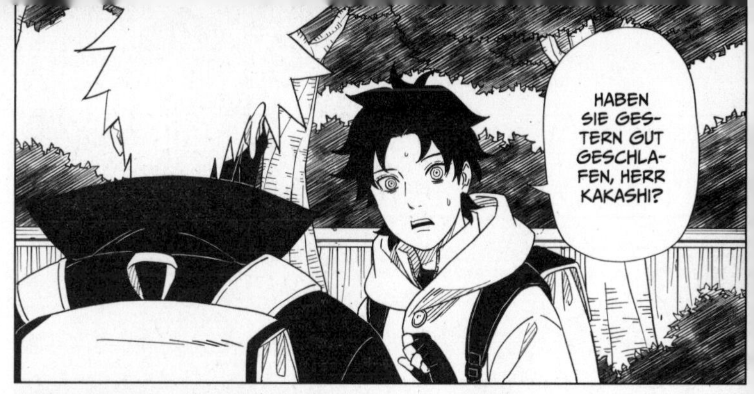
HABEN SIE GESTERN GUT GESCHLAFEN, HERR KAKASHI?

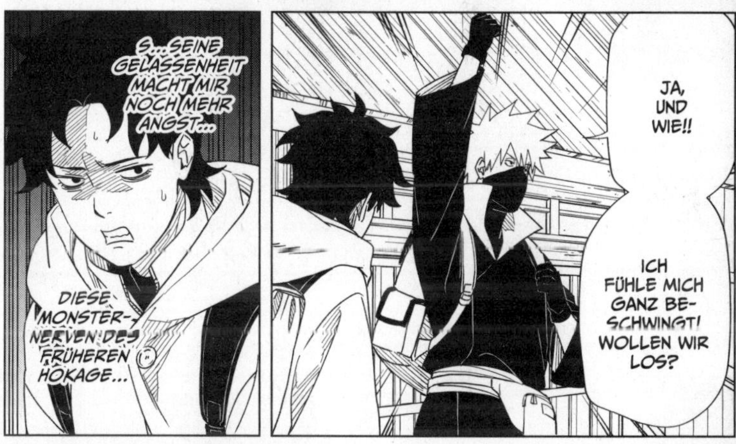
JA, UND WIE!!
ICH FÜHLE MICH GANZ BESCHWINGT! WOLLEN WIR LOS?
S... SEINE GELASSENHEIT MACHT MIR NOCH MEHR ANGST...
DIESE MONSTERNERVEN DES FRÜHEREN HOKAGE...

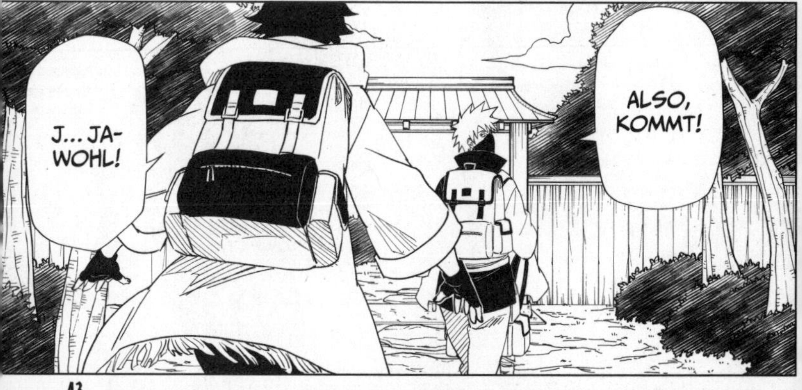
ALSO, KOMMT!
J... JAWOHL!

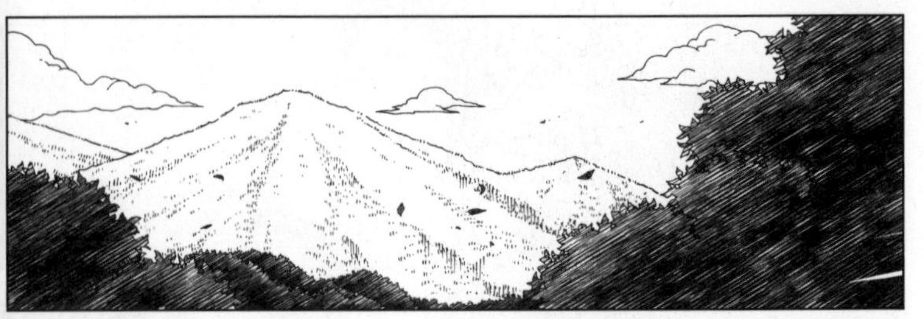

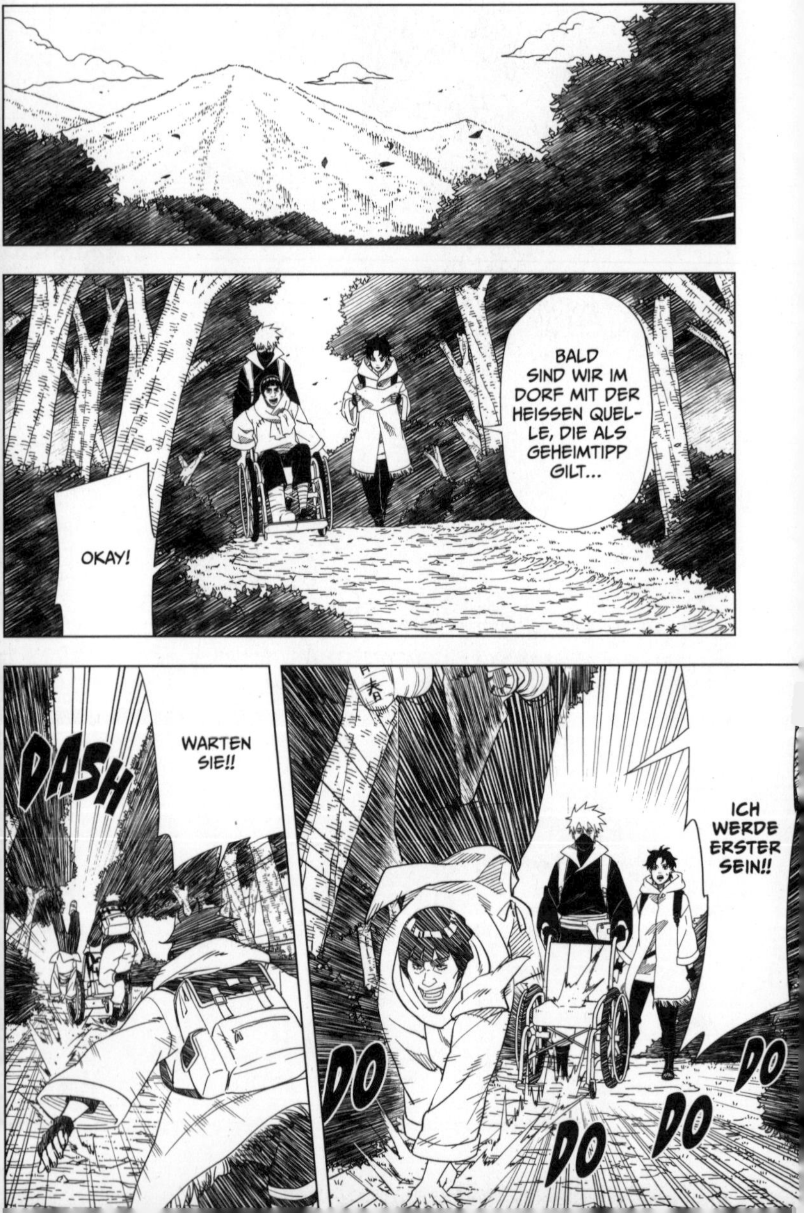

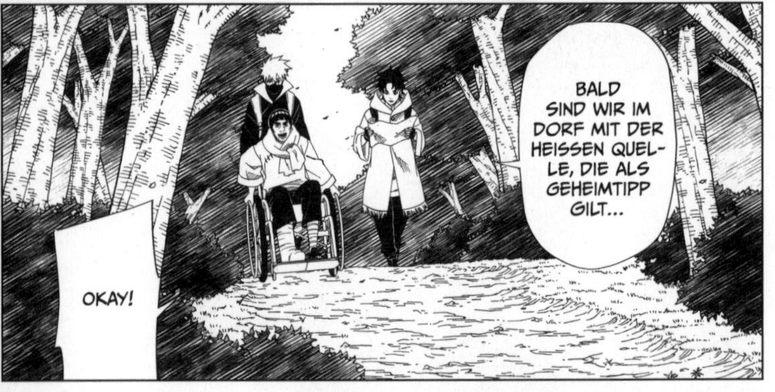

ICH WERDE ERSTER SEIN!!

DO DO DO DO

WARTEN SIE!!

DASH

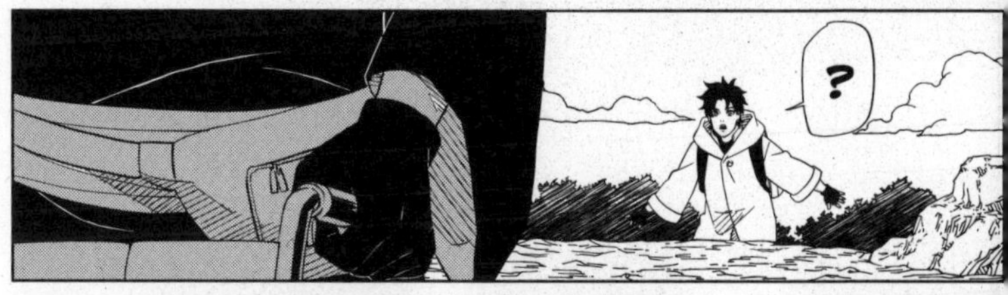
?

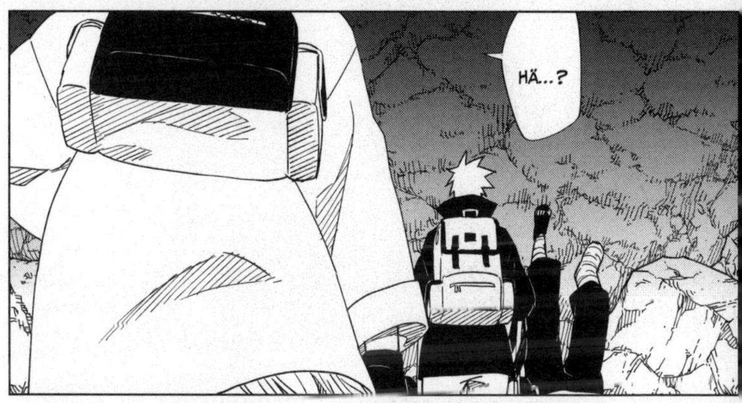
HÄ...?

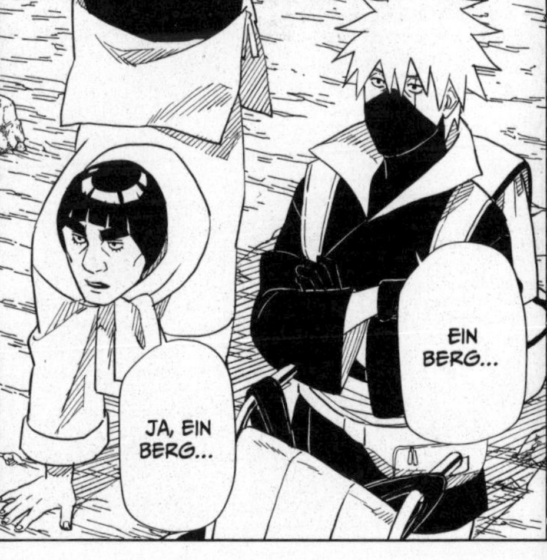
EIN BERG...
JA, EIN BERG...

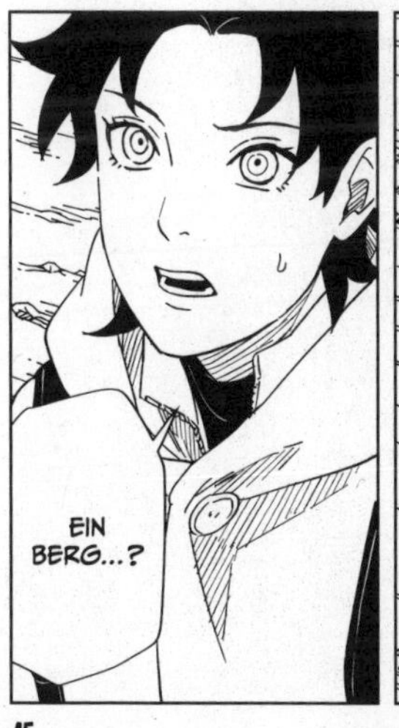
EIN BERG...?

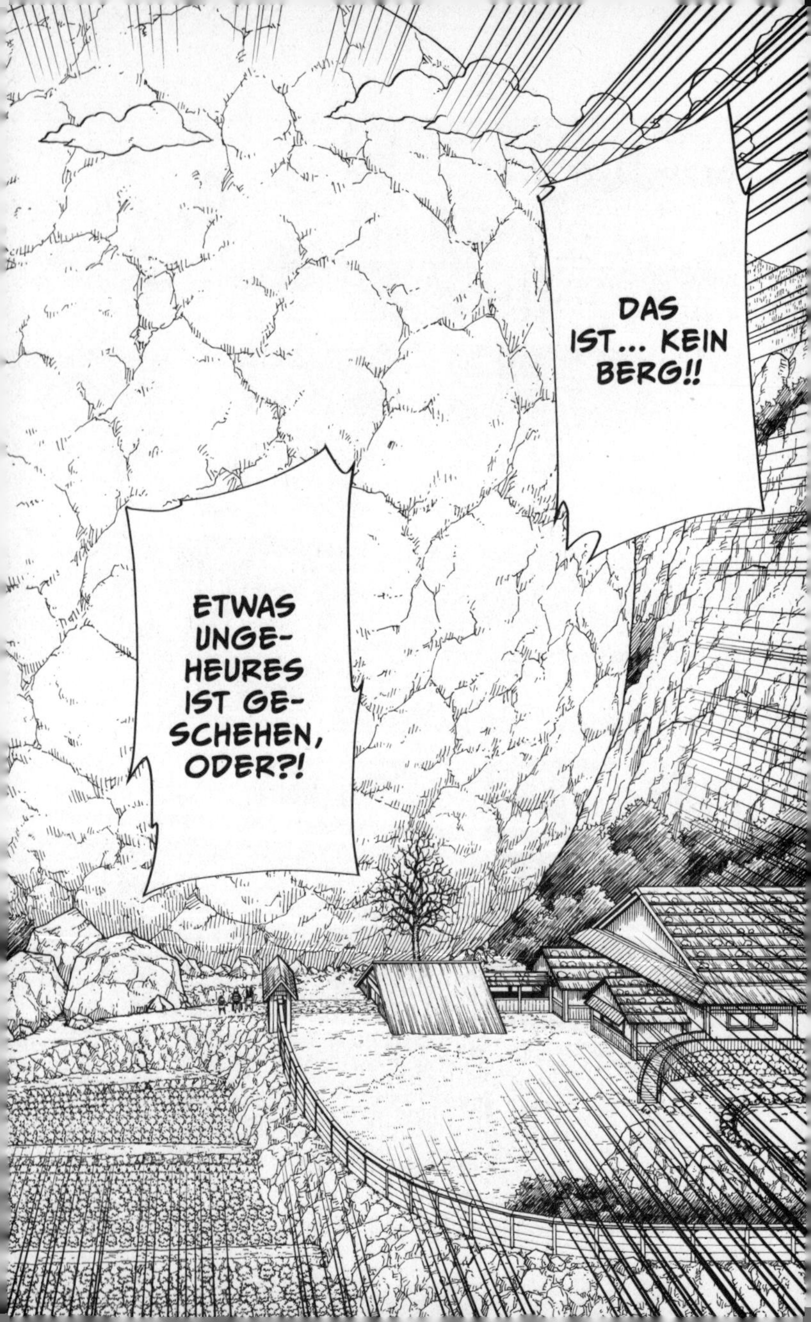
DAS IST... KEIN BERG!!
ETWAS UNGE-HEURES IST GE-SCHEHEN, ODER?!

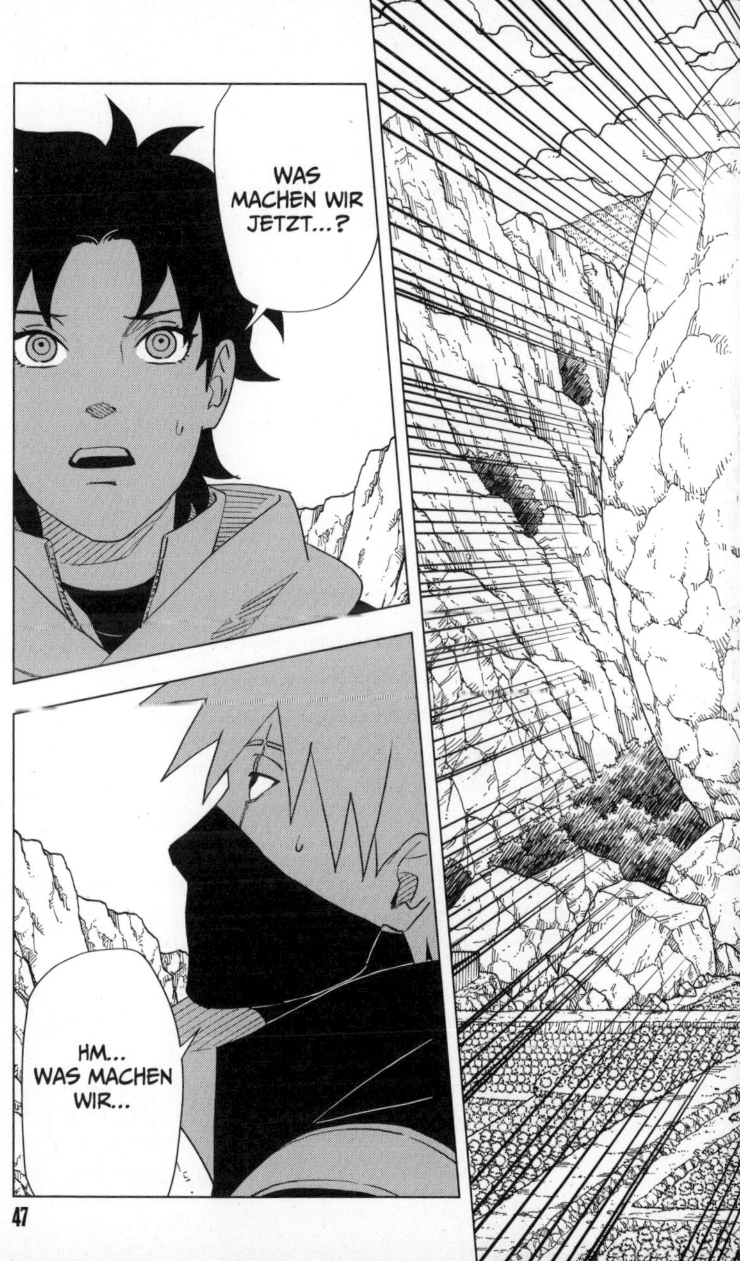
WAS MACHEN WIR JETZT...?
HM... WAS MACHEN WIR...

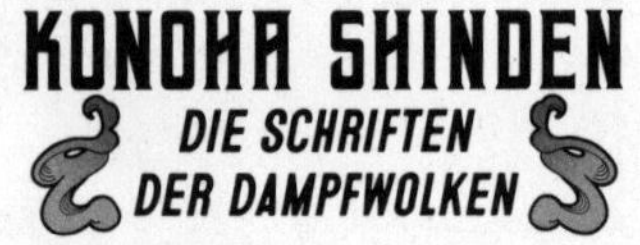
KONOHA SHINDEN
DIE SCHRIFTEN
DER DAMPFWOLKEN

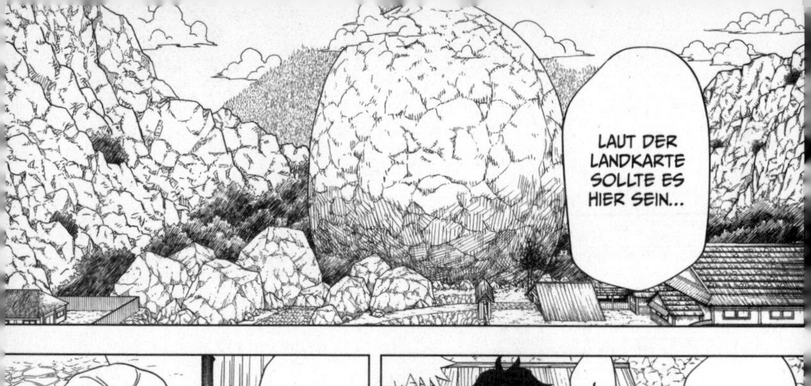

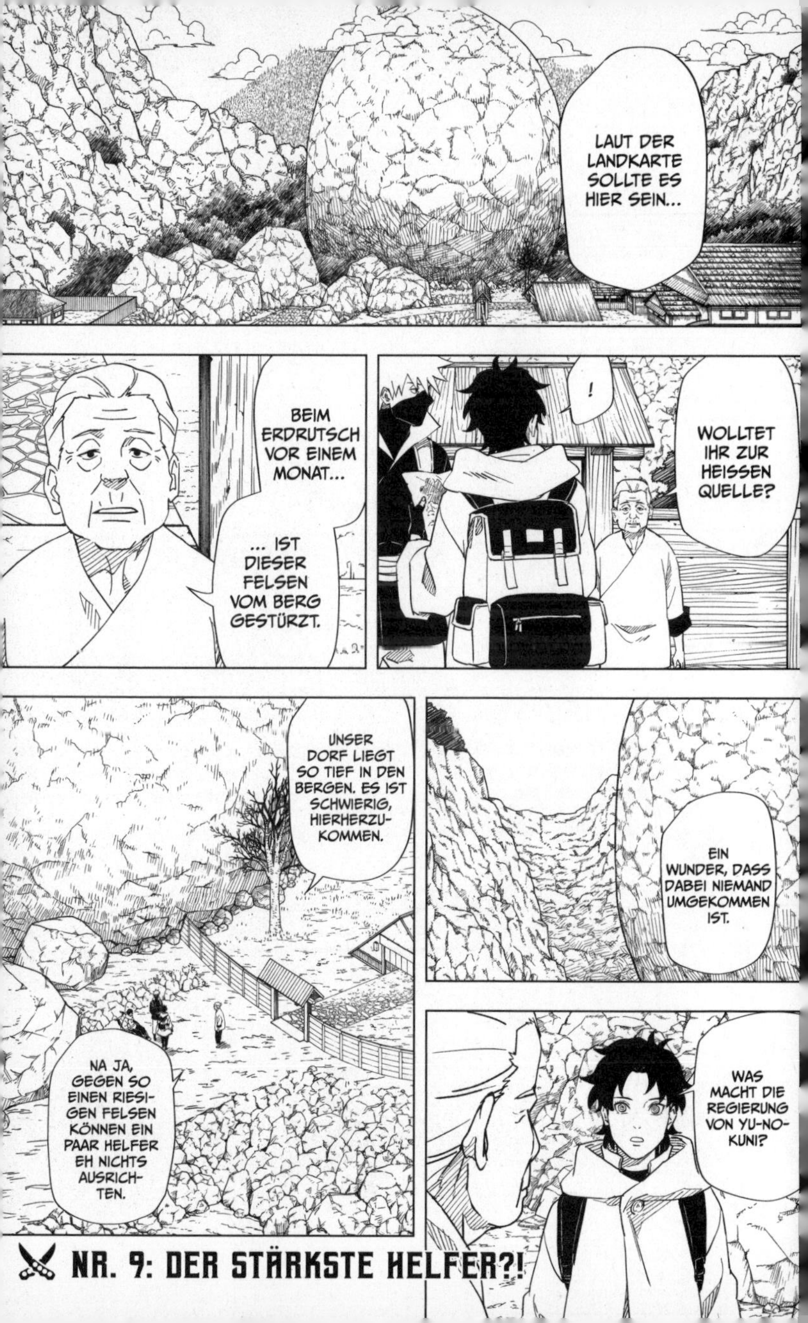

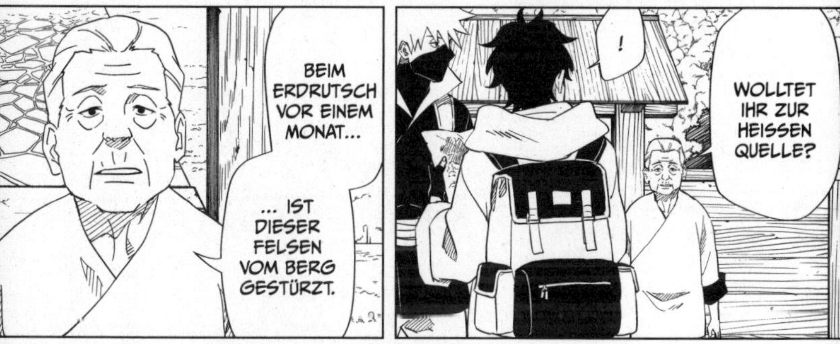

EIN WUNDER, DASS DABEI NIEMAND UMGEKOMMEN IST.

UNSER DORF LIEGT SO TIEF IN DEN BERGEN. ES IST SCHWIERIG, HIERHERZUKOMMEN.

WAS MACHT DIE REGIERUNG VON YU-NO-KUNI?

NA JA, GEGEN SO EINEN RIESIGEN FELSEN KÖNNEN EIN PAAR HELFER EH NICHTS AUSRICHTEN.

NR. 9: DER STÄRKSTE HELFER?!

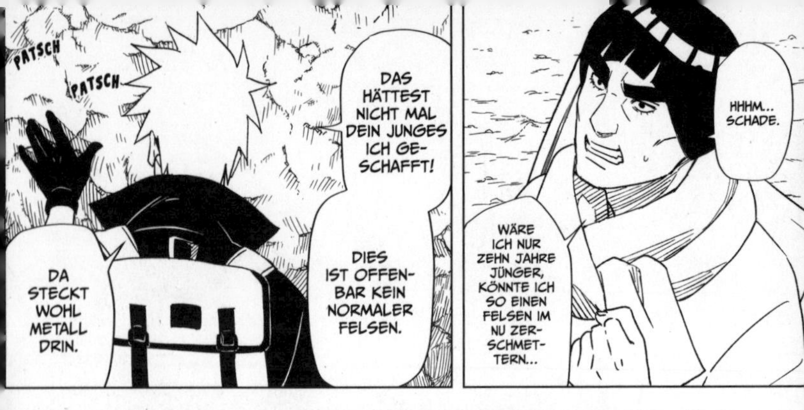
HHHM.. SCHADE.
WÄRE ICH NUR ZEHN JAHRE JÜNGER, KÖNNTE ICH SO EINEN FELSEN IM NU ZERSCHMETTERN...
DAS HÄTTEST NICHT MAL DEIN JUNGES ICH GESCHAFFT!
DIES IST OFFENBAR KEIN NORMALER FELSEN.
PATSCH
PATSCH
DA STECKT WOHL METALL DRIN.

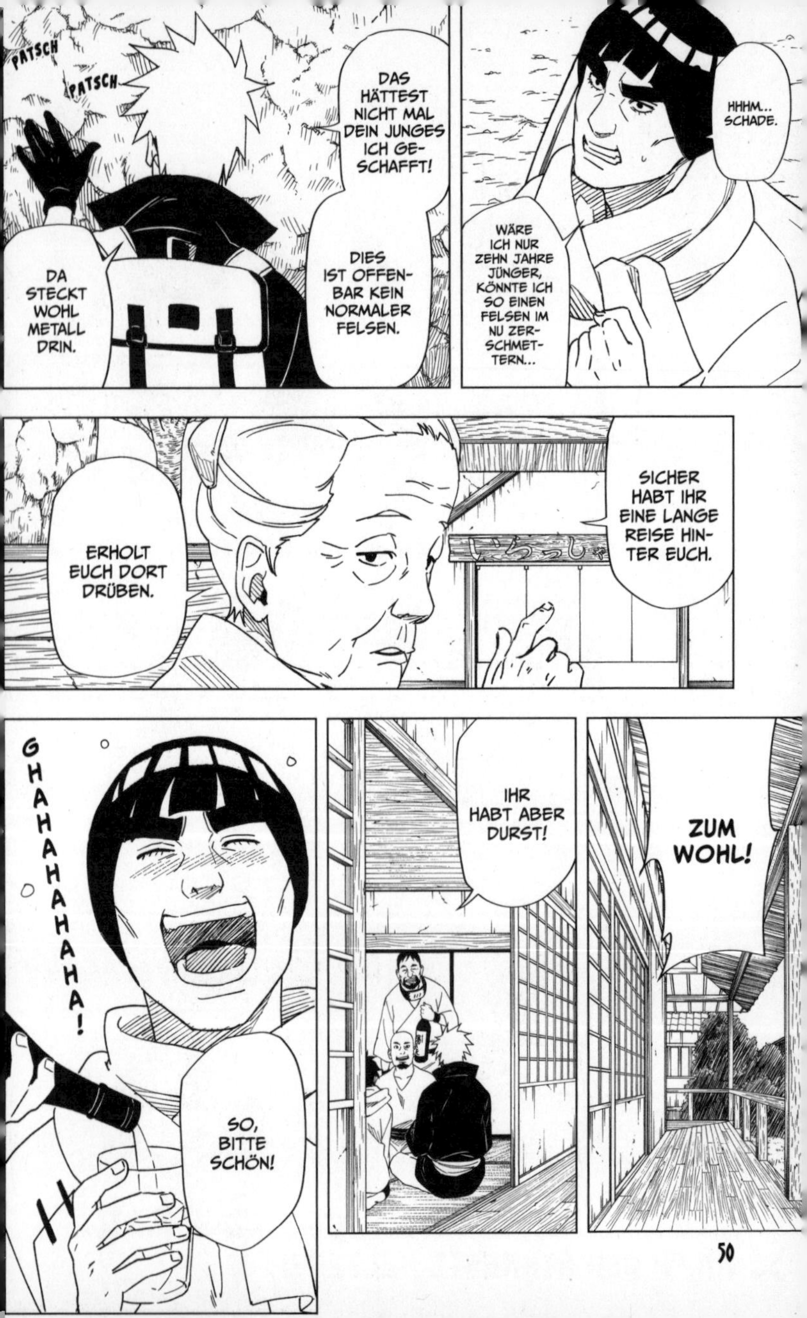

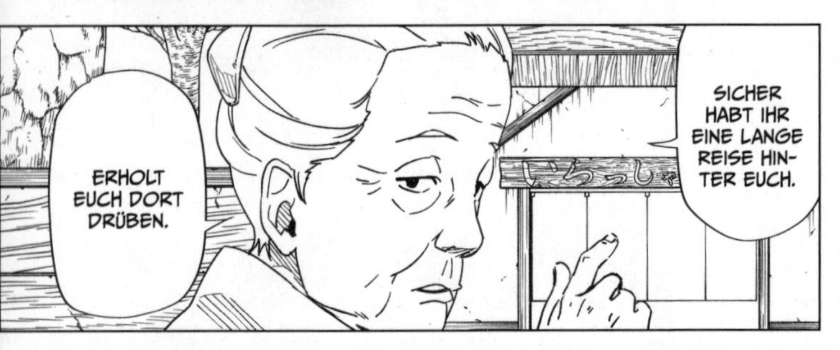
SICHER HABT IHR EINE LANGE REISE HINTER EUCH.
ERHOLT EUCH DORT DRÜBEN.

ZUM WOHL!
IHR HABT ABER DURST!
GHAHAHAHAHA!
SO, BITTE SCHÖN!

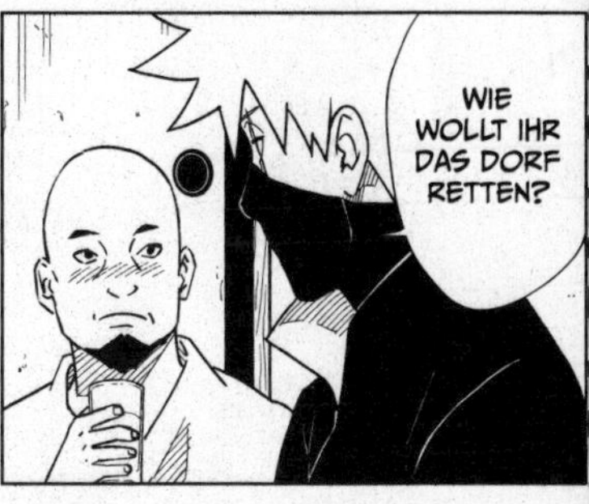
WIE WOLLT IHR DAS DORF RETTEN?

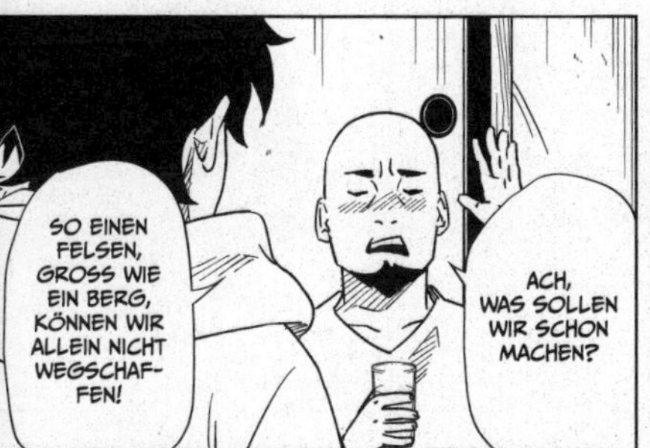
ACH, WAS SOLLEN WIR SCHON MACHEN?
SO EINEN FELSEN, GROSS WIE EIN BERG, KÖNNEN WIR ALLEIN NICHT WEGSCHAFFEN!

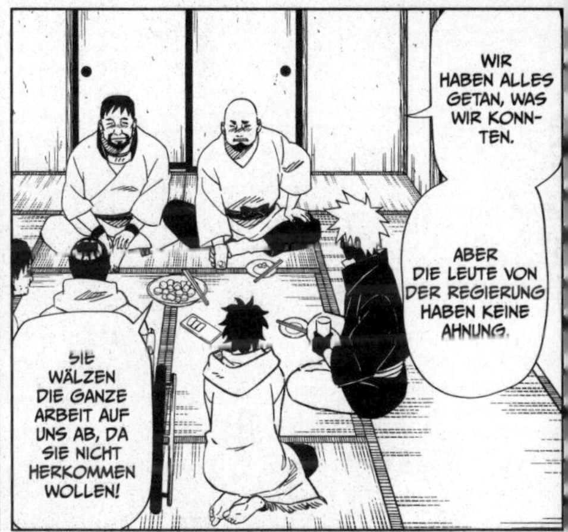
WIR HABEN ALLES GETAN, WAS WIR KONNTEN.
ABER DIE LEUTE VON DER REGIERUNG HABEN KEINE AHNUNG.
SIE WÄLZEN DIE GANZE ARBEIT AUF UNS AB, DA SIE NICHT HERKOMMEN WOLLEN!

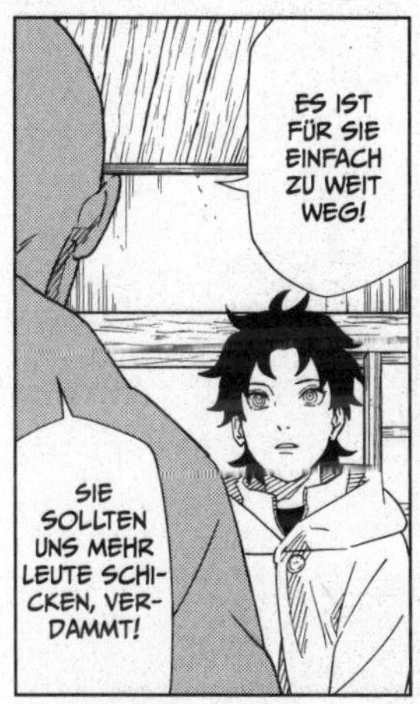
ES IST FÜR SIE EINFACH ZU WEIT WEG!
SIE SOLLTEN UNS MEHR LEUTE SCHICKEN, VERDAMMT!

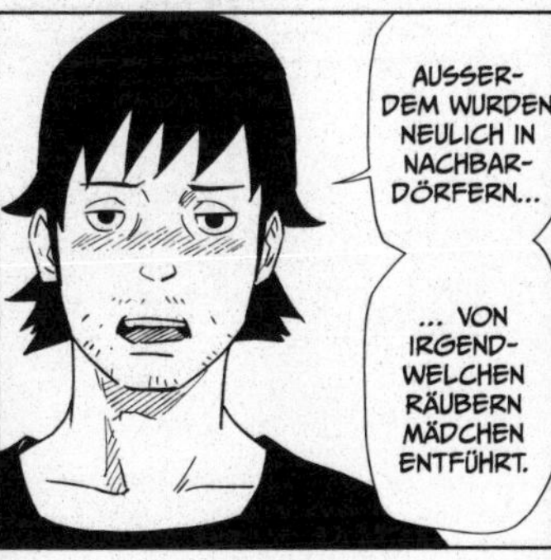
AUSSERDEM WURDEN NEULICH IN NACHBARDÖRFERN...
... VON IRGENDWELCHEN RÄUBERN MÄDCHEN ENTFÜHRT.

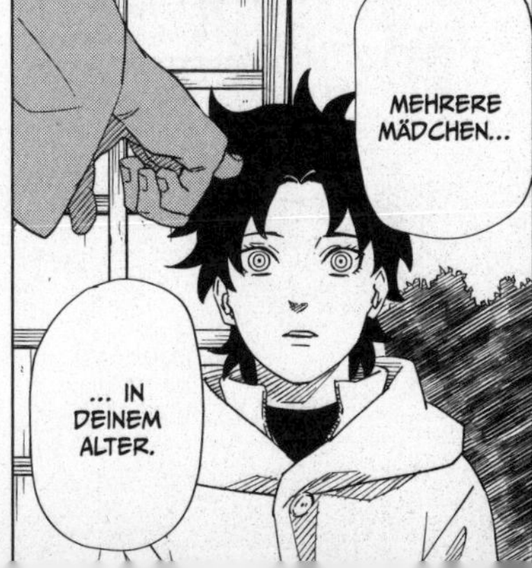
MEHRERE MÄDCHEN...
... IN DEINEM ALTER.

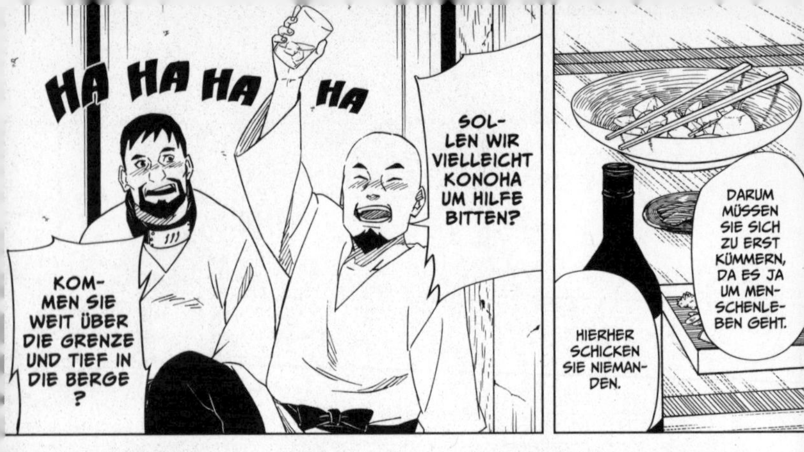
DARUM MÜSSEN SIE SICH ZU ERST KÜMMERN, DA ES JA UM MENSCHENLEBEN GEHT.
HIERHER SCHICKEN SIE NIEMANDEN.
HA HA HA HA
SOLLEN WIR VIELLEICHT KONOHA UM HILFE BITTEN?
KOMMEN SIE WEIT ÜBER DIE GRENZE UND TIEF IN DIE BERGE?

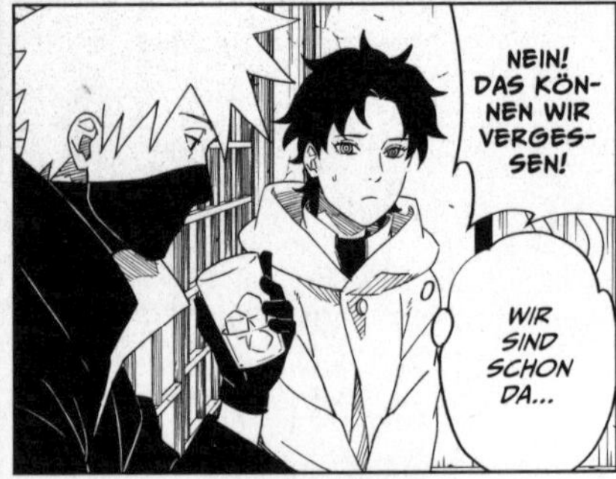
NEIN! DAS KÖNNEN WIR VERGESSEN!
WIR SIND SCHON DA...

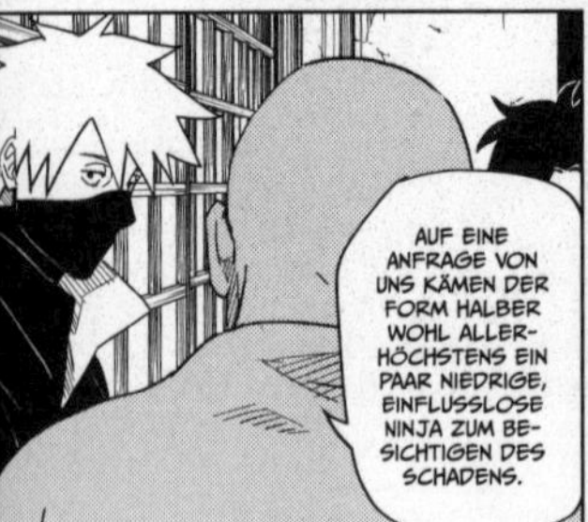
AUF EINE ANFRAGE VON UNS KÄMEN DER FORM HALBER WOHL ALLERHÖCHSTENS EIN PAAR NIEDRIGE, EINFLUSSLOSE NINJA ZUM BESICHTIGEN DES SCHADENS.

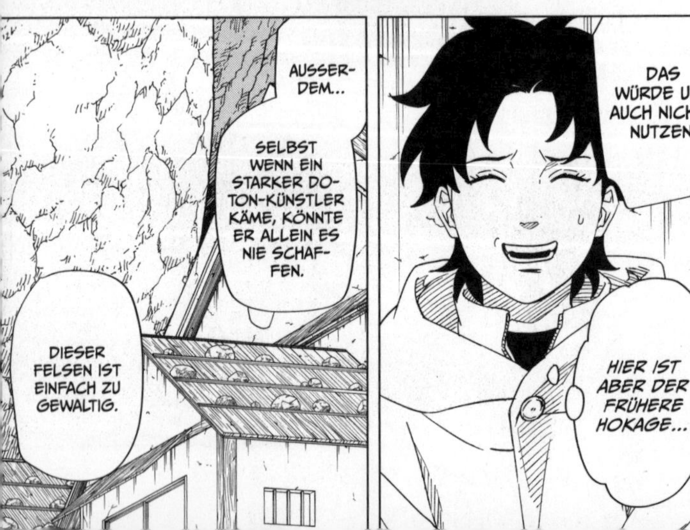
DAS WÜRDE UNS AUCH NICHTS NUTZEN.
HIER IST ABER DER FRÜHERE HOKAGE...
AUSSERDEM...
SELBST WENN EIN STARKER DOTON-KÜNSTLER KÄME, KÖNNTE ER ALLEIN ES NIE SCHAFFEN.
DIESER FELSEN IST EINFACH ZU GEWALTIG.

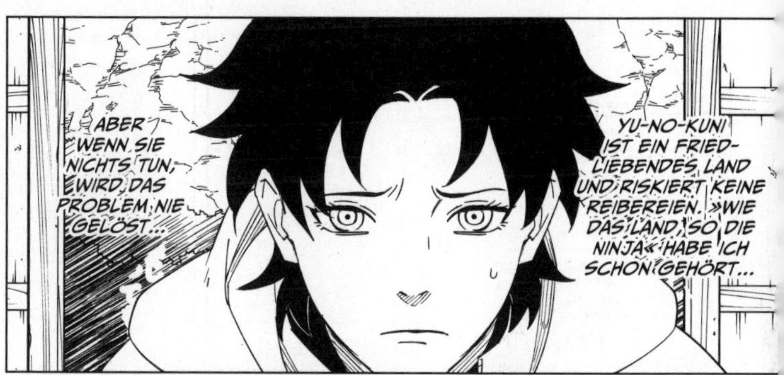
YU-NO-KUNI IST EIN FRIEDLIEBENDES LAND UND RISKIERT KEINE REIBEREIEN. »WIE DAS LAND, SO DIE NINJA« HABE ICH SCHON GEHÖRT...
ABER WENN SIE NICHTS TUN, WIRD DAS PROBLEM NIE GELÖST...

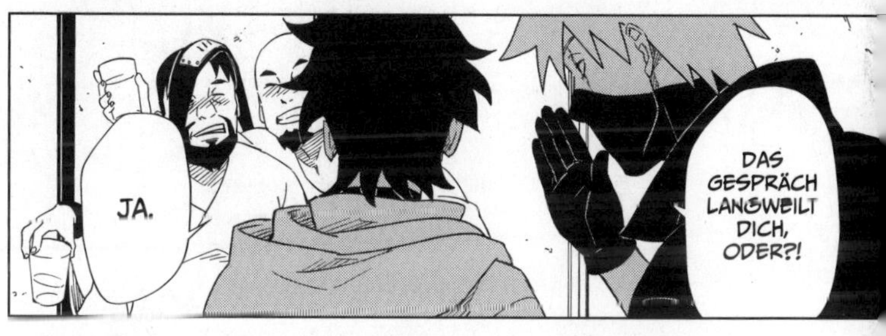
DAS GESPRÄCH LANGWEILT DICH, ODER?!
JA.

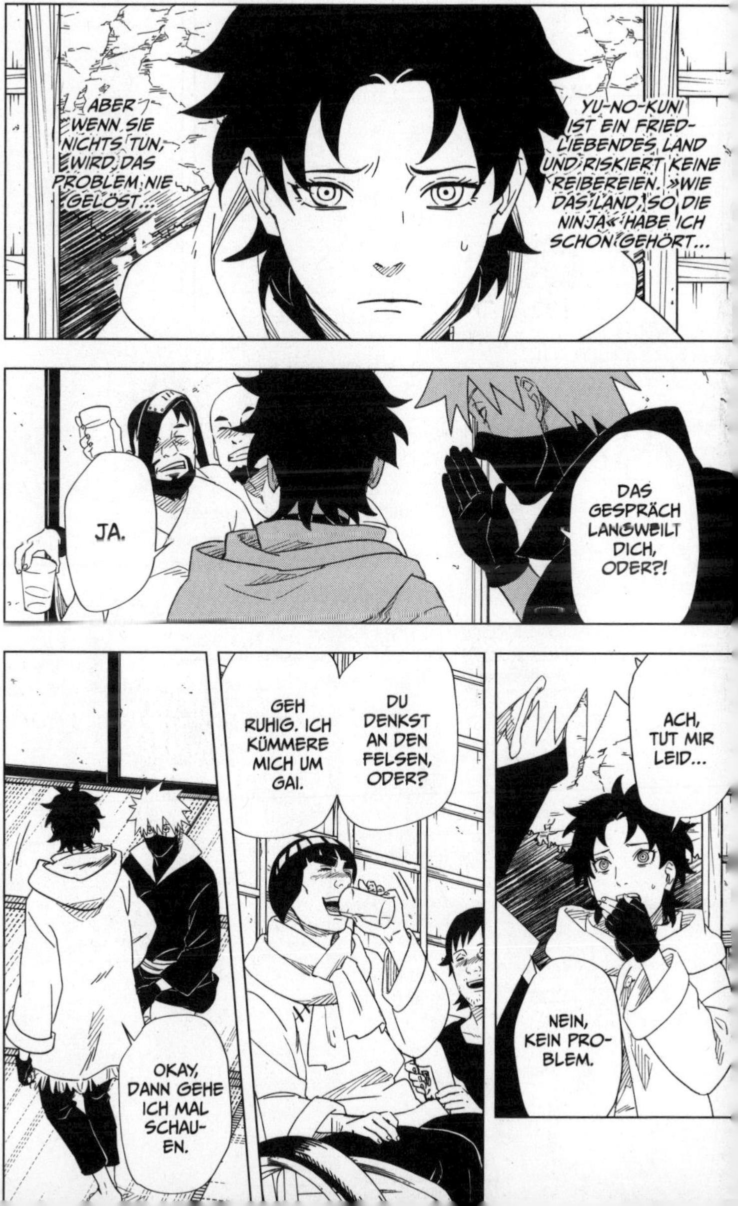

ACH, TUT MIR LEID...
NEIN, KEIN PROBLEM.
DU DENKST AN DEN FELSEN, ODER?
GEH RUHIG. ICH KÜMMERE MICH UM GAI.
OKAY, DANN GEHE ICH MAL SCHAUEN.

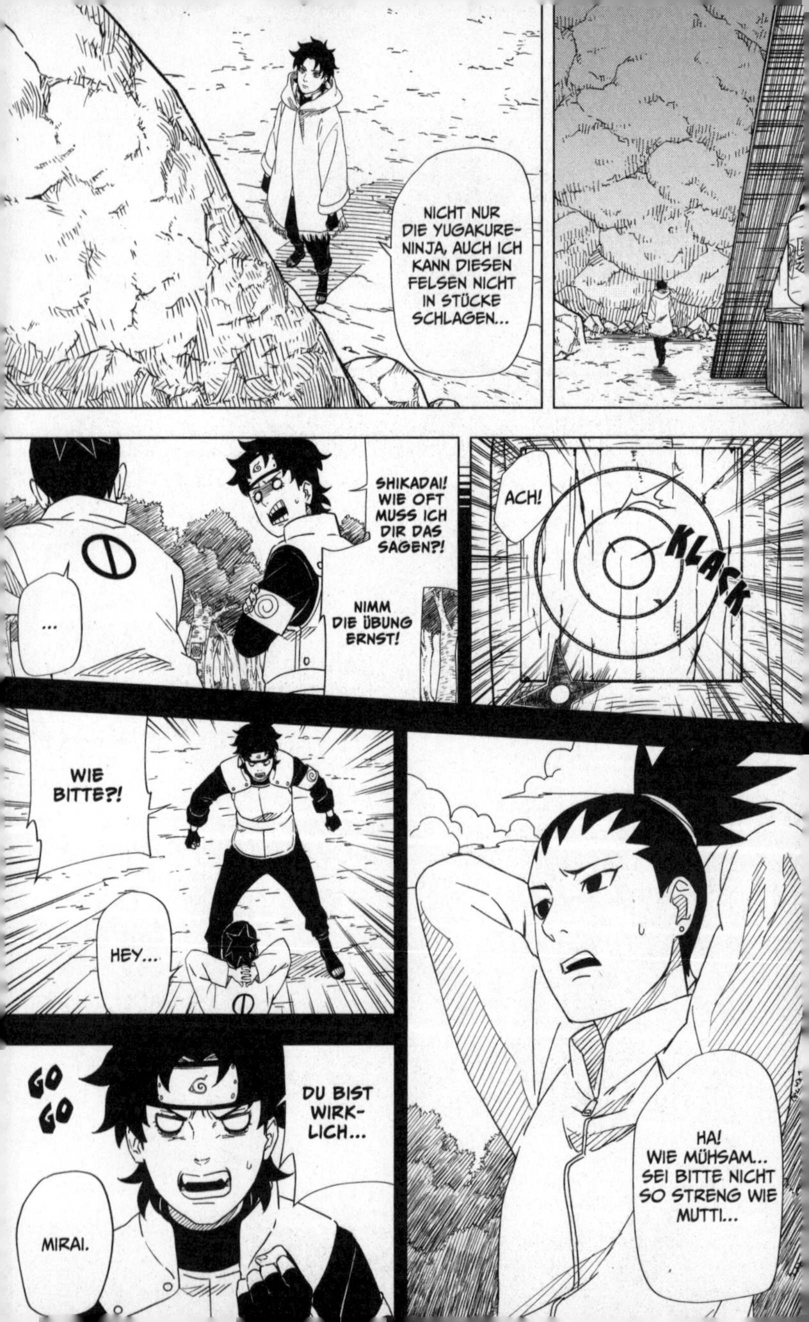
NICHT NUR DIE YUGAKURE-NINJA, AUCH ICH KANN DIESEN FELSEN NICHT IN STÜCKE SCHLAGEN...
ACH!
KLACK
SHIKADAI! WIE OFT MUSS ICH DIR DAS SAGEN?!
NIMM DIE ÜBUNG ERNST!
...
HA! WIE MÜHSAM... SEI BITTE NICHT SO STRENG WIE MUTTI...
WIE BITTE?!
HEY...
GO GO
DU BIST WIRK-LICH...
MIRAI.

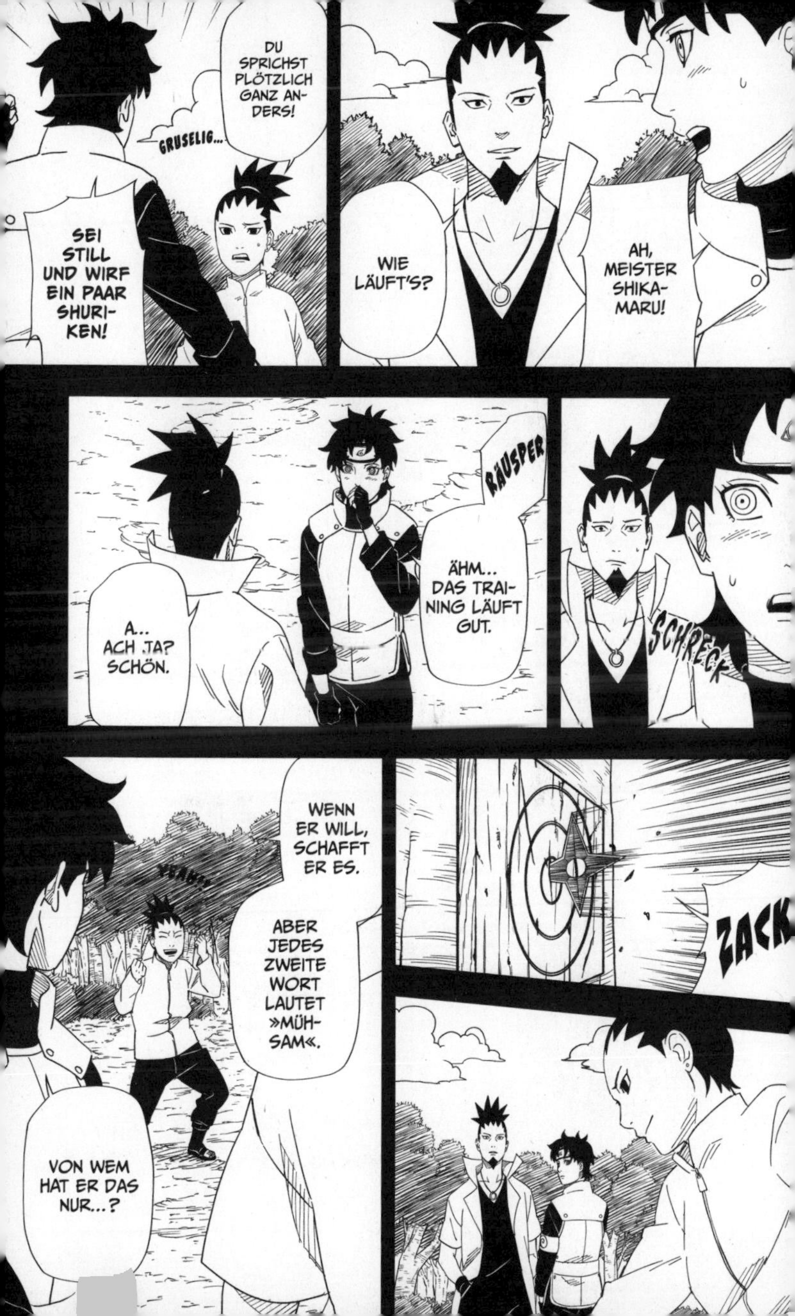
AH, MEISTER SHIKAMARU!
WIE LÄUFT'S?
DU SPRICHST PLÖTZLICH GANZ ANDERS!
GRUSELIG...
SEI STILL UND WIRF EIN PAAR SHURIKEN!
SCHRECK
RÄUSPER
ÄHM... DAS TRAINING LÄUFT GUT.
A... ACH JA? SCHÖN.
ZACK
WENN ER WILL, SCHAFFT ER ES.
ABER JEDES ZWEITE WORT LAUTET »MÜHSAM«.
VON WEM HAT ER DAS NUR...?

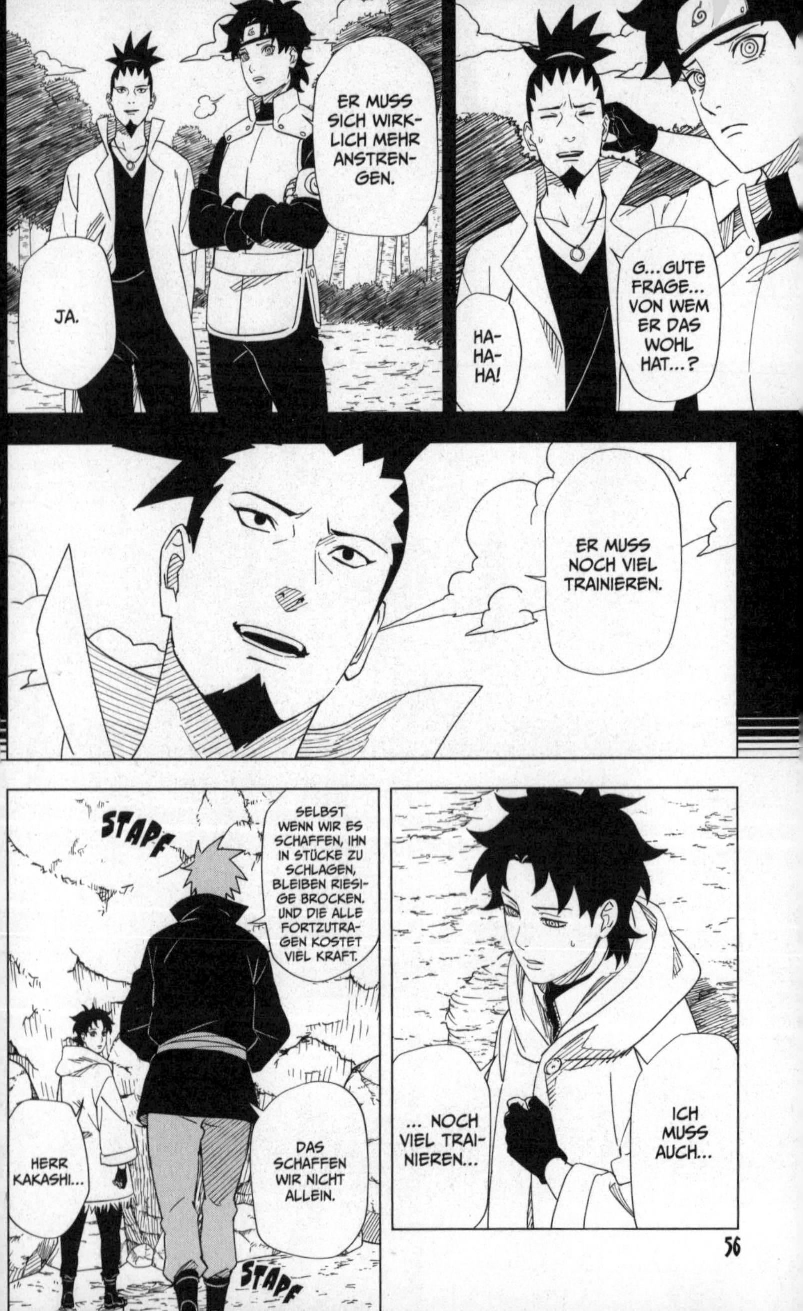

G...GUTE FRAGE... VON WEM ER DAS WOHL HAT...?

HA-HA-HA!

ER MUSS SICH WIRKLICH MEHR ANSTRENGEN.

JA.

ER MUSS NOCH VIEL TRAINIEREN.

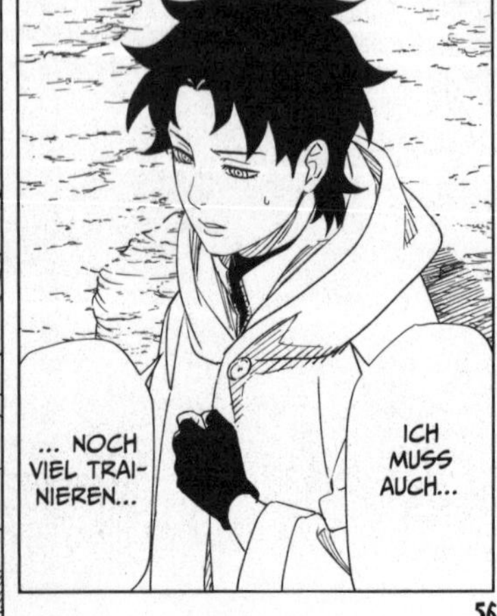

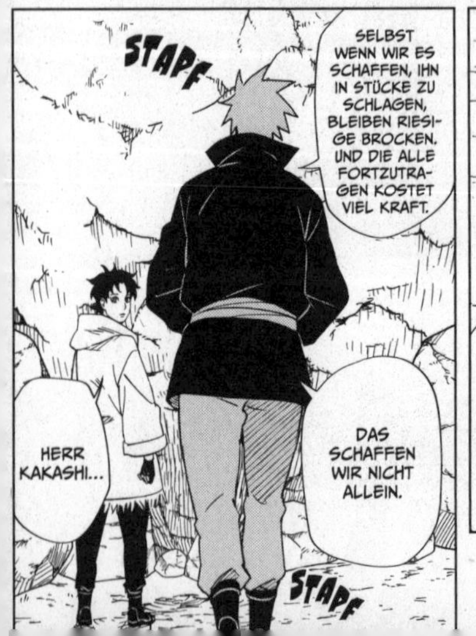

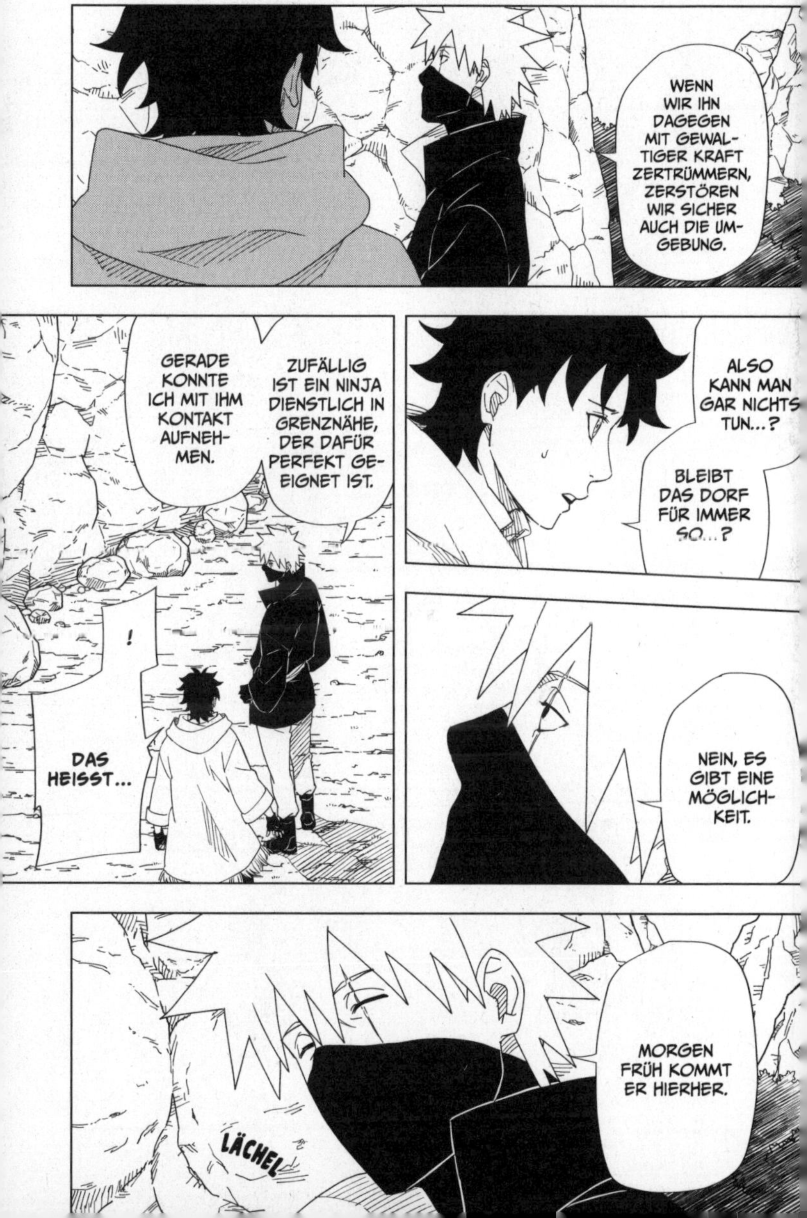

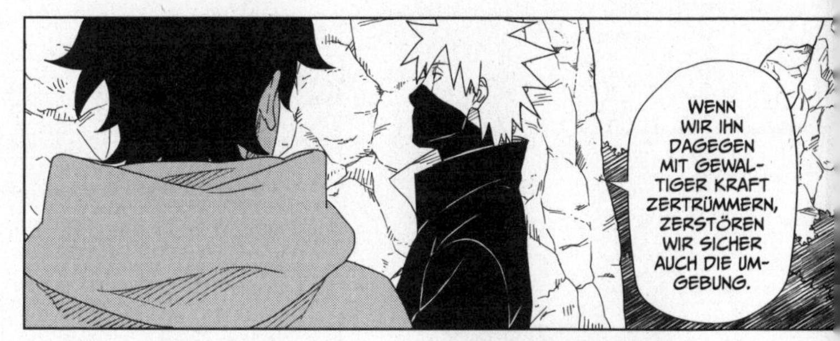

ALSO KANN MAN GAR NICHTS TUN...?

BLEIBT DAS DORF FÜR IMMER SO...?

NEIN, ES GIBT EINE MÖGLICHKEIT.

ZUFÄLLIG IST EIN NINJA DIENSTLICH IN GRENZNÄHE, DER DAFÜR PERFEKT GEEIGNET IST.

GERADE KONNTE ICH MIT IHM KONTAKT AUFNEHMEN.

!

DAS HEISST...

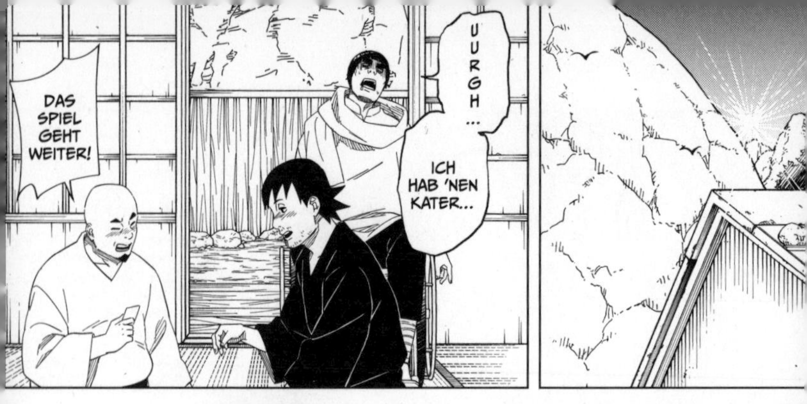
UURGH...
ICH HAB 'NEN KATER...
DAS SPIEL GEHT WEITER!

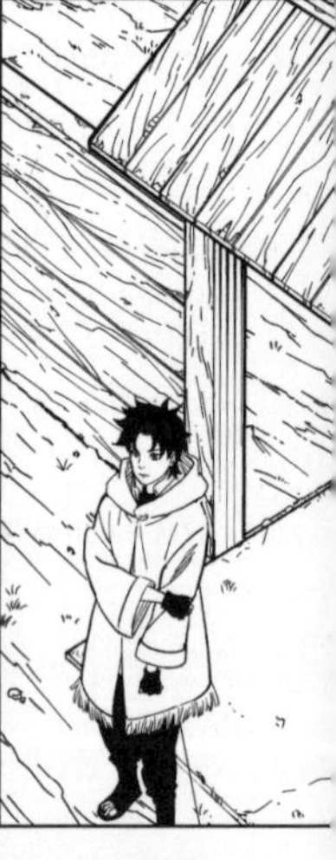

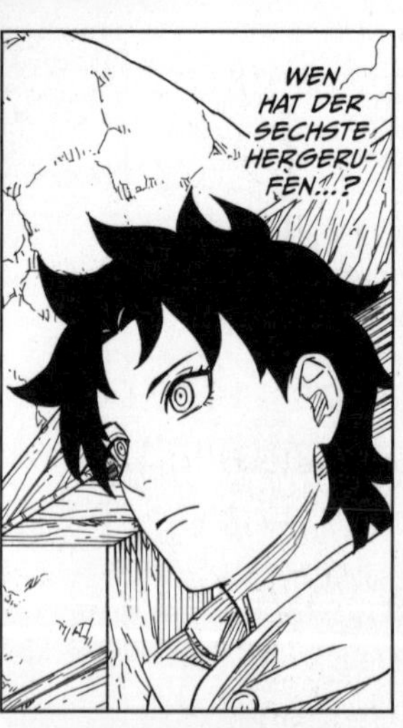
WEN HAT DER SECHSTE HERGERUFEN...?

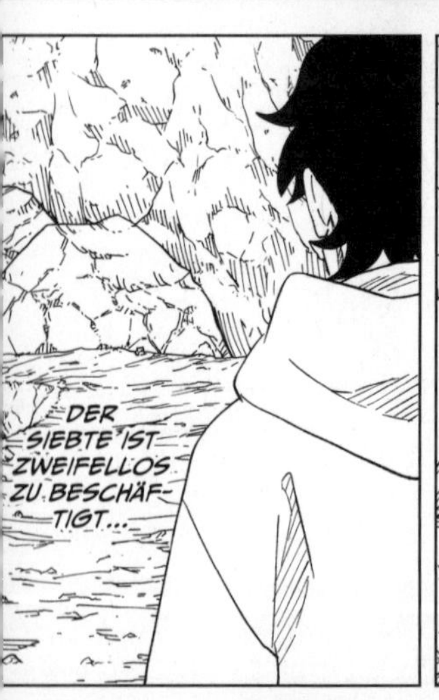
DER SIEBTE IST ZWEIFELLOS ZU BESCHÄFTIGT...

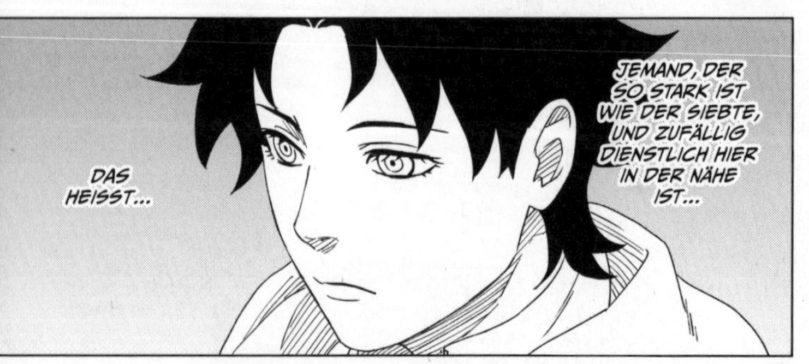
JEMAND, DER SO STARK IST WIE DER SIEBTE, UND ZUFÄLLIG DIENSTLICH HIER IN DER NÄHE IST...
DAS HEISST...

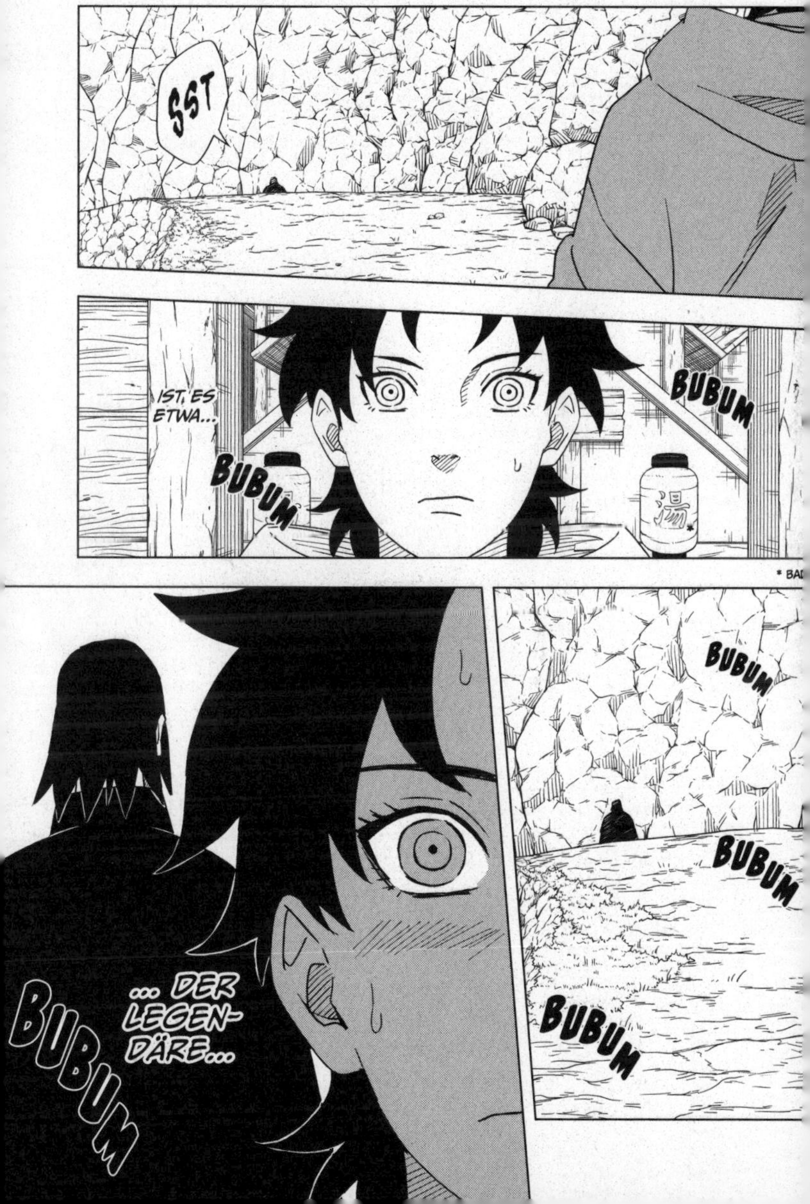

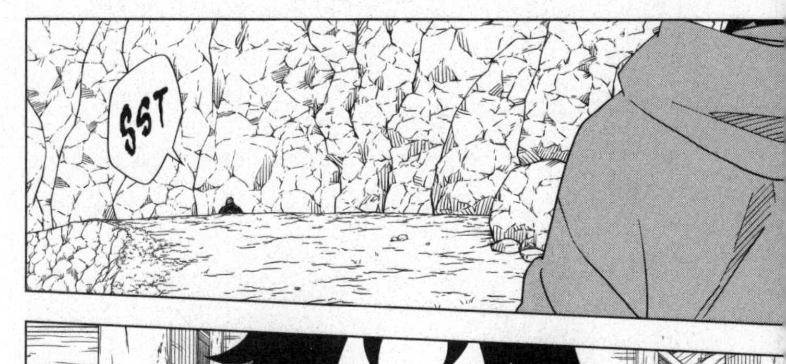

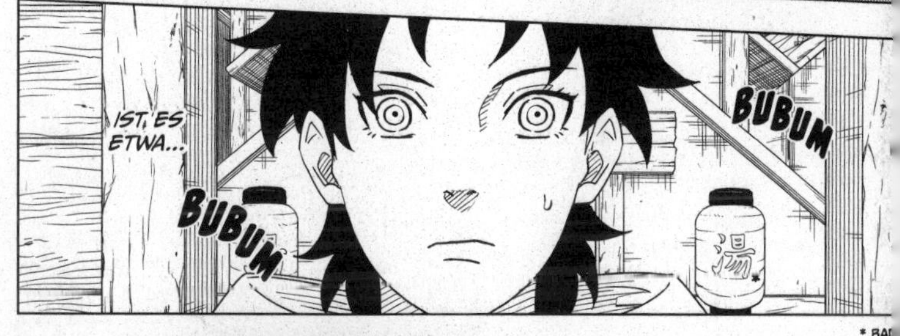

* BAD

BUBUM
BUBUM
BUBUM

... DER LEGENDÄRE...
BUBUM

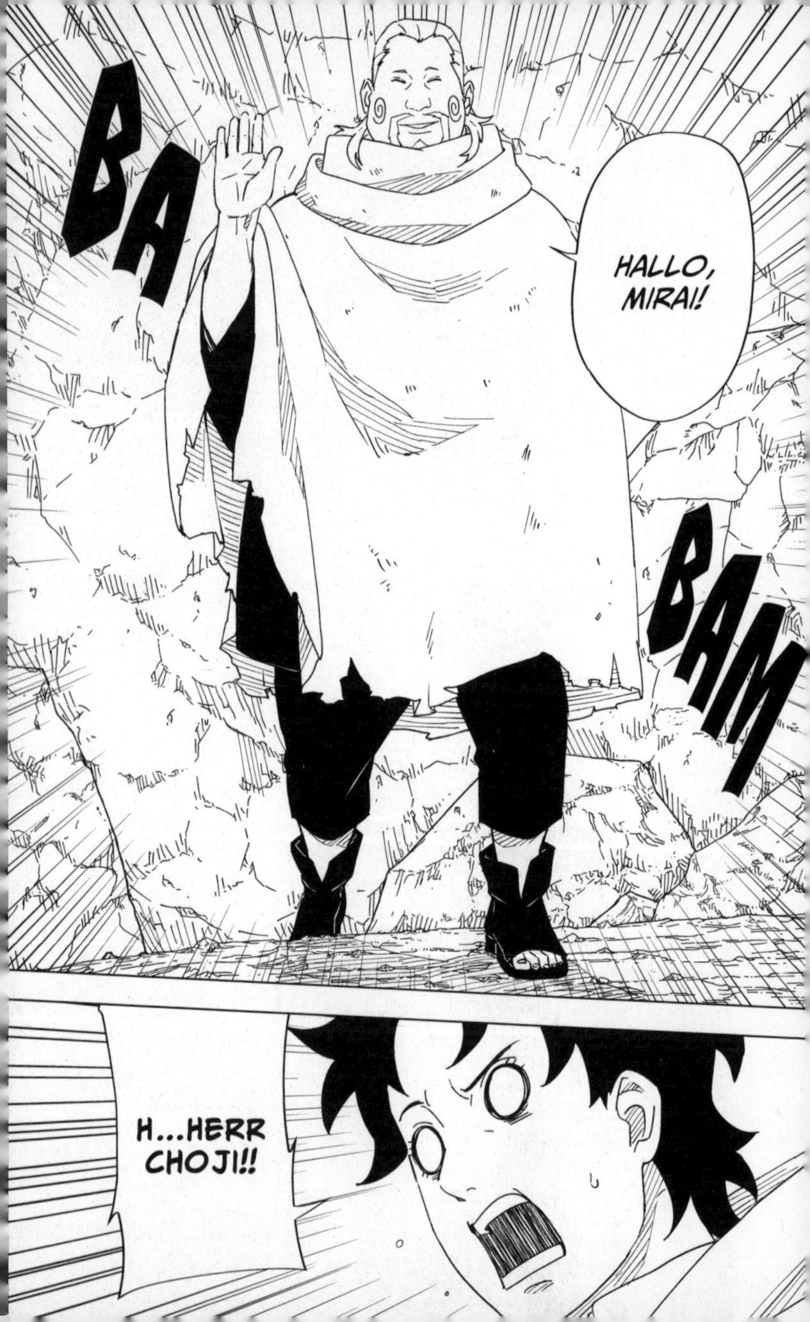

BA
HALLO, MIRAI!
BAM
H...HERR CHOJI!!

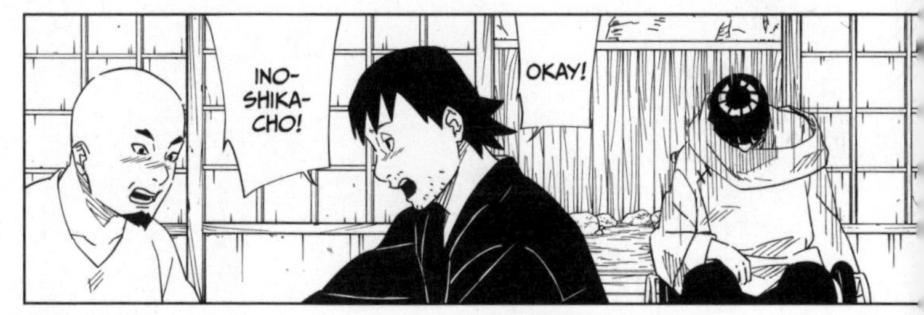
OKAY!
INO-SHIKA-CHO!

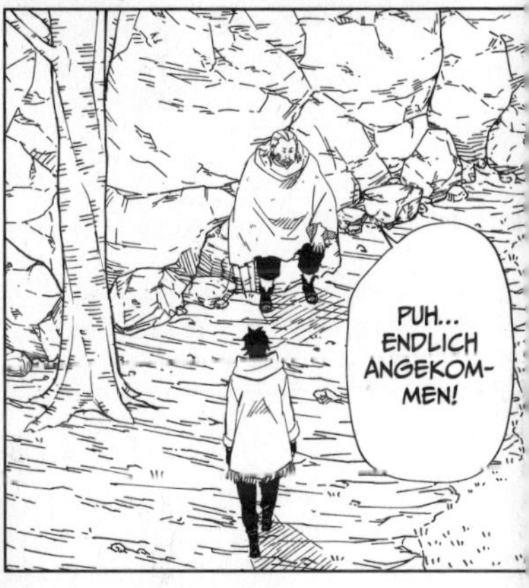
PUH... ENDLICH ANGEKOMMEN!

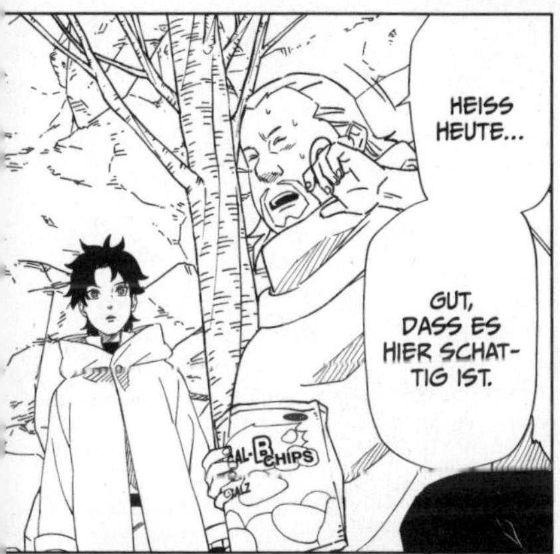
HEISS HEUTE...
GUT, DASS ES HIER SCHATTIG IST.
GAL-B CHIPS
SALZ

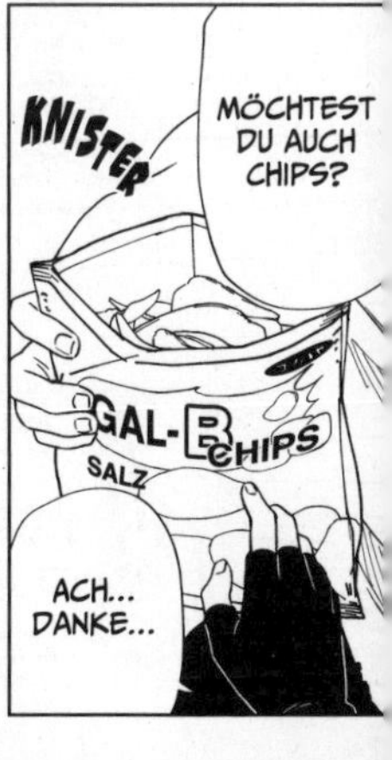
MÖCHTEST DU AUCH CHIPS?
KNISTER
GAL-B CHIPS
SALZ
ACH... DANKE...

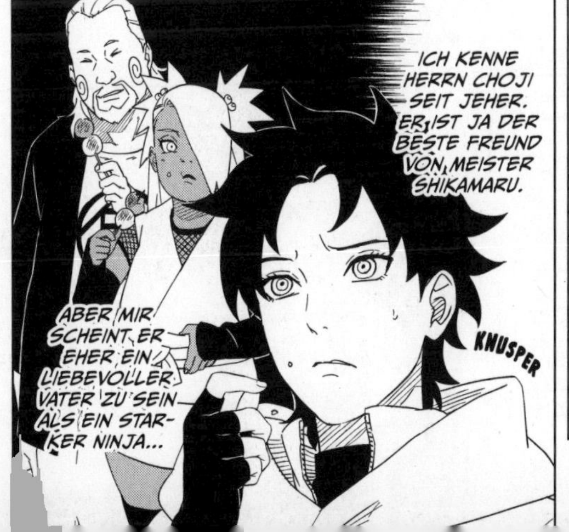
ICH KENNE HERRN CHOJI SEIT JEHER. ER IST JA DER BESTE FREUND VON MEISTER SHIKAMARU.
KNUSPER
ABER MIR SCHEINT, ER EHER EIN LIEBEVOLLER VATER ZU SEIN ALS EIN STARKER NINJA...

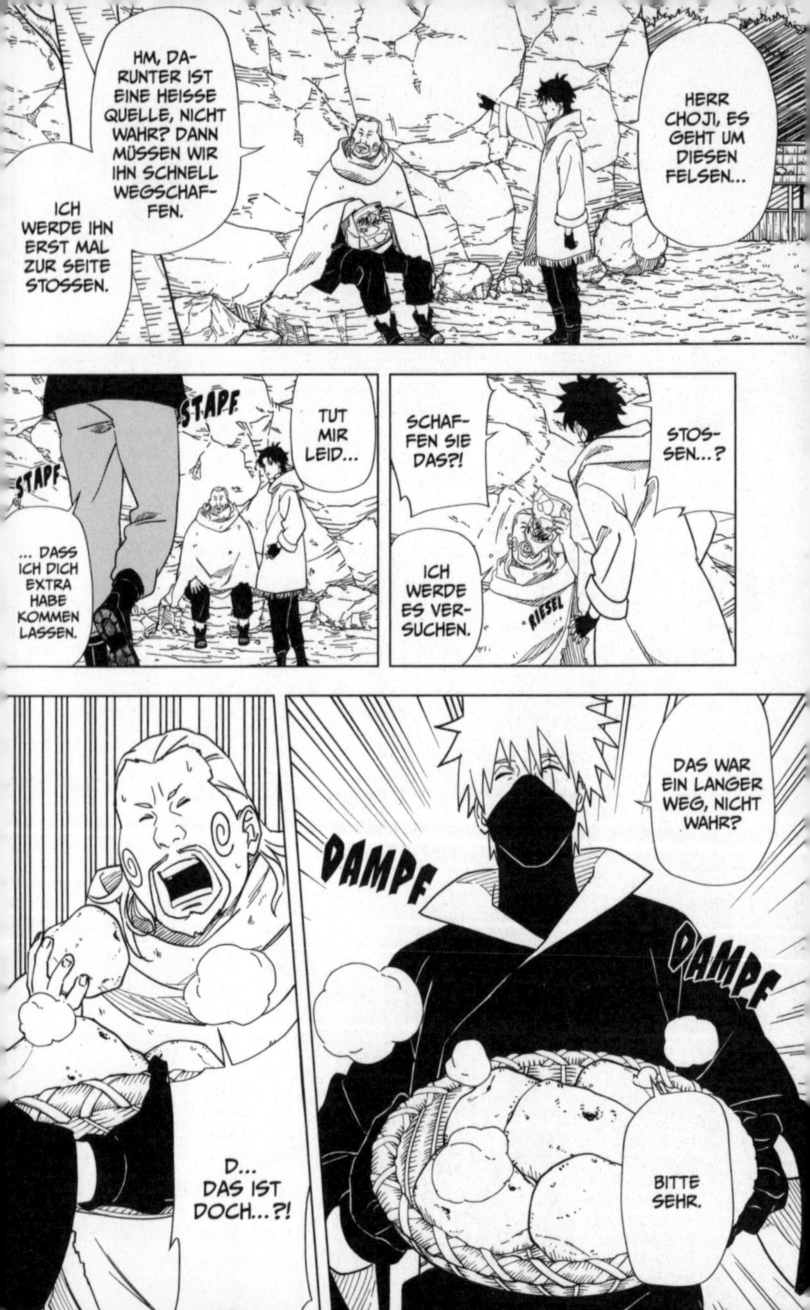

HERR CHOJI, ES GEHT UM DIESEN FELSEN...
HM, DA-RUNTER IST EINE HEISSE QUELLE, NICHT WAHR? DANN MÜSSEN WIR IHN SCHNELL WEGSCHAF-FEN.
ICH WERDE IHN ERST MAL ZUR SEITE STOSSEN.
STOS-SEN...?
SCHAF-FEN SIE DAS?!
ICH WERDE ES VER-SUCHEN.
RIESEL
TUT MIR LEID...
STAPF
STAPF
... DASS ICH DICH EXTRA HABE KOMMEN LASSEN.
DAS WAR EIN LANGER WEG, NICHT WAHR?
DAMPF
DAMPF
BITTE SEHR.
D... DAS IST DOCH...?!

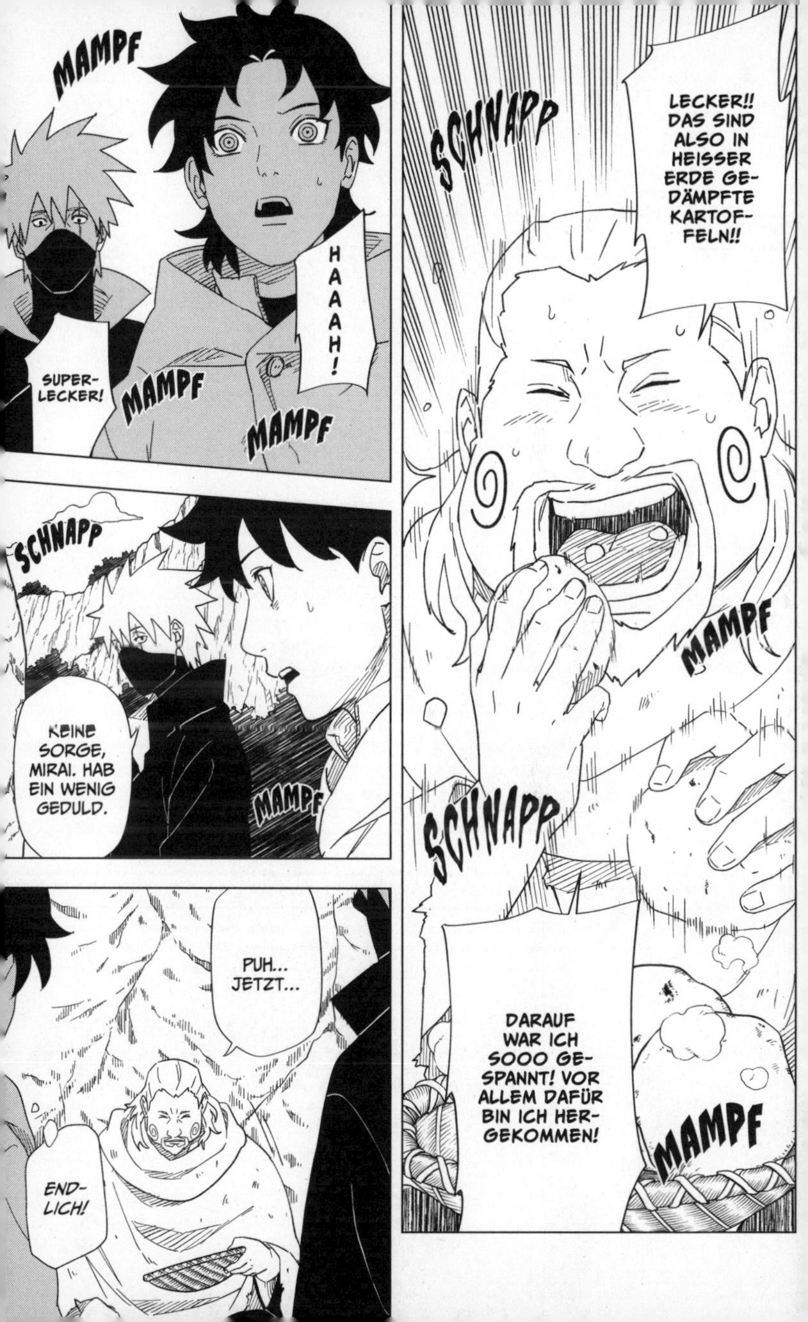

SCHNAPP
LECKER!! DAS SIND ALSO IN HEISSER ERDE GEDÄMPFTE KARTOFFELN!!
MAMPF
SCHNAPP
DARAUF WAR ICH SOOO GESPANNT! VOR ALLEM DAFÜR BIN ICH HERGEKOMMEN!
MAMPF

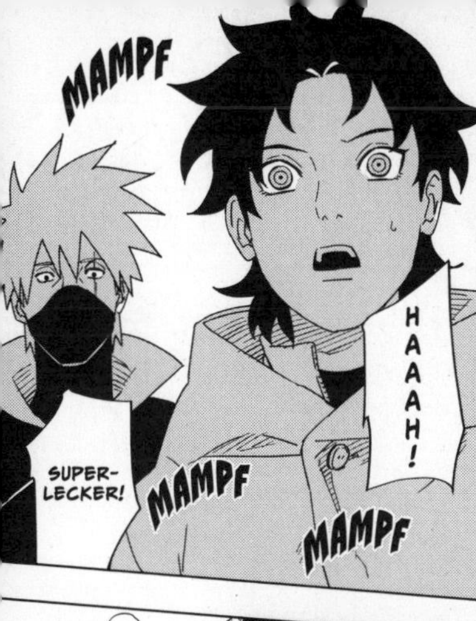

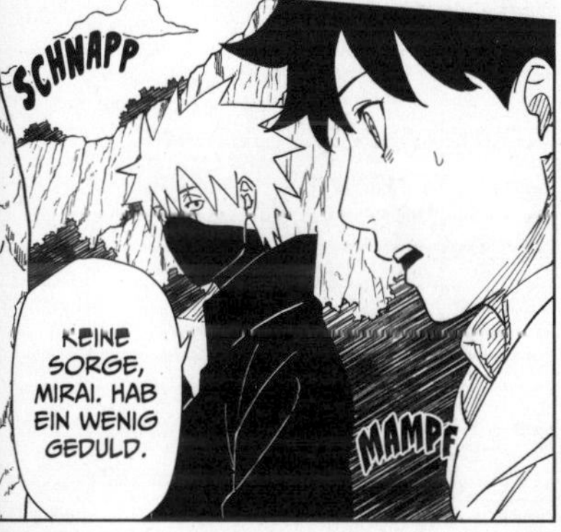

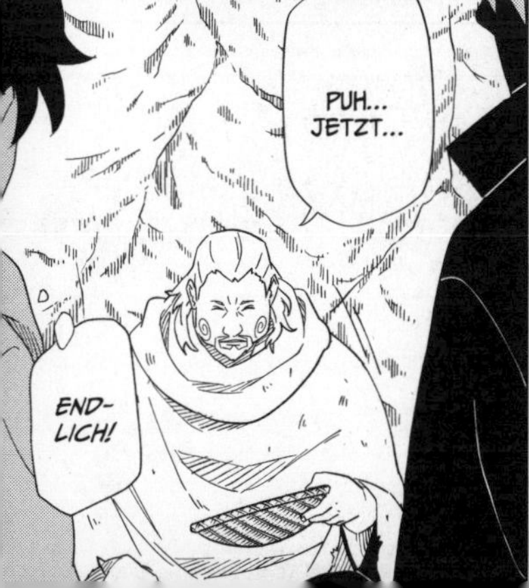

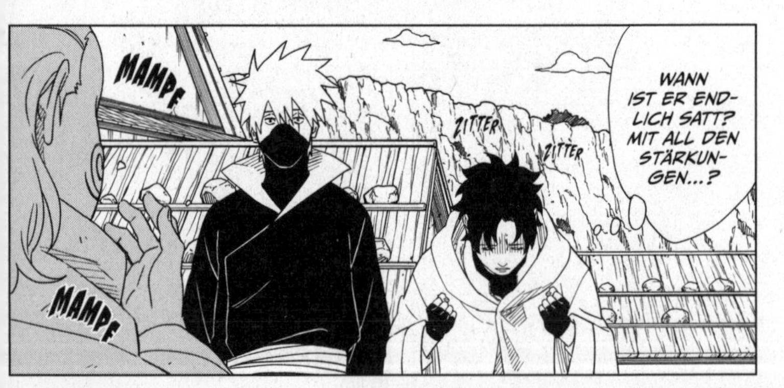
RI
TSCH
... ESSE ICH DEN REST AUF.
WANN IST ER ENDLICH SATT? MIT ALL DEN STÄRKUNGEN...?
ZITTER
ZITTER
MAMPF
MAMPF
SCHÜTT
RASCHEL
SCHLUCK
END-LICH...!!

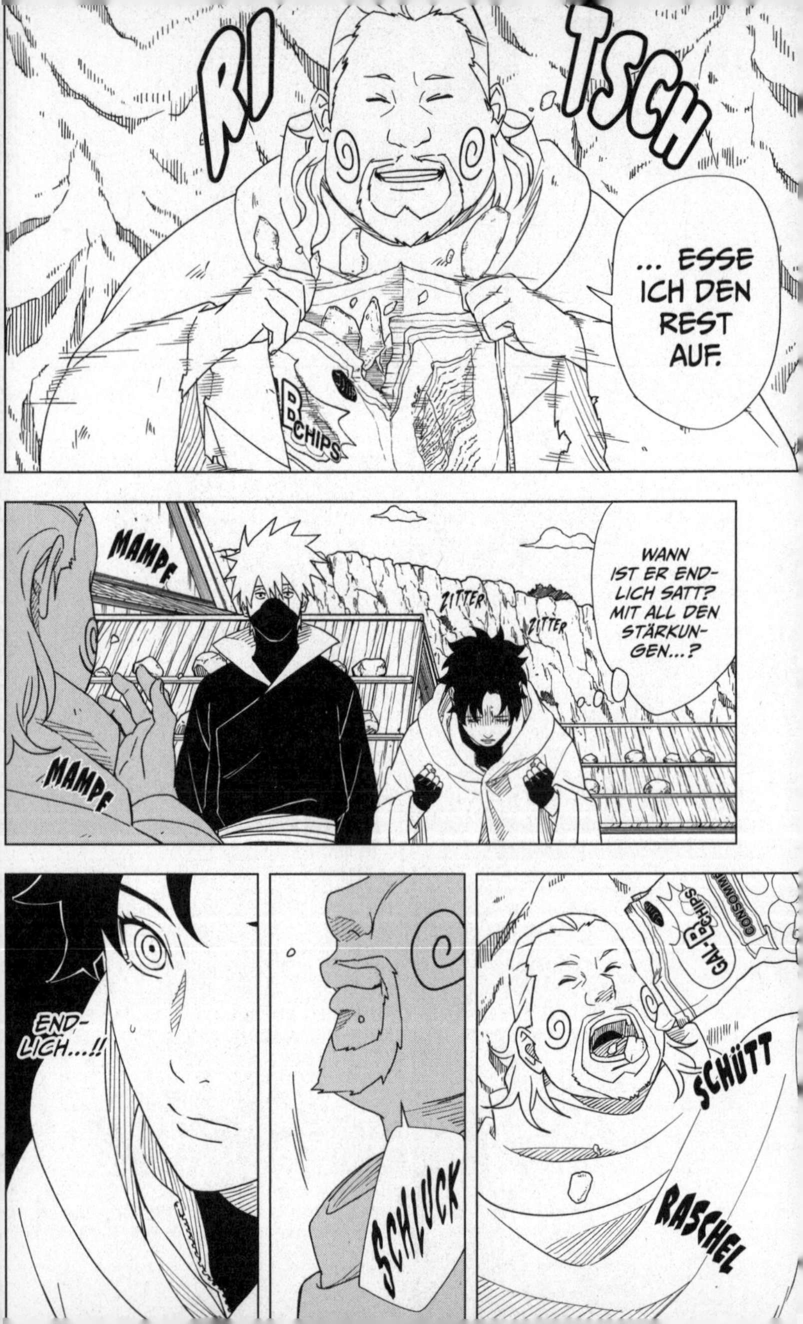

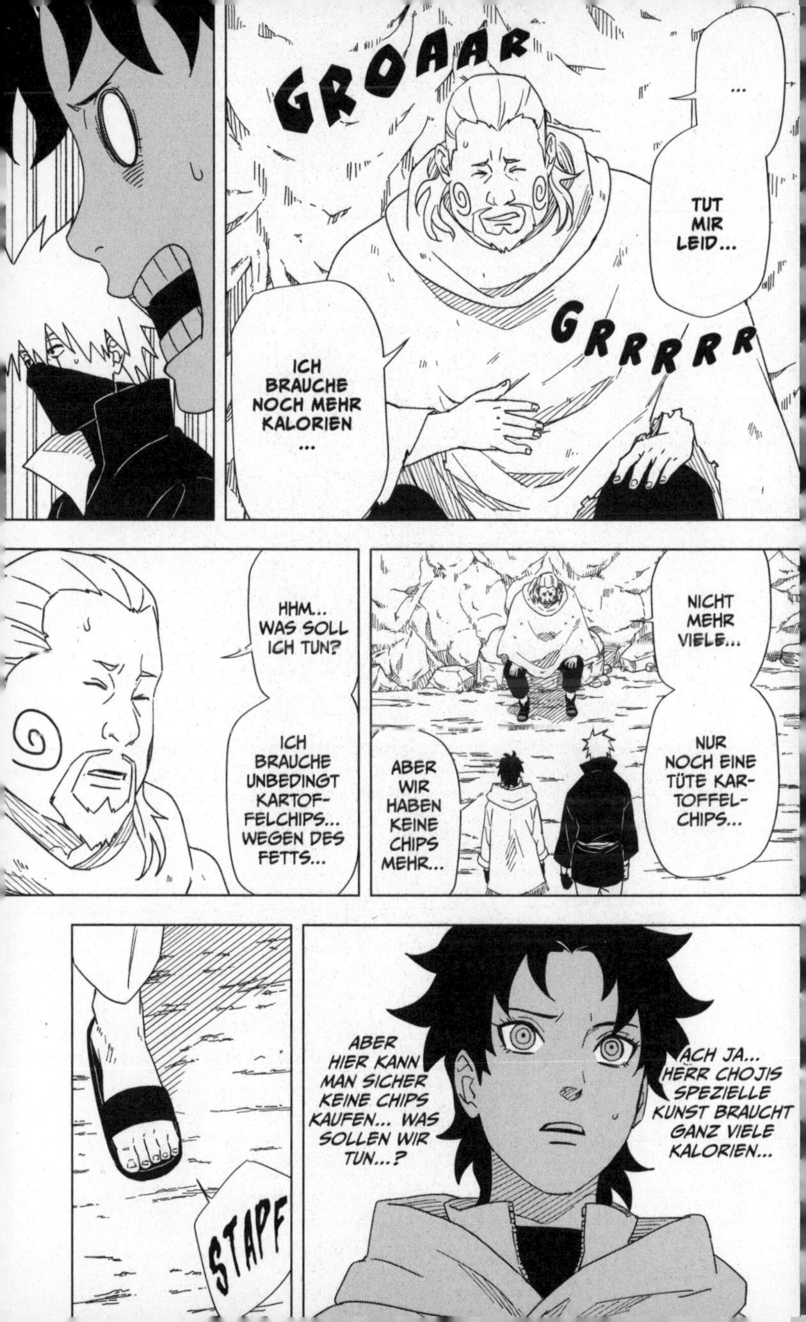

GROAAR
...
TUT MIR LEID...
GRRRRRR
ICH BRAUCHE NOCH MEHR KALORIEN ...

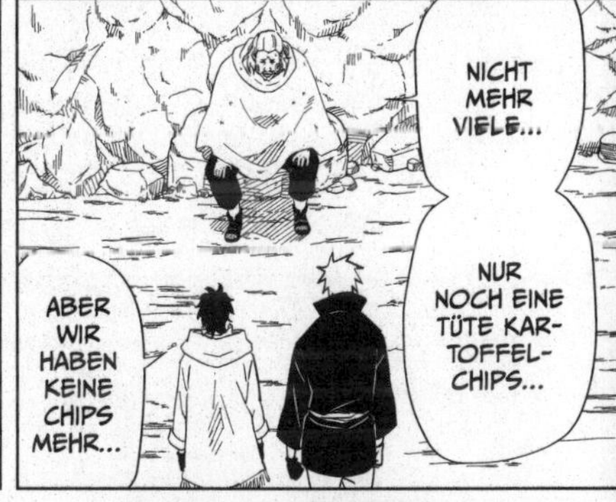

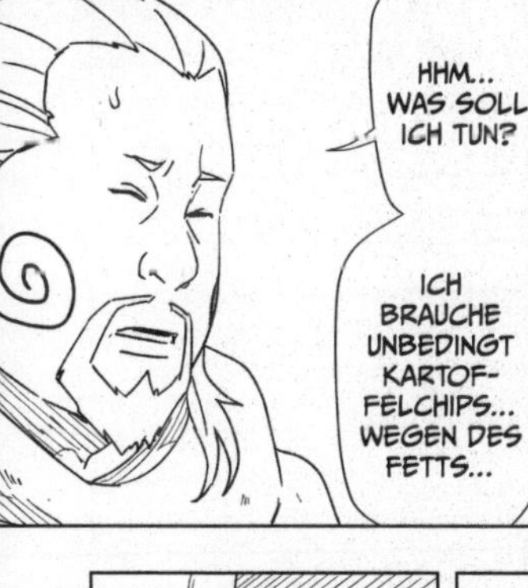

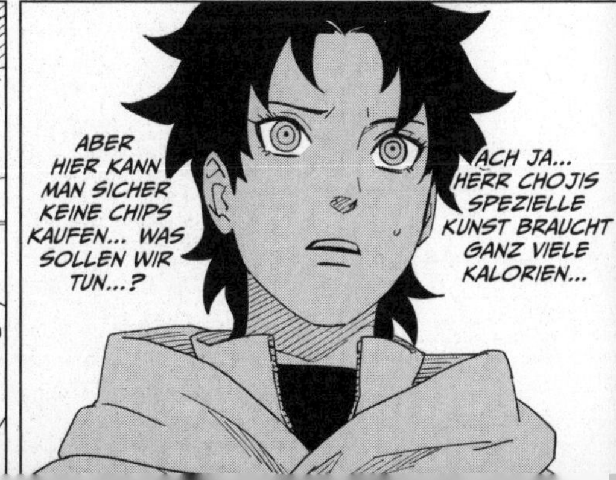

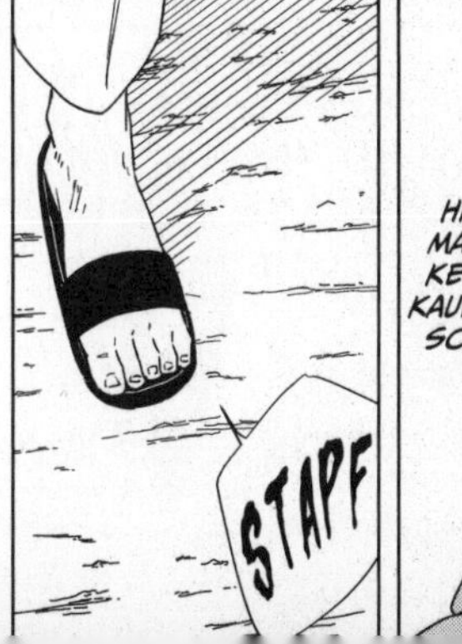

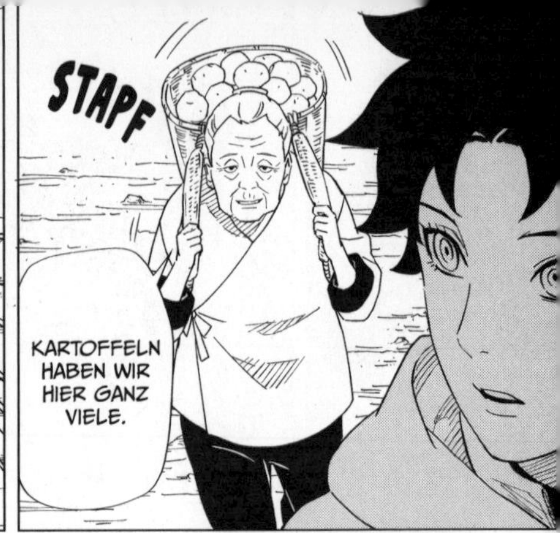
STAPF
KARTOFFELN HABEN WIR HIER GANZ VIELE.

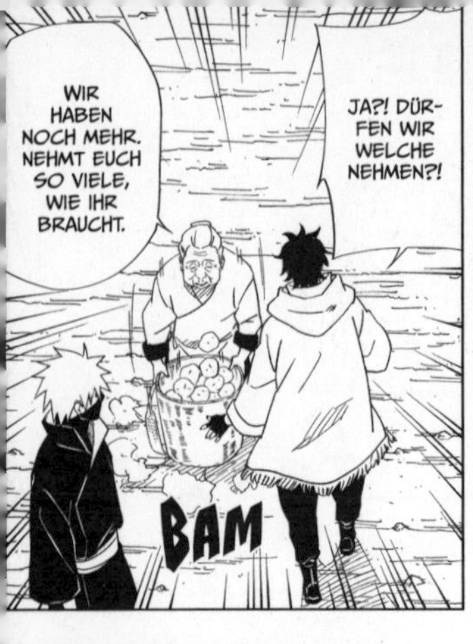
JA?! DÜR-FEN WIR WELCHE NEHMEN?!
WIR HABEN NOCH MEHR. NEHMT EUCH SO VIELE, WIE IHR BRAUCHT.
BAM

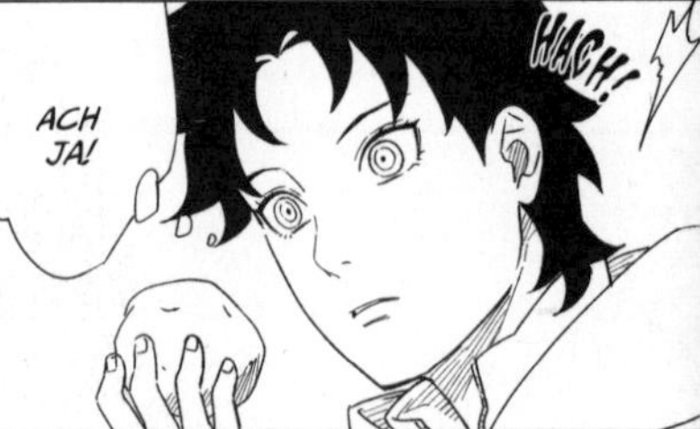
HACH!
ACH JA!

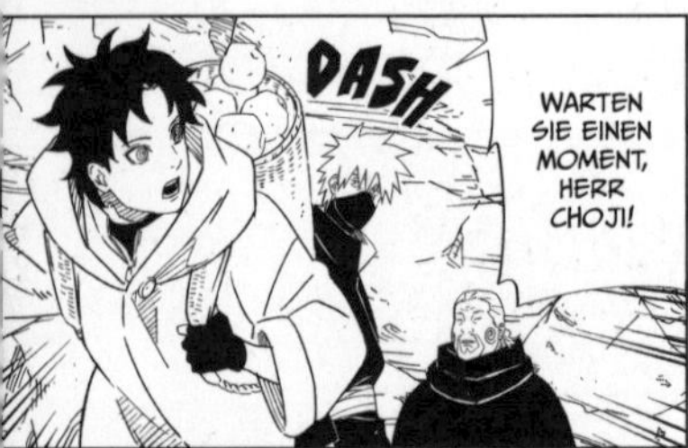
WARTEN SIE EINEN MOMENT, HERR CHOJI!
DASH

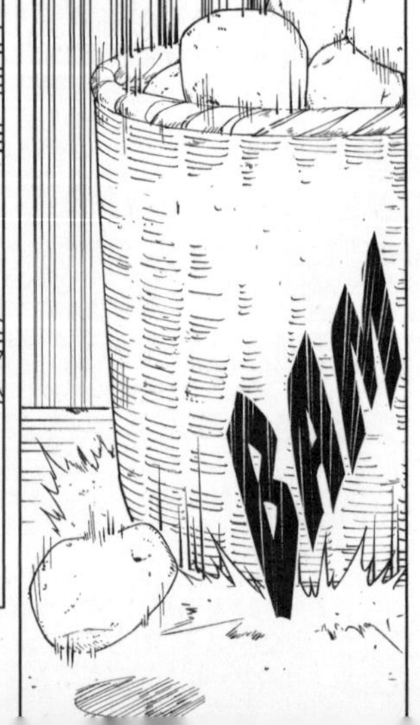
BAM

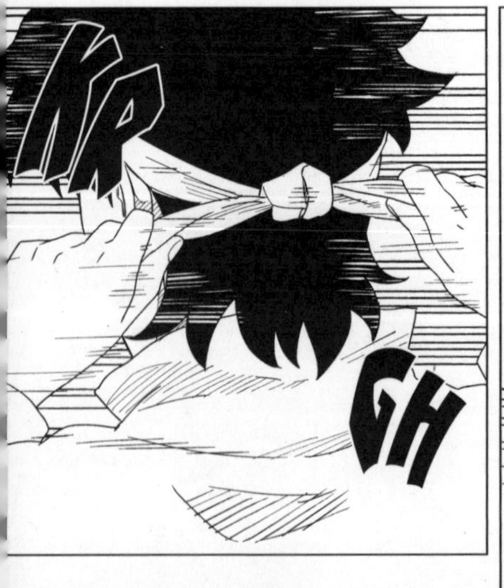
KR
GH

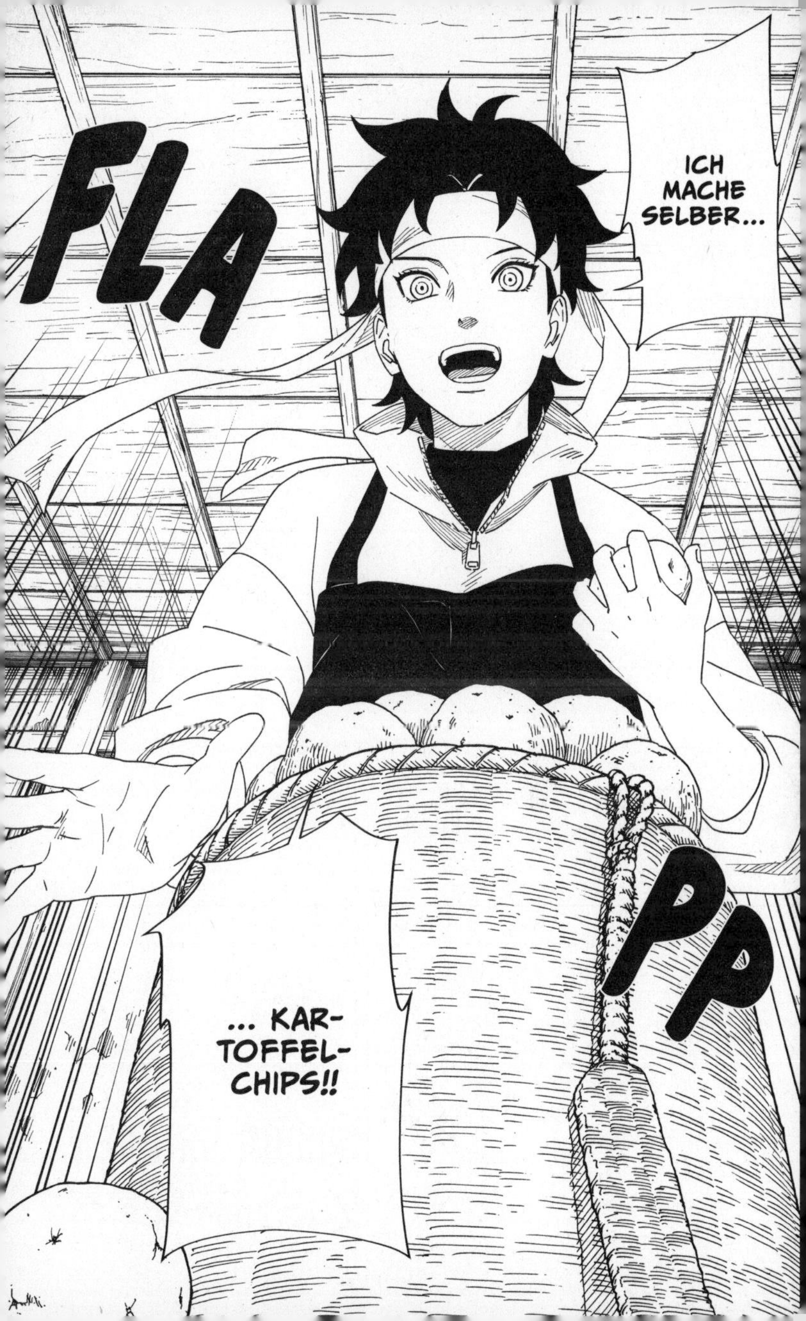
FLA
ICH MACHE SELBER...
PP
... KARTOFFEL-CHIPS!!

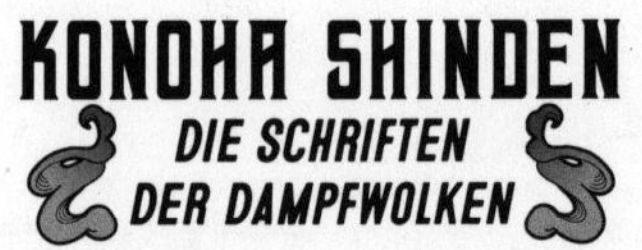
KONOHA SHINDEN
DIE SCHRIFTEN
DER DAMPFWOLKEN

NR. 10: EIN WORT, DAS MUT MACHT

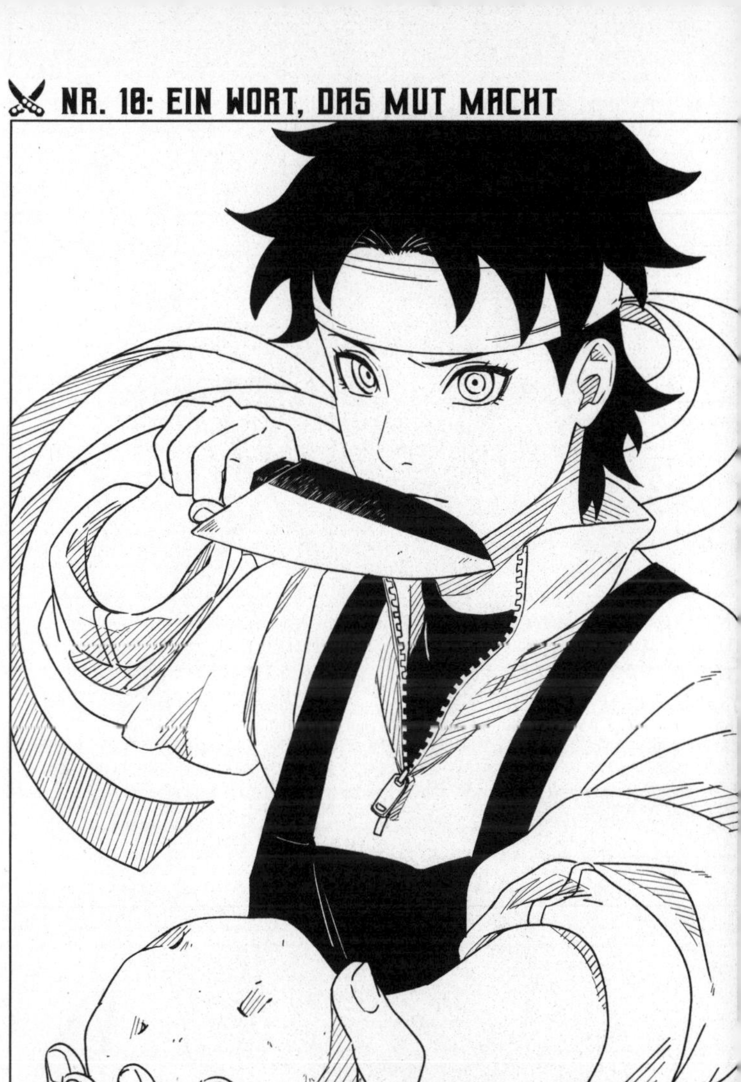

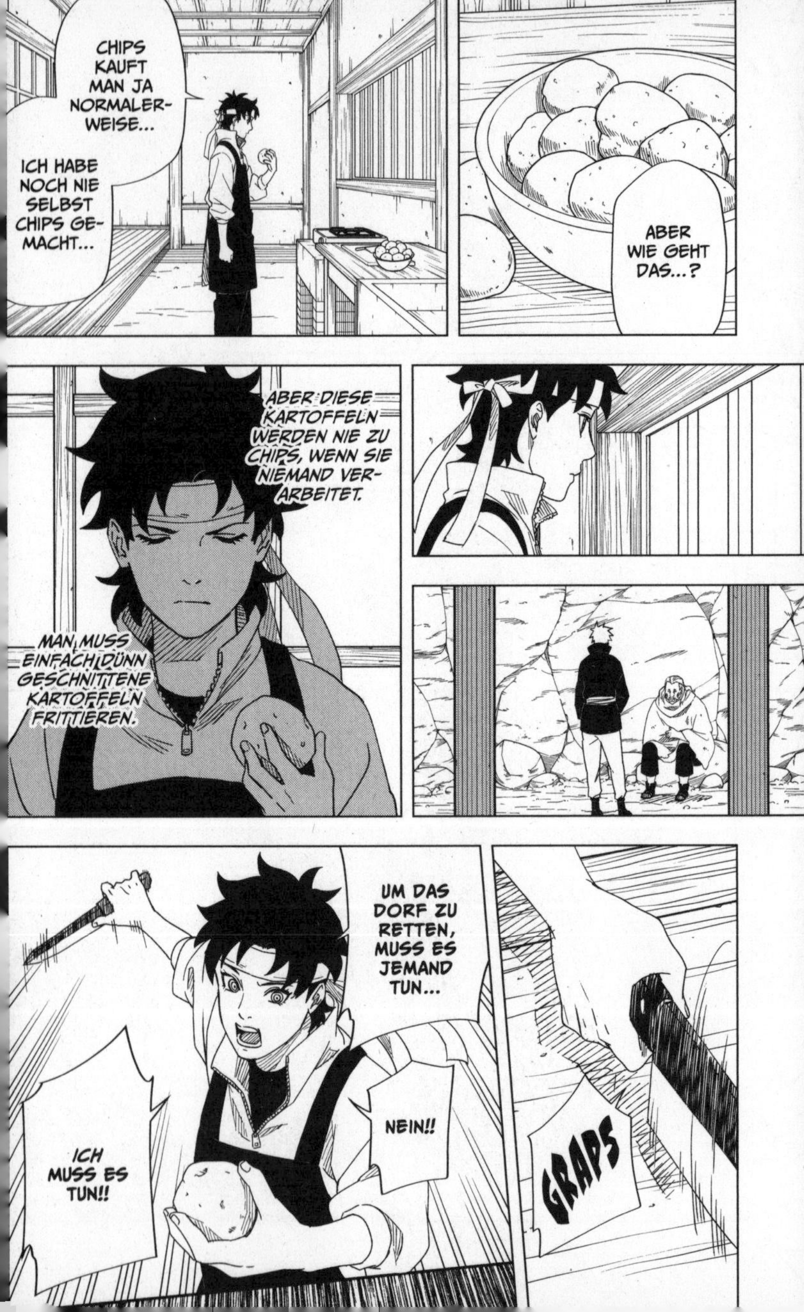
ABER WIE GEHT DAS...?
CHIPS KAUFT MAN JA NORMALER-WEISE...
ICH HABE NOCH NIE SELBST CHIPS GE-MACHT...
ABER DIESE KARTOFFELN WERDEN NIE ZU CHIPS, WENN SIE NIEMAND VER-ARBEITET.
MAN MUSS EINFACH DÜNN GESCHNITTENE KARTOFFELN FRITTIEREN.
UM DAS DORF ZU RETTEN, MUSS ES JEMAND TUN...
NEIN!!
ICH MUSS ES TUN!!
GRAPS

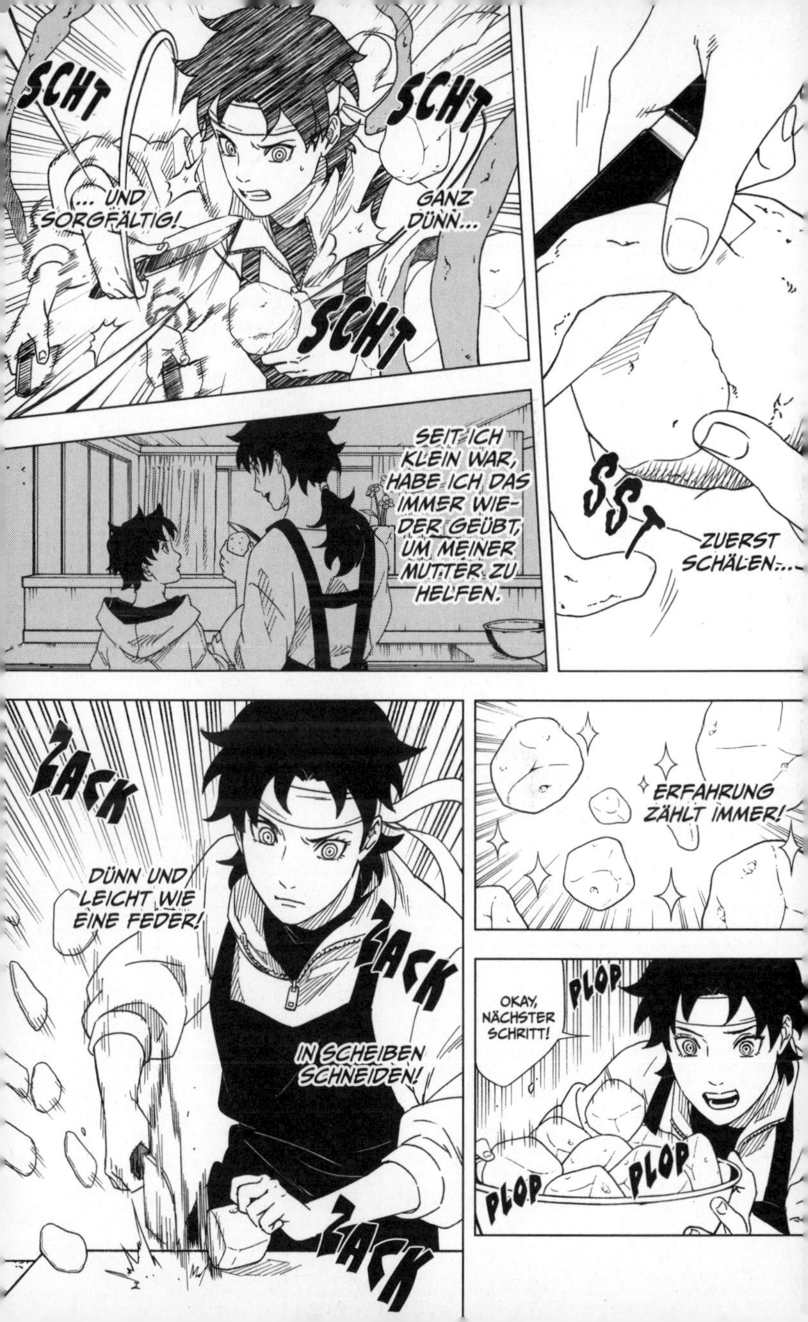

SST
ZUERST SCHÄLEN...
SCHT
GANZ DÜNN...
SCHT
... UND SORGFÄLTIG!
SCHT
SEIT ICH KLEIN WAR, HABE ICH DAS IMMER WIEDER GEÜBT, UM MEINER MUTTER ZU HELFEN.

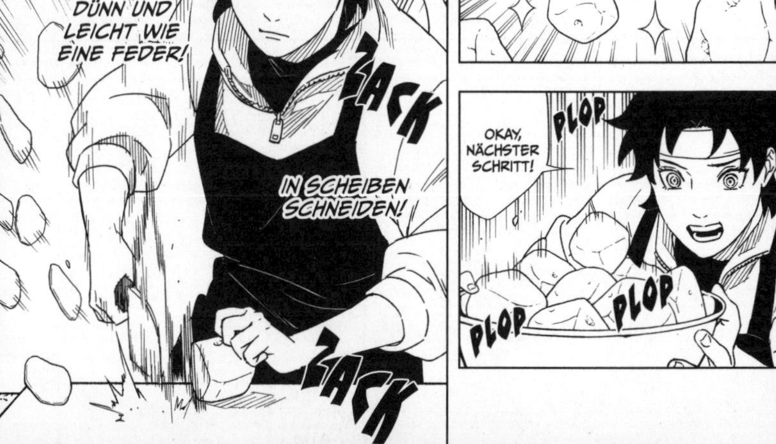
ERFAHRUNG ZÄHLT IMMER!
PLOP
OKAY, NÄCHSTER SCHRITT!
PLOP
PLOP
ZACK
DÜNN UND LEICHT WIE EINE FEDER!
ZACK
IN SCHEIBEN SCHNEIDEN!
ZACK

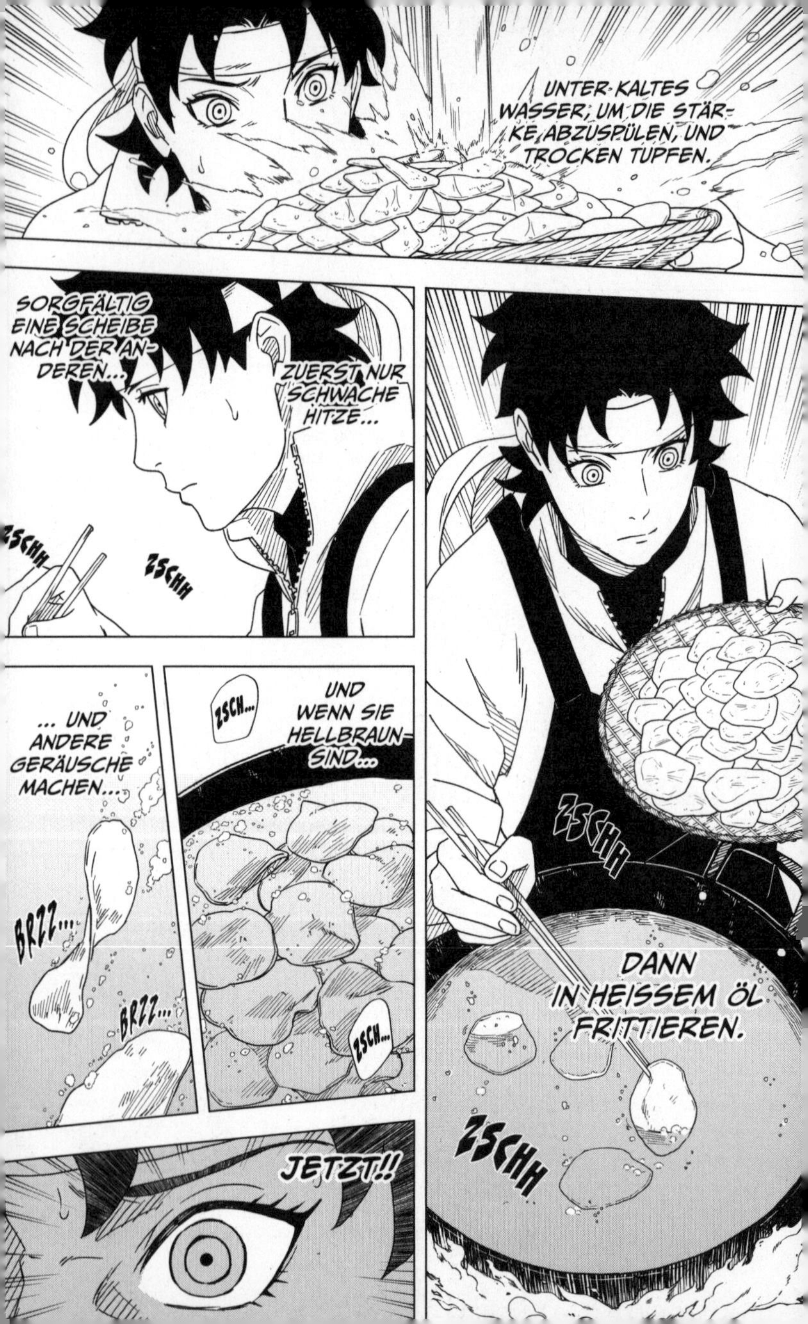
UNTER KALTES WASSER, UM DIE STÄRKE ABZUSPÜLEN, UND TROCKEN TUPFEN.
DANN IN HEISSEM ÖL FRITTIEREN.
ZSCHH
ZSCHH
SORGFÄLTIG EINE SCHEIBE NACH DER ANDEREN...
ZUERST NUR SCHWACHE HITZE...
ZSCHH
ZSCHH
UND WENN SIE HELLBRAUN SIND...
ZSCH...
ZSCH...
... UND ANDERE GERÄUSCHE MACHEN...
BRZZ...
BRZZ...
JETZT!!

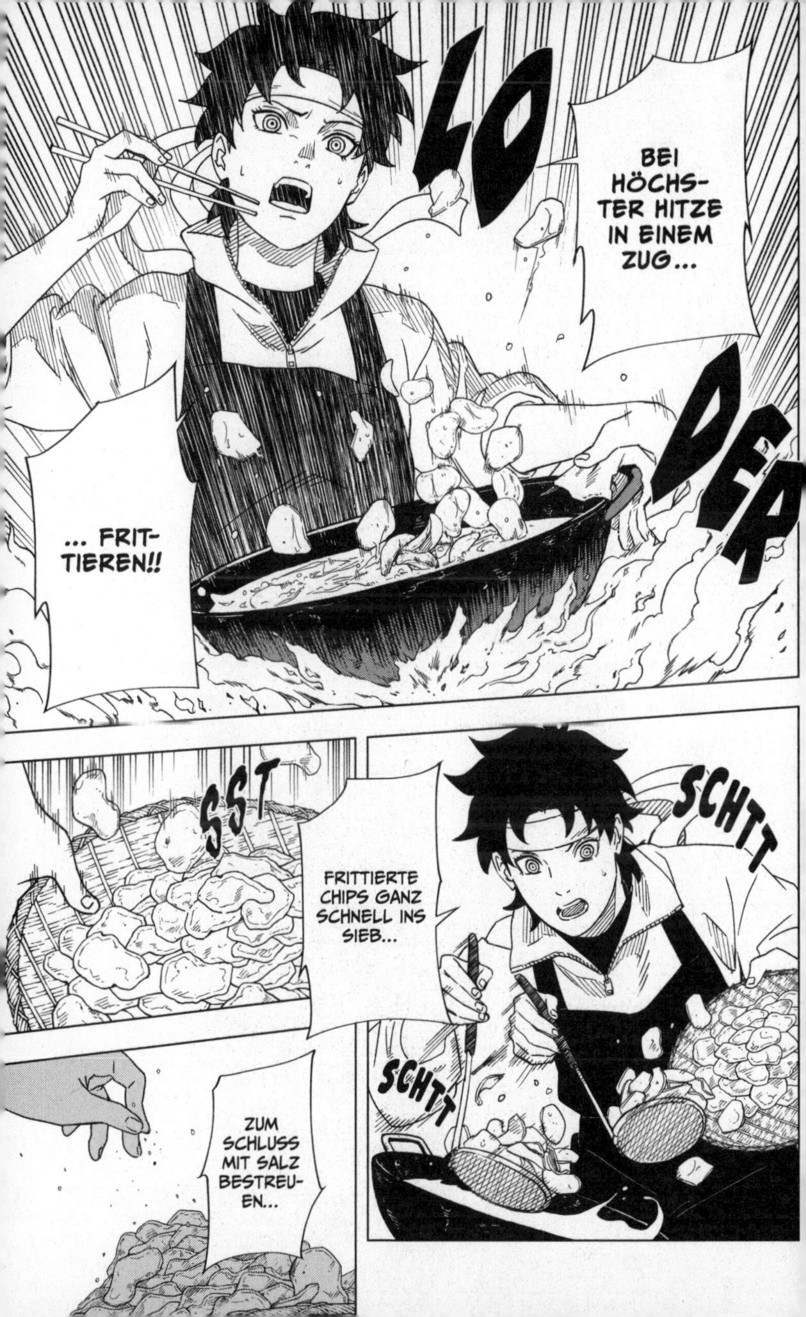
BEI HÖCHS-TER HITZE IN EINEM ZUG...
LODER
... FRIT-TIEREN!!
SCHTT
FRITTIERTE CHIPS GANZ SCHNELL INS SIEB...
SST
SCHTT
ZUM SCHLUSS MIT SALZ BESTREU-EN...

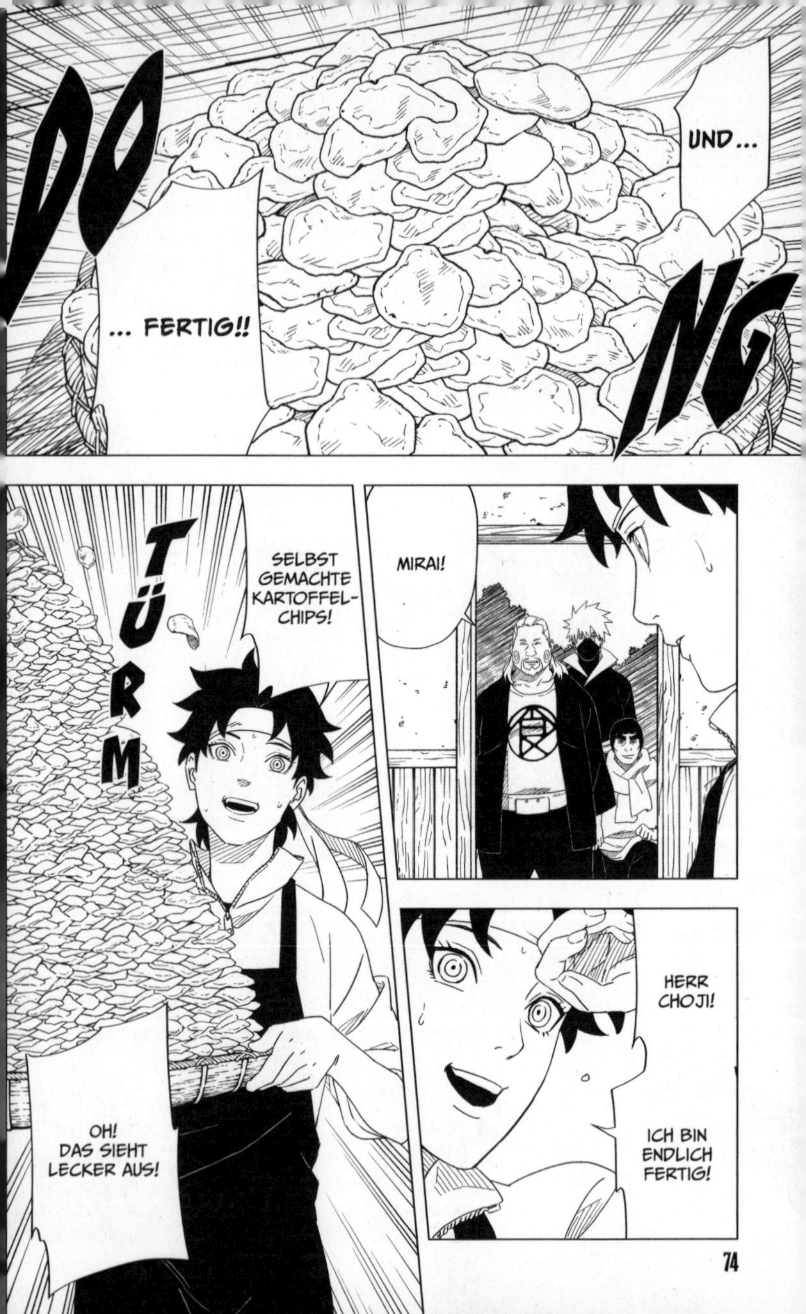

UND ...

... FERTIG!!

DONG

MIRAI!

HERR CHOJI!

ICH BIN ENDLICH FERTIG!

SELBST GEMACHTE KARTOFFEL-CHIPS!

TÜRM

OH! DAS SIEHT LECKER AUS!

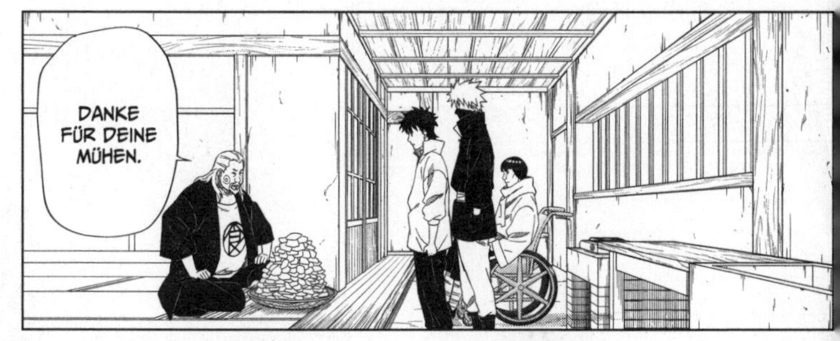
DANKE FÜR DEINE MÜHEN.

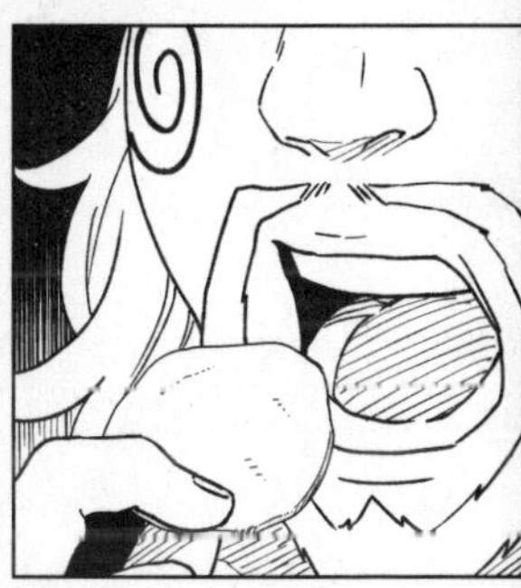

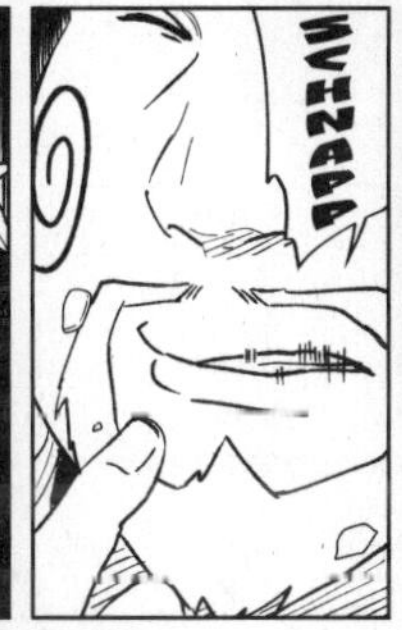
SCHNAPP

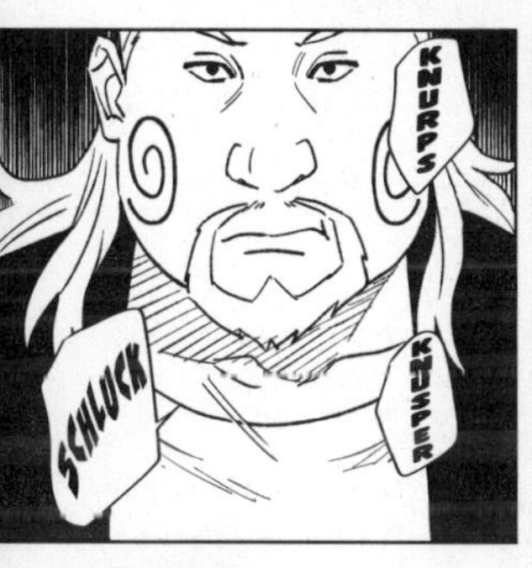
KNURPS
KNUSPER
SCHLUCK

...

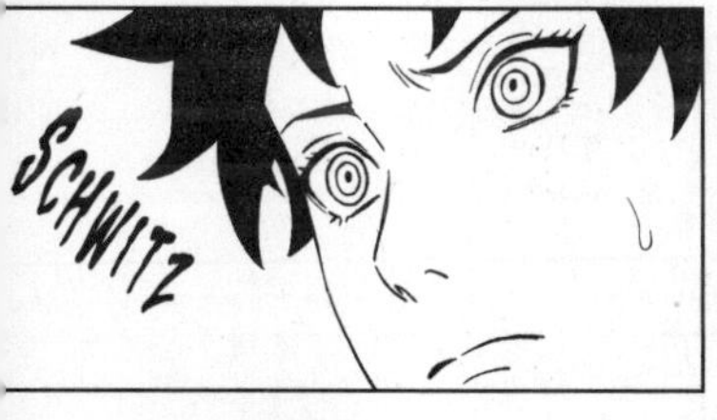
SCHWITZ

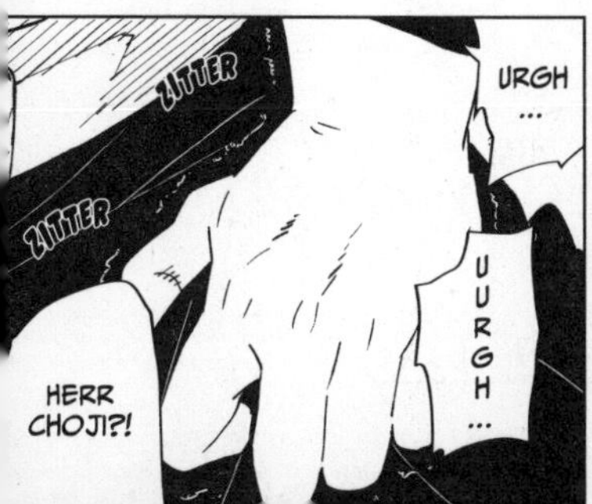
URGH ...
ZITTER
ZITTER
UURGH ...
HERR CHOJI?!

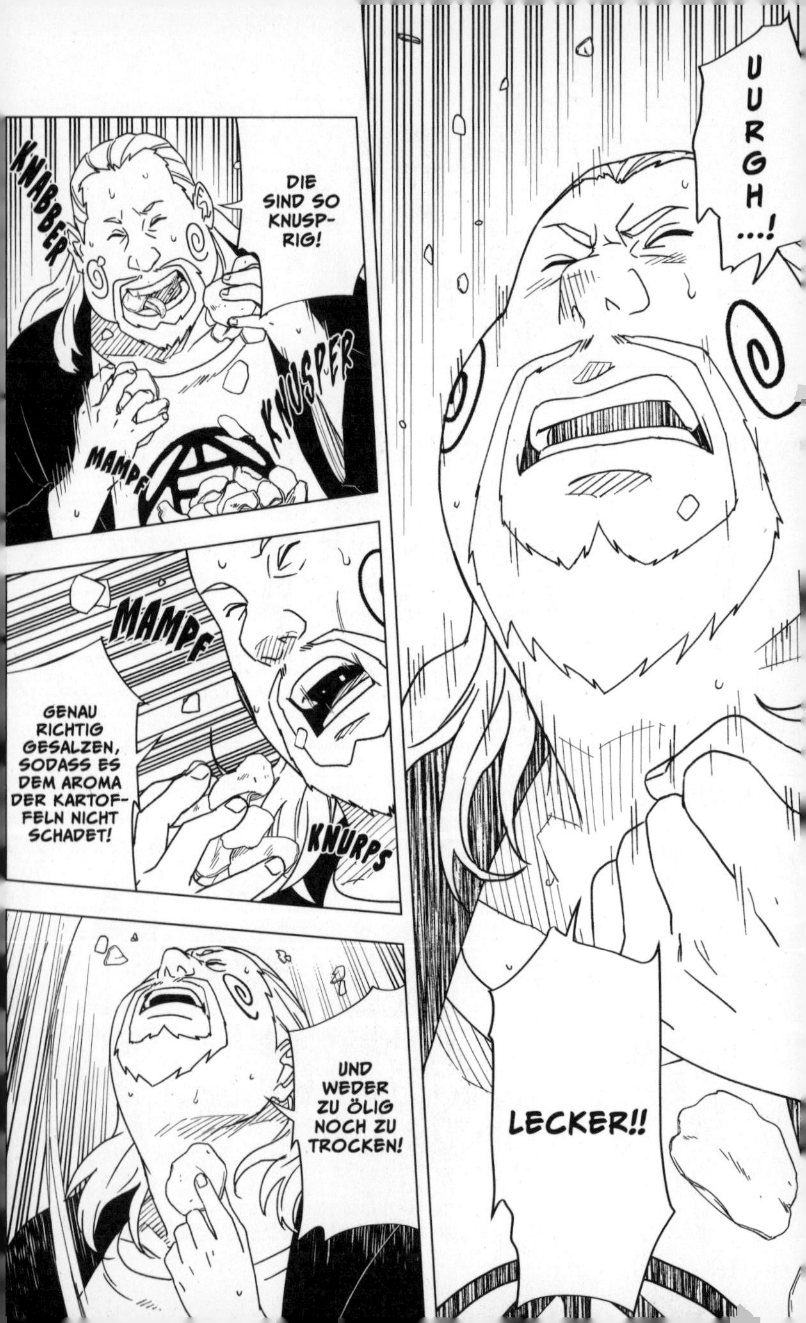
KNABBER
DIE SIND SO KNUSP-RIG!
KNUSPER
MAMPF
MAMPF
GENAU RICHTIG GESALZEN, SODASS ES DEM AROMA DER KARTOF-FELN NICHT SCHADET!
KNURPS
UND WEDER ZU ÖLIG NOCH ZU TROCKEN!
UURGH ...!
LECKER!!

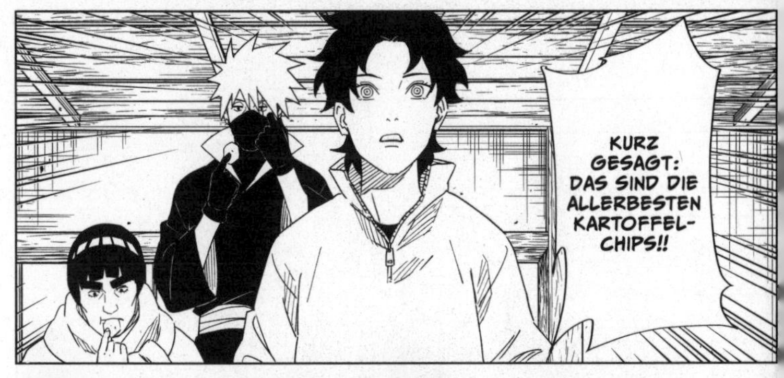
KURZ GESAGT: DAS SIND DIE ALLERBESTEN KARTOFFEL-CHIPS!!

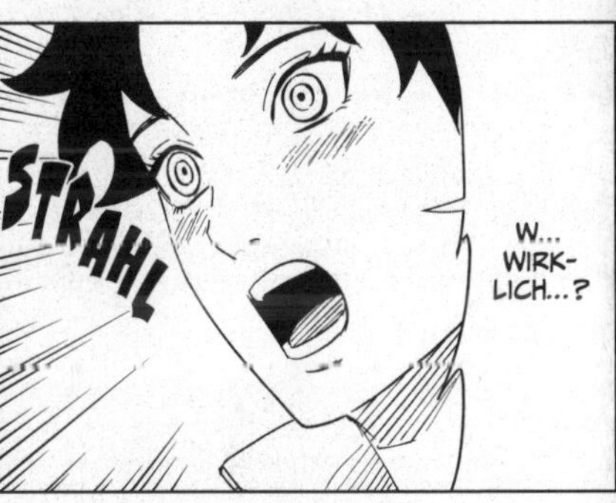
W... WIRK-LICH...?
STRAHL

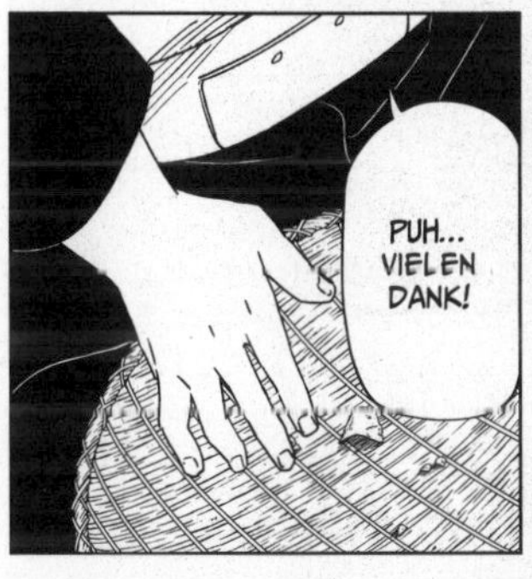
PUH... VIELEN DANK!

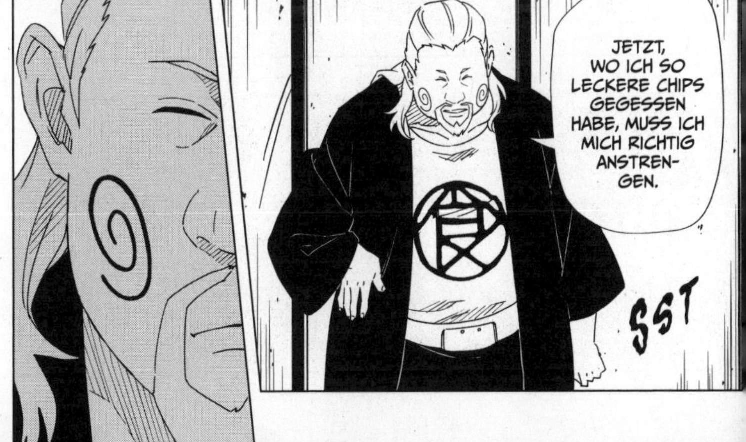
JETZT, WO ICH SO LECKERE CHIPS GEGESSEN HABE, MUSS ICH MICH RICHTIG ANSTREN-GEN.
SST

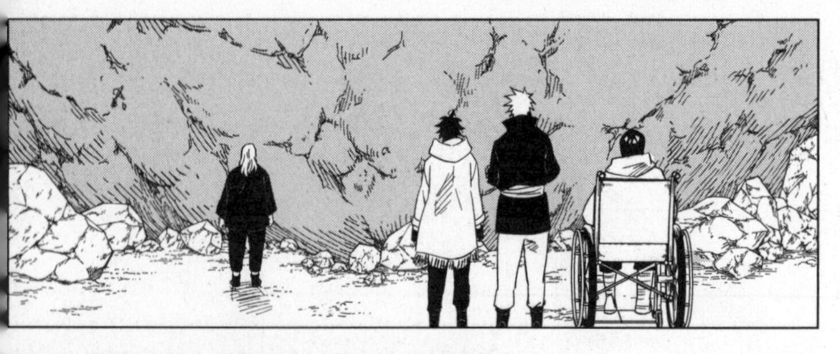

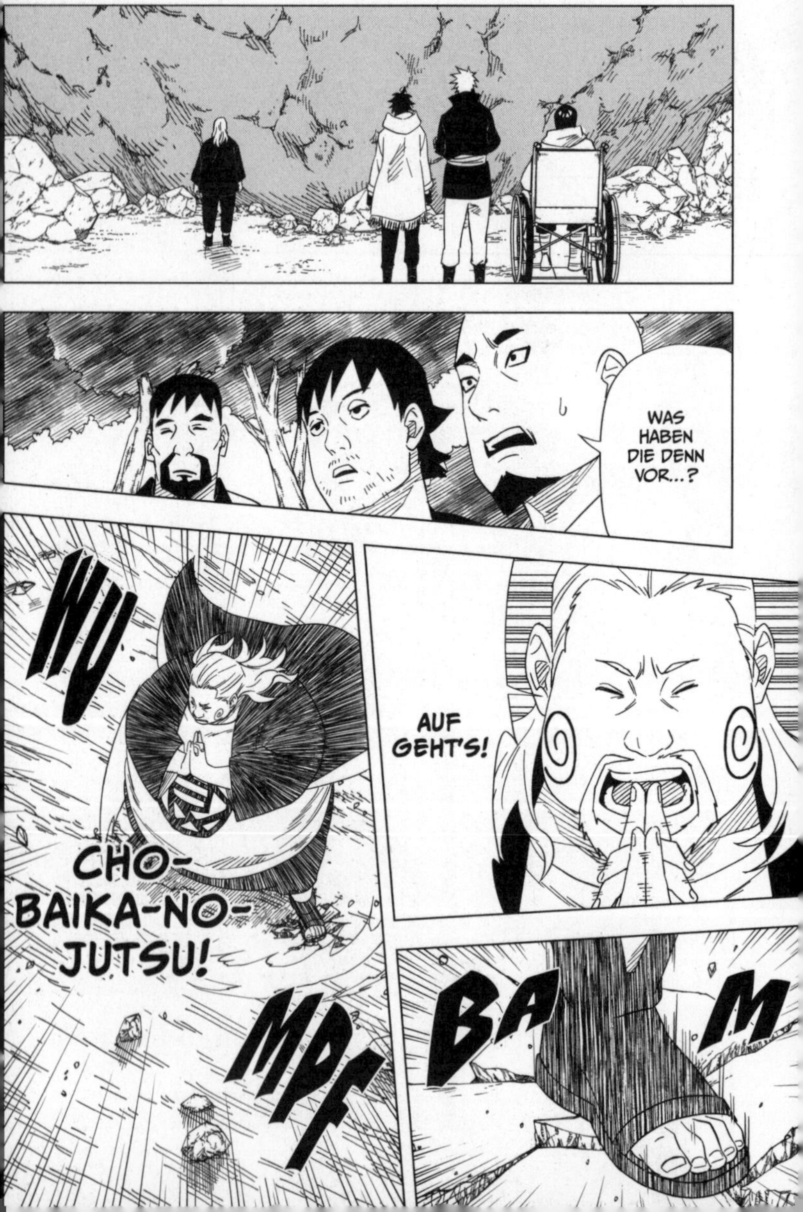

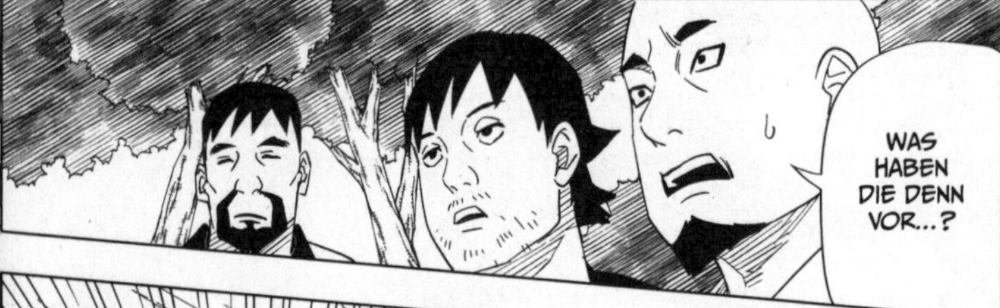

AUF GEHT'S!

WU

CHO-BAIKA-NO-JUTSU!

MPF

BAM

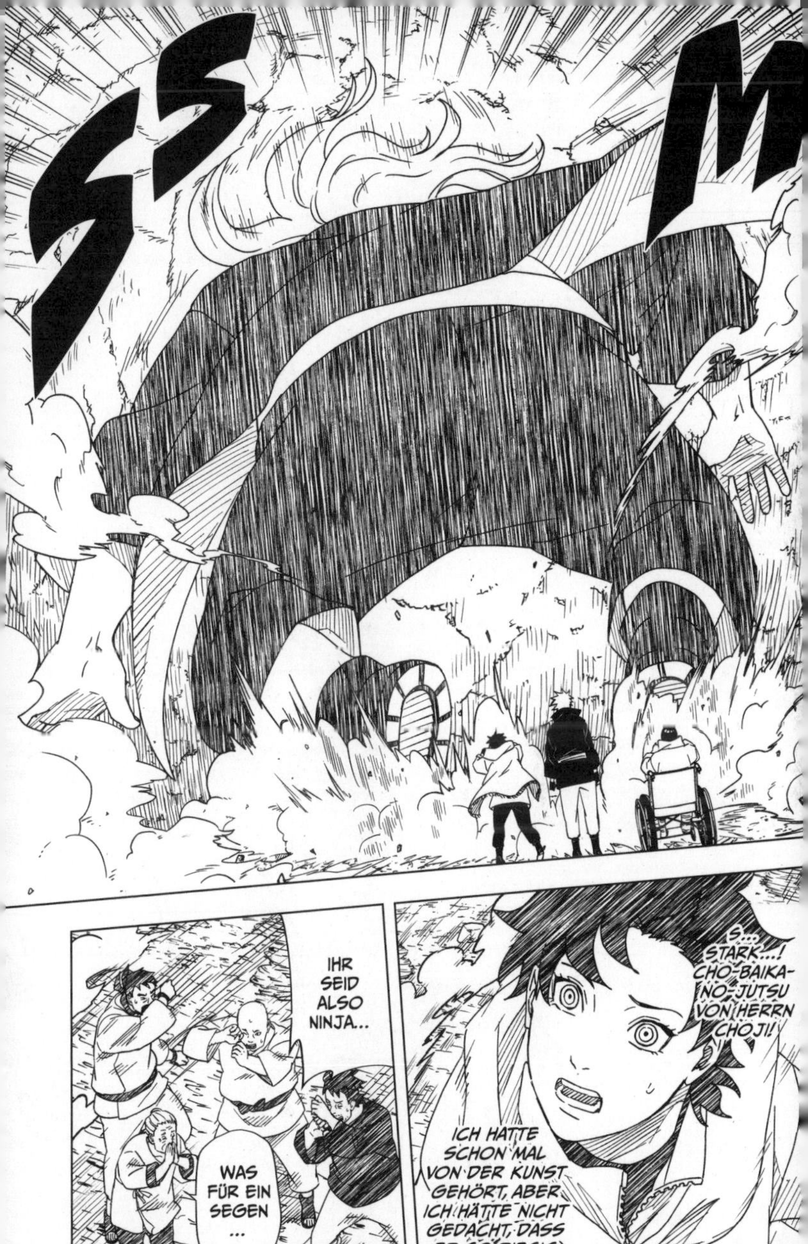
SS
M
S... STARK...! CHO-BAIKA-NO-JUTSU VON HERRN CHOJI!
ICH HATTE SCHON MAL VON DER KUNST GEHÖRT, ABER ICH HÄTTE NICHT GEDACHT, DASS ER SO RIESIG WIRD...
IHR SEID ALSO NINJA...
WAS FÜR EIN SEGEN ...

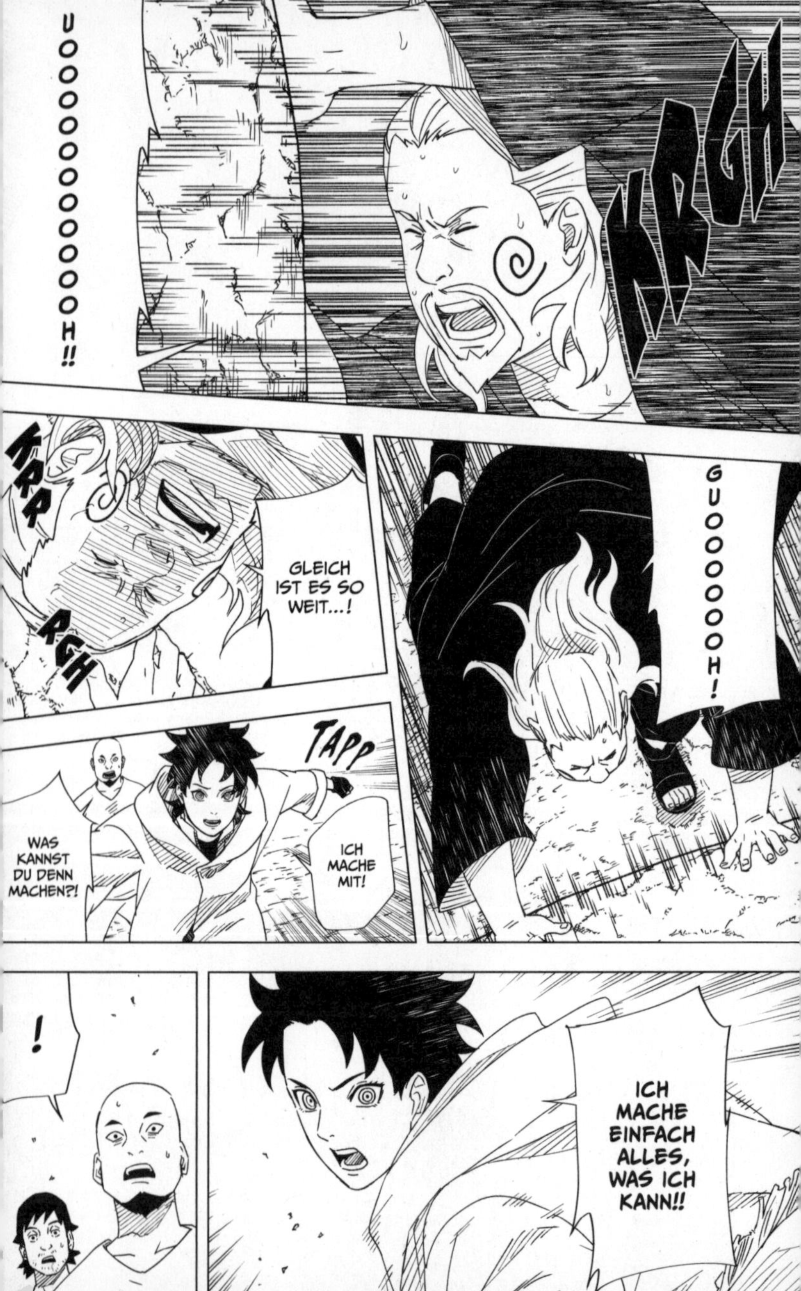
KRGH
UOOOOOOOOOOOH!!
GUOOOOOOH!
GLEICH IST ES SO WEIT...!
KRR RGH
TAPP
ICH MACHE MIT!
WAS KANNST DU DENN MACHEN?!
ICH MACHE EINFACH ALLES, WAS ICH KANN!!
!

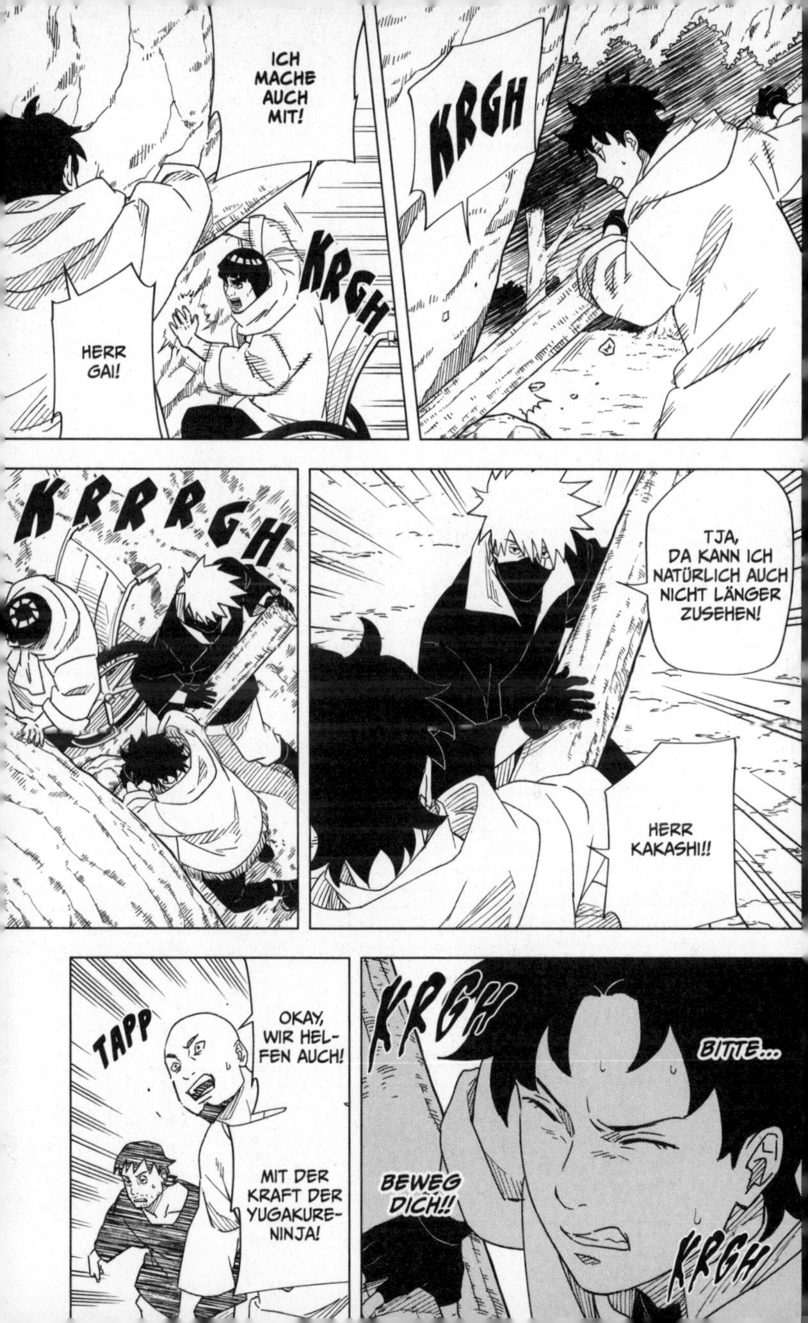

KRGH

ICH MACHE AUCH MIT!

KRGH

HERR GAI!

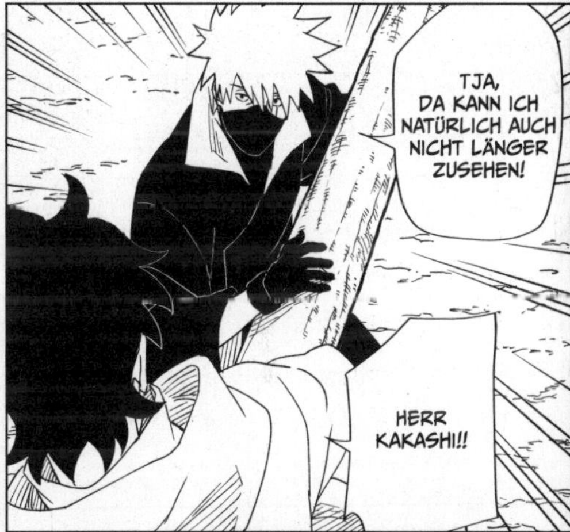

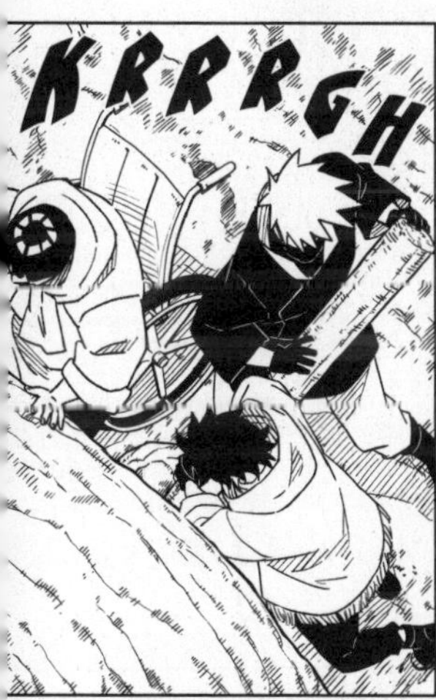

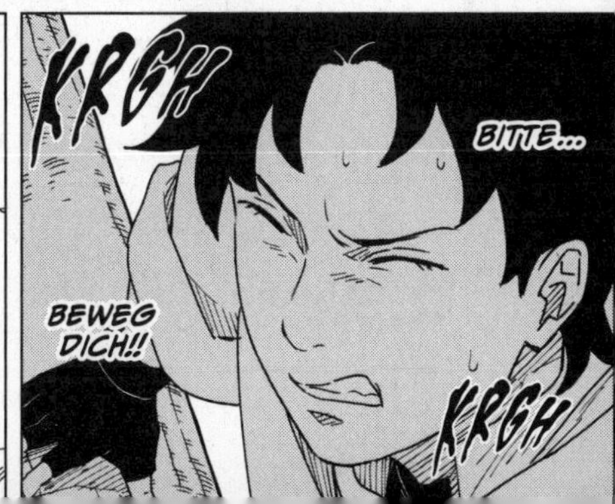

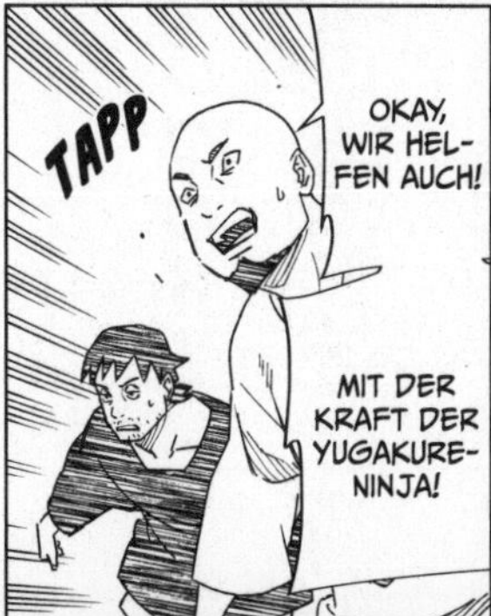

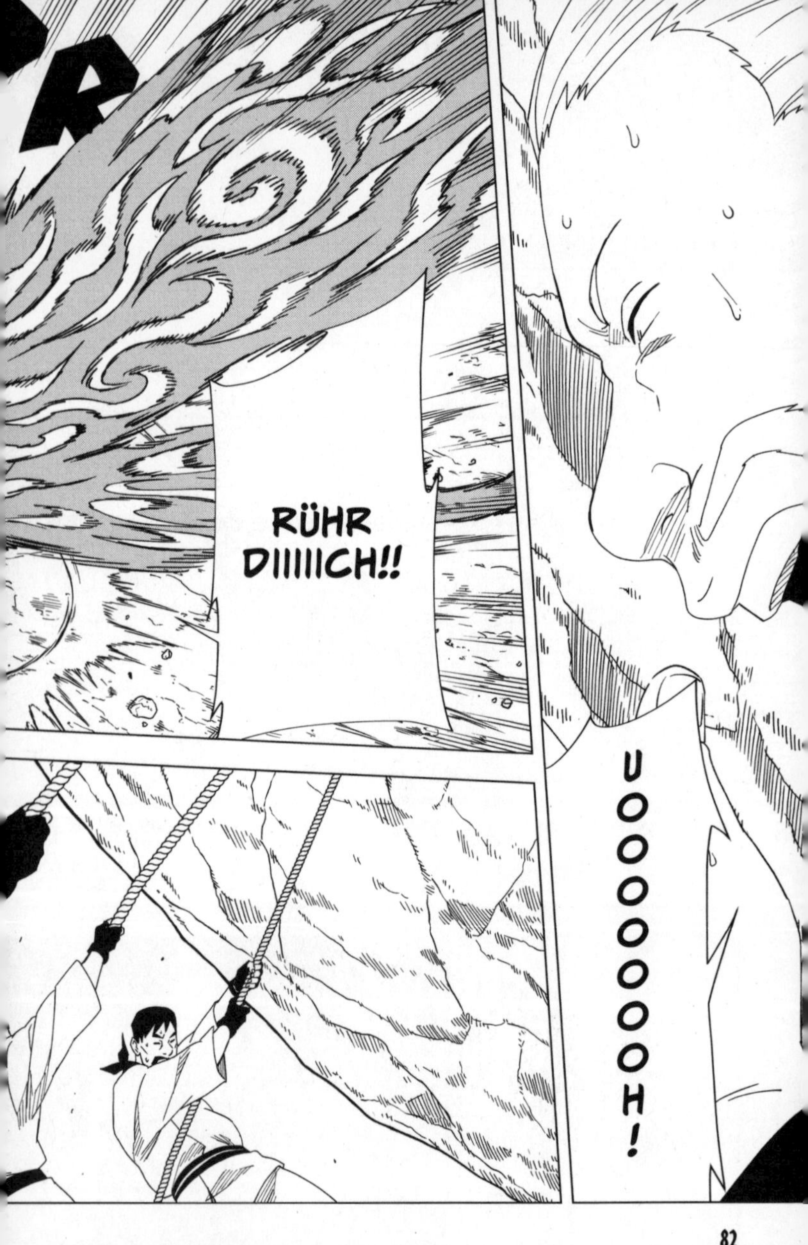
UOOOOOOOH!
RÜHR DIIIIICH!!

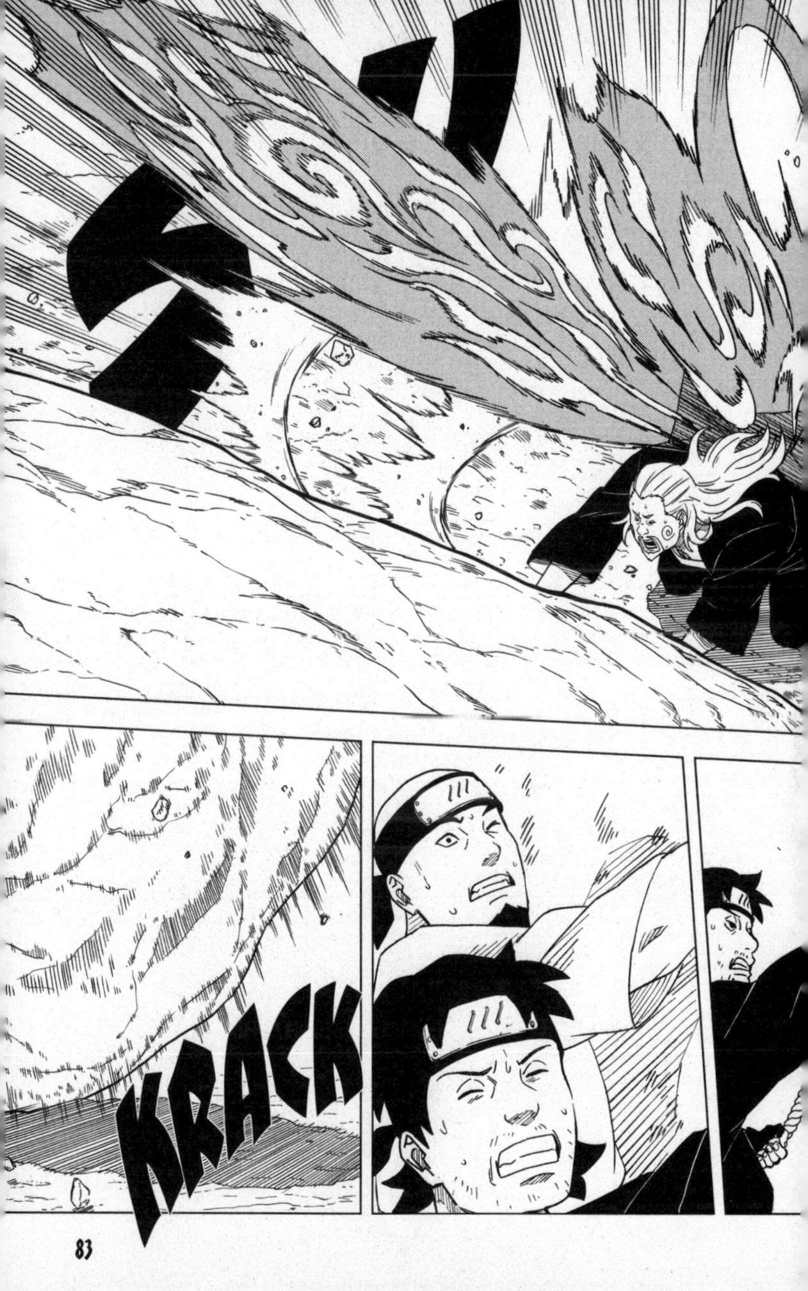
KRACK

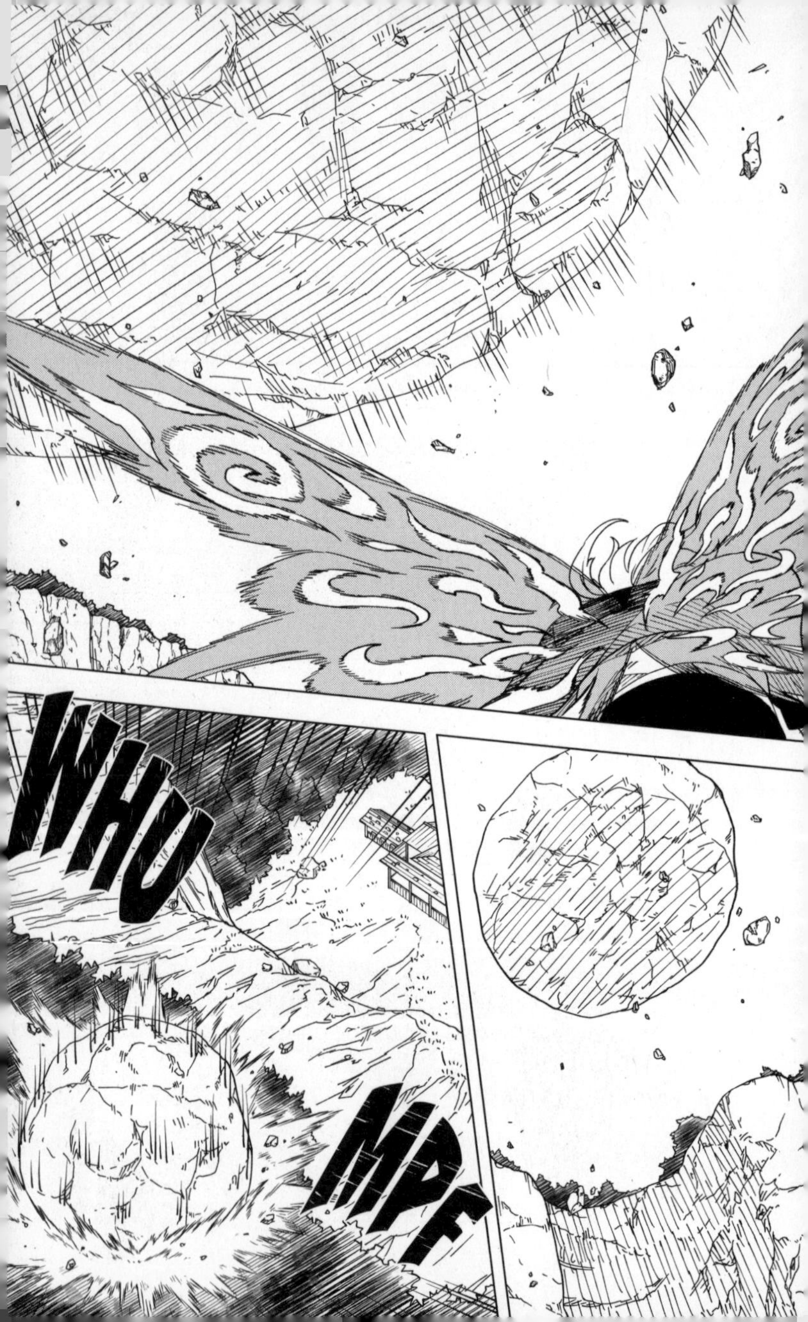
WHU
MPF

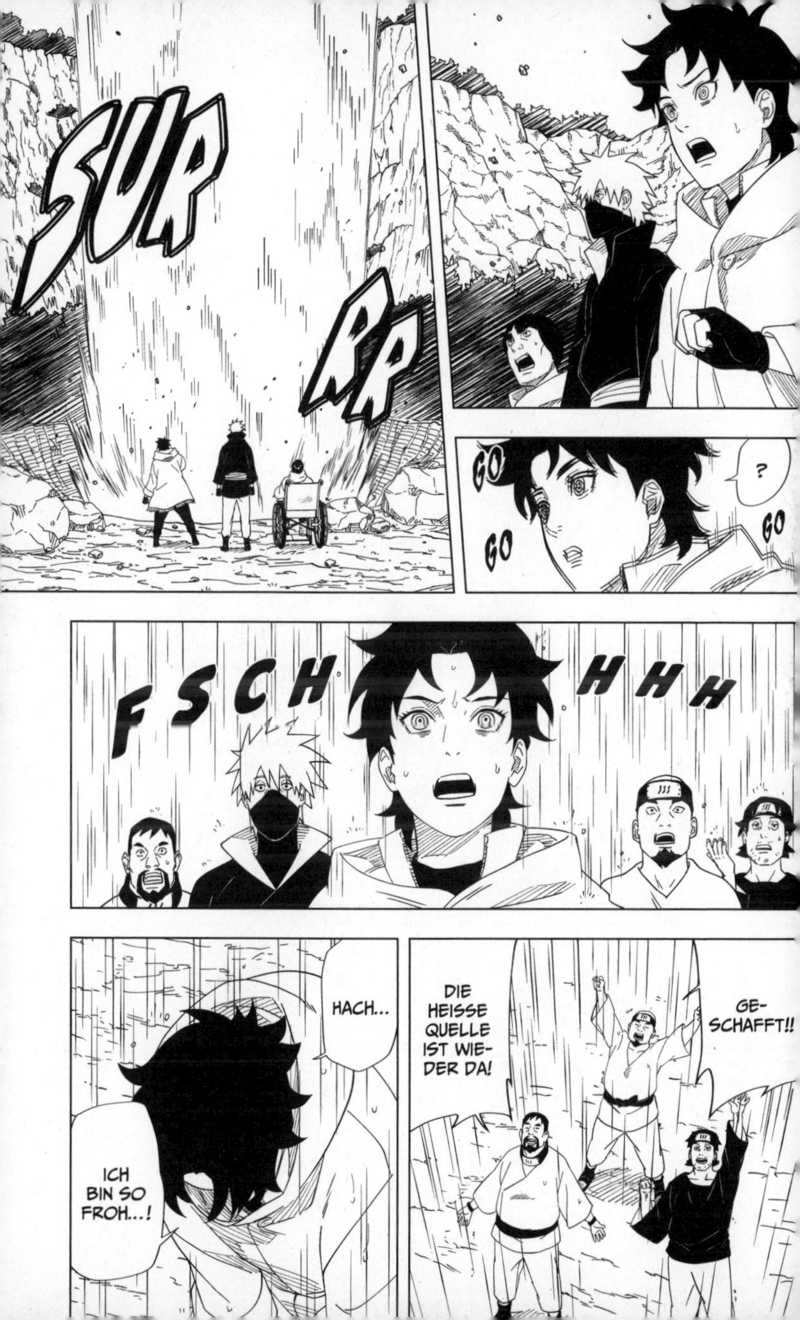

?
GO
GO
GO
SUP
PP

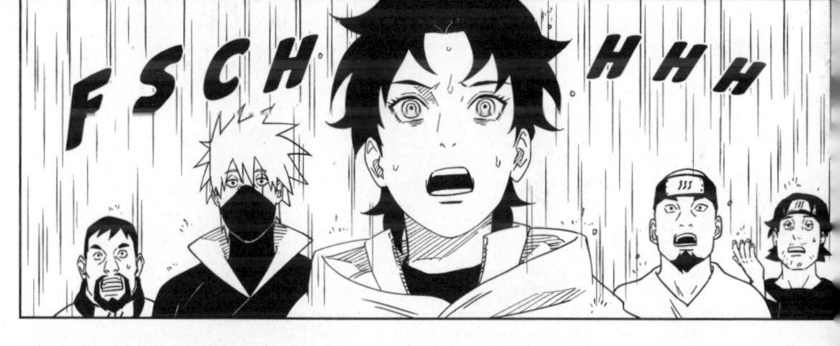

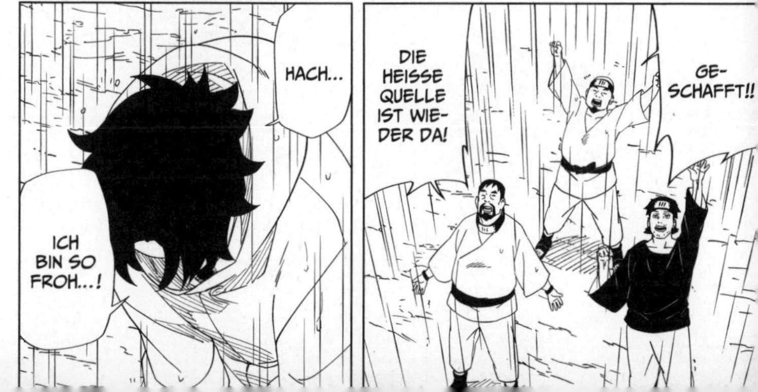

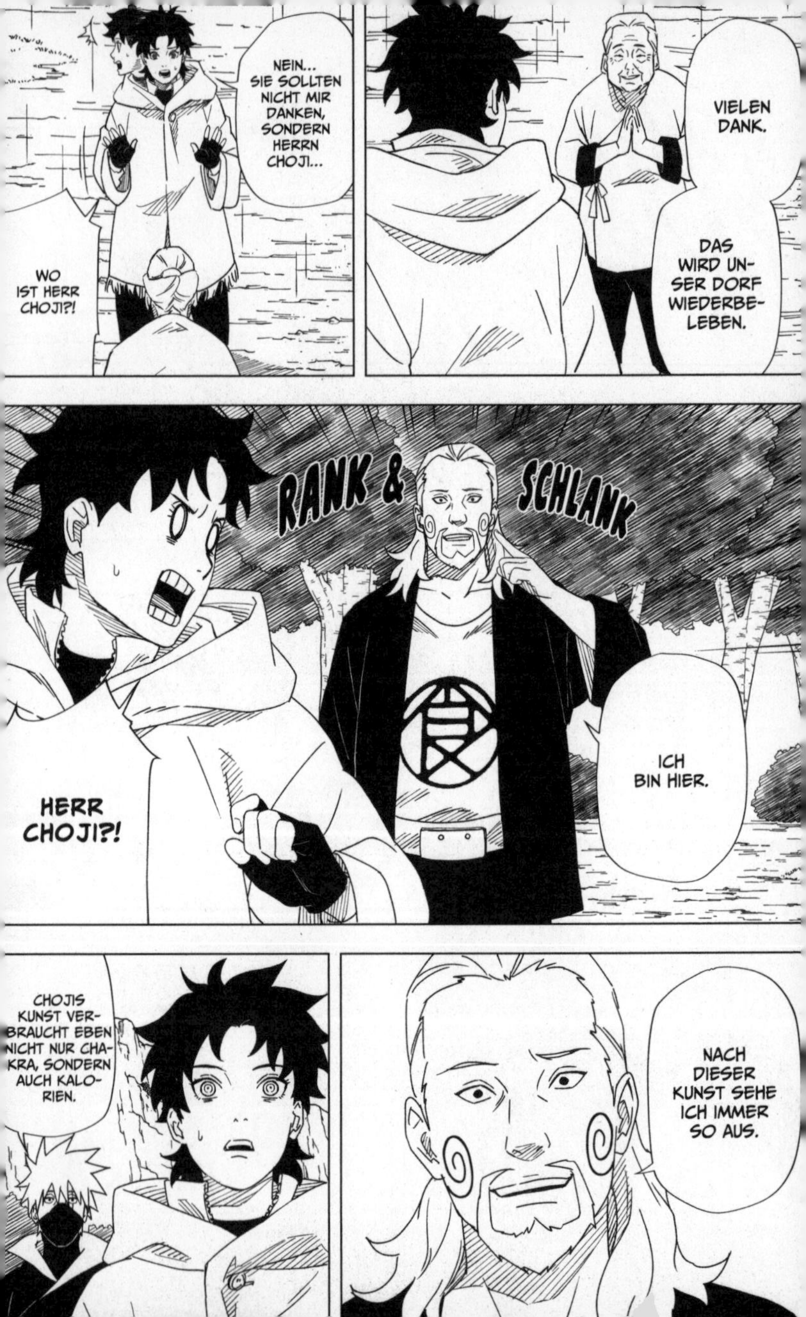
VIELEN DANK.
DAS WIRD UNSER DORF WIEDERBELEBEN.
NEIN... SIE SOLLTEN NICHT MIR DANKEN, SONDERN HERRN CHOJI...
WO IST HERR CHOJI?!
RANK & SCHLANK
ICH BIN HIER.
HERR CHOJI?!
NACH DIESER KUNST SEHE ICH IMMER SO AUS.
CHOJIS KUNST VERBRAUCHT EBEN NICHT NUR CHAKRA, SONDERN AUCH KALORIEN.

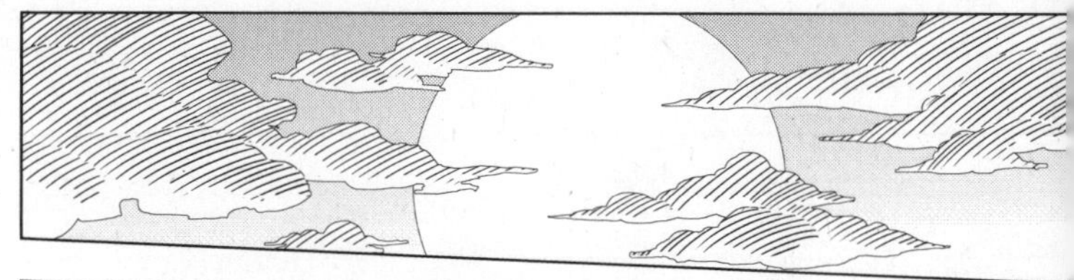

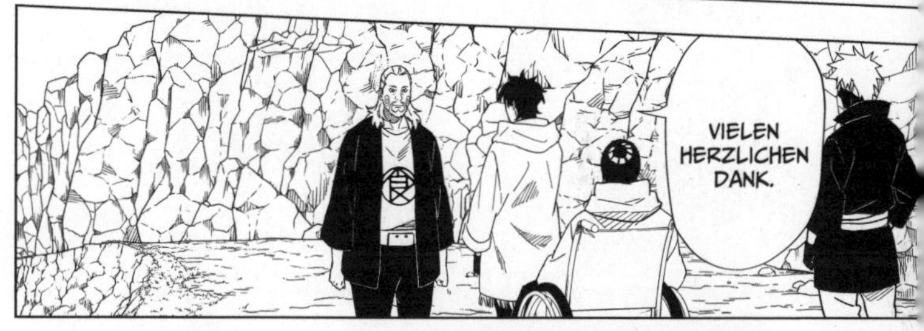
VIELEN HERZLICHEN DANK.

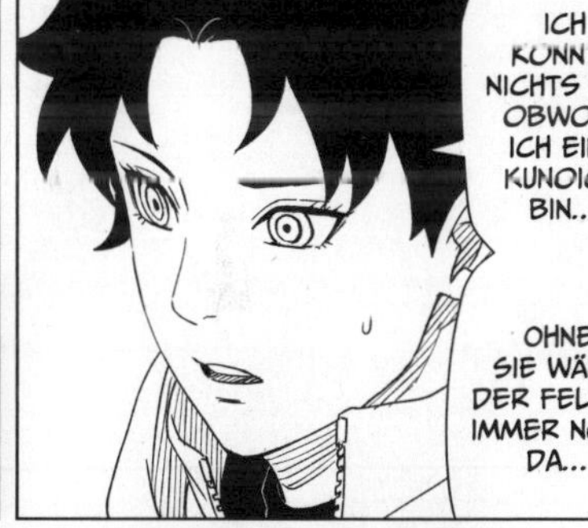
ICH KONNTE NICHTS TUN, OBWOHL ICH EINE KUNOICHI BIN...
OHNE SIE WÄRE DER FELSEN IMMER NOCH DA...

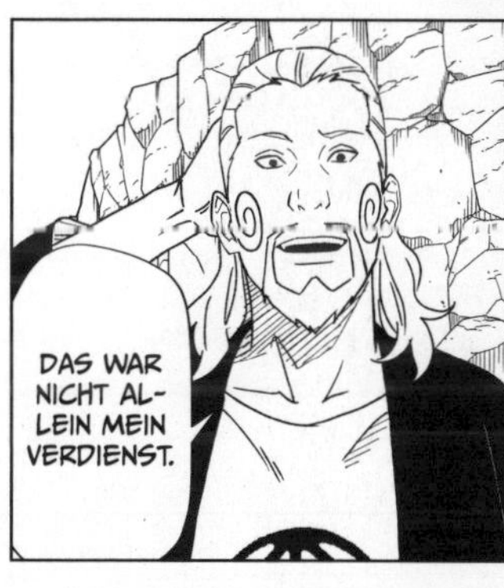
DAS WAR NICHT AL-LEIN MEIN VERDIENST.

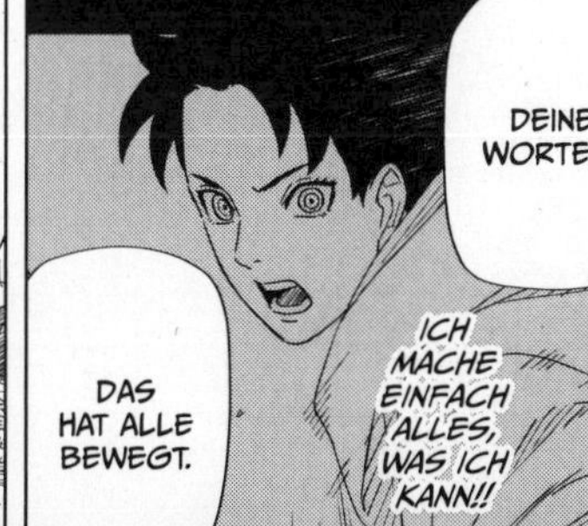
DEINE WORTE...
ICH MACHE EINFACH ALLES, WAS ICH KANN!!
DAS HAT ALLE BEWEGT.

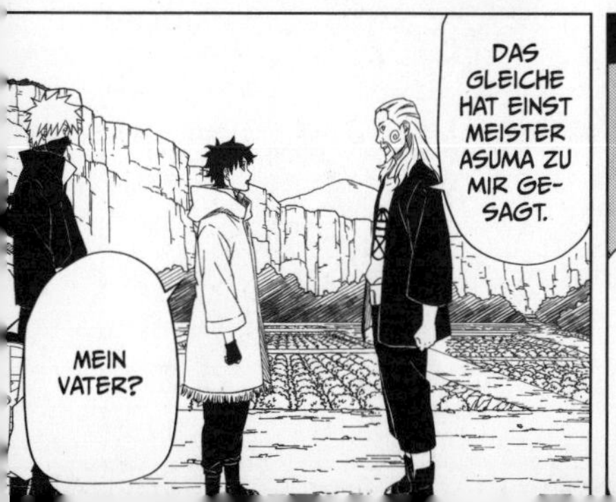
DAS GLEICHE HAT EINST MEISTER ASUMA ZU MIR GE-SAGT.
MEIN VATER?

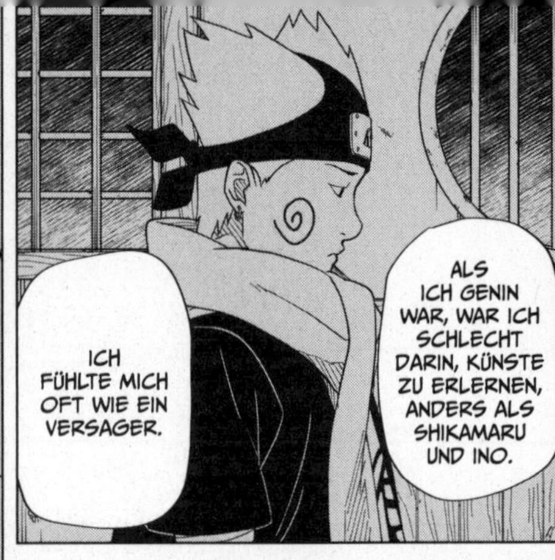
ALS ICH GENIN WAR, WAR ICH SCHLECHT DARIN, KÜNSTE ZU ERLERNEN, ANDERS ALS SHIKAMARU UND INO.
ICH FÜHLTE MICH OFT WIE EIN VERSAGER.

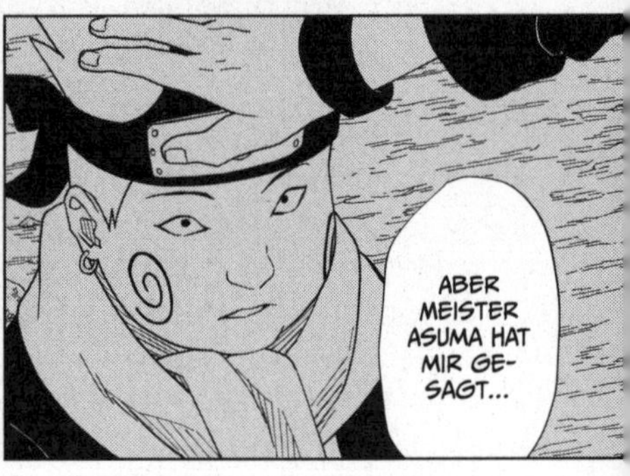
ABER MEISTER ASUMA HAT MIR GE-SAGT…

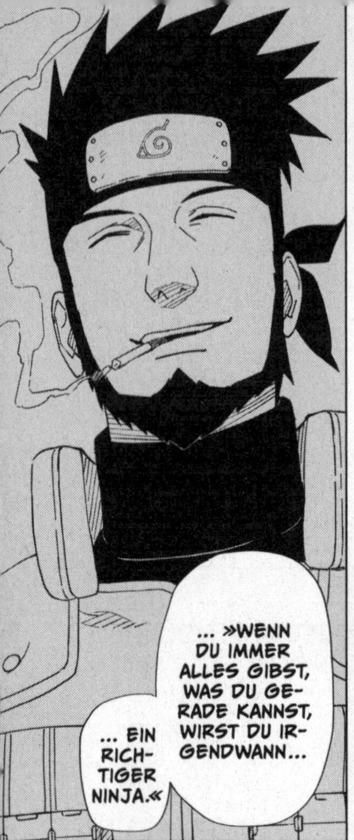
… »WENN DU IMMER ALLES GIBST, WAS DU GE-RADE KANNST, WIRST DU IR-GENDWANN…
… EIN RICH-TIGER NINJA.«

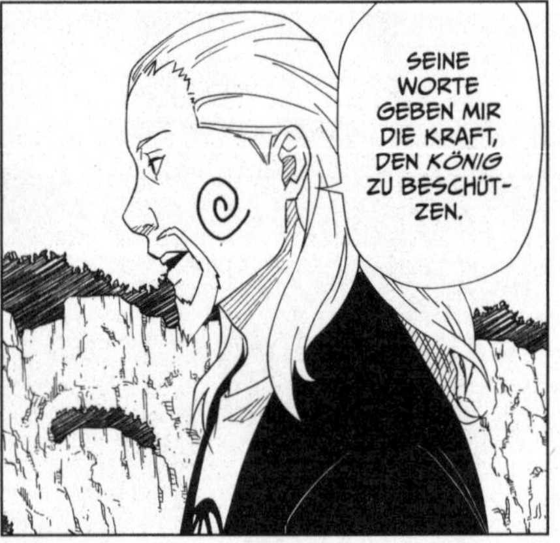
SEINE WORTE GEBEN MIR DIE KRAFT, DEN *KÖNIG* ZU BESCHÜT-ZEN.

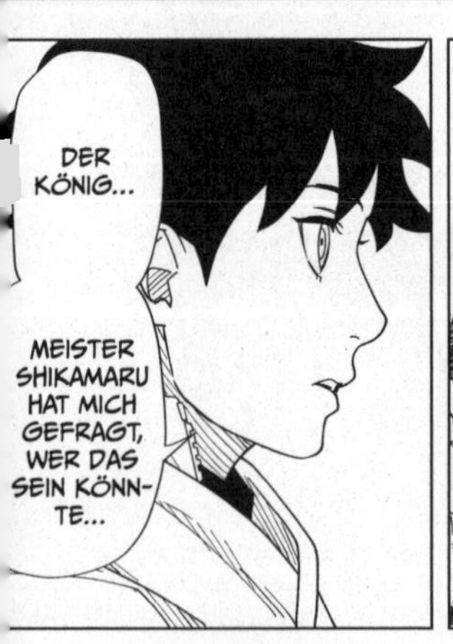
DER KÖNIG…
MEISTER SHIKAMARU HAT MICH GEFRAGT, WER DAS SEIN KÖNN-TE…

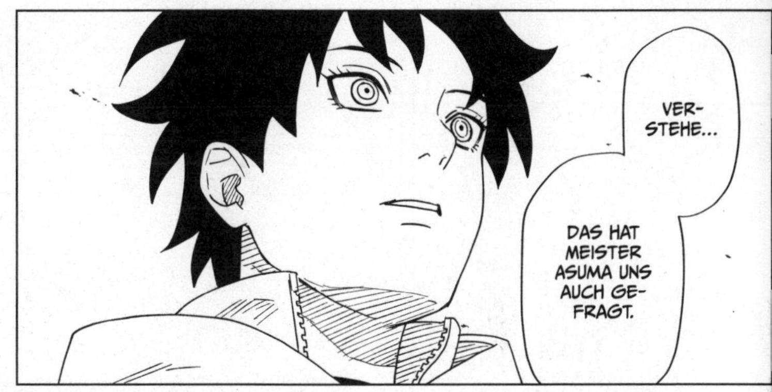
VER-
STEHE...
DAS HAT
MEISTER
ASUMA UNS
AUCH GE-
FRAGT.

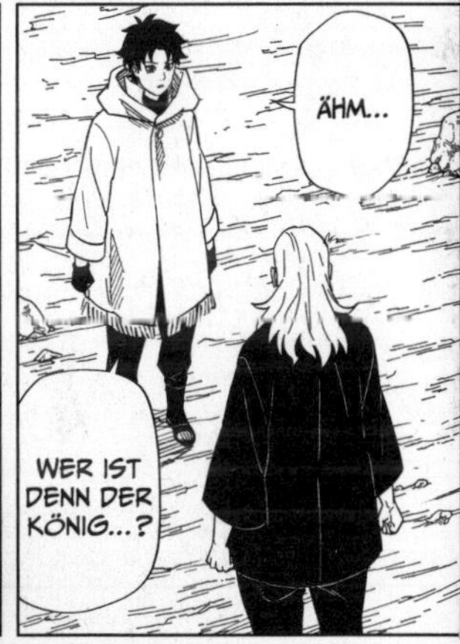
ÄHM...
WER IST
DENN DER
KÖNIG...?

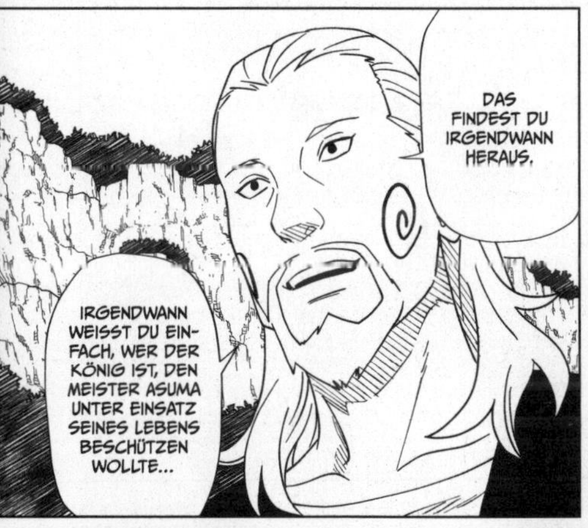
DAS
FINDEST DU
IRGENDWANN
HERAUS.
IRGENDWANN
WEISST DU EIN-
FACH, WER DER
KÖNIG IST, DEN
MEISTER ASUMA
UNTER EINSATZ
SEINES LEBENS
BESCHÜTZEN
WOLLTE...

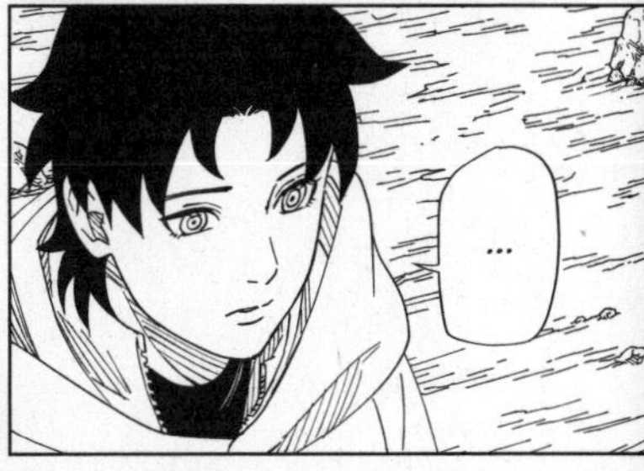
...

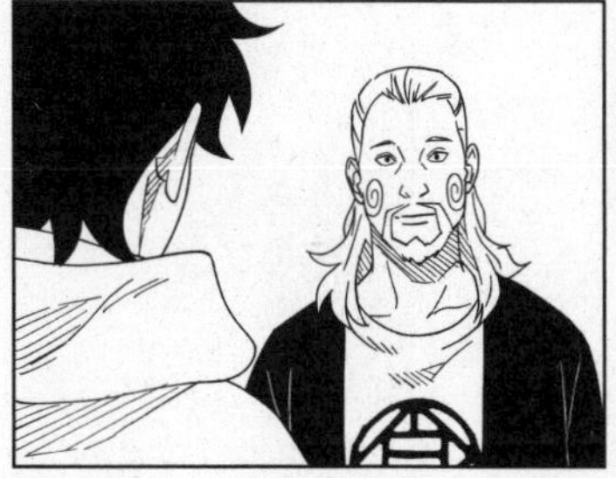

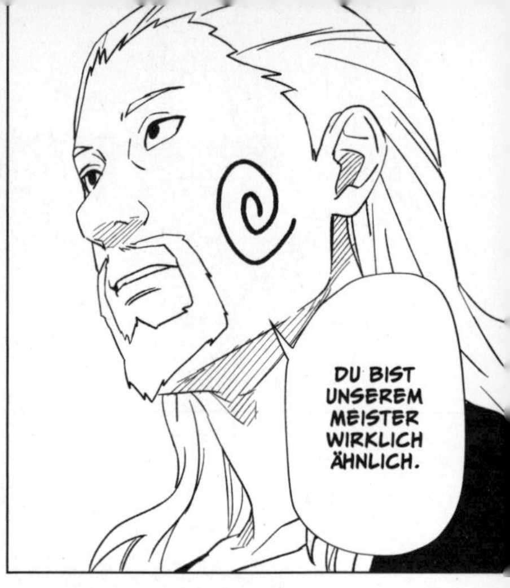
DU BIST UNSEREM MEISTER WIRKLICH ÄHNLICH.

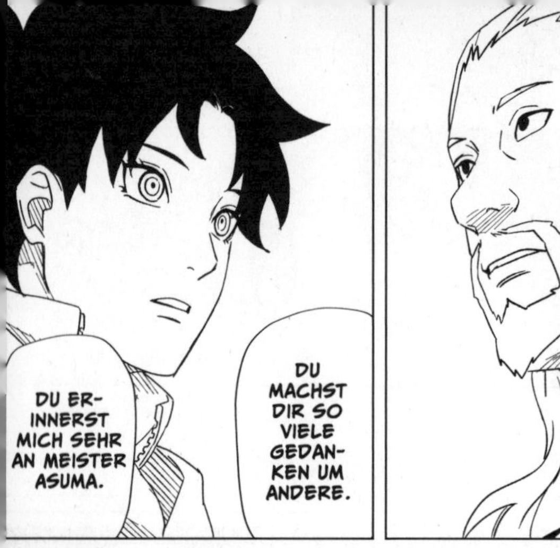
DU MACHST DIR SO VIELE GEDANKEN UM ANDERE.
DU ERINNERST MICH SEHR AN MEISTER ASUMA.

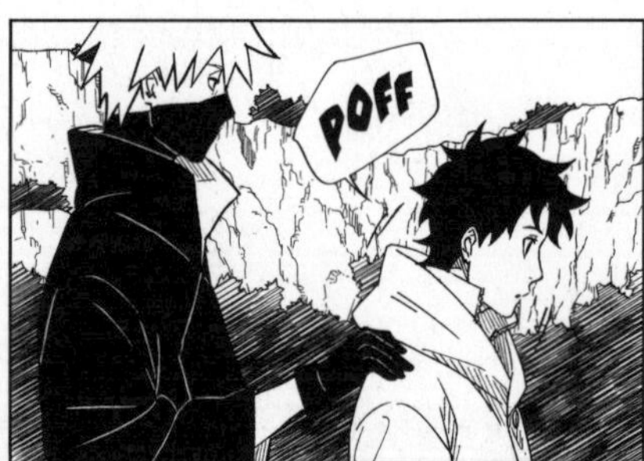
POFF

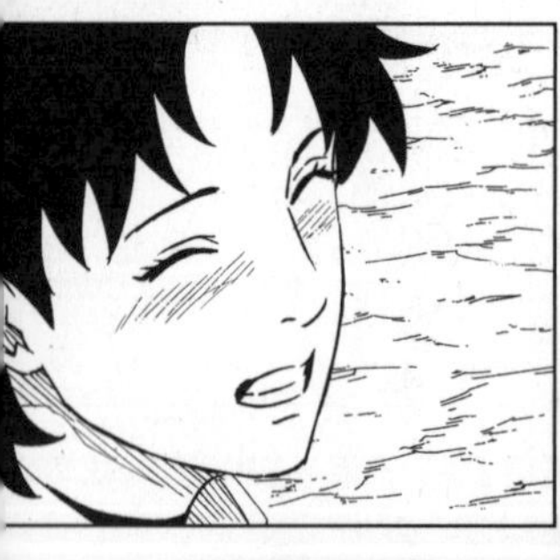

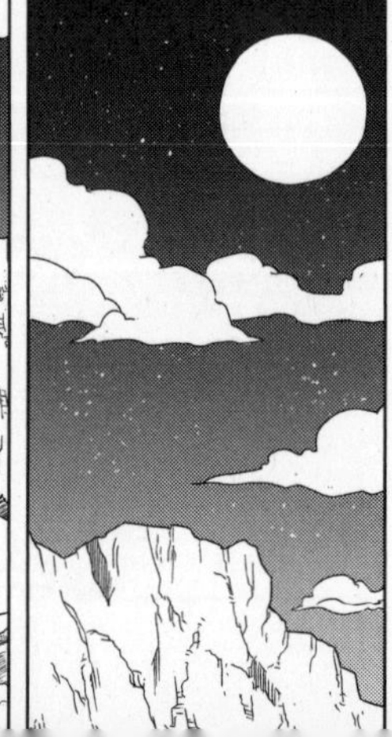

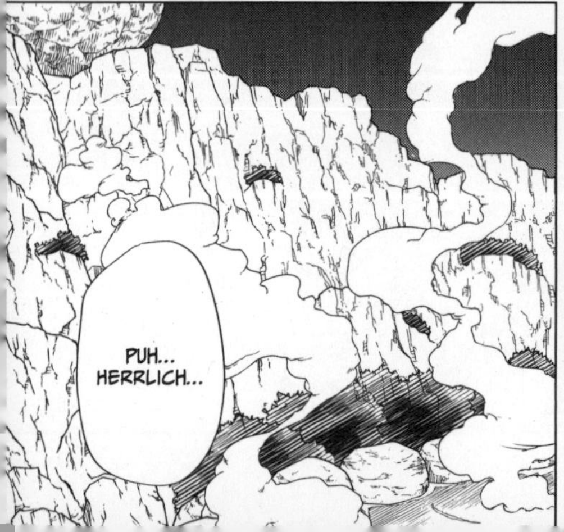
PUH... HERRLICH...

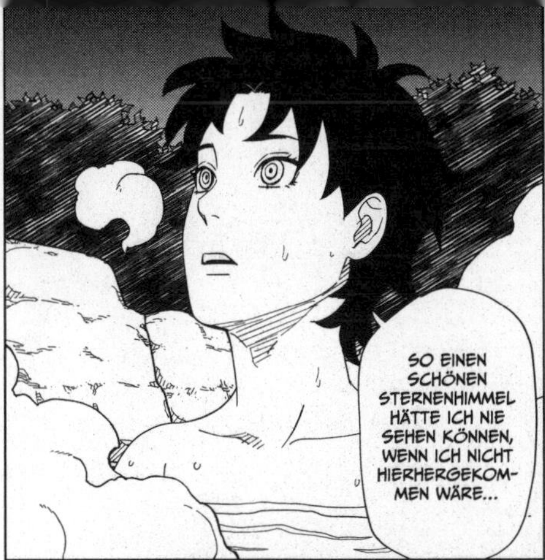
SO EINEN SCHÖNEN STERNENHIMMEL HÄTTE ICH NIE SEHEN KÖNNEN, WENN ICH NICHT HIERHERGEKOMMEN WÄRE...

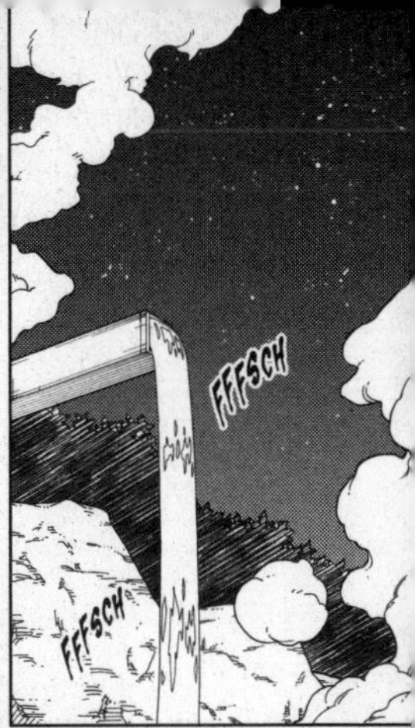
FFFSCH
FFFSCH

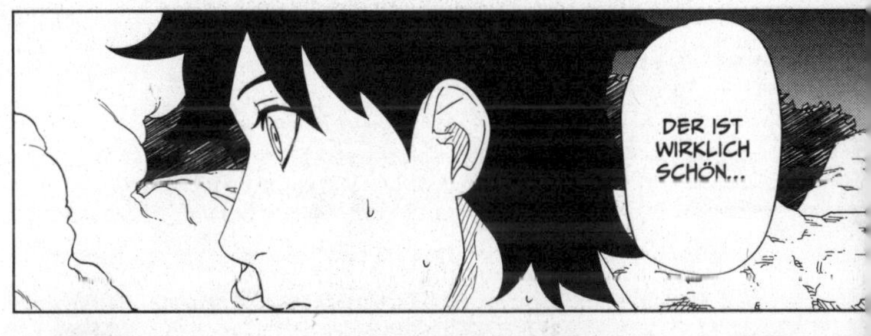
DER IST WIRKLICH SCHÖN...

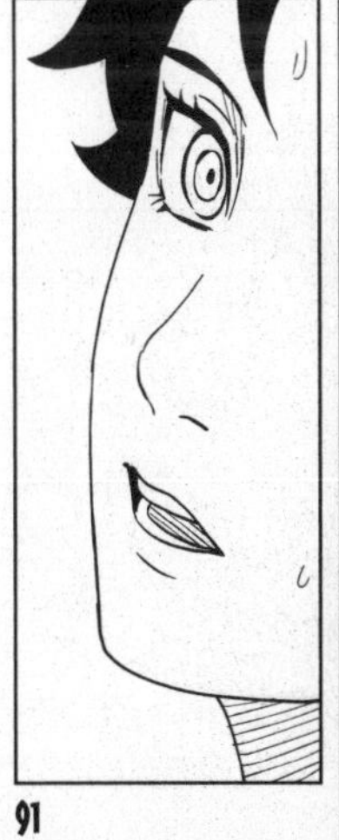

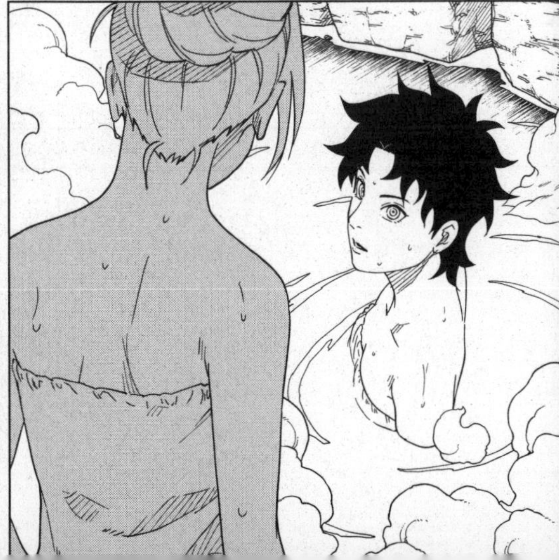

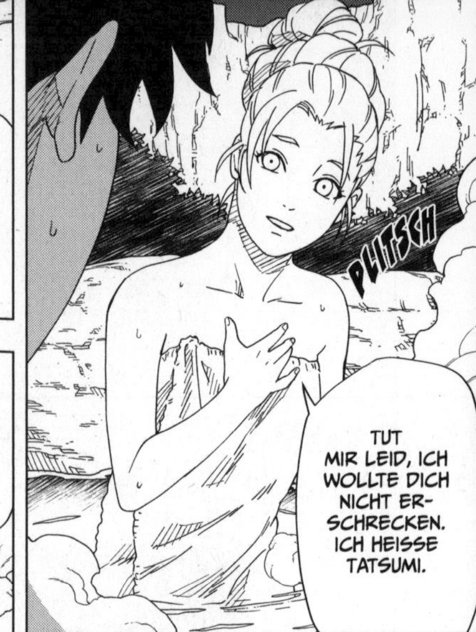
PLITSCH
TUT MIR LEID, ICH WOLLTE DICH NICHT ER-SCHRECKEN. ICH HEISSE TATSUMI.

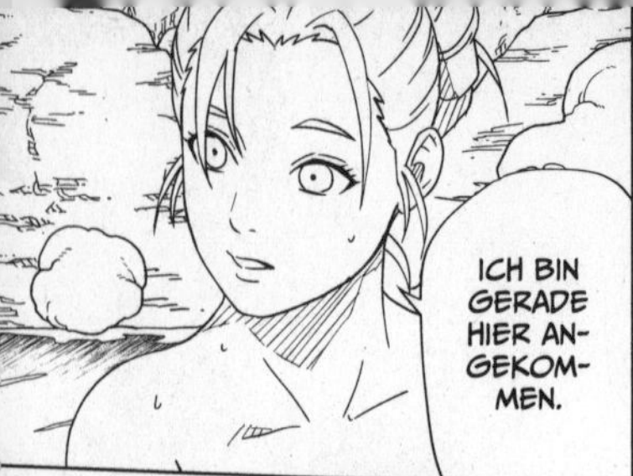
ICH BIN GERADE HIER AN-GEKOM-MEN.

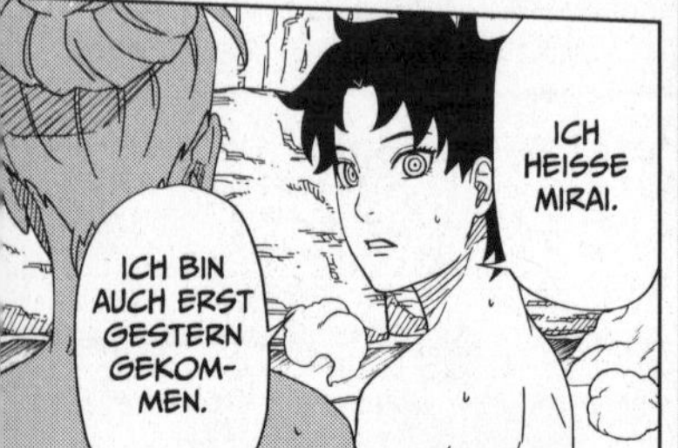
ICH HEISSE MIRAI.
ICH BIN AUCH ERST GESTERN GEKOM-MEN.

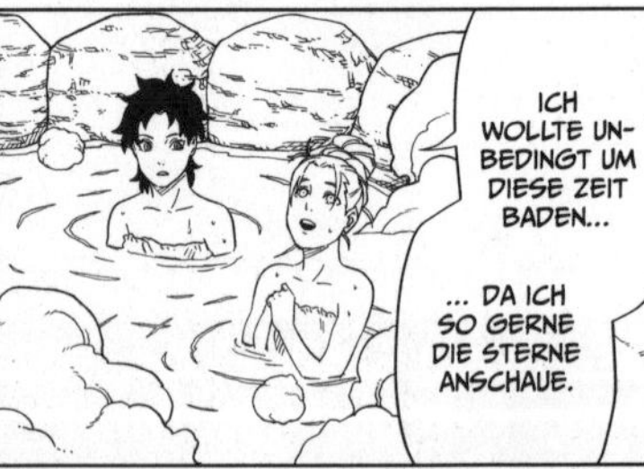
ICH WOLLTE UN-BEDINGT UM DIESE ZEIT BADEN...
... DA ICH SO GERNE DIE STERNE ANSCHAUE.

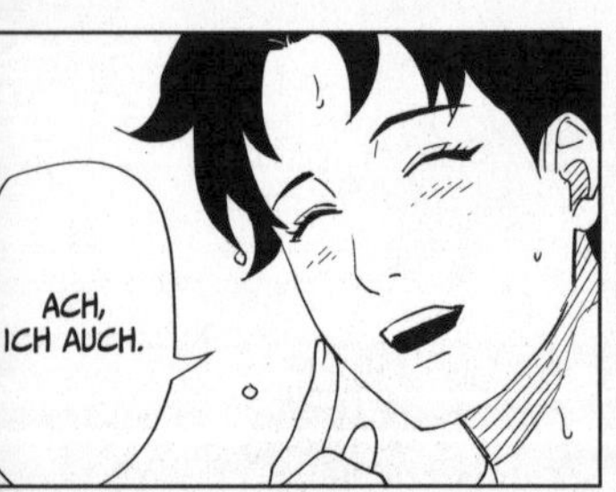
ACH, ICH AUCH.

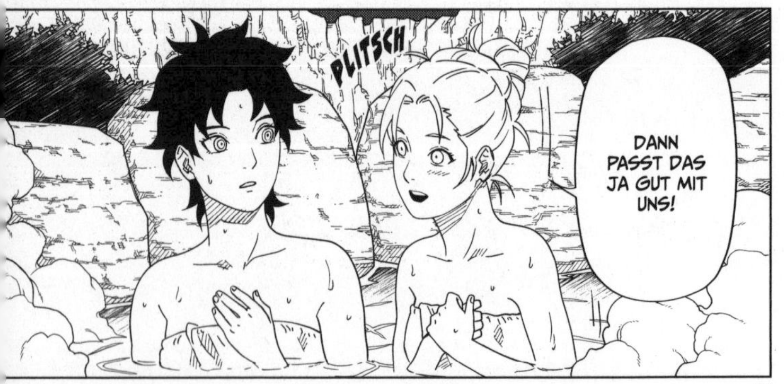
PLITSCH
DANN PASST DAS JA GUT MIT UNS!

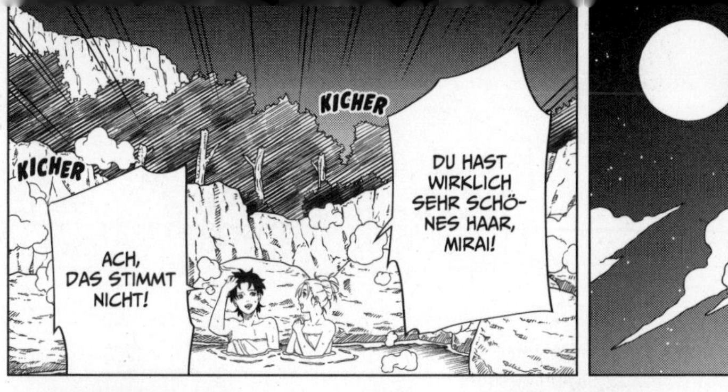
DU HAST WIRKLICH SEHR SCHÖNES HAAR, MIRAI!
KICHER
ACH, DAS STIMMT NICHT!
KICHER

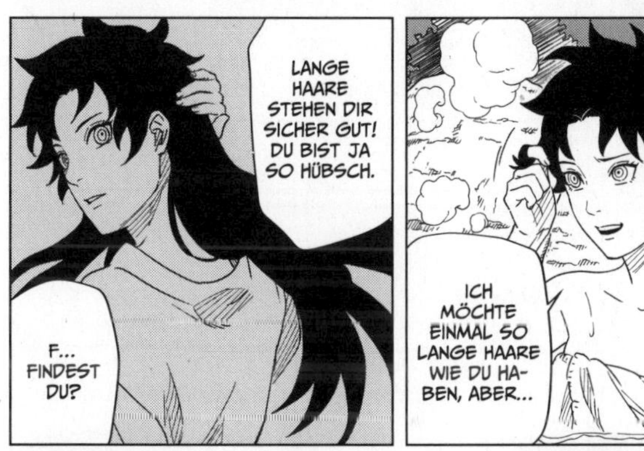
DIESE KRAUSEN HAARE VON MEINER MUTTER HABEN MIR NIE GEFALLEN!
ICH MÖCHTE EINMAL SO LANGE HAARE WIE DU HABEN, ABER...
LANGE HAARE STEHEN DIR SICHER GUT! DU BIST JA SO HÜBSCH.
F... FINDEST DU?

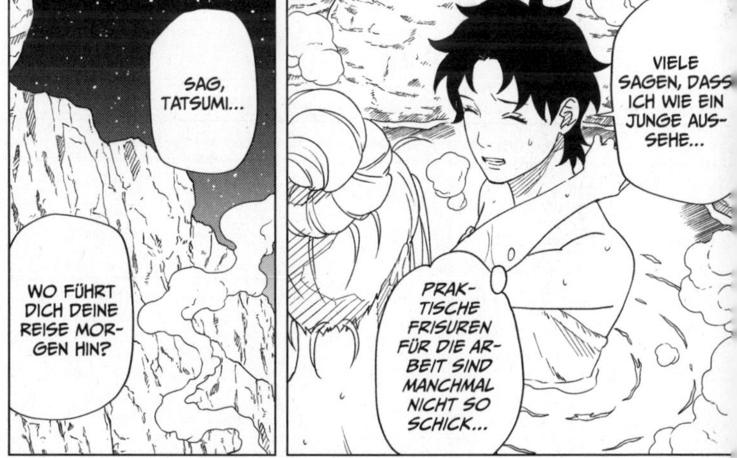
VIELE SAGEN, DASS ICH WIE EIN JUNGE AUSSEHE...
PRAKTISCHE FRISUREN FÜR DIE ARBEIT SIND MANCHMAL NICHT SO SCHICK...
SAG, TATSUMI...
WO FÜHRT DICH DEINE REISE MORGEN HIN?

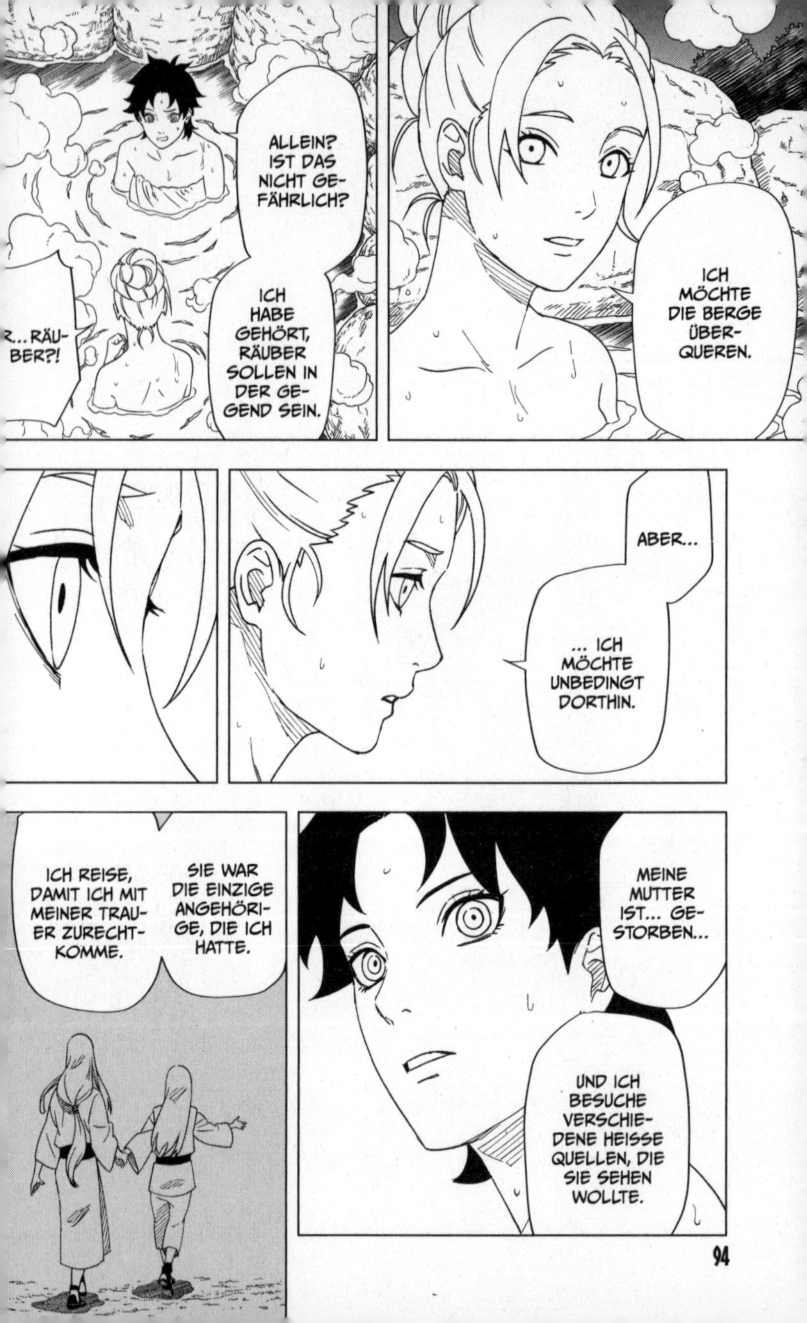

ICH MÖCHTE DIE BERGE ÜBERQUEREN.
ALLEIN? IST DAS NICHT GEFÄHRLICH?
ICH HABE GEHÖRT, RÄUBER SOLLEN IN DER GEGEND SEIN.
R... RÄUBER?!

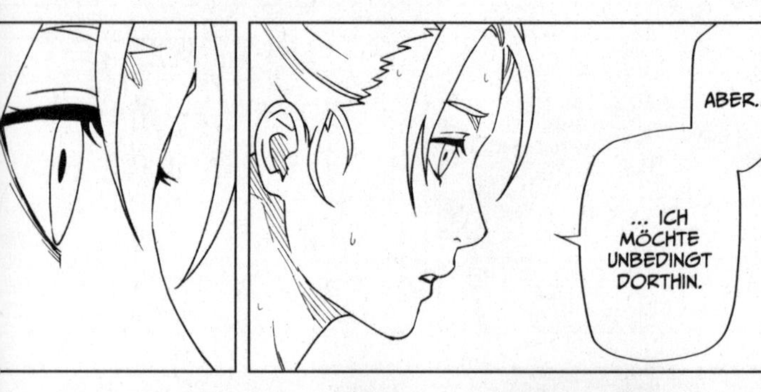

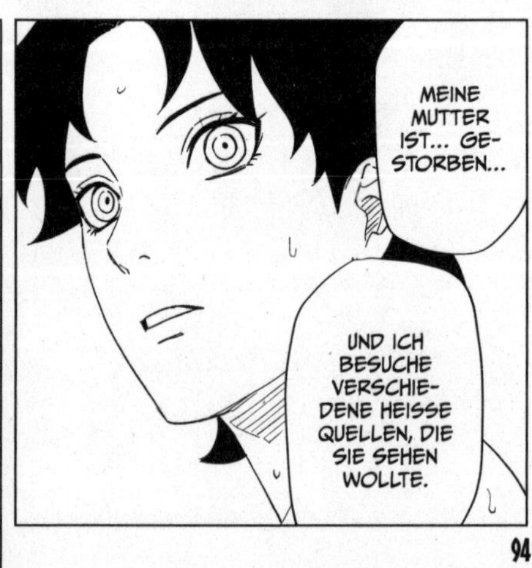

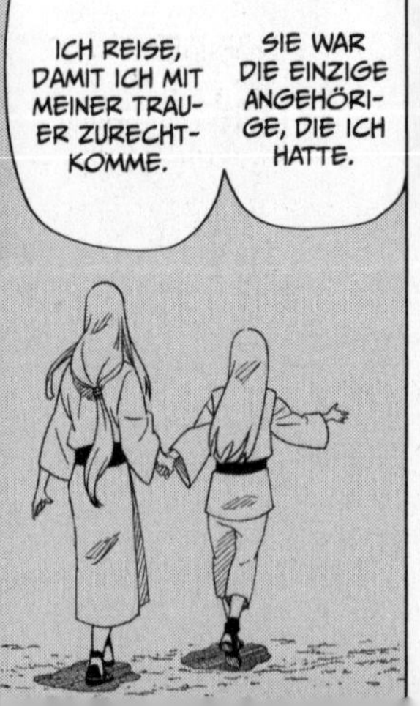

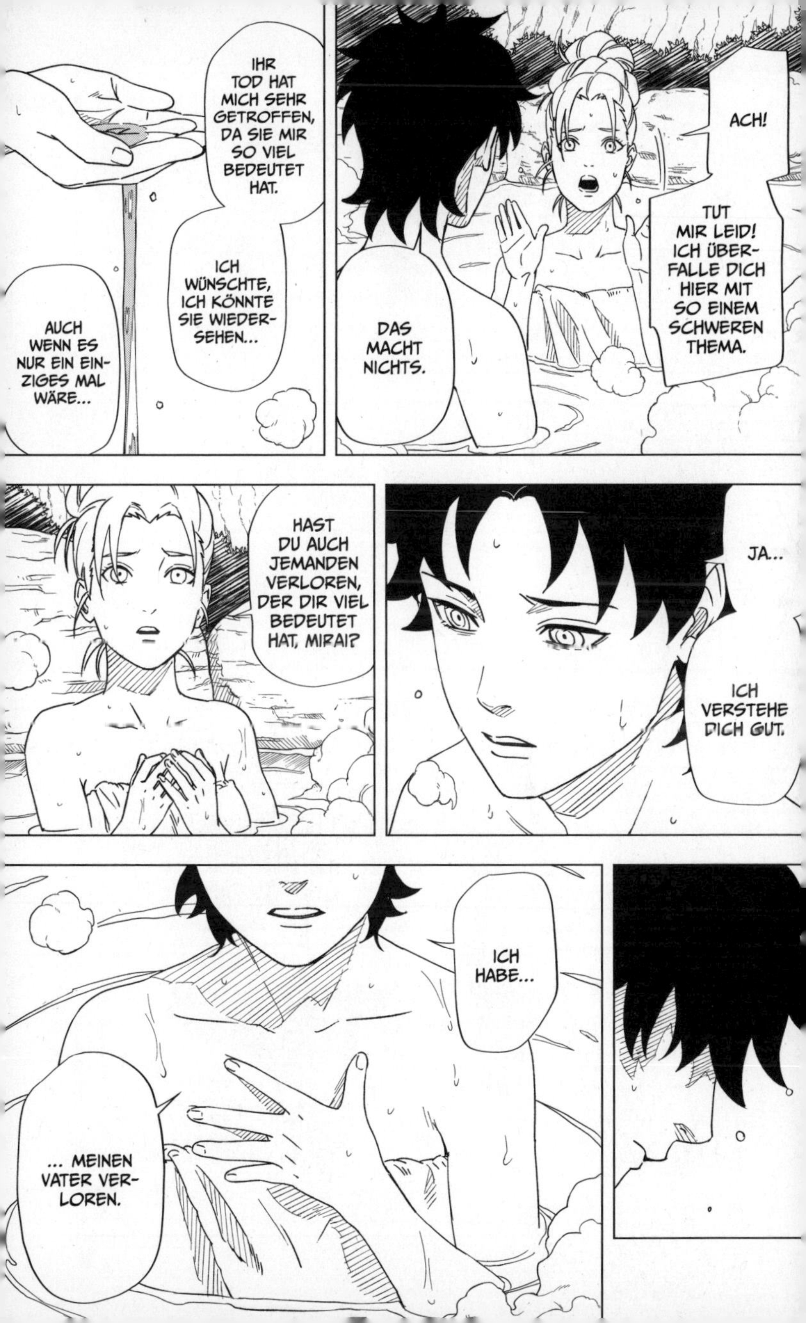

IHR TOD HAT MICH SEHR GETROFFEN, DA SIE MIR SO VIEL BEDEUTET HAT.
ICH WÜNSCHTE, ICH KÖNNTE SIE WIEDER-SEHEN...
AUCH WENN ES NUR EIN EIN-ZIGES MAL WÄRE...
ACH!
TUT MIR LEID! ICH ÜBER-FALLE DICH HIER MIT SO EINEM SCHWEREN THEMA.
DAS MACHT NICHTS.
HAST DU AUCH JEMANDEN VERLOREN, DER DIR VIEL BEDEUTET HAT, MIRAI?
JA...
ICH VERSTEHE DICH GUT.

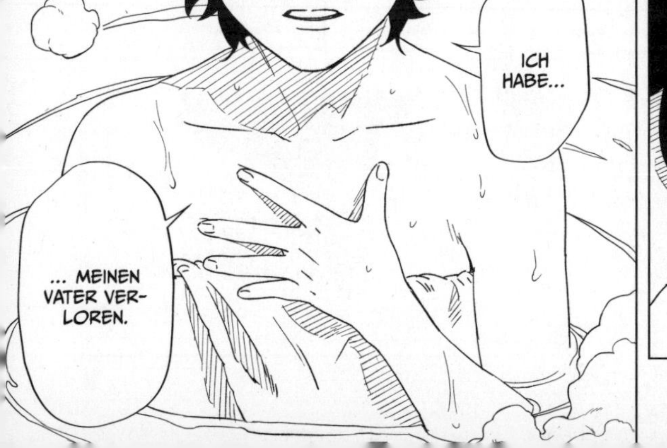

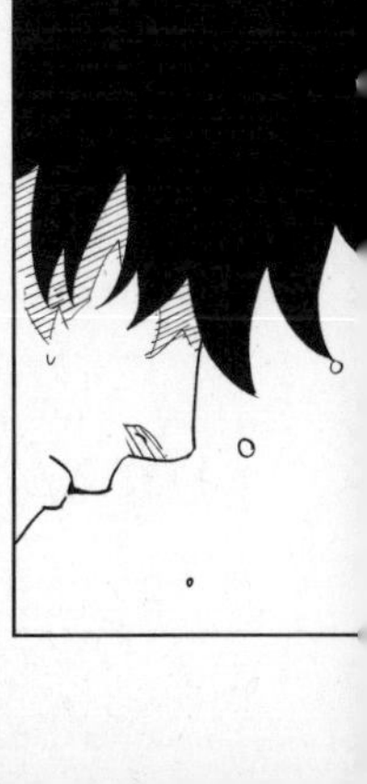

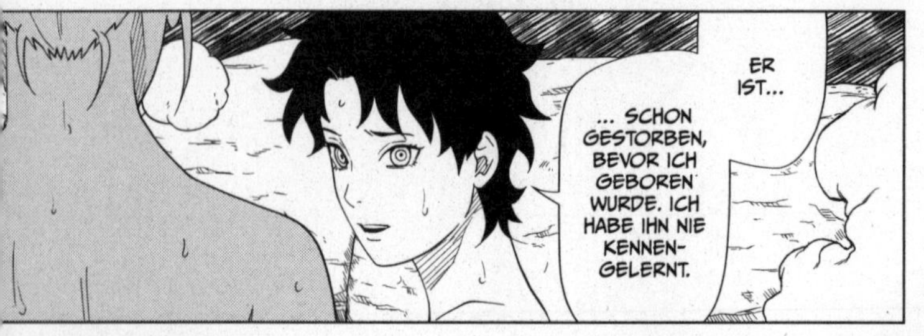
ER IST...
... SCHON GESTORBEN, BEVOR ICH GEBOREN WURDE. ICH HABE IHN NIE KENNEN-GELERNT.

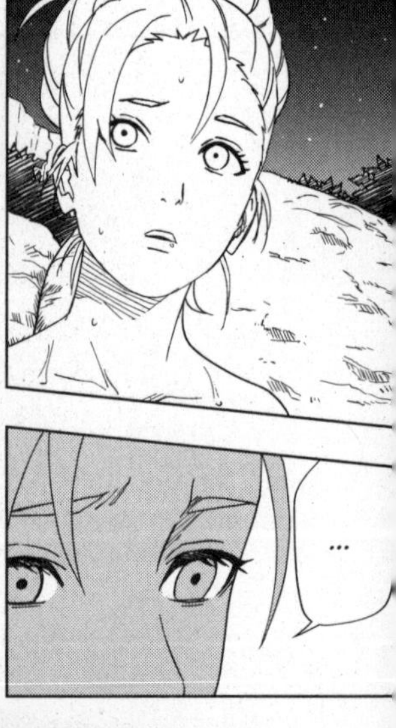
...

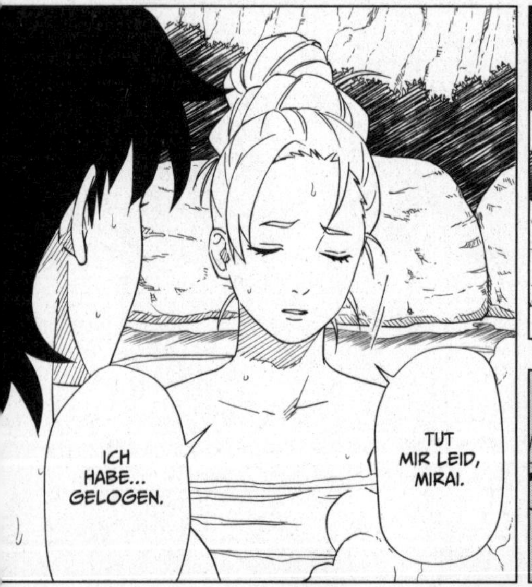
TUT MIR LEID, MIRAI.
ICH HABE... GELOGEN.

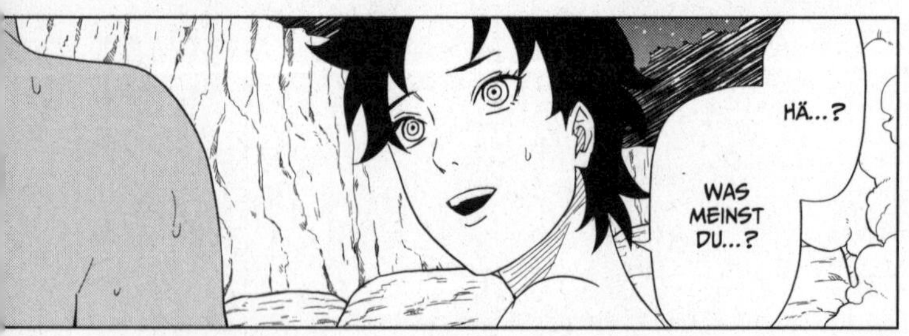
HÄ...?
WAS MEINST DU...?

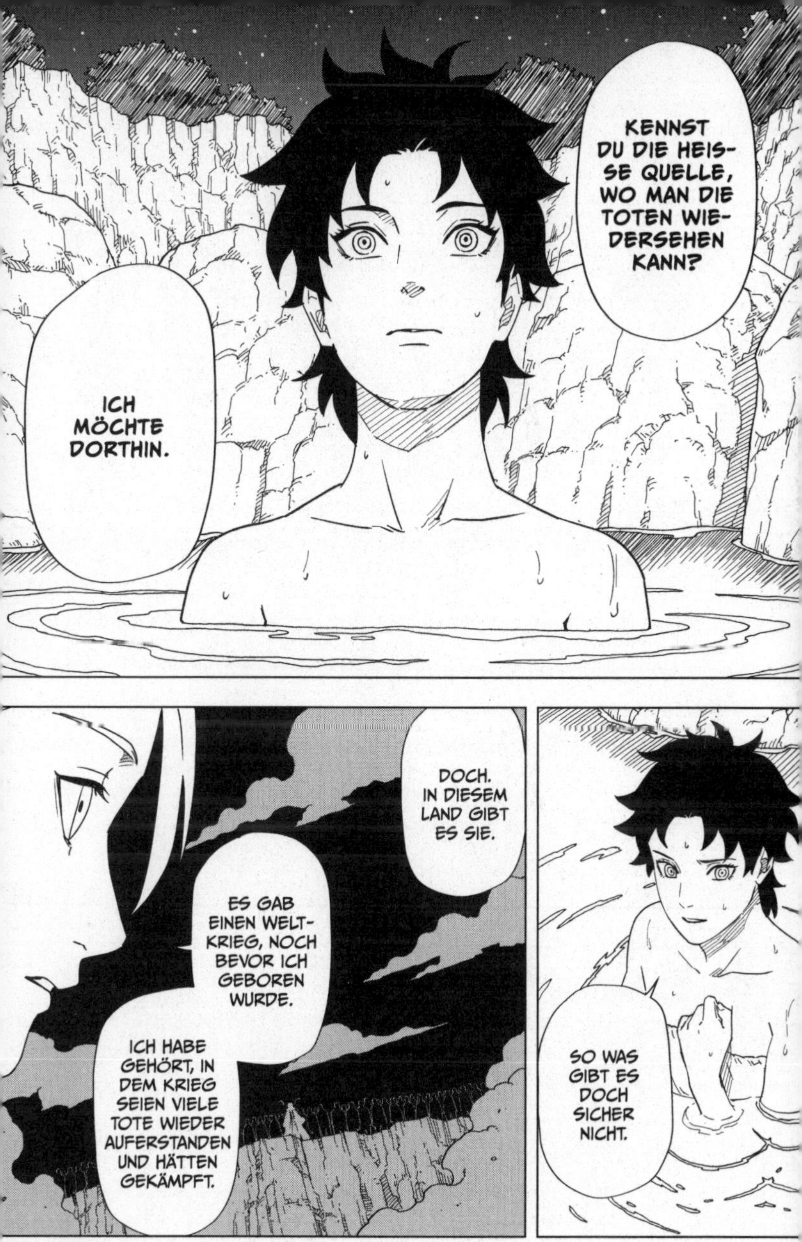

KENNST DU DIE HEISSE QUELLE, WO MAN DIE TOTEN WIEDERSEHEN KANN?

ICH MÖCHTE DORTHIN.

SO WAS GIBT ES DOCH SICHER NICHT.

DOCH. IN DIESEM LAND GIBT ES SIE.

ES GAB EINEN WELTKRIEG, NOCH BEVOR ICH GEBOREN WURDE.

ICH HABE GEHÖRT, IN DEM KRIEG SEIEN VIELE TOTE WIEDER AUFERSTANDEN UND HÄTTEN GEKÄMPFT.

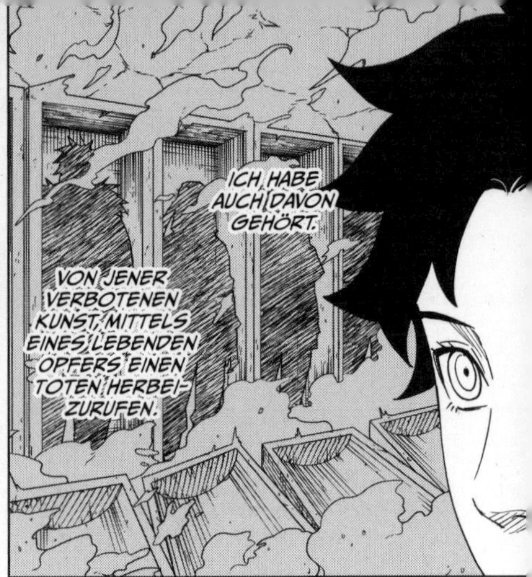
ICH HABE AUCH DAVON GEHÖRT.
VON JENER VERBOTENEN KUNST, MITTELS EINES LEBENDEN OPFERS EINEN TOTEN HERBEI-ZURUFEN.

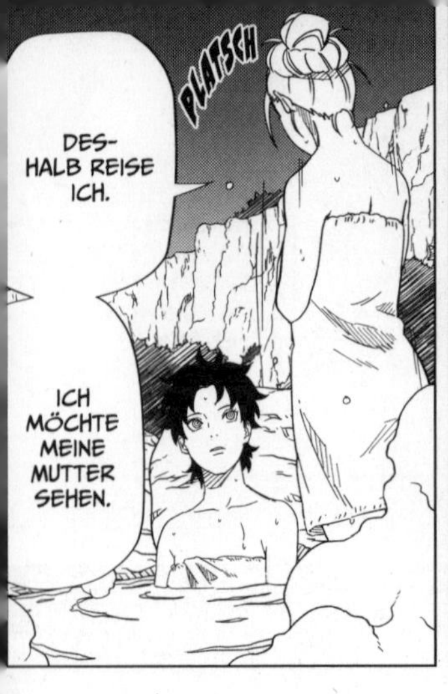
PLATSCH
DES-HALB REISE ICH.
ICH MÖCHTE MEINE MUTTER SEHEN.

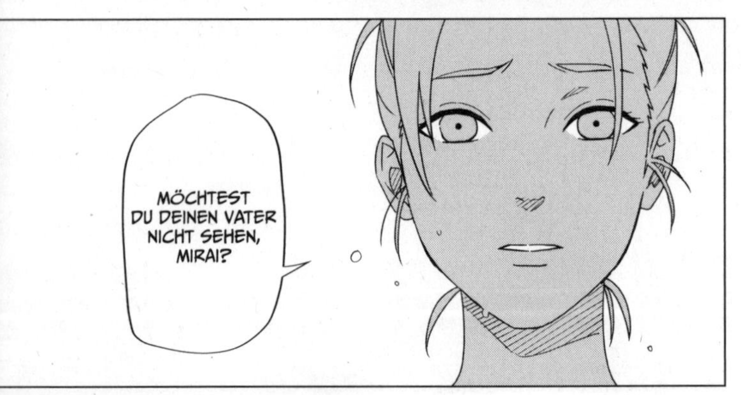
MÖCHTEST DU DEINEN VATER NICHT SEHEN, MIRAI?

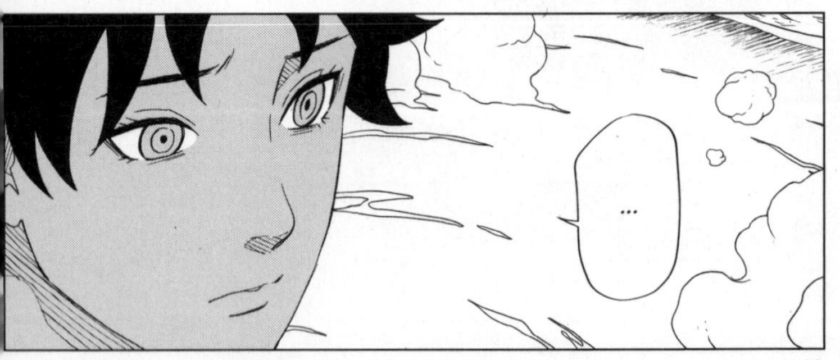
...

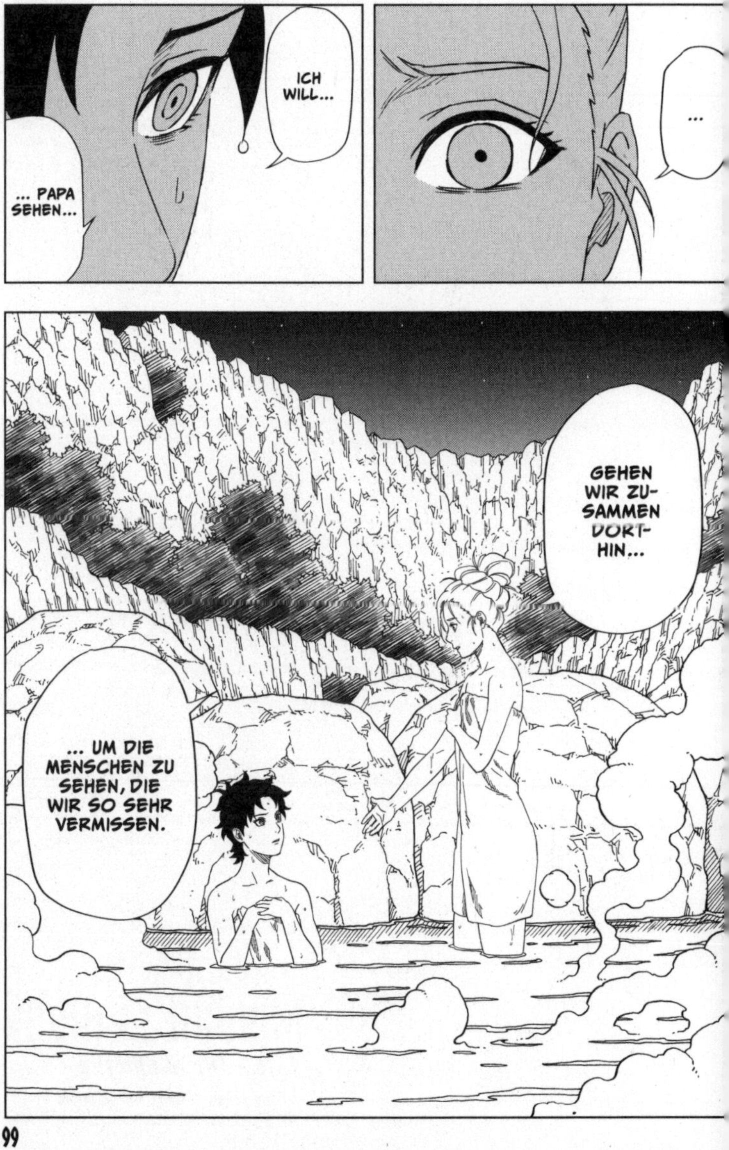

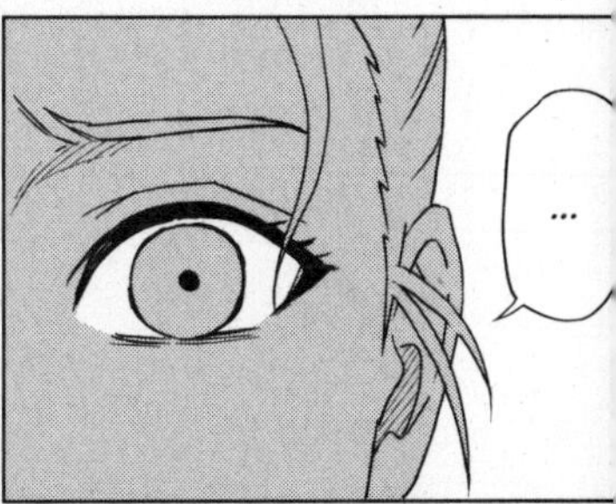

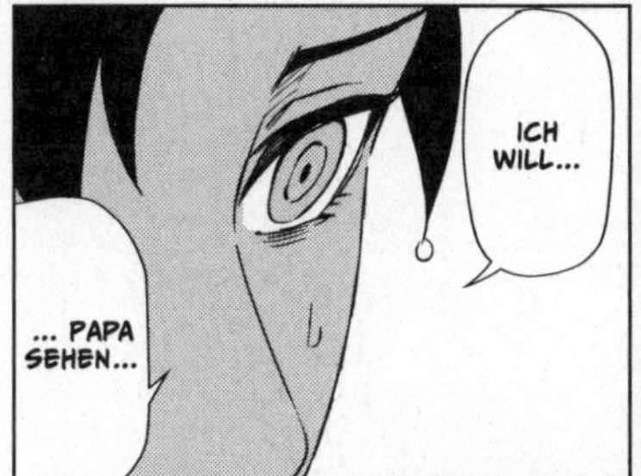

GEHEN WIR ZU-SAMMEN DORT-HIN...

... UM DIE MENSCHEN ZU SEHEN, DIE WIR SO SEHR VERMISSEN.

KONOHA SHINDEN

DIE SCHRIFTEN DER DAMPFWOLKEN

NR. 11: DIE HEISSE QUELLE DER WIEDERBELEBUNG

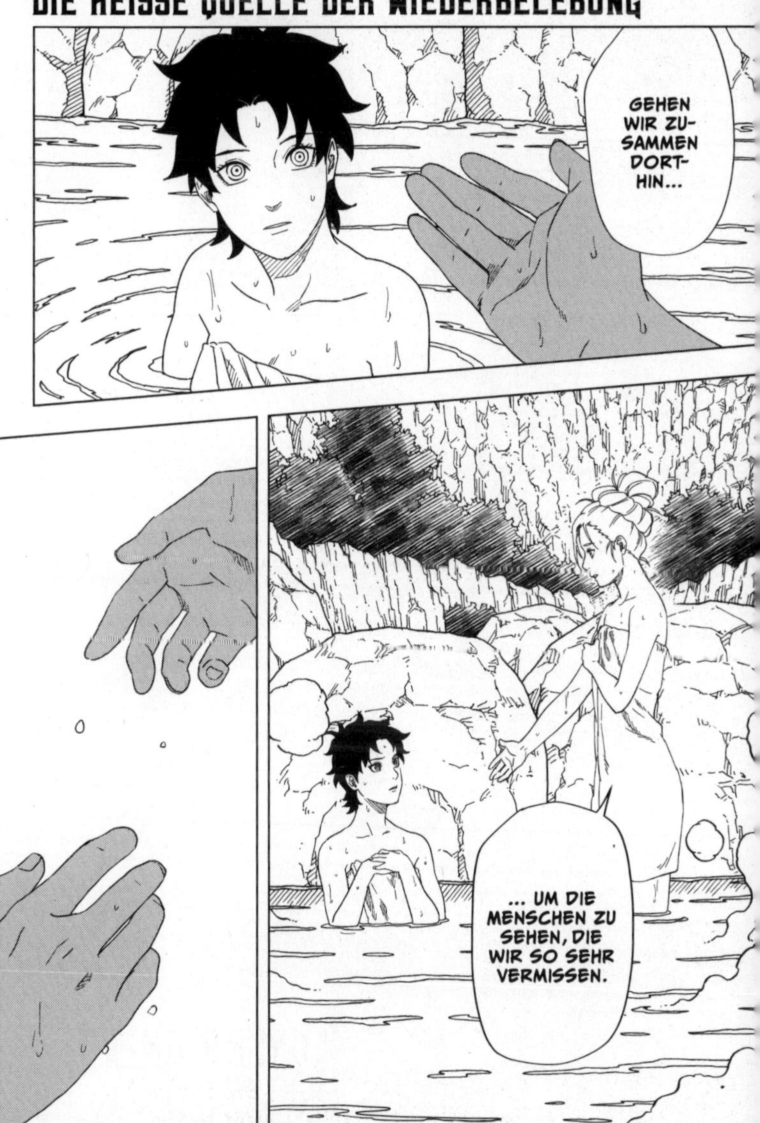

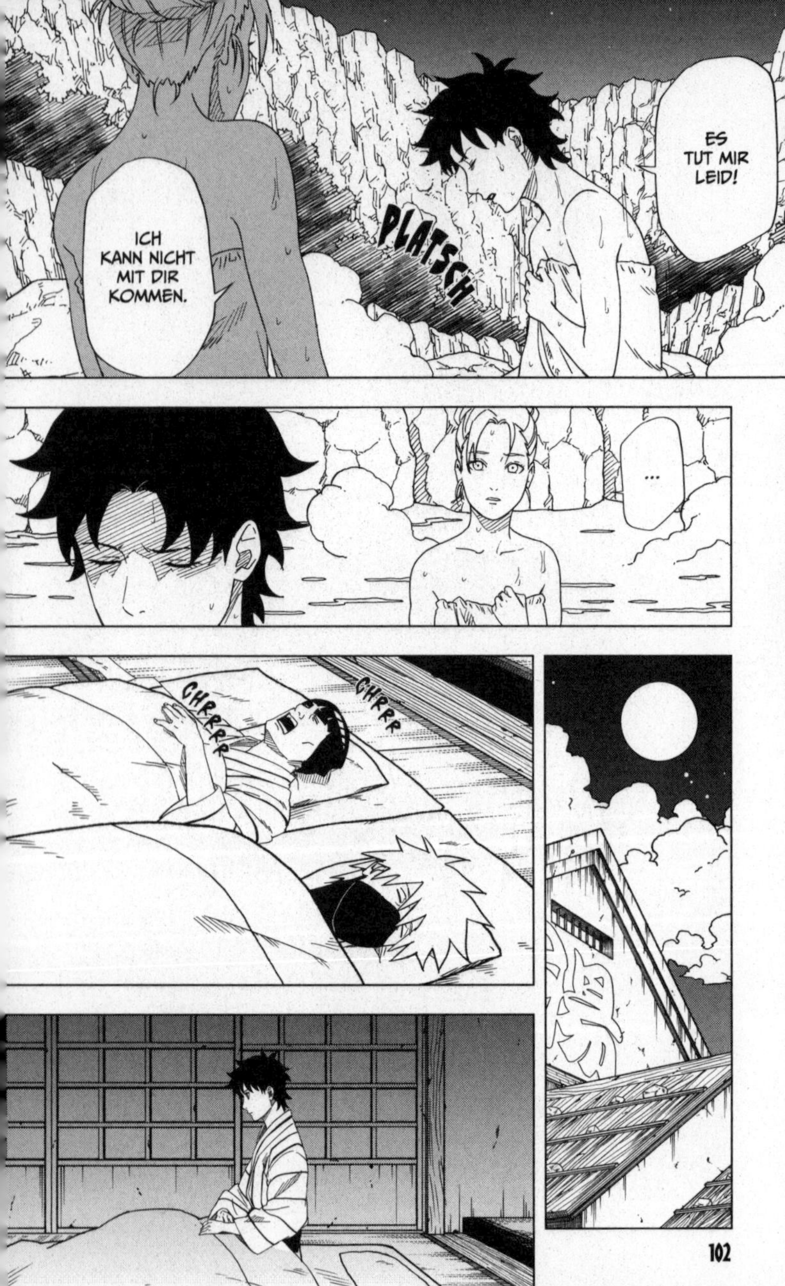
ES TUT MIR LEID!
PLATSCH
ICH KANN NICHT MIT DIR KOMMEN.
...
CHRRR
CHRRRR

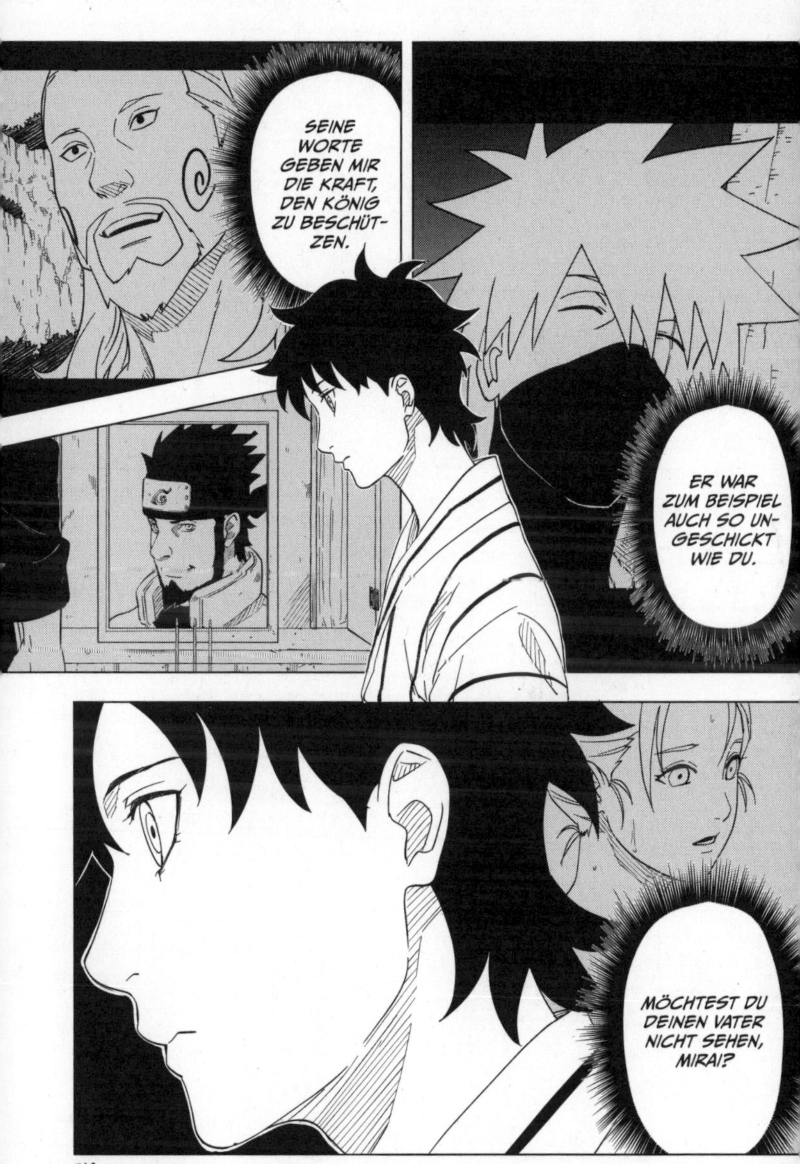
SEINE WORTE GEBEN MIR DIE KRAFT, DEN KÖNIG ZU BESCHÜT-ZEN.
ER WAR ZUM BEISPIEL AUCH SO UN-GESCHICKT WIE DU.
MÖCHTEST DU DEINEN VATER NICHT SEHEN, MIRAI?

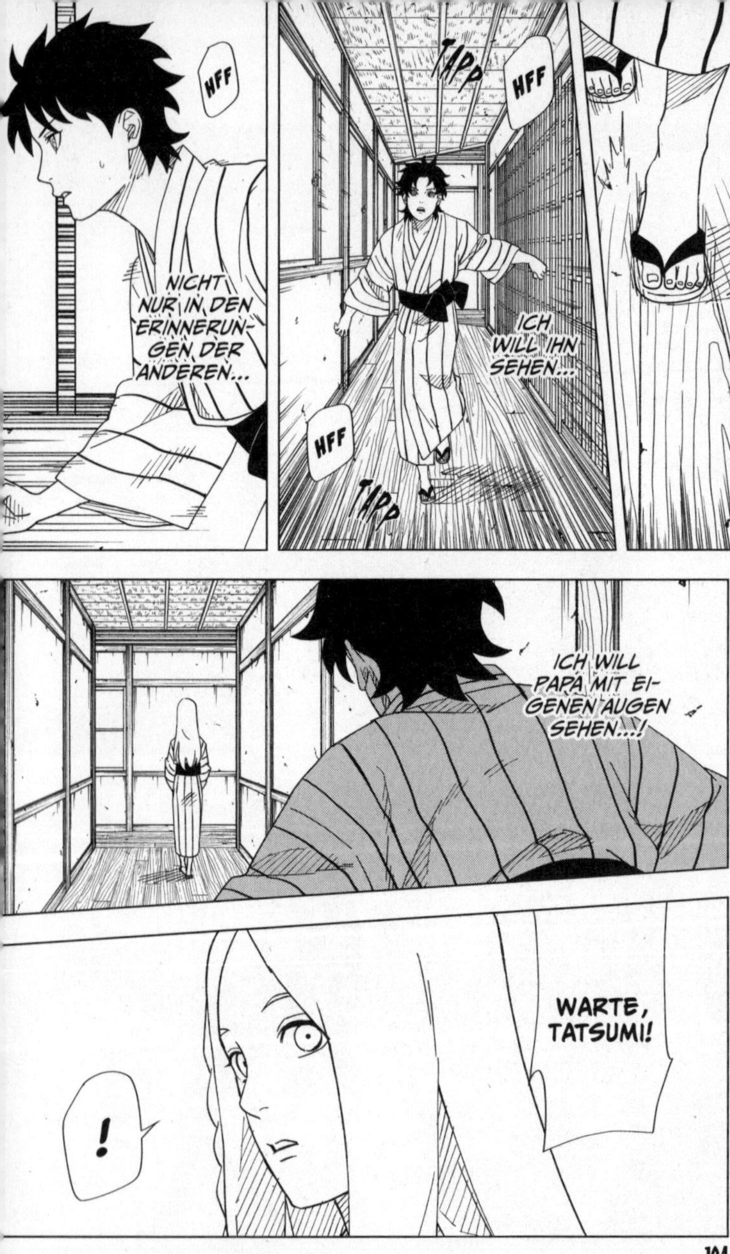

TAPP
HFF
TAPP
HFF
ICH WILL IHN SEHEN...
HFF
TAPP
HFF
NICHT NUR IN DEN ERINNERUNGEN DER ANDEREN...
ICH WILL PAPA MIT EIGENEN AUGEN SEHEN...!
WARTE, TATSUMI!
!

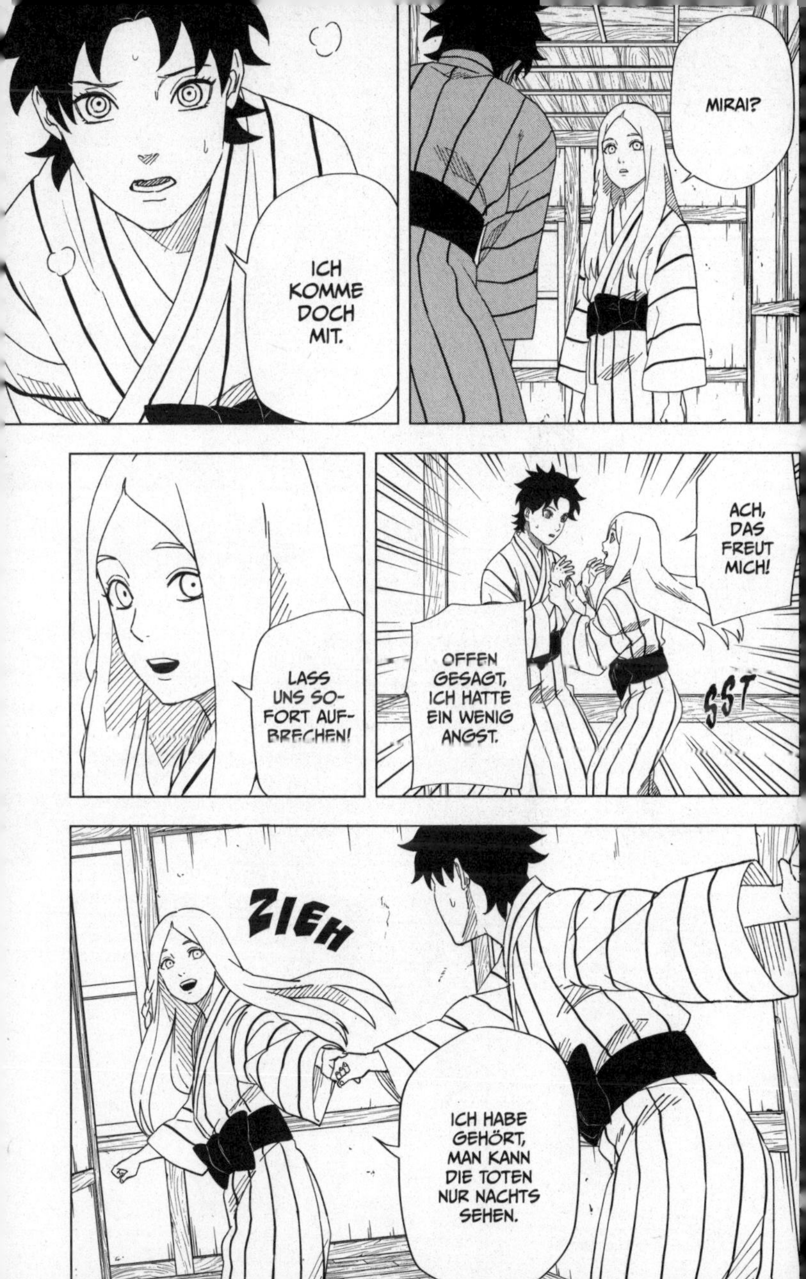
MIRAI?
ICH KOMME DOCH MIT.
ACH, DAS FREUT MICH!
OFFEN GESAGT, ICH HATTE EIN WENIG ANGST.
SST
LASS UNS SOFORT AUFBRECHEN!
ZIEH
ICH HABE GEHÖRT, MAN KANN DIE TOTEN NUR NACHTS SEHEN.

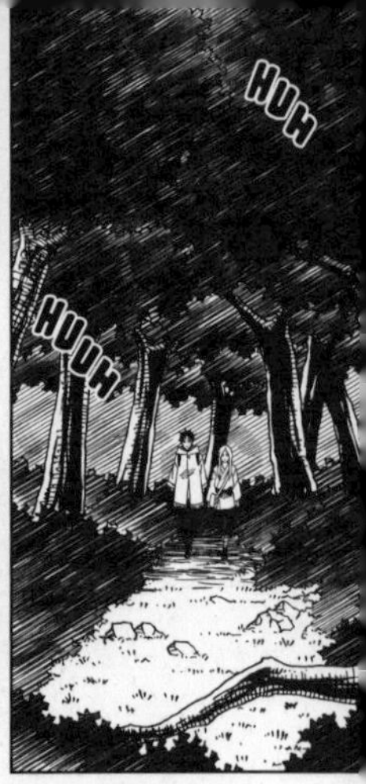
HUH
HUUH

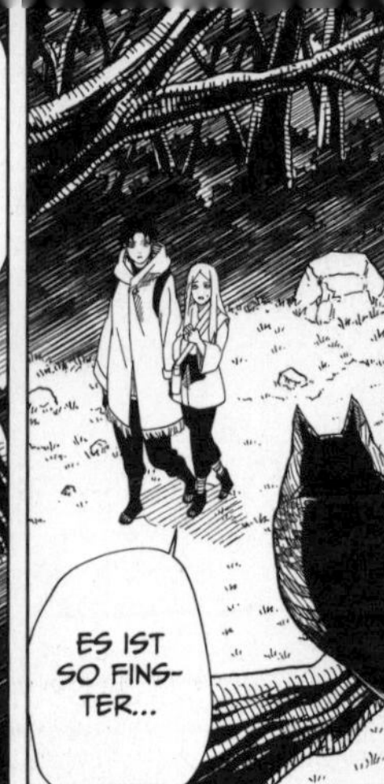
ES IST SO FINSTER...

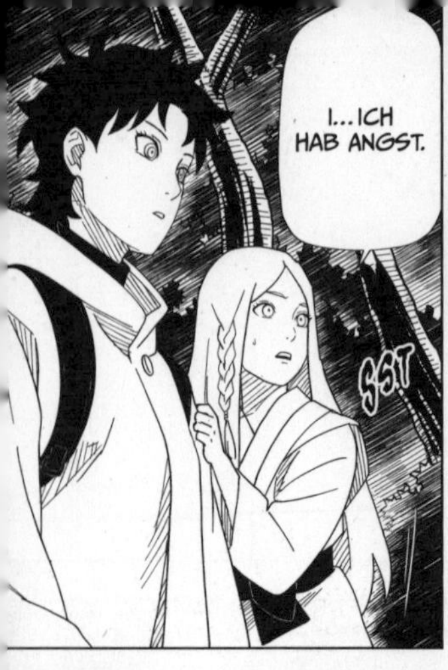
I...ICH HAB ANGST.
SST

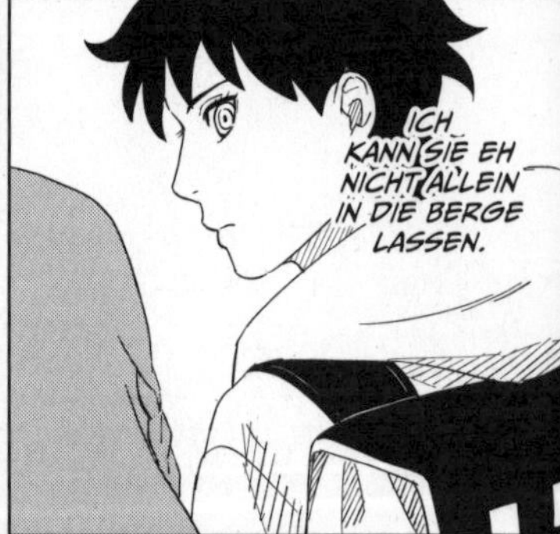
ICH KANN SIE EH NICHT ALLEIN IN DIE BERGE LASSEN.

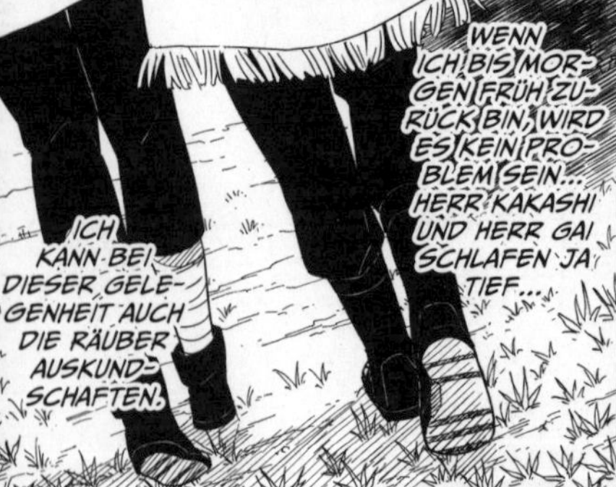
WENN ICH BIS MORGEN FRÜH ZURÜCK BIN, WIRD ES KEIN PROBLEM SEIN... HERR KAKASHI UND HERR GAI SCHLAFEN JA TIEF...
ICH KANN BEI DIESER GELEGENHEIT AUCH DIE RÄUBER AUSKUNDSCHAFTEN.

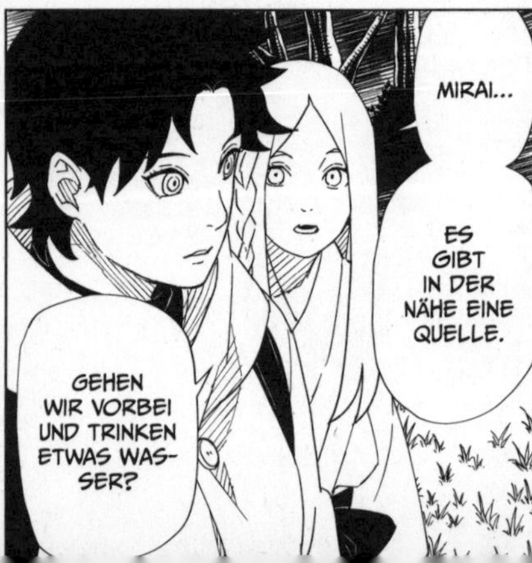
MIRAI...
ES GIBT IN DER NÄHE EINE QUELLE.
GEHEN WIR VORBEI UND TRINKEN ETWAS WASSER?

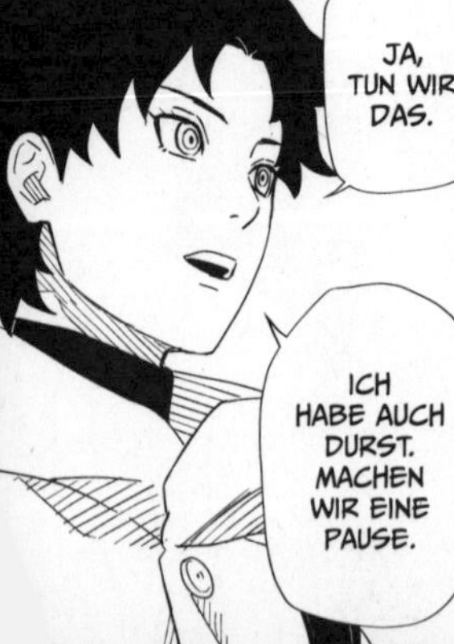
ICH HABE AUCH DURST. MACHEN WIR EINE PAUSE.
JA, TUN WIR DAS.

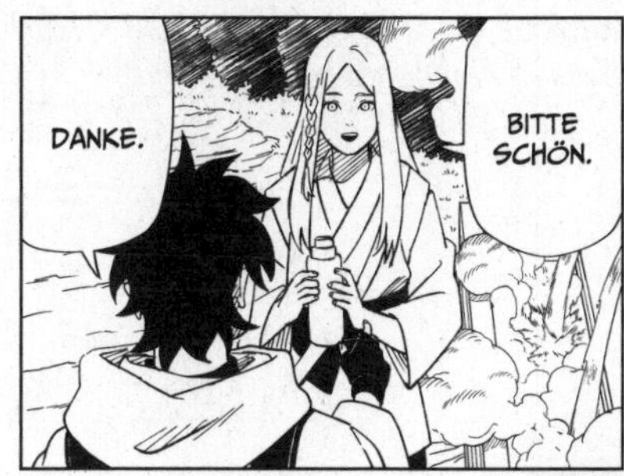
BITTE SCHÖN.
DANKE.

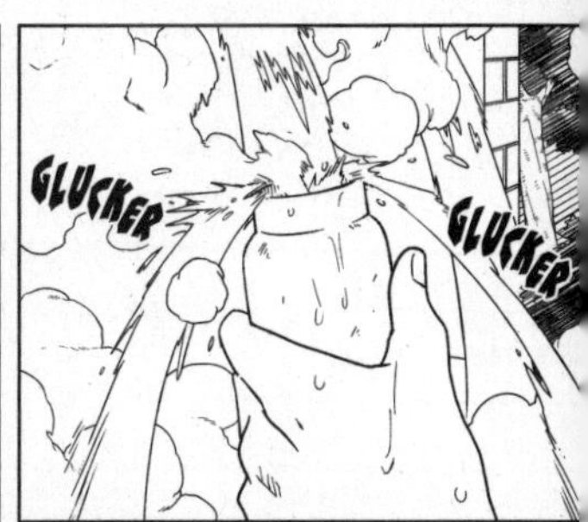
GLUCKER
GLUCKER

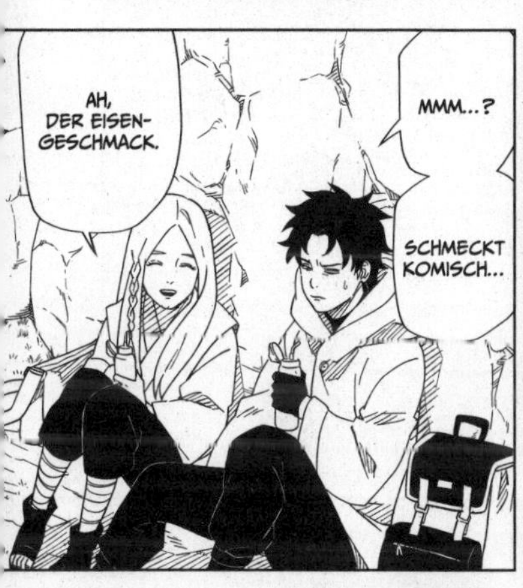
MMM...?
SCHMECKT KOMISCH...
AH, DER EISEN-GESCHMACK.

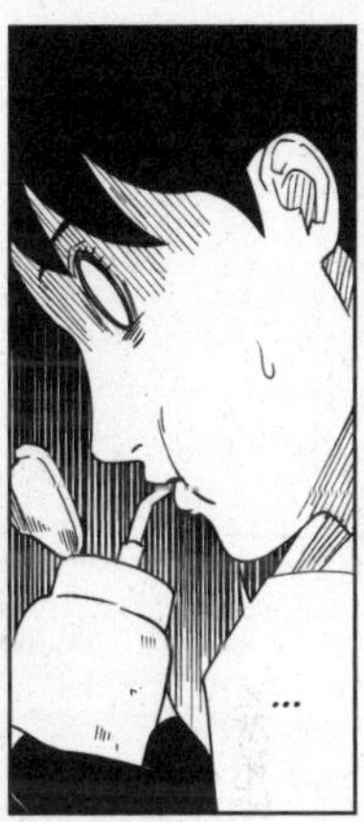
...

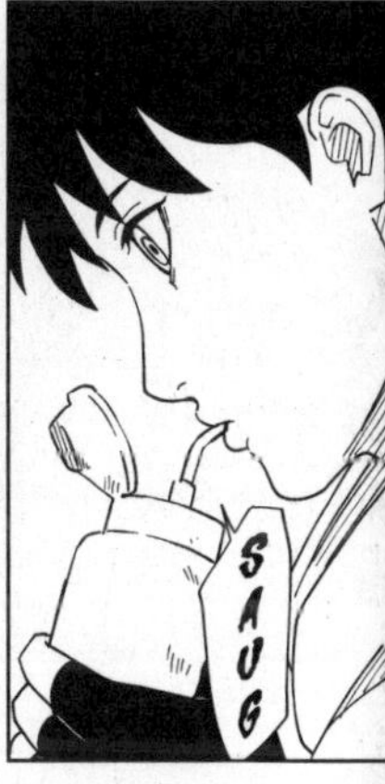
SAUG

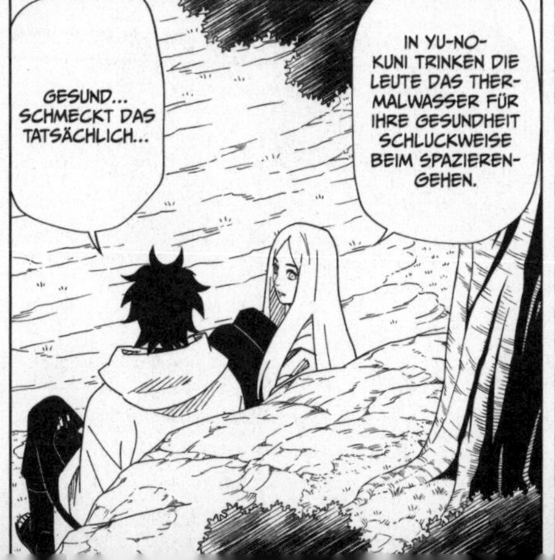
IN YU-NO-KUNI TRINKEN DIE LEUTE DAS THER-MALWASSER FÜR IHRE GESUNDHEIT SCHLUCKWEISE BEIM SPAZIEREN-GEHEN.
GESUND... SCHMECKT DAS TATSÄCHLICH...

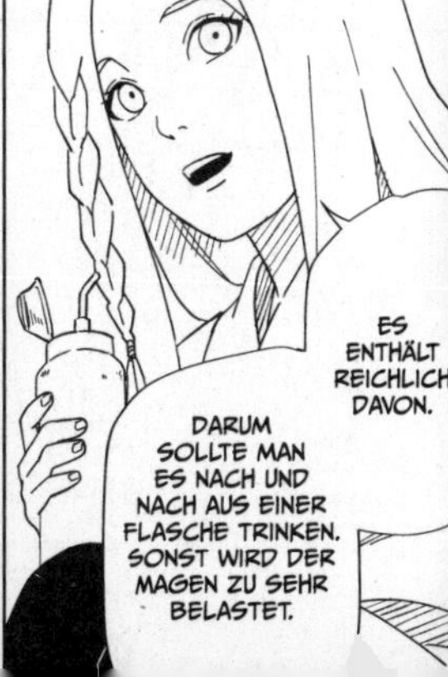
ES ENTHÄLT REICHLICH DAVON.
DARUM SOLLTE MAN ES NACH UND NACH AUS EINER FLASCHE TRINKEN. SONST WIRD DER MAGEN ZU SEHR BELASTET.

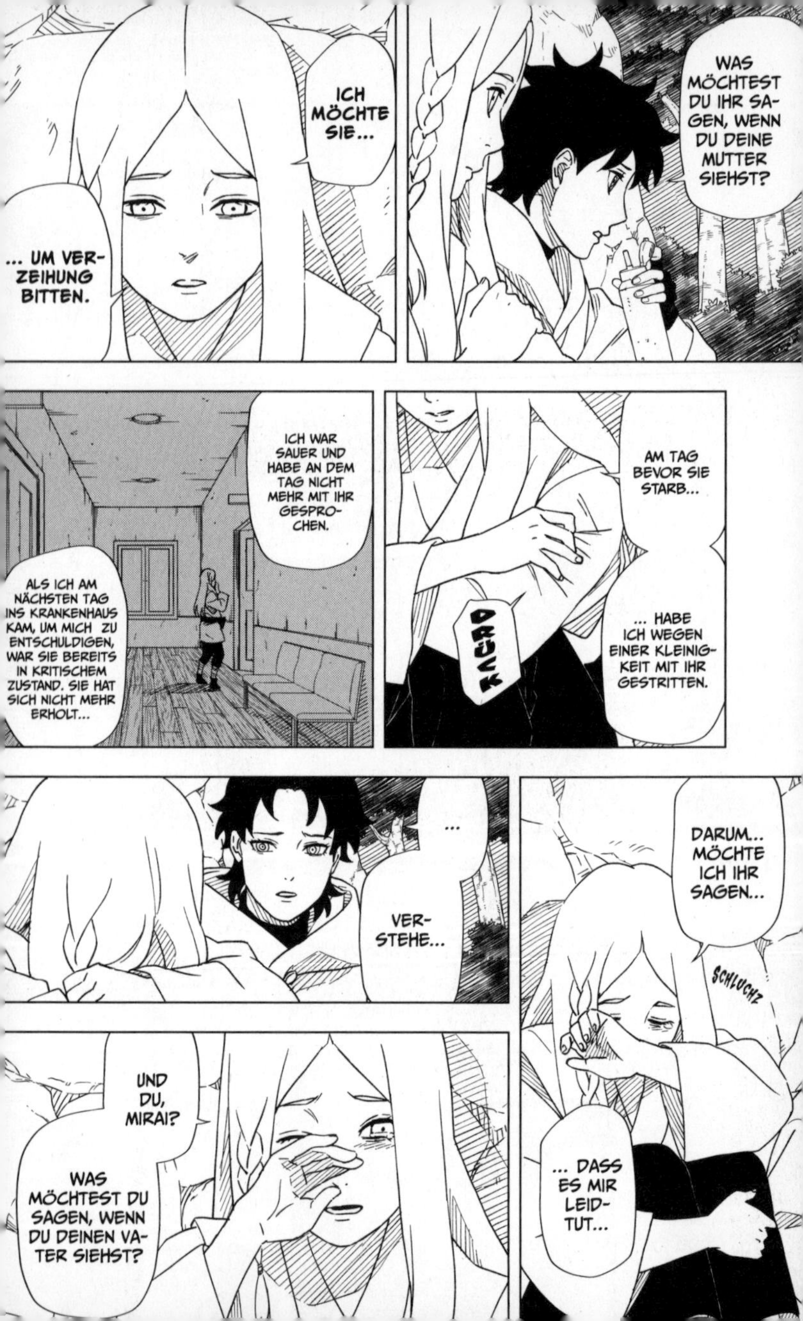

WAS MÖCHTEST DU IHR SAGEN, WENN DU DEINE MUTTER SIEHST?
ICH MÖCHTE SIE...
... UM VERZEIHUNG BITTEN.
AM TAG BEVOR SIE STARB...
DRÜCK
... HABE ICH WEGEN EINER KLEINIGKEIT MIT IHR GESTRITTEN.
ICH WAR SAUER UND HABE AN DEM TAG NICHT MEHR MIT IHR GESPROCHEN.
ALS ICH AM NÄCHSTEN TAG INS KRANKENHAUS KAM, UM MICH ZU ENTSCHULDIGEN, WAR SIE BEREITS IN KRITISCHEM ZUSTAND. SIE HAT SICH NICHT MEHR ERHOLT...
DARUM... MÖCHTE ICH IHR SAGEN...
SCHLUCHZ
... DASS ES MIR LEIDTUT...
...
VERSTEHE...
UND DU, MIRAI?
WAS MÖCHTEST DU SAGEN, WENN DU DEINEN VATER SIEHST?

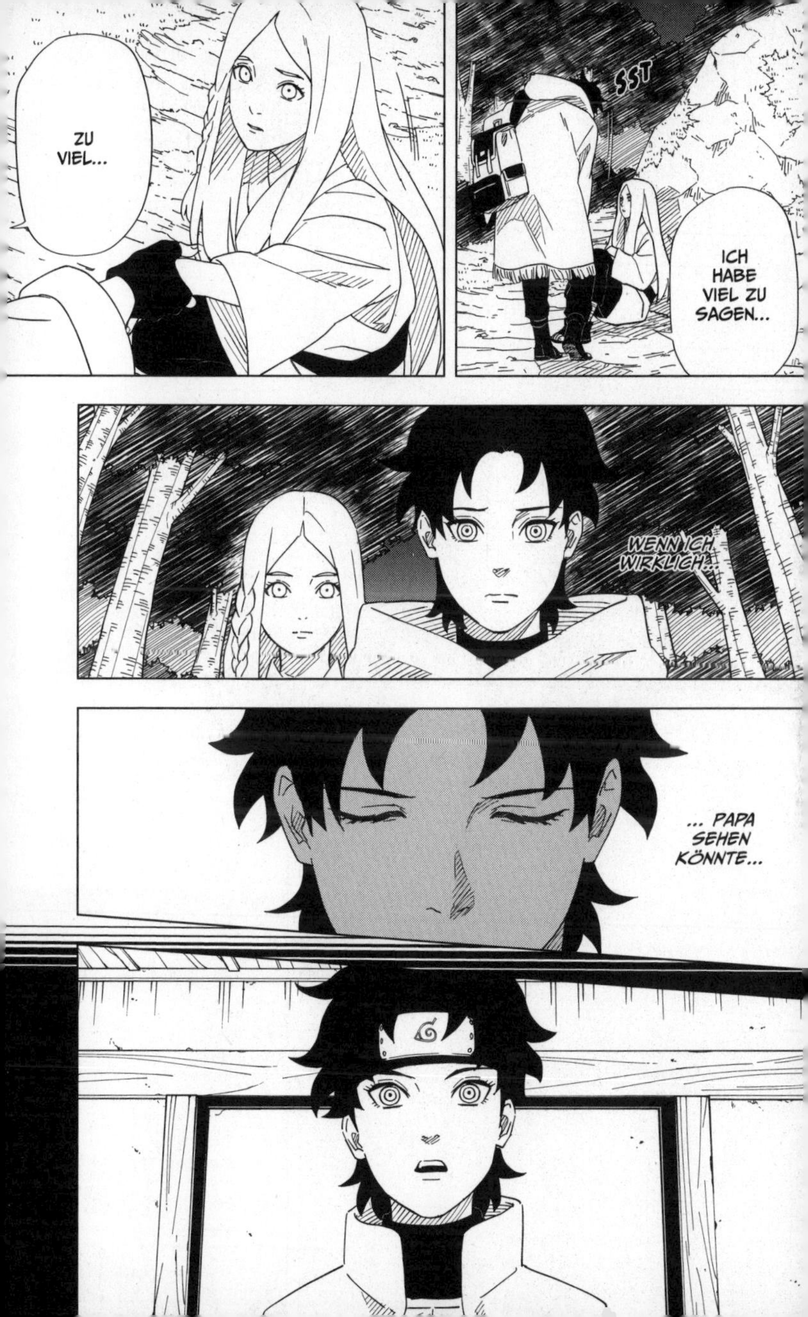
SST
ICH HABE VIEL ZU SAGEN...
ZU VIEL...
WENN ICH WIRKLICH...
... PAPA SEHEN KÖNNTE...

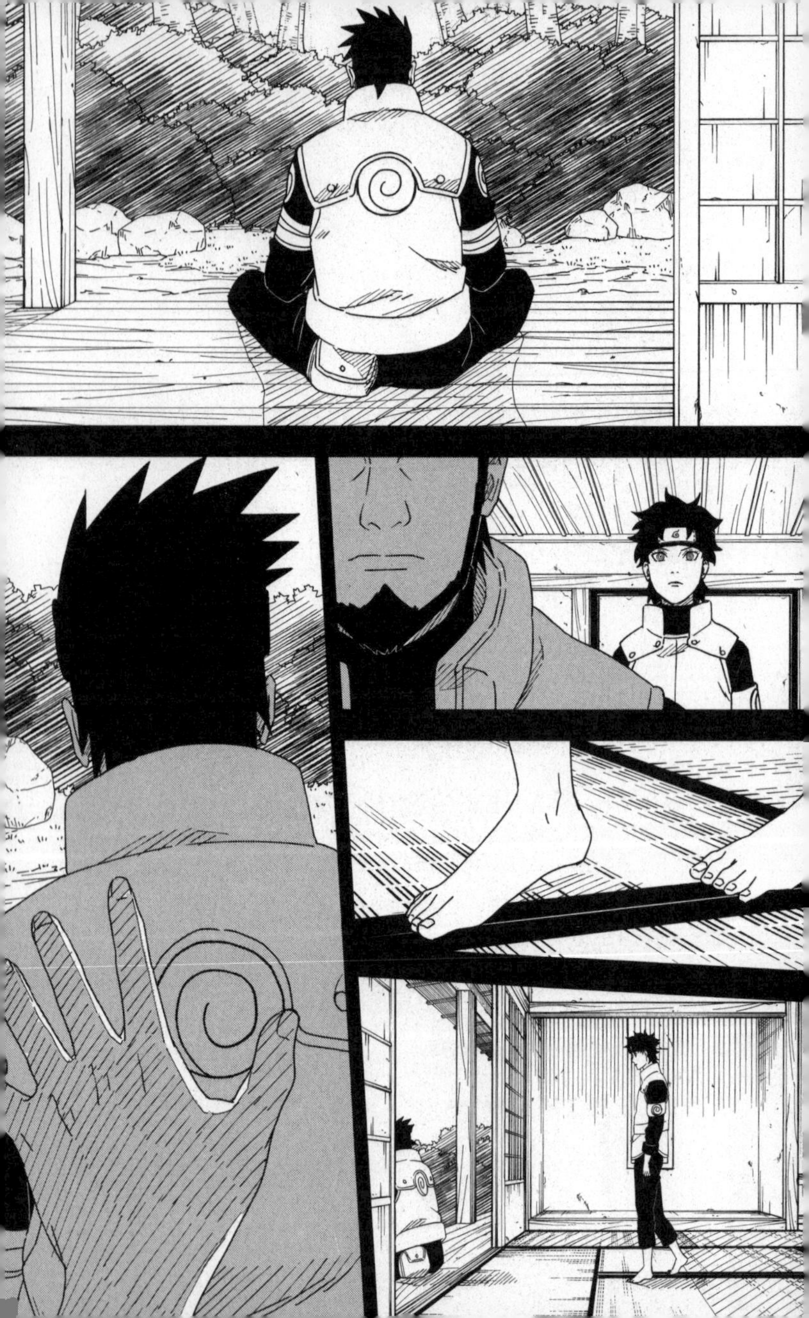

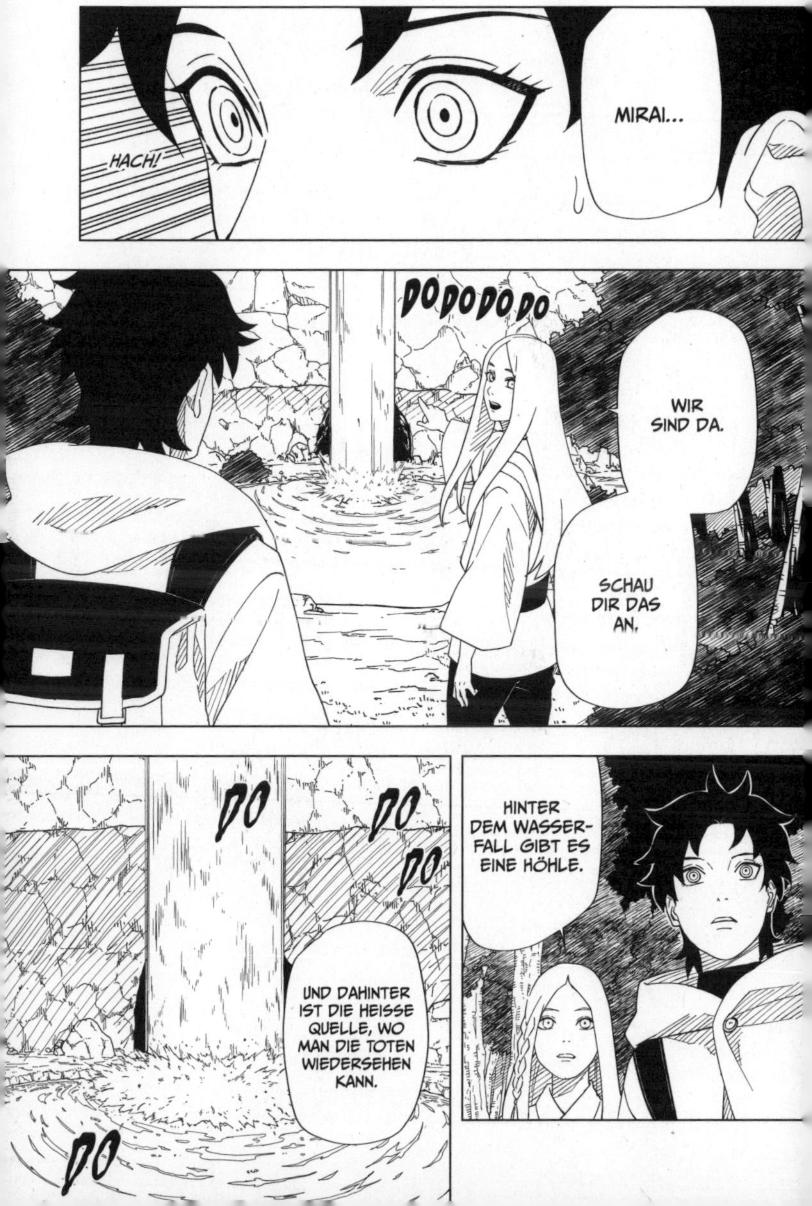

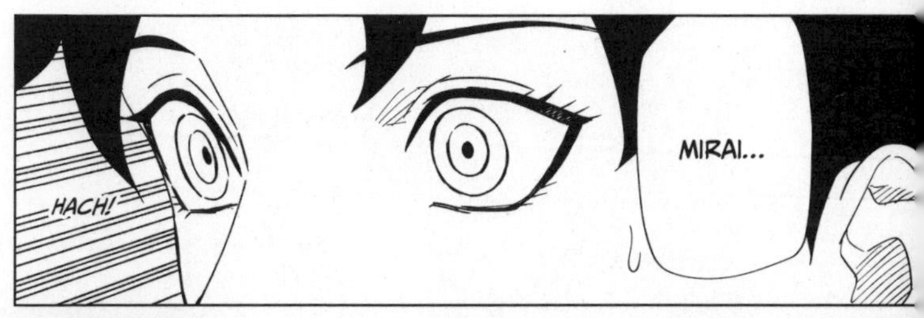

DODODODO
WIR SIND DA.
SCHAU DIR DAS AN.

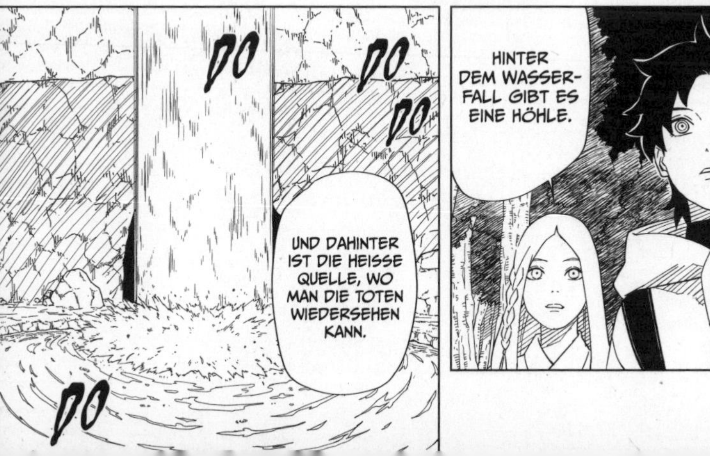

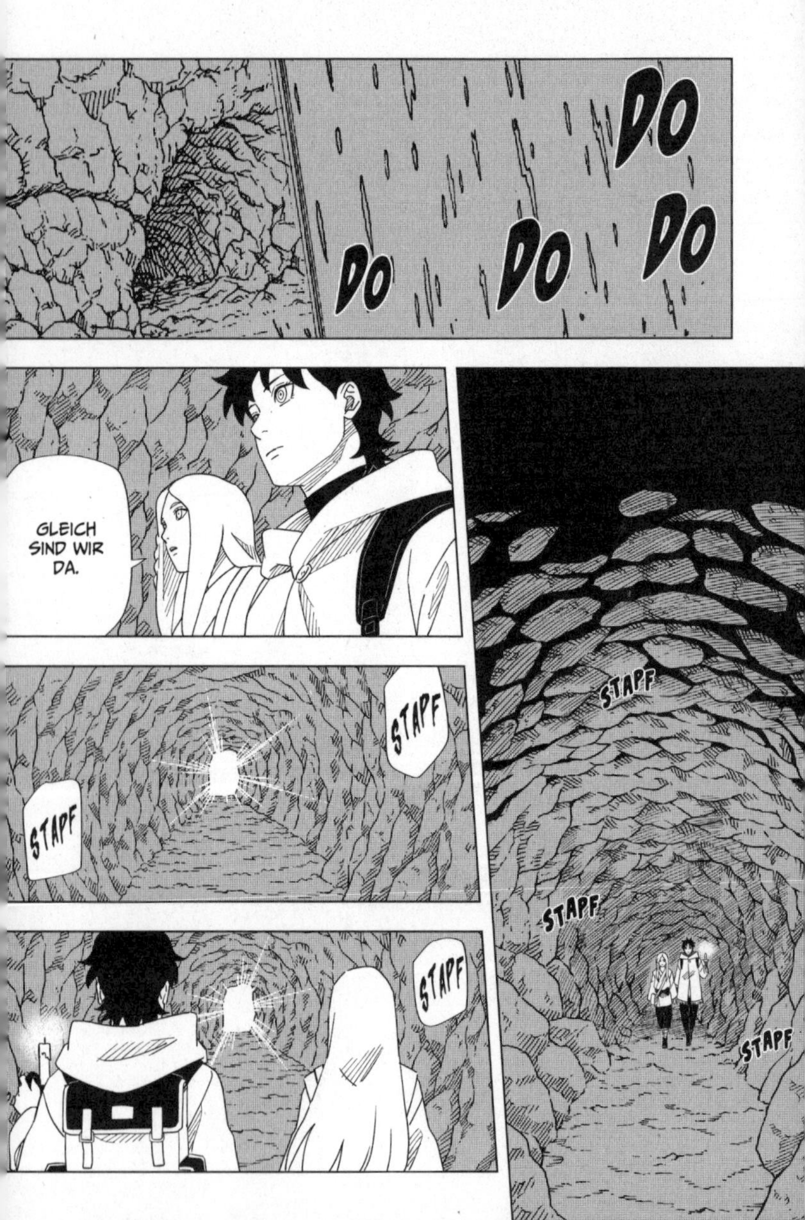
DO
DO
DO
DO
GLEICH SIND WIR DA.
STAPF
STAPF
STAPF
STAPF
STAPF
STAPF

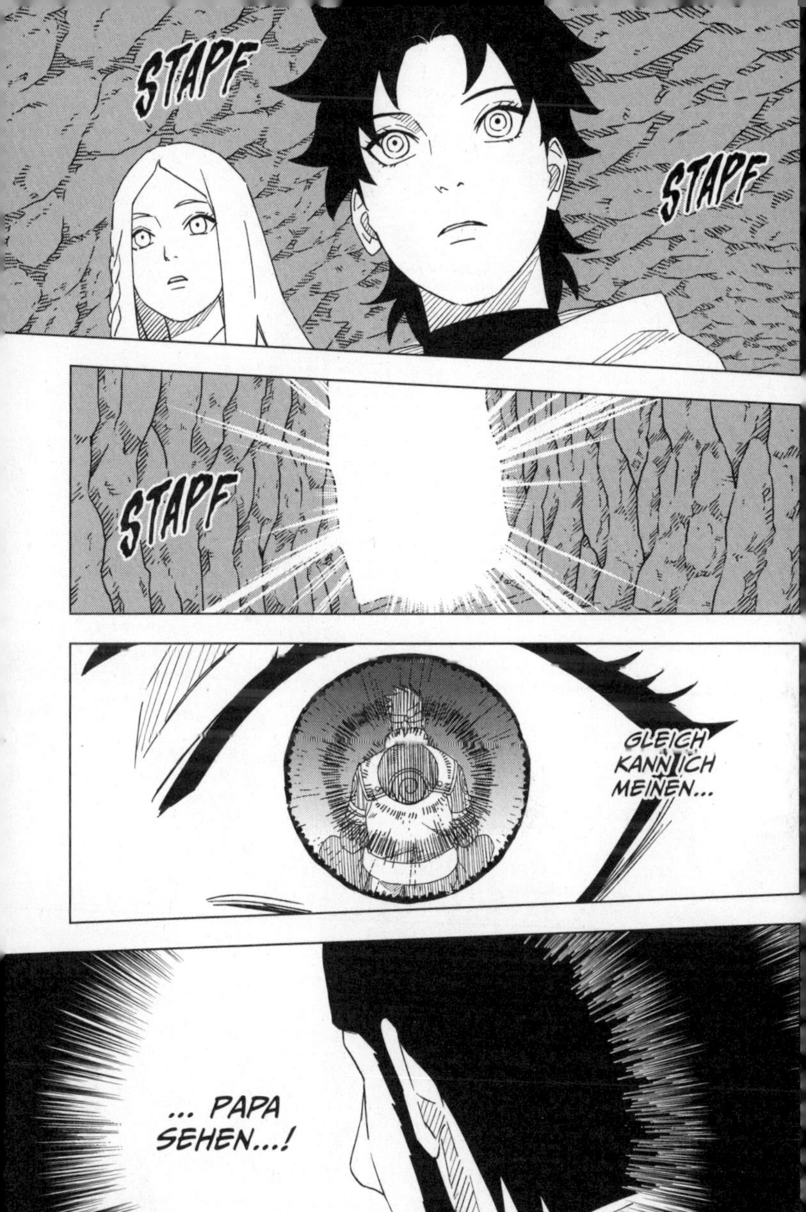
STAPF
STAPF
STAPF
GLEICH KANN ICH MEINEN...
... PAPA SEHEN...!

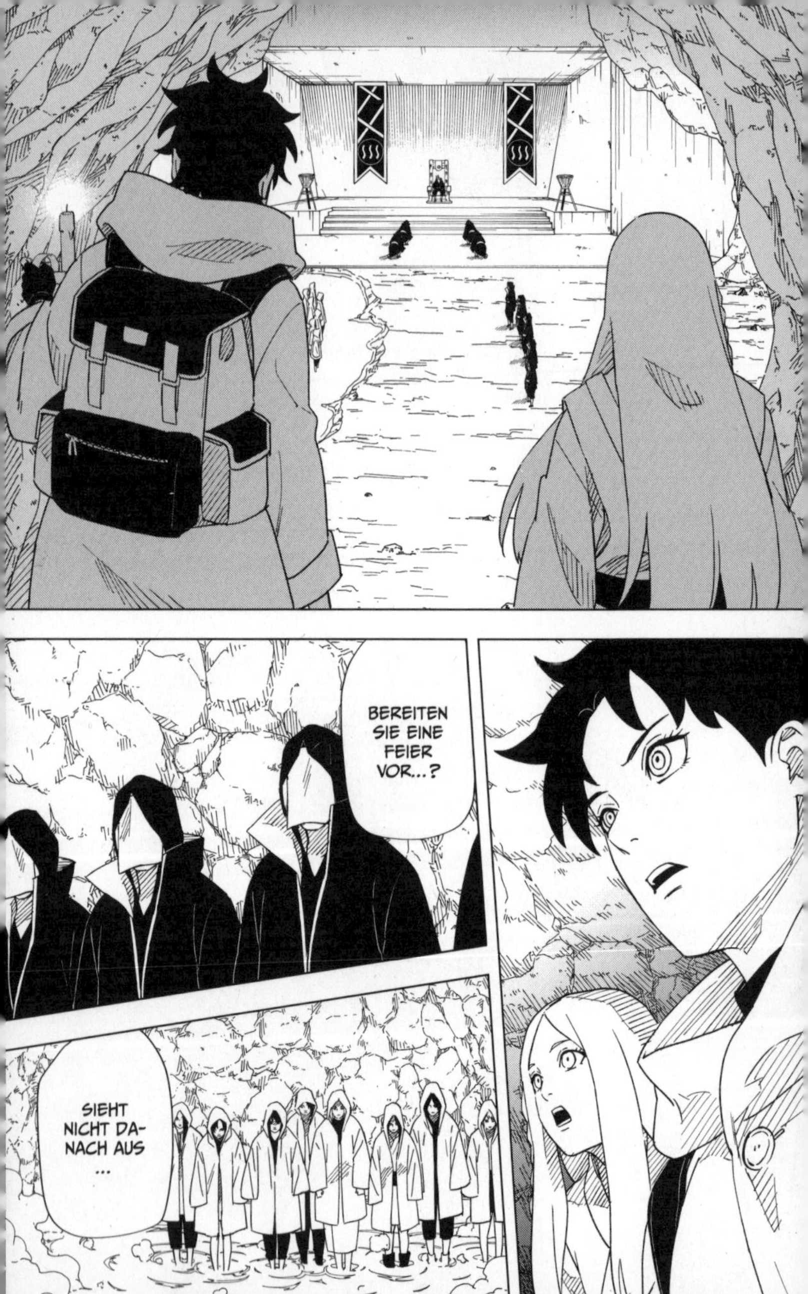
BEREITEN SIE EINE FEIER VOR...?
SIEHT NICHT DANACH AUS
...

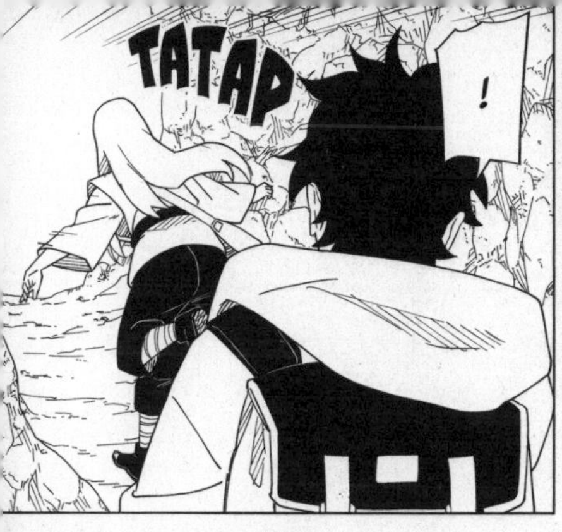
TATAP
!

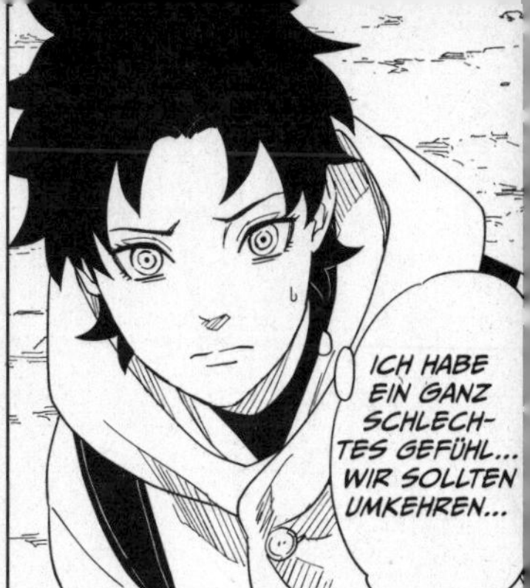
ICH HABE EIN GANZ SCHLECHTES GEFÜHL... WIR SOLLTEN UMKEHREN...

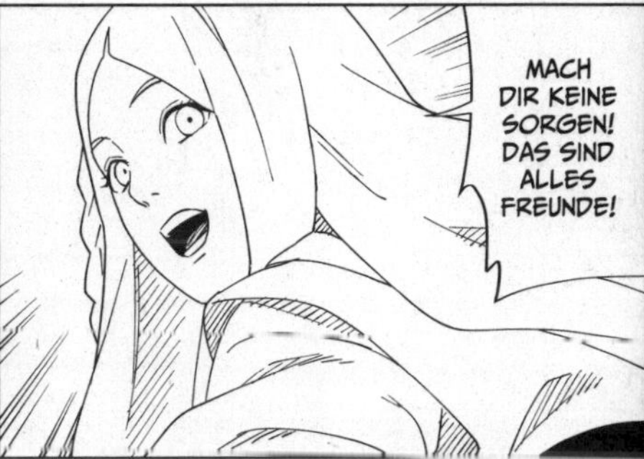
MACH DIR KEINE SORGEN! DAS SIND ALLES FREUNDE!

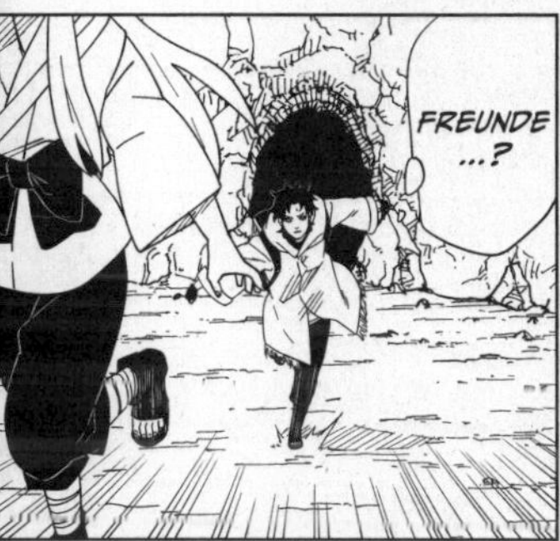
FREUNDE ...?

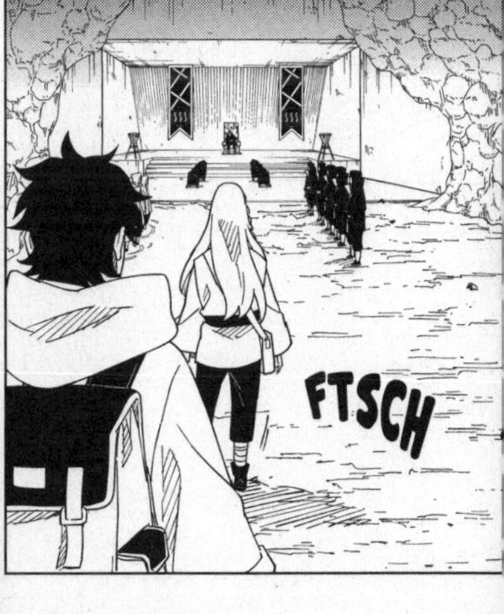
FTSCH

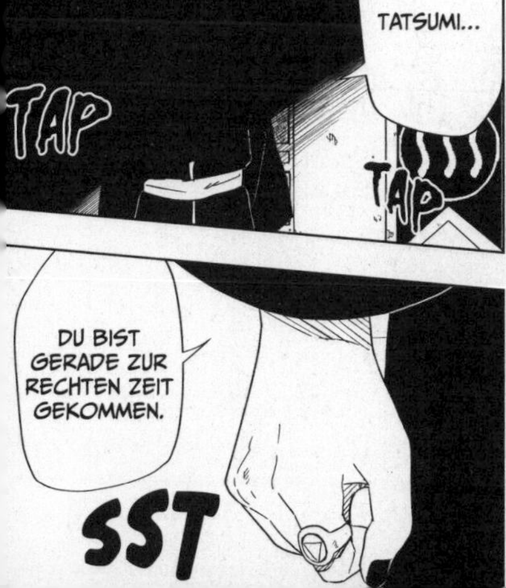
TATSUMI...
TAP
TAP
DU BIST GERADE ZUR RECHTEN ZEIT GEKOMMEN.
SST

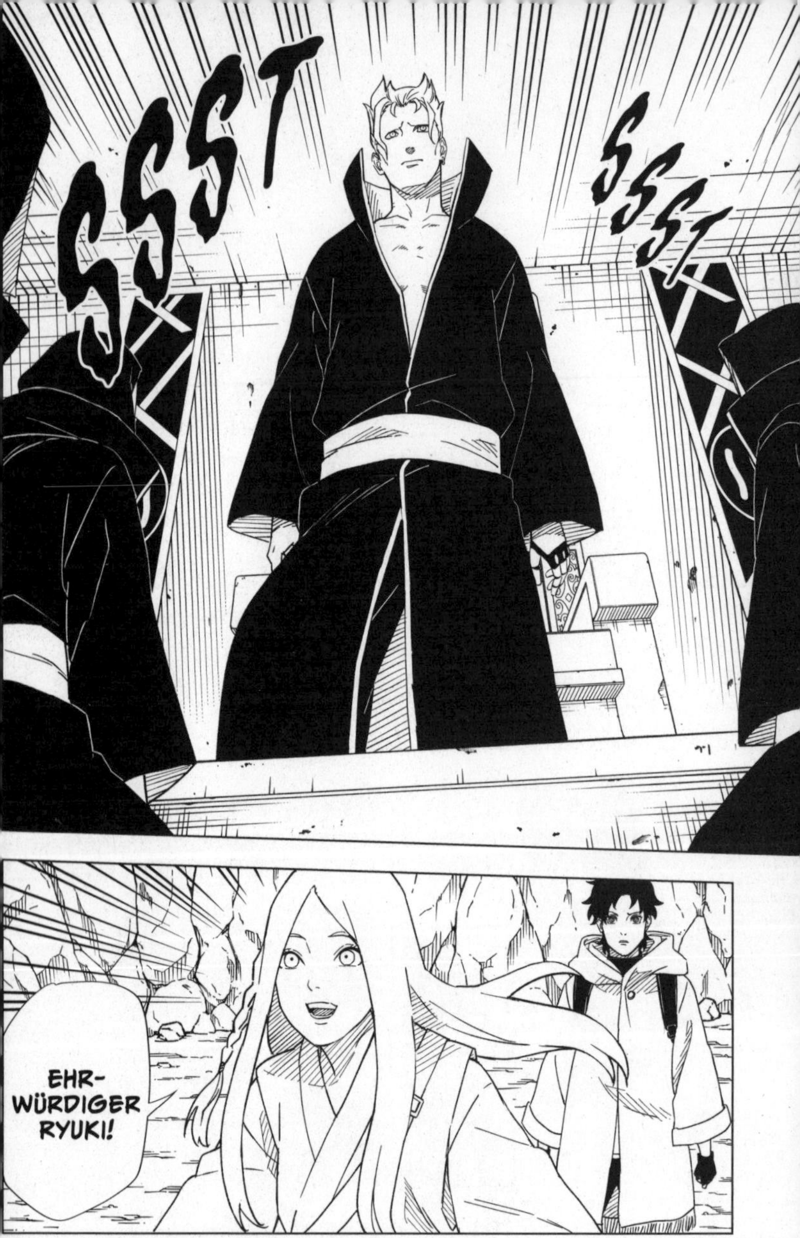

SSST
SSST

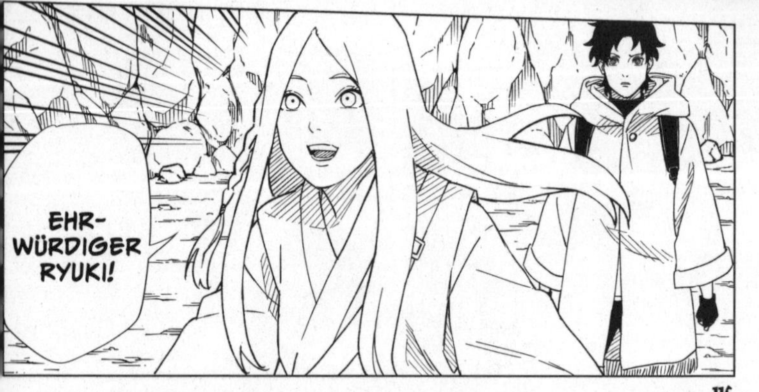

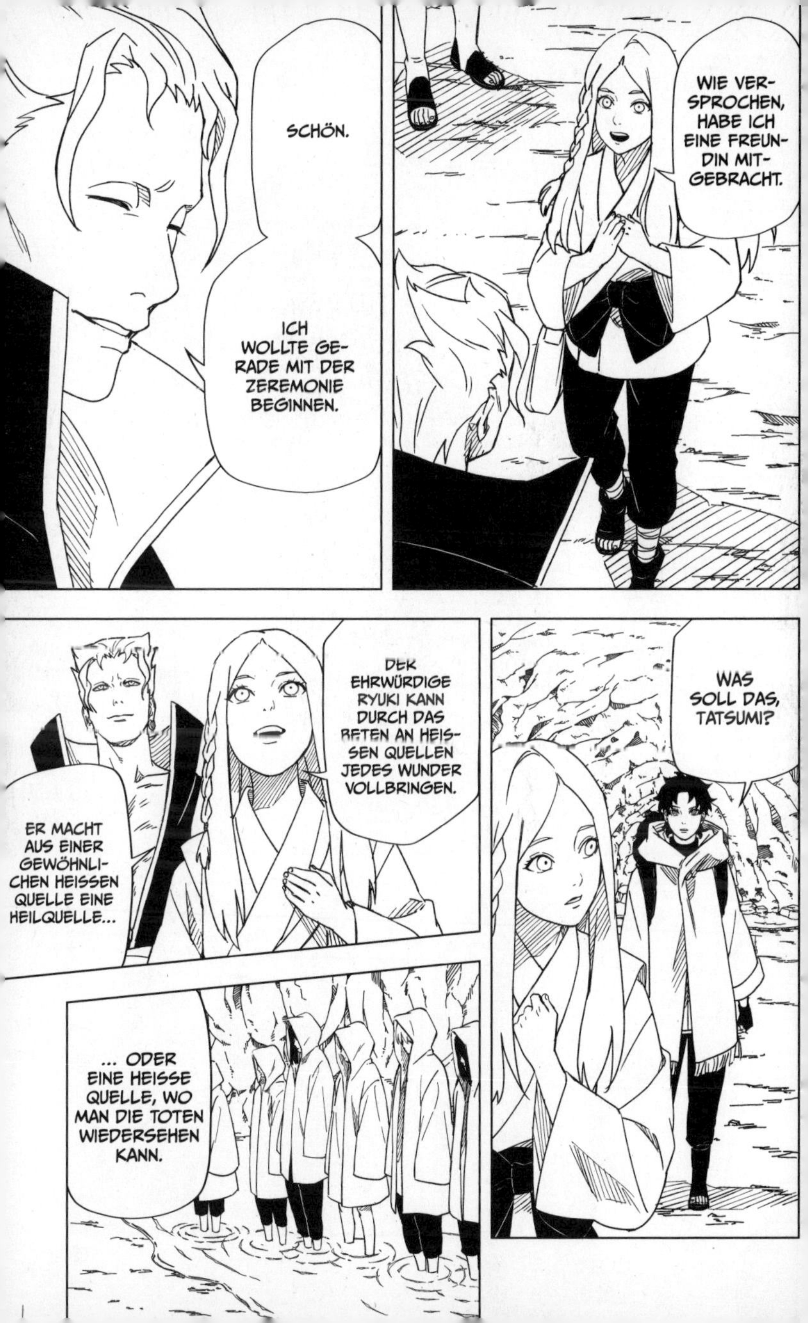

WIE VERSPROCHEN, HABE ICH EINE FREUNDIN MITGEBRACHT.

SCHÖN.

ICH WOLLTE GERADE MIT DER ZEREMONIE BEGINNEN.

WAS SOLL DAS, TATSUMI?

DER EHRWÜRDIGE RYUKI KANN DURCH DAS BETEN AN HEISSEN QUELLEN JEDES WUNDER VOLLBRINGEN.

ER MACHT AUS EINER GEWÖHNLICHEN HEISSEN QUELLE EINE HEILQUELLE...

... ODER EINE HEISSE QUELLE, WO MAN DIE TOTEN WIEDERSEHEN KANN.

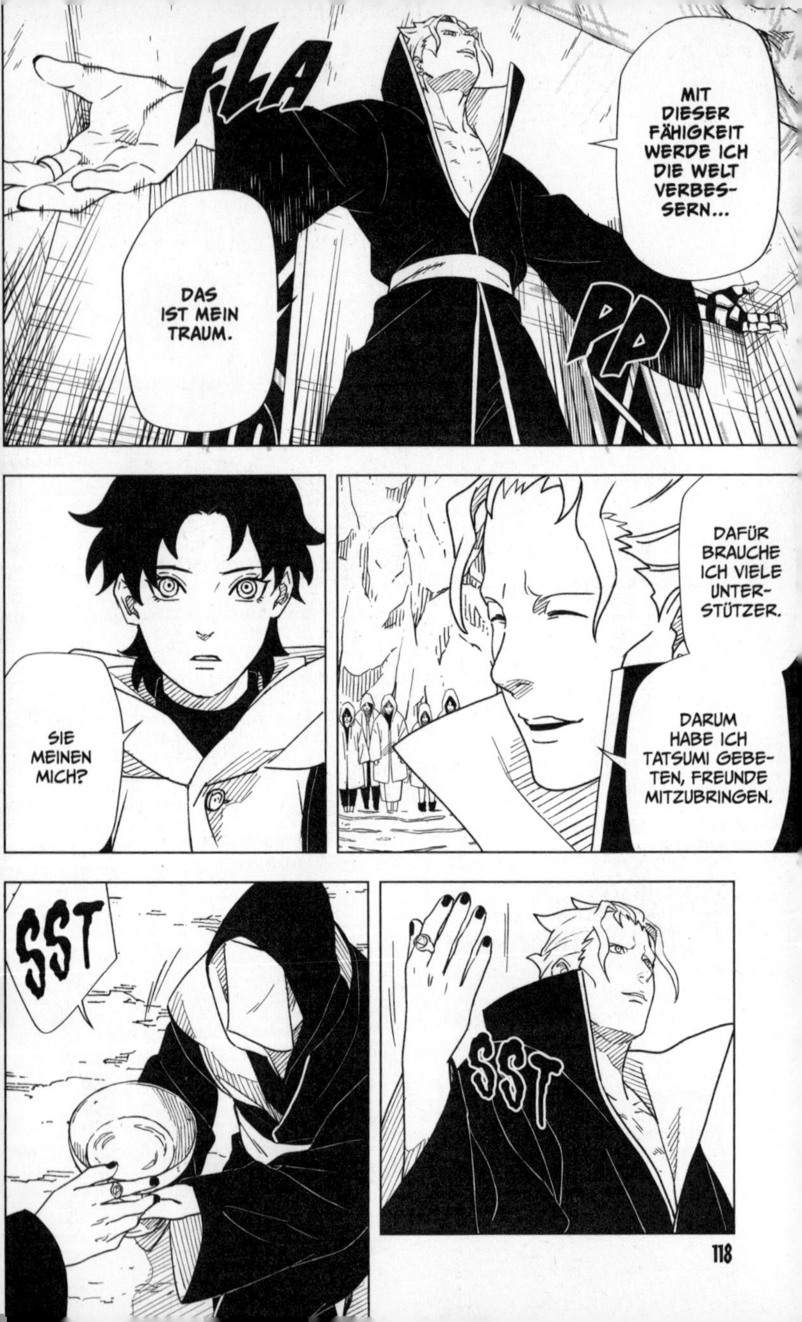

MIT DIESER FÄHIGKEIT WERDE ICH DIE WELT VERBES-SERN...
DAS IST MEIN TRAUM.
FLA PP

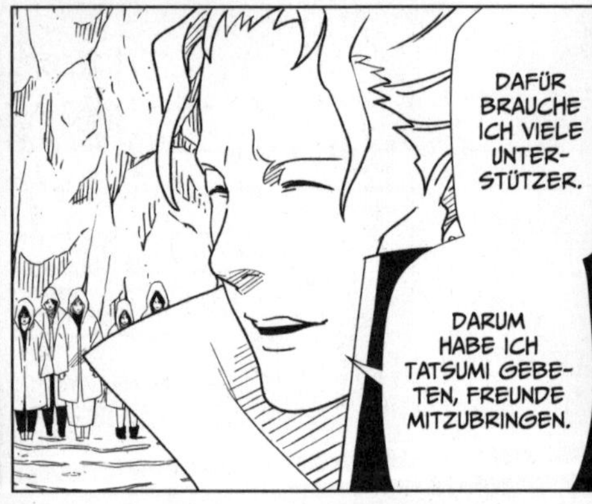

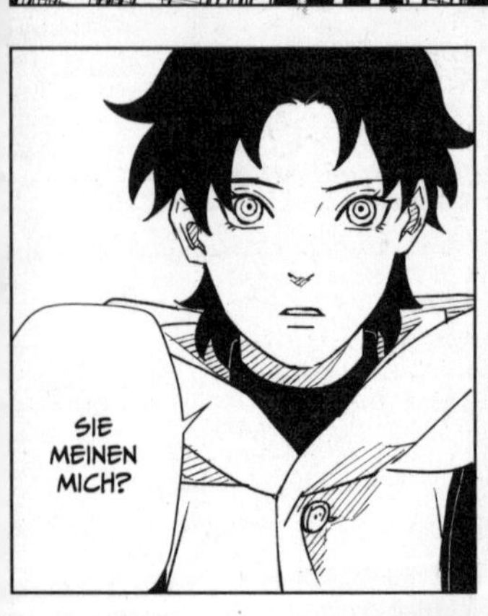

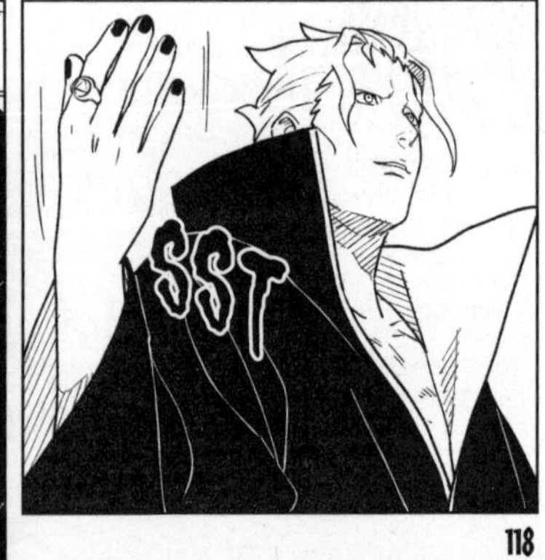

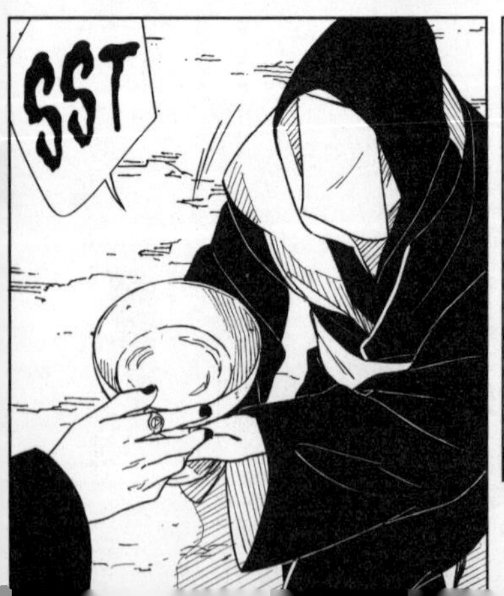

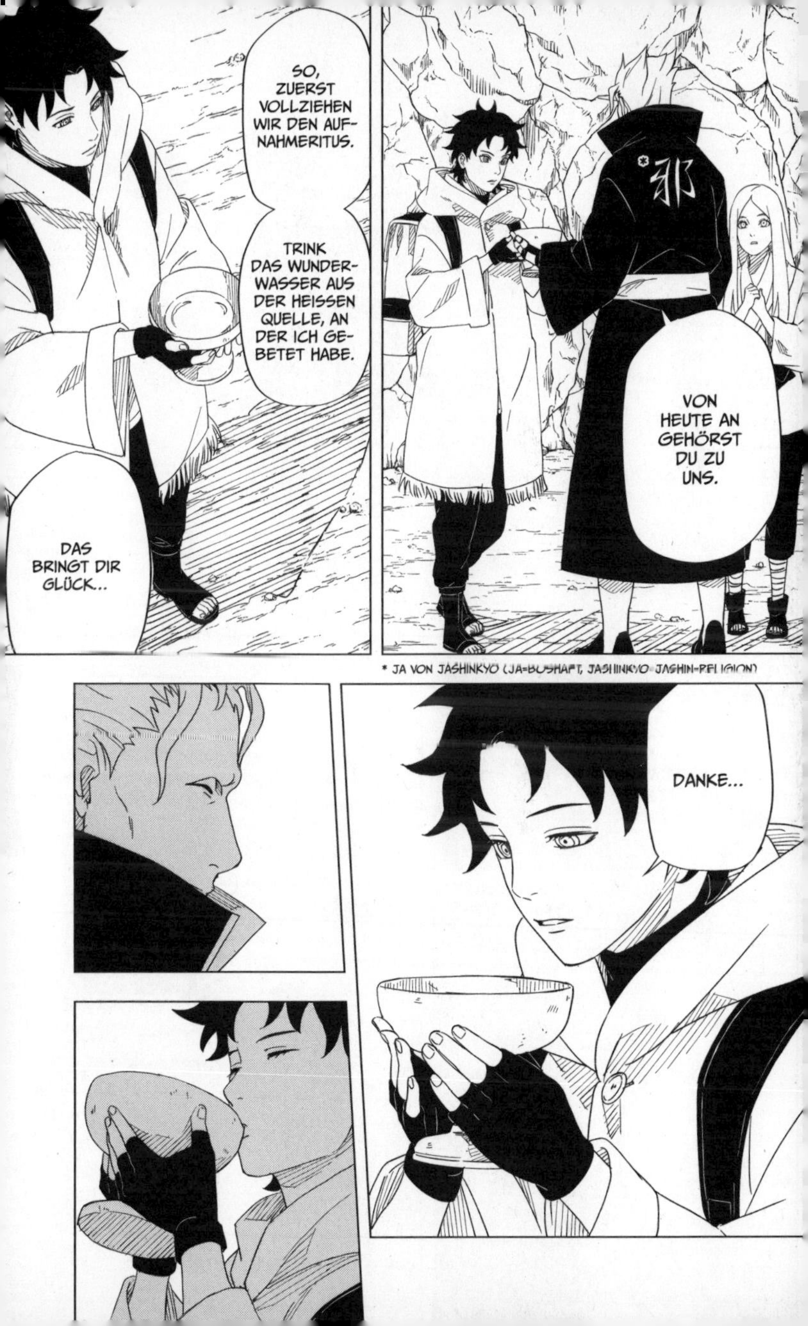

VON HEUTE AN GEHÖRST DU ZU UNS.

SO, ZUERST VOLLZIEHEN WIR DEN AUFNAHMERITUS.

TRINK DAS WUNDERWASSER AUS DER HEISSEN QUELLE, AN DER ICH GEBETET HABE.

DAS BRINGT DIR GLÜCK...

* JA VON JASHINKYO (JA=BOSHAFT, JASHINKYO=JASHIN-RELIGION)

DANKE...

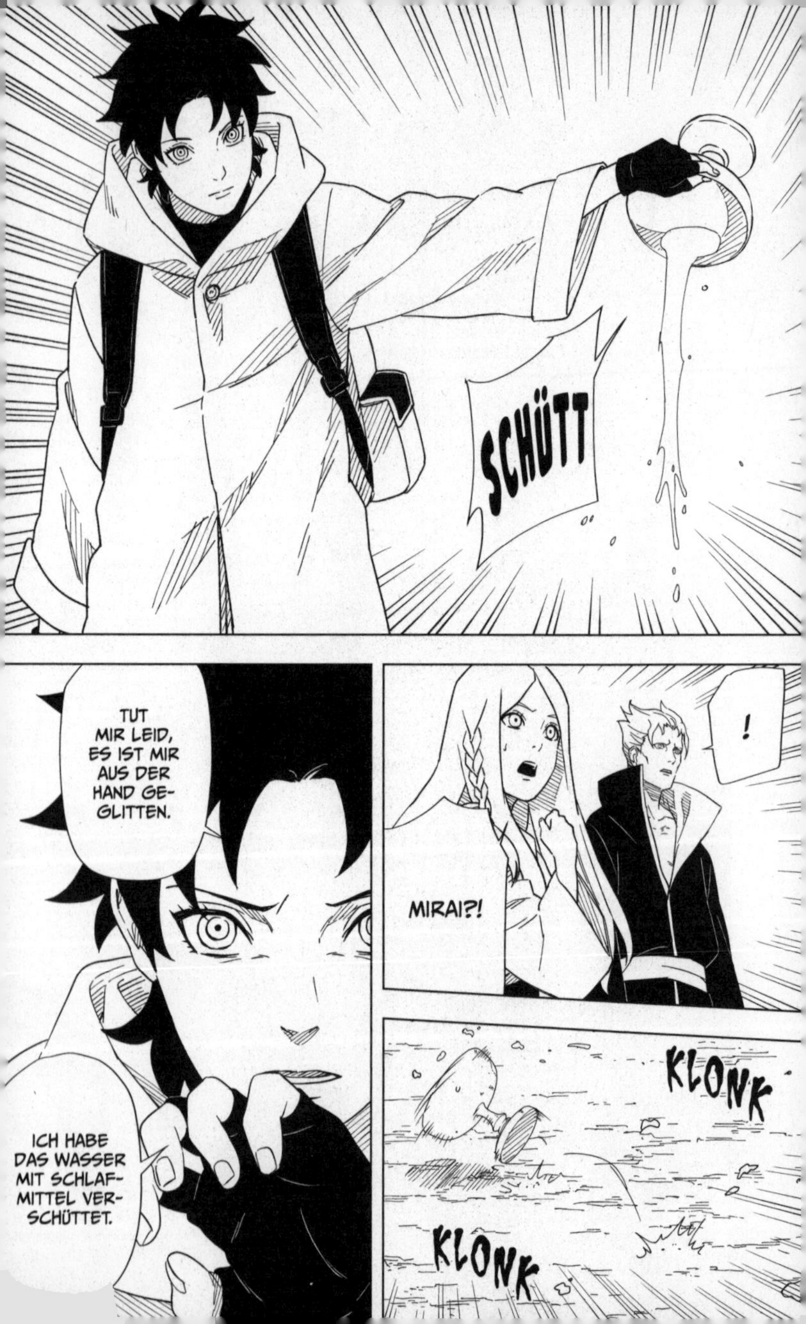
SCHÜTT
!
MIRAI?!
KLONK
KLONK
TUT MIR LEID, ES IST MIR AUS DER HAND GEGLITTEN.
ICH HABE DAS WASSER MIT SCHLAFMITTEL VERSCHÜTTET.

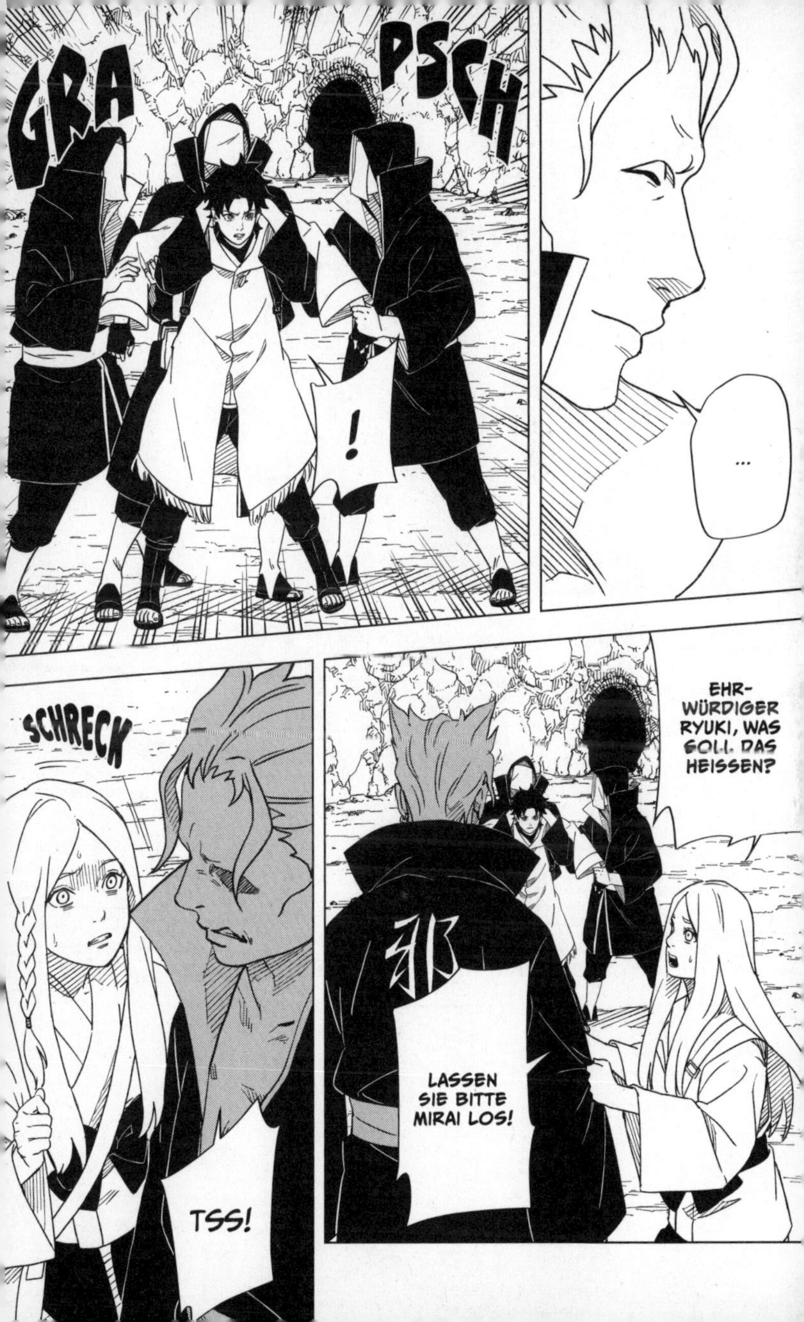
...
GRA
PSCH
!
EHR-WÜRDIGER RYUKI, WAS SOLL DAS HEISSEN?
LASSEN SIE BITTE MIRAI LOS!
SCHRECK
TSS!

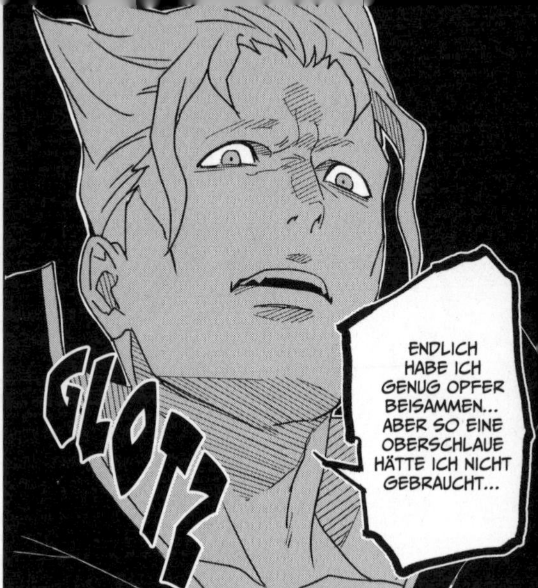
GLOTZ
ENDLICH HABE ICH GENUG OPFER BEISAMMEN... ABER SO EINE OBERSCHLAUE HÄTTE ICH NICHT GEBRAUCHT...

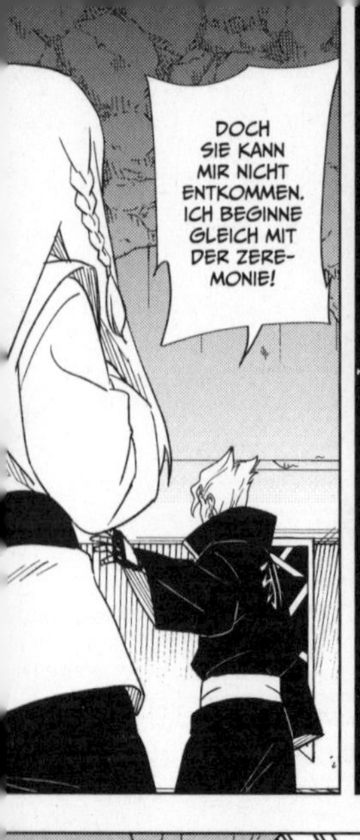
DOCH SIE KANN MIR NICHT ENTKOMMEN. ICH BEGINNE GLEICH MIT DER ZERE-MONIE!

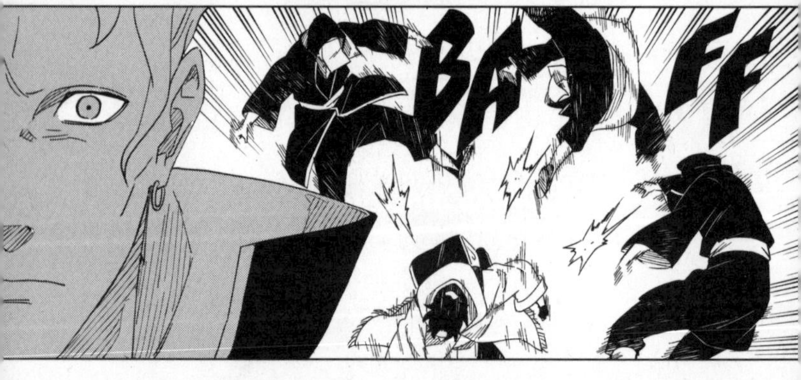
BAFF

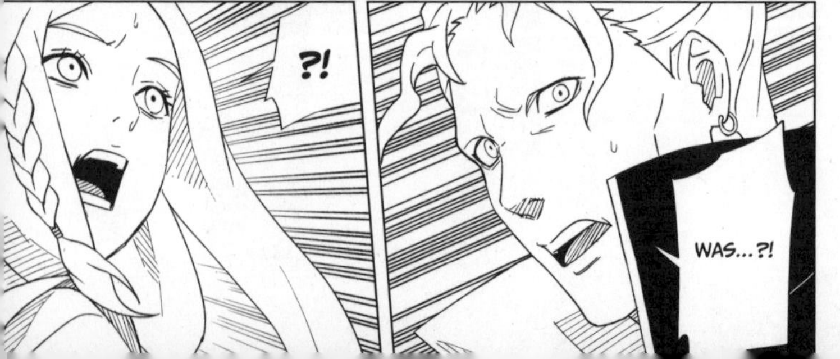
WAS...?!
?!

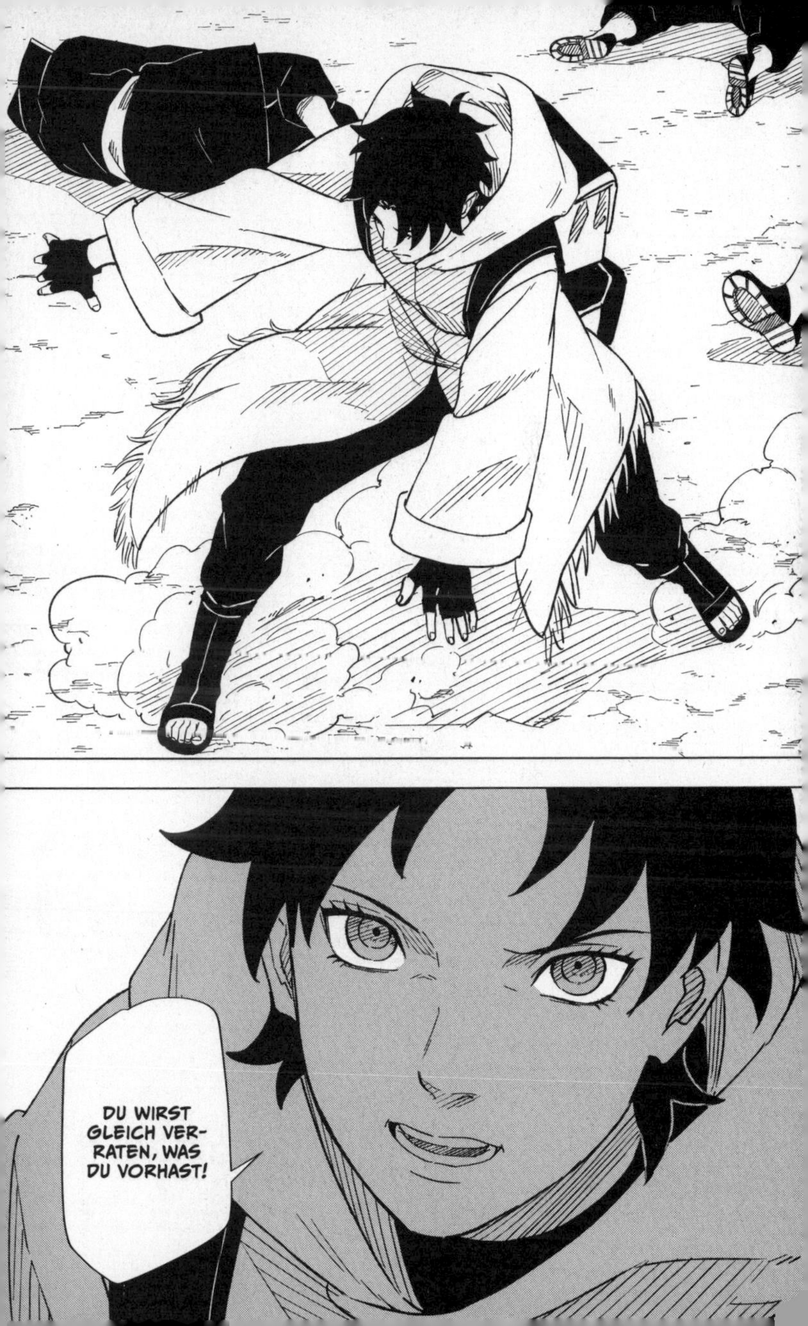

DU WIRST GLEICH VER-RATEN, WAS DU VORHAST!

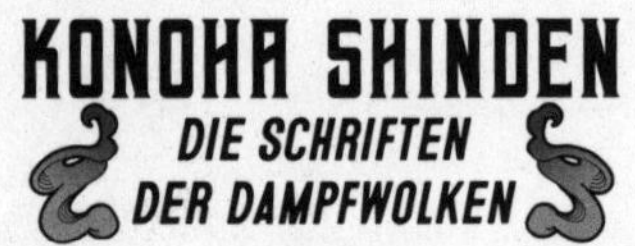
KONOHA SHINDEN
DIE SCHRIFTEN
DER DAMPFWOLKEN

NR. 12: WER DEN WILLEN WEITERFÜHRT!!

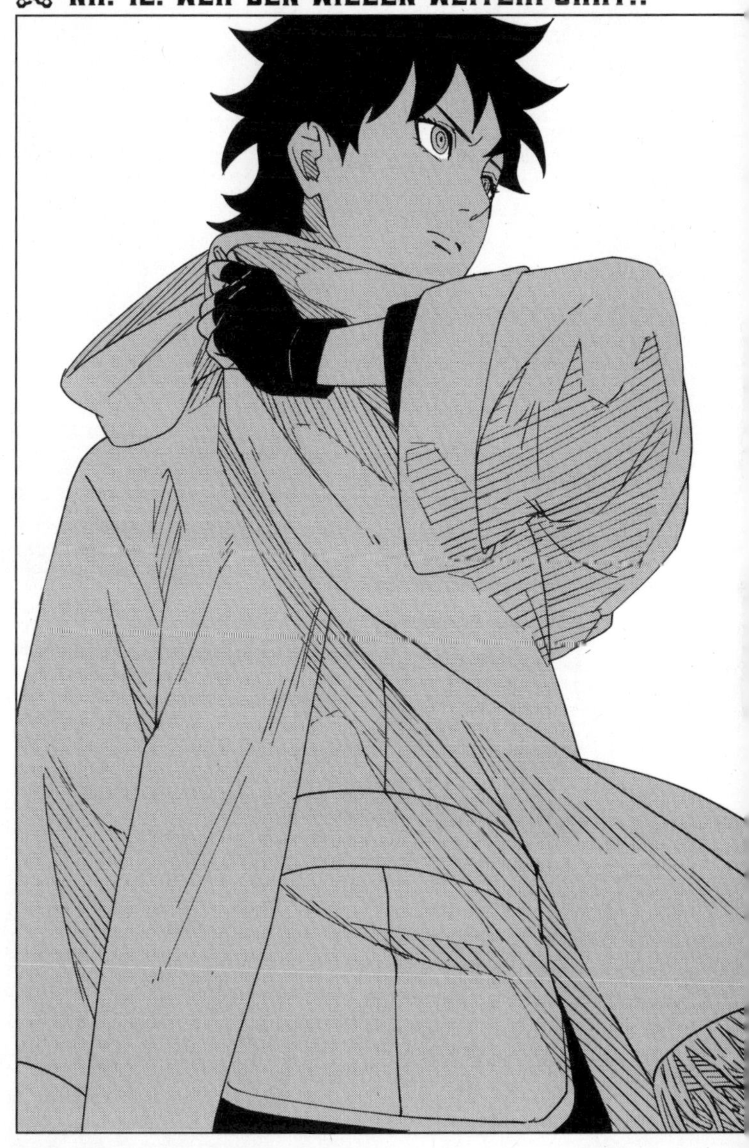

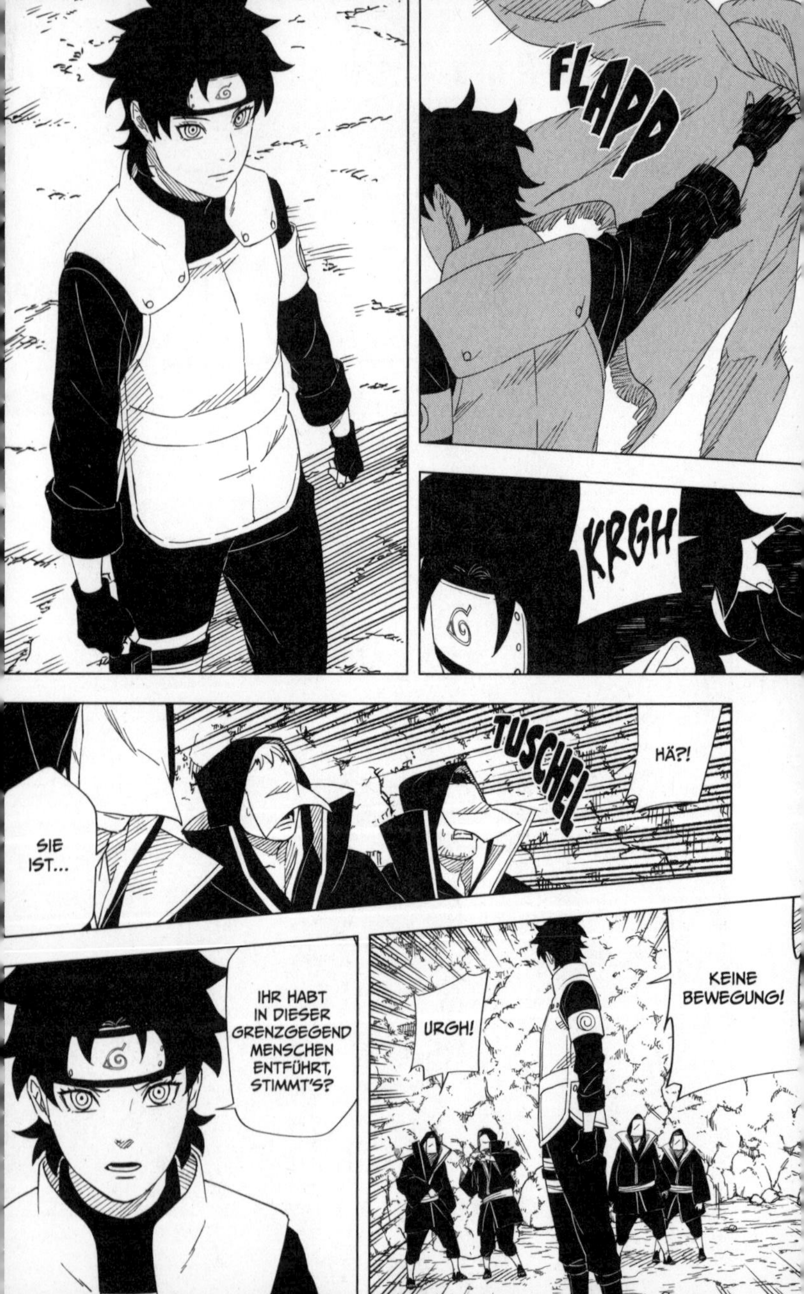
FLAPP
KRGH
TUSCHEL
HÄ?!
SIE IST...
KEINE BEWEGUNG!
URGH!
IHR HABT IN DIESER GRENZGEGEND MENSCHEN ENTFÜHRT, STIMMT'S?

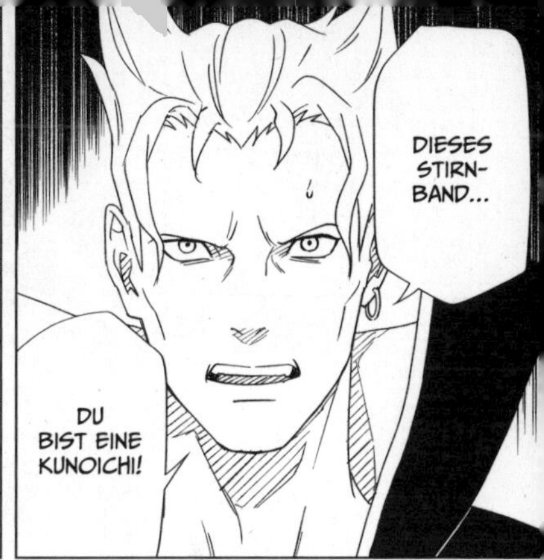
DIESES STIRNBAND...
DU BIST EINE KUNOICHI!

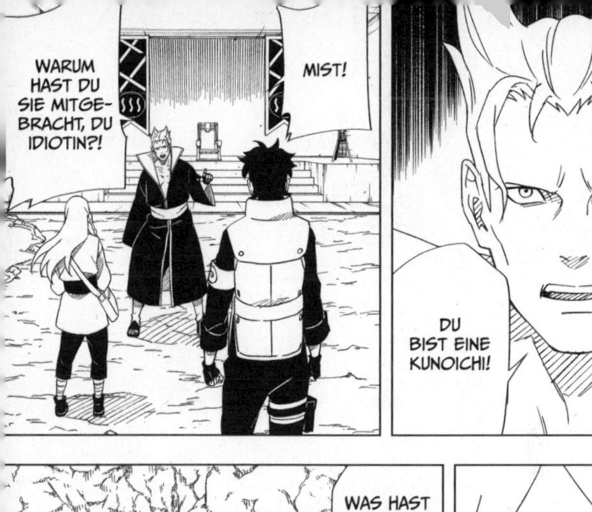
MIST!
WARUM HAST DU SIE MITGEBRACHT, DU IDIOTIN?!

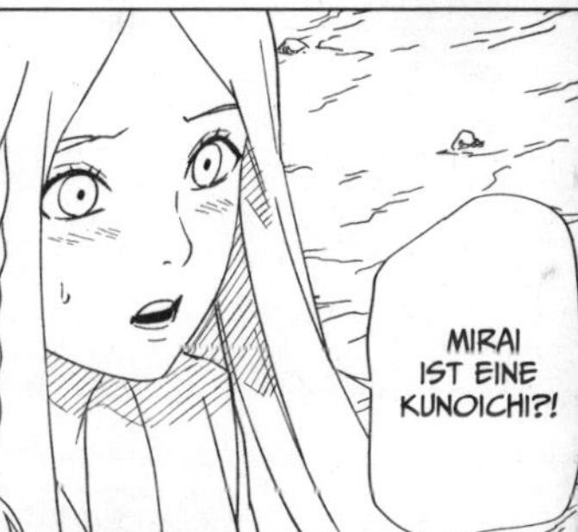
MIRAI IST EINE KUNOICHI?!

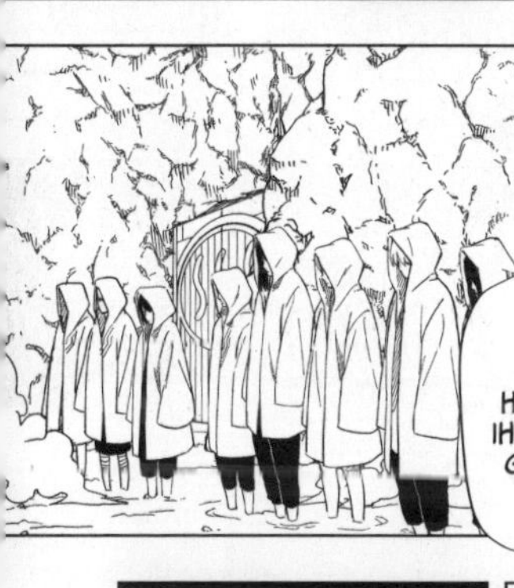
WAS HAST DU MIT ALL DEN ENTFÜHRTEN MÄDCHEN VOR?
WAS HAST DU IHNEN ANGETAN?

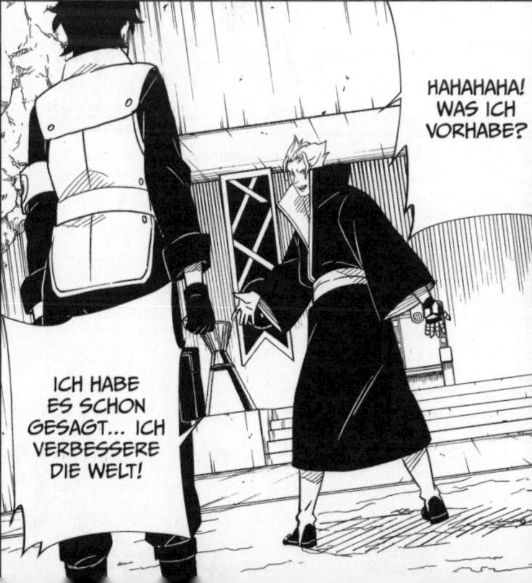
HAHAHAHA! WAS ICH VORHABE?
ICH HABE ES SCHON GESAGT... ICH VERBESSERE DIE WELT!

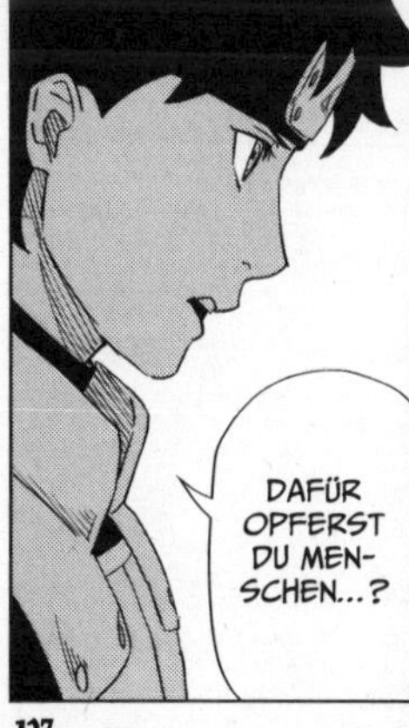
DAFÜR OPFERST DU MENSCHEN...?

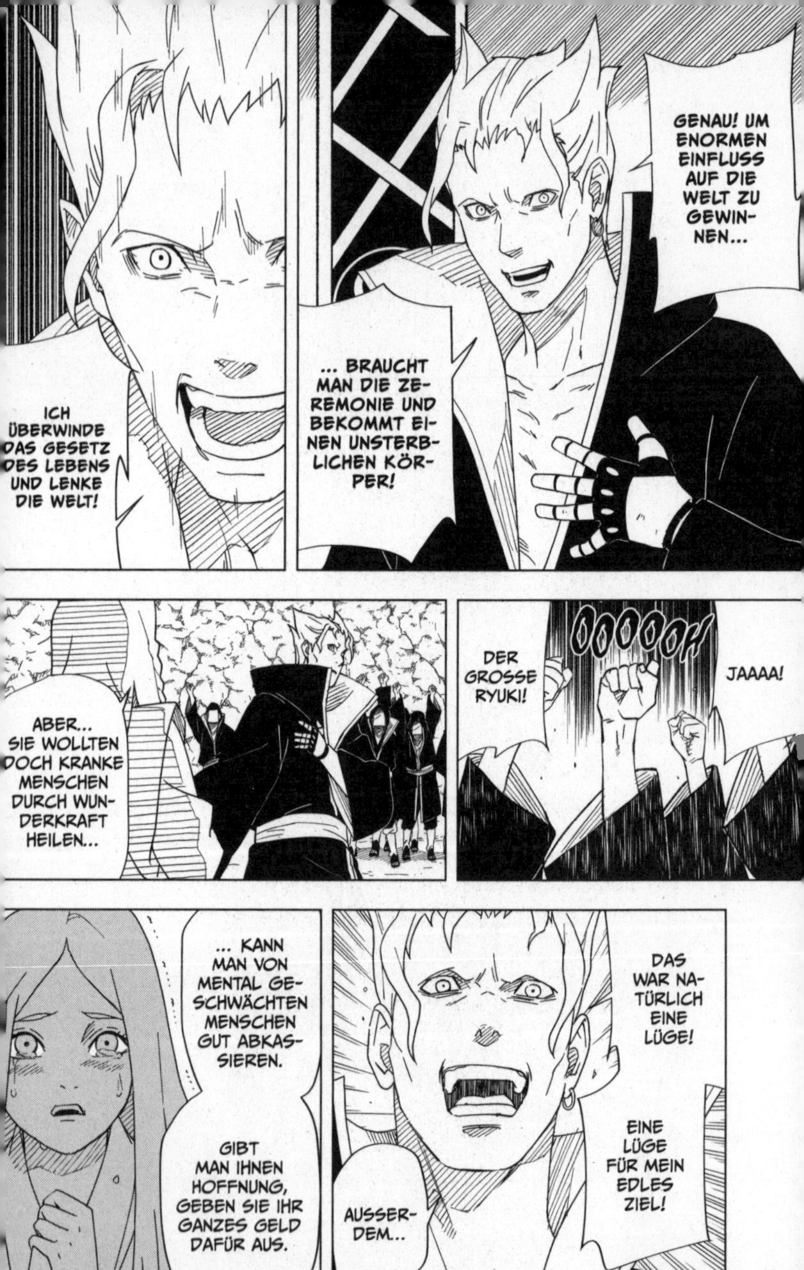
GENAU! UM ENORMEN EINFLUSS AUF DIE WELT ZU GEWINNEN...
... BRAUCHT MAN DIE ZEREMONIE UND BEKOMMT EINEN UNSTERBLICHEN KÖRPER!
ICH ÜBERWINDE DAS GESETZ DES LEBENS UND LENKE DIE WELT!
JAAAA!
OOOOOH
DER GROSSE RYUKI!
ABER... SIE WOLLTEN DOCH KRANKE MENSCHEN DURCH WUNDERKRAFT HEILEN...
DAS WAR NATÜRLICH EINE LÜGE!
EINE LÜGE FÜR MEIN EDLES ZIEL!
AUSSERDEM...
... KANN MAN VON MENTAL GESCHWÄCHTEN MENSCHEN GUT ABKASSIEREN.
GIBT MAN IHNEN HOFFNUNG, GEBEN SIE IHR GANZES GELD DAFÜR AUS.

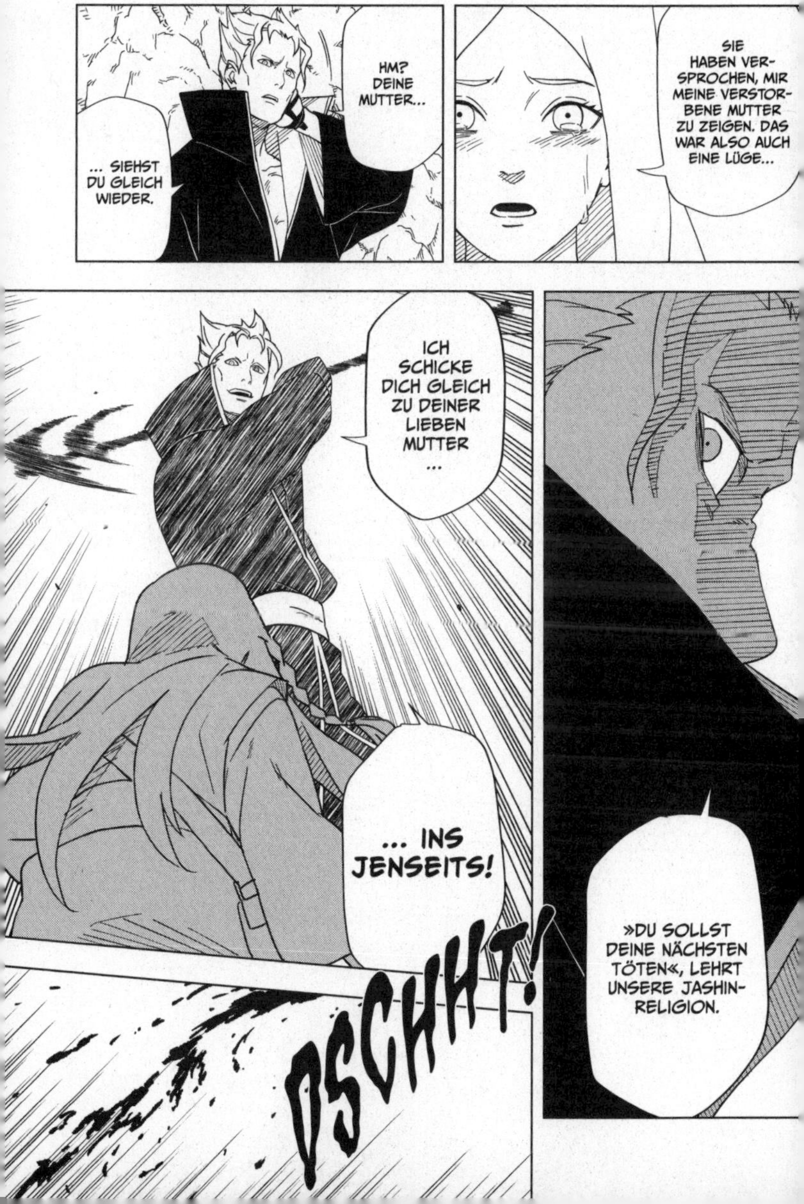

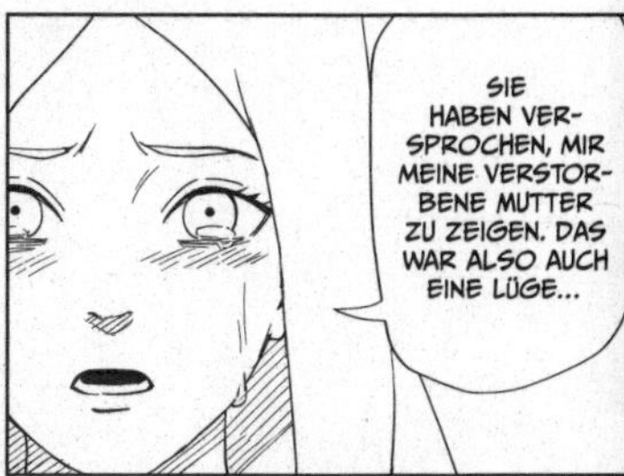

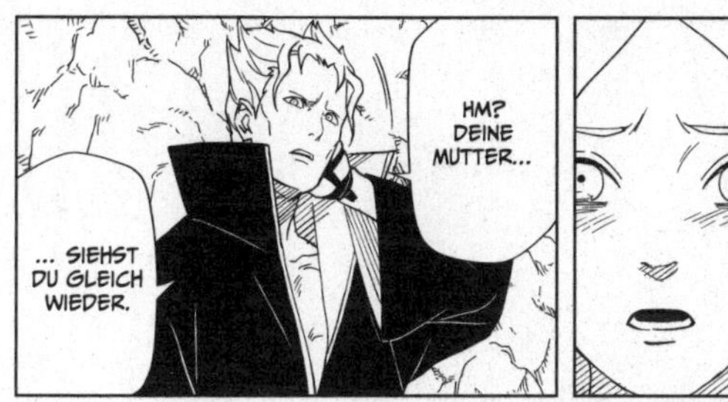

ICH SCHICKE DICH GLEICH ZU DEINER LIEBEN MUTTER ...

... INS JENSEITS!

»DU SOLLST DEINE NÄCHSTEN TÖTEN«, LEHRT UNSERE JASHIN-RELIGION.

DSCHHT!

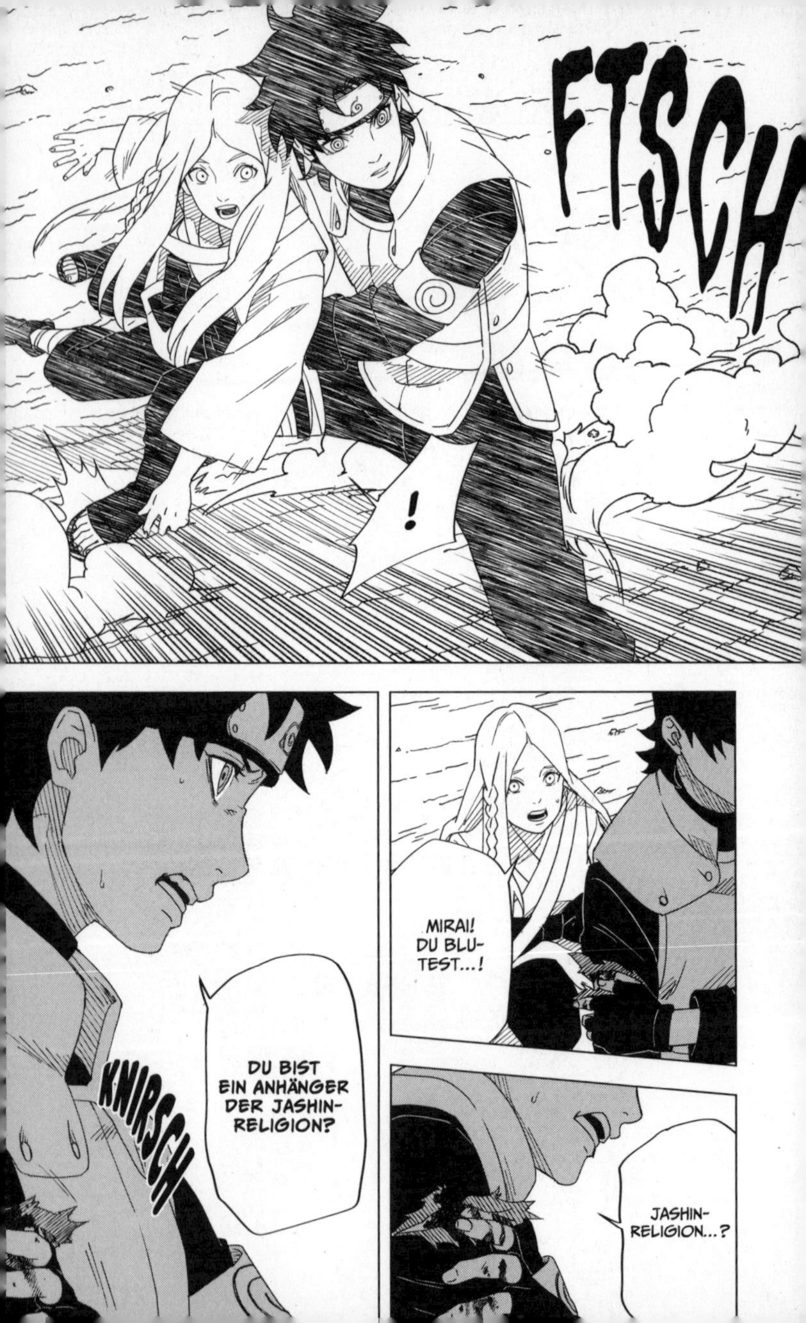

FTSCH

!

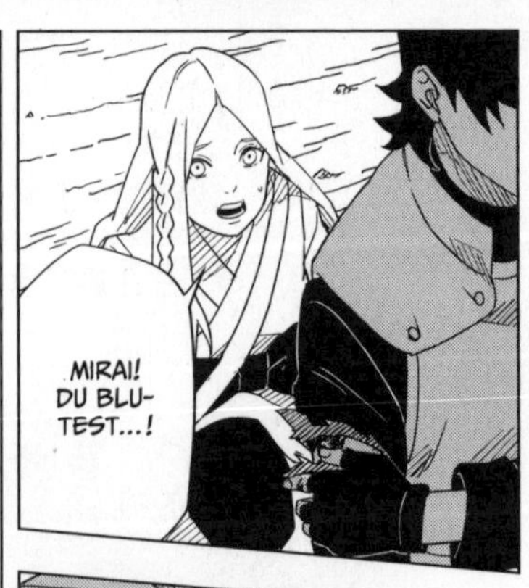
MIRAI!
DU BLU-
TEST…!

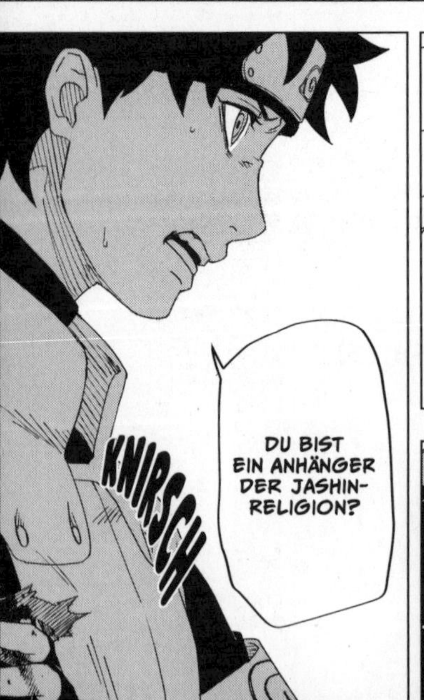
DU BIST
EIN ANHÄNGER
DER JASHIN-
RELIGION?
KNIRSCH

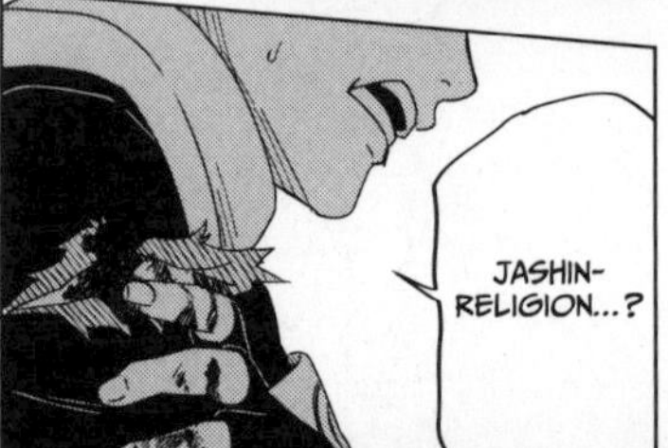
JASHIN-
RELIGION…?

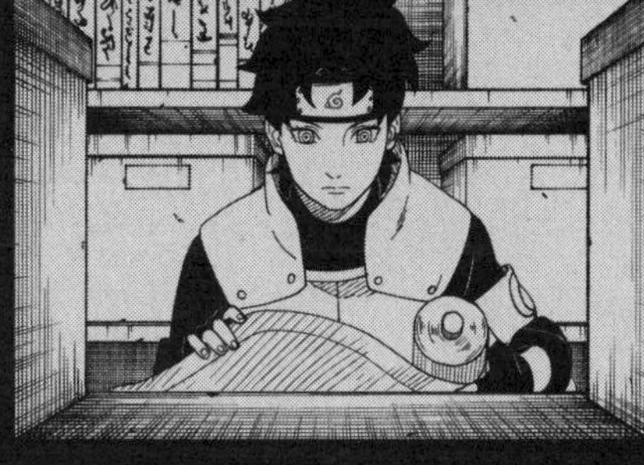

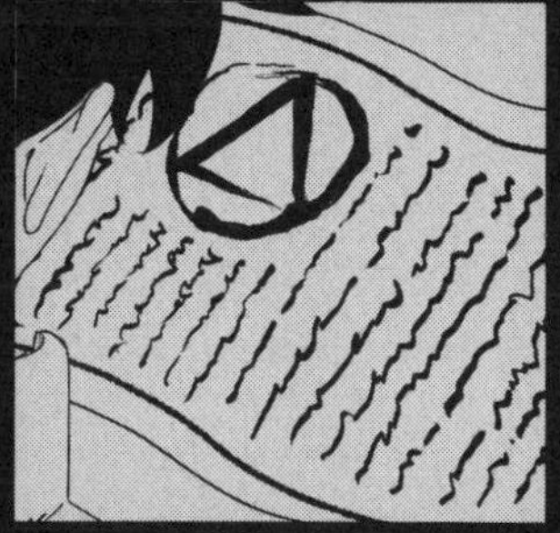

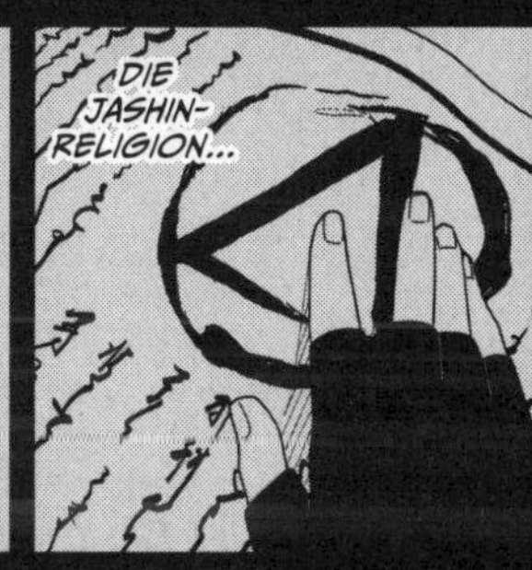
DIE JASHIN-RELIGION...

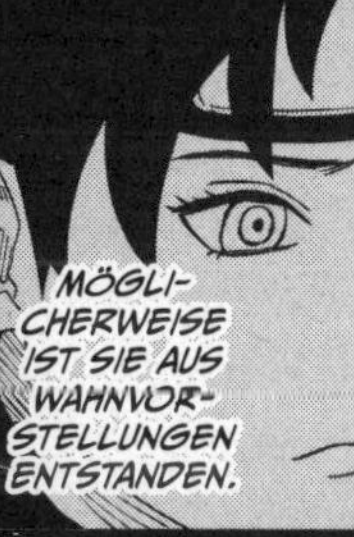
EINE EXTREMISTISCHE SEKTE, DIE DAS TÖTEN BEFÜRWORTET. MAN WEISS NUR, DASS ES SICH UM EINE NEURELIGION AUS YU-NO-KUNI HANDELT, ABER NICHTS WEITER.
MÖGLICHERWEISE IST SIE AUS WAHNVORSTELLUNGEN ENTSTANDEN.

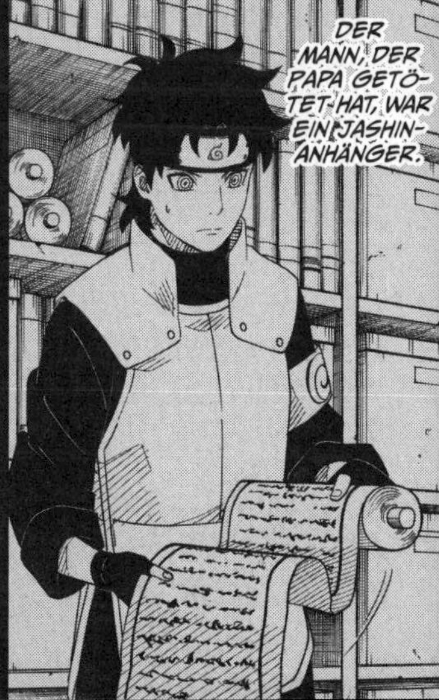
DER MANN, DER PAPA GETÖTET HAT, WAR EIN JASHIN-ANHÄNGER.

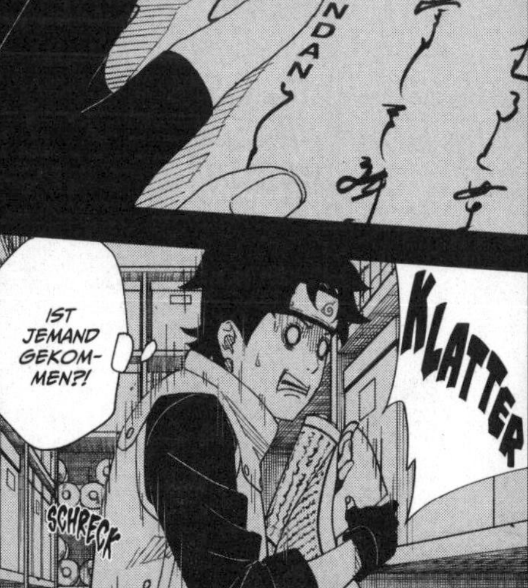
HINDAN
KLATTER
IST JEMAND GEKOMMEN?!
SCHRECK

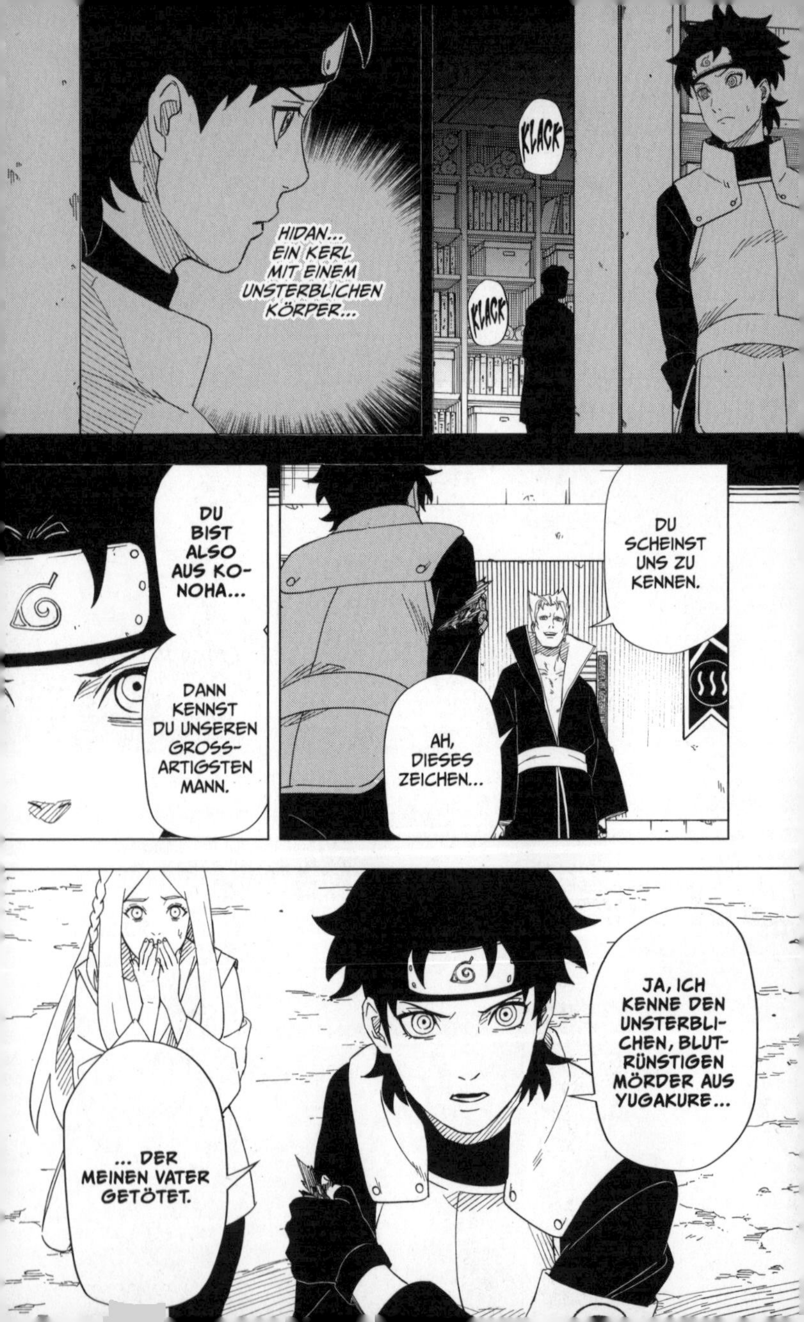

KLACK
KLACK
HIDAN... EIN KERL MIT EINEM UNSTERBLICHEN KÖRPER...

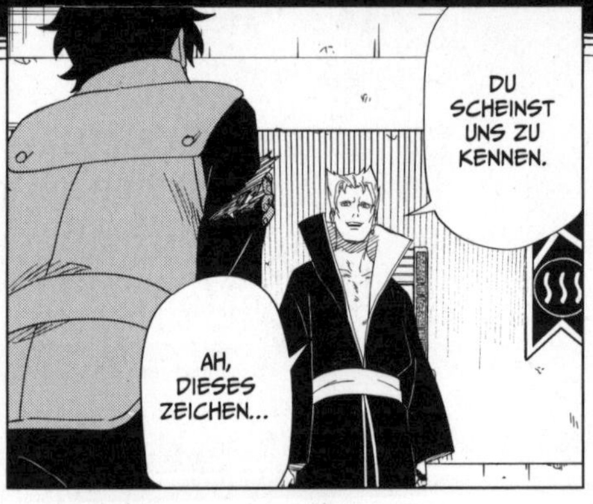

DU BIST ALSO AUS KONOHA...
DANN KENNST DU UNSEREN GROSSARTIGSTEN MANN.

JA, ICH KENNE DEN UNSTERBLICHEN, BLUTRÜNSTIGEN MÖRDER AUS YUGAKURE...
... DER MEINEN VATER GETÖTET.

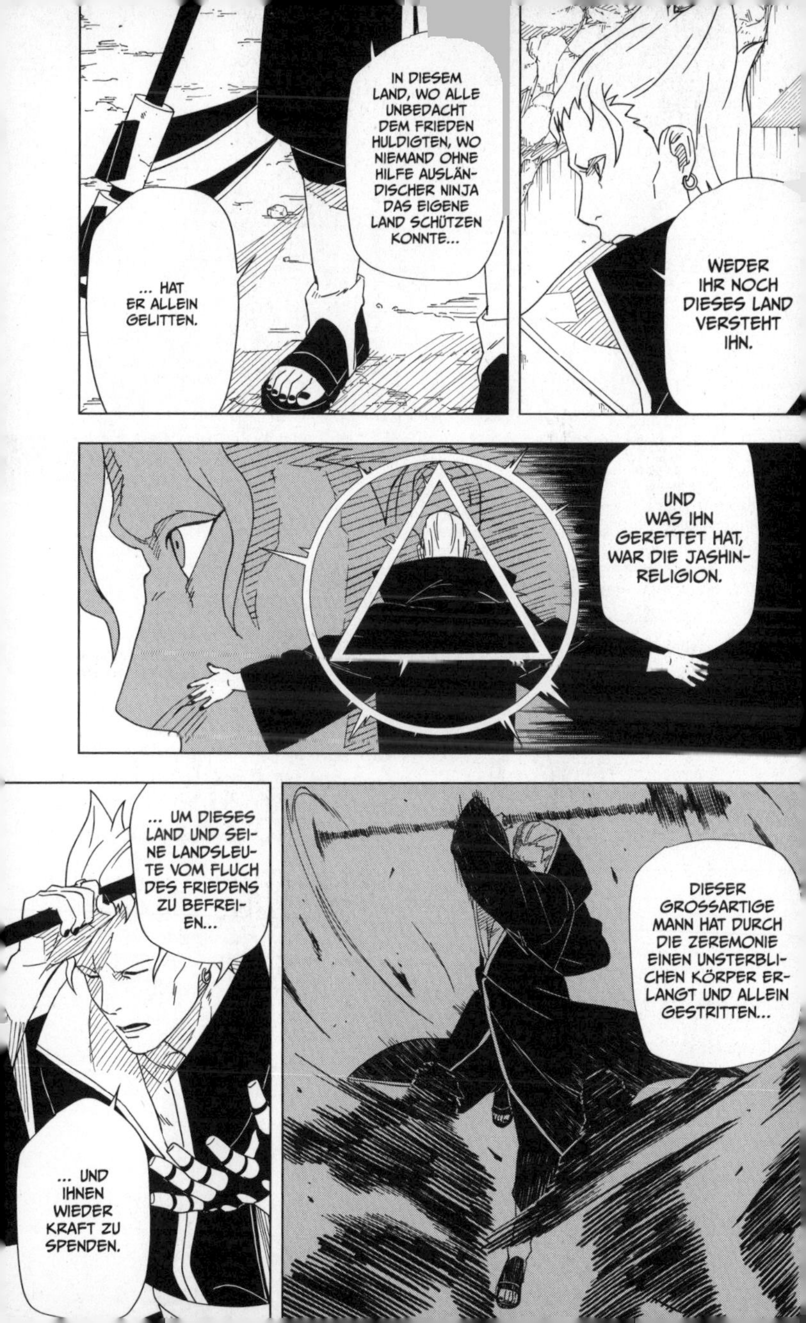

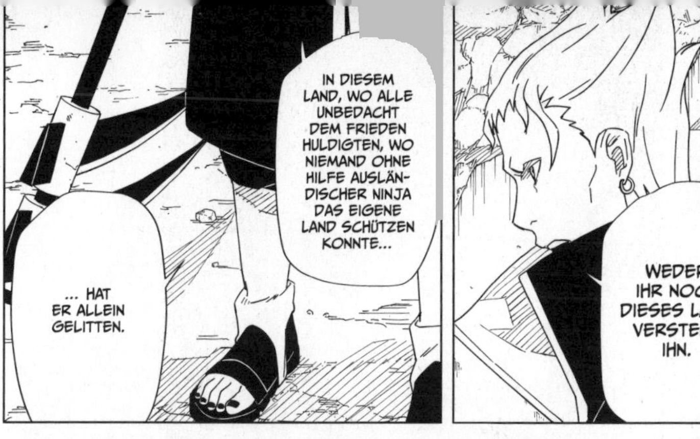

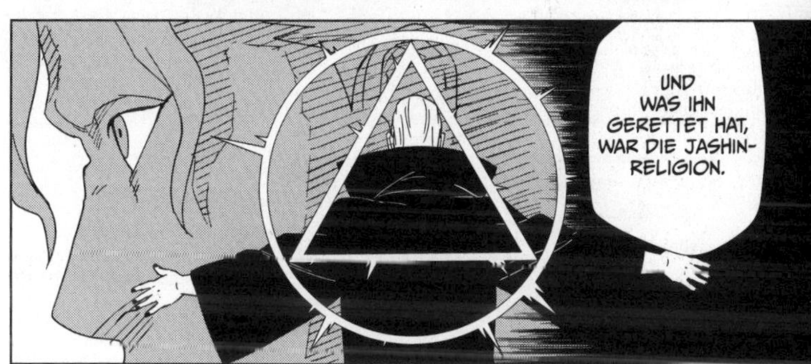

DIESER GROSSARTIGE MANN HAT DURCH DIE ZEREMONIE EINEN UNSTERBLICHEN KÖRPER ERLANGT UND ALLEIN GESTRITTEN...

... UM DIESES LAND UND SEINE LANDSLEUTE VOM FLUCH DES FRIEDENS ZU BEFREIEN...

... UND IHNEN WIEDER KRAFT ZU SPENDEN.

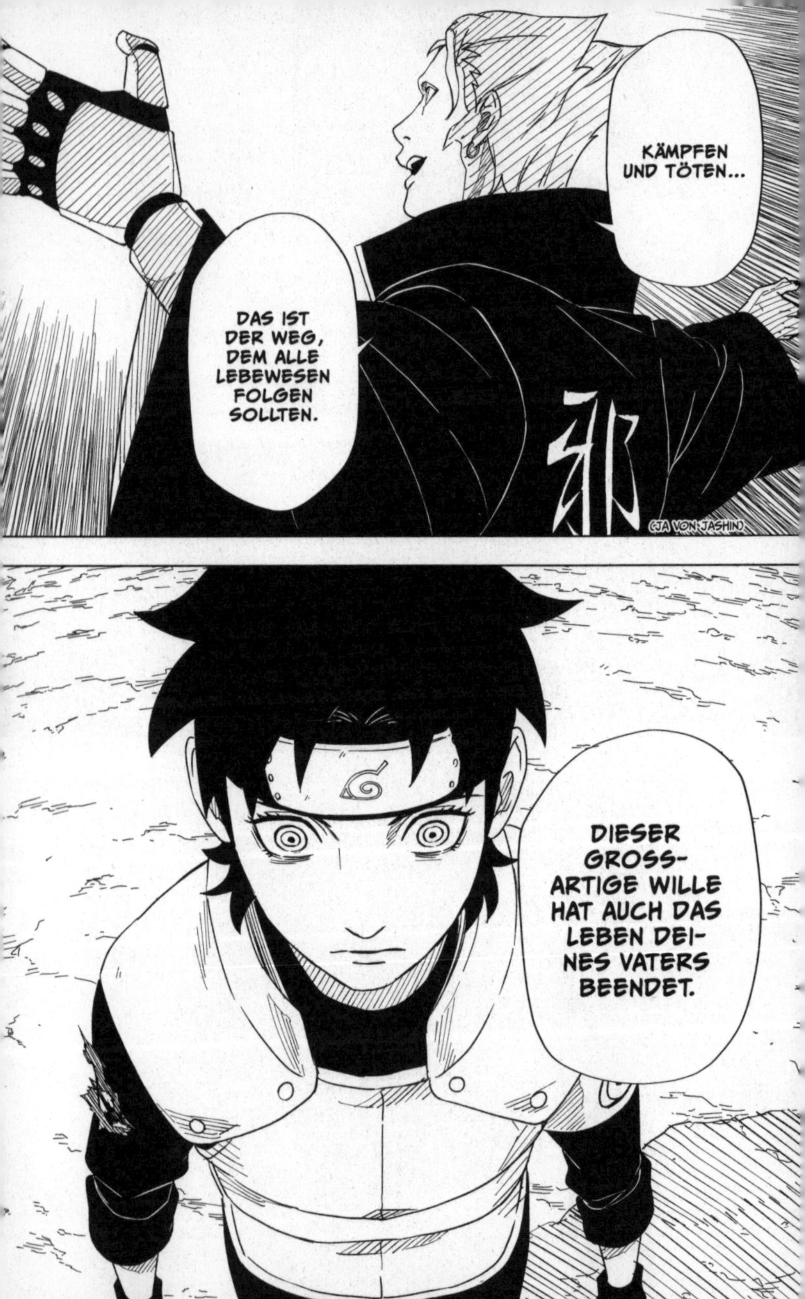
KÄMPFEN UND TÖTEN...
DAS IST DER WEG, DEM ALLE LEBEWESEN FOLGEN SOLLTEN.
(JA VON JASHIN)
DIESER GROSS-ARTIGE WILLE HAT AUCH DAS LEBEN DEI-NES VATERS BEENDET.

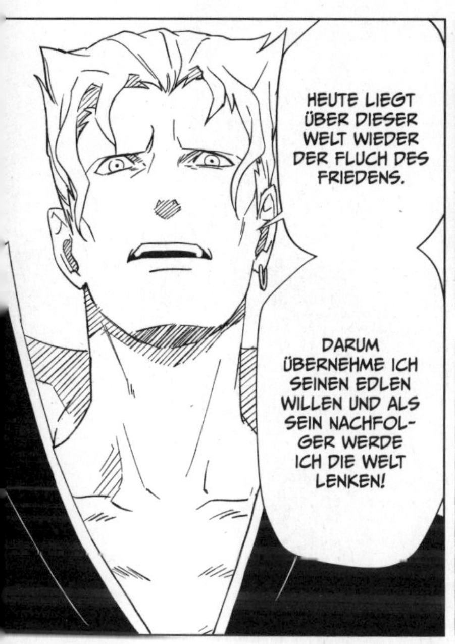
HEUTE LIEGT ÜBER DIESER WELT WIEDER DER FLUCH DES FRIEDENS.
DARUM ÜBERNEHME ICH SEINEN EDLEN WILLEN UND ALS SEIN NACHFOL-GER WERDE ICH DIE WELT LENKEN!
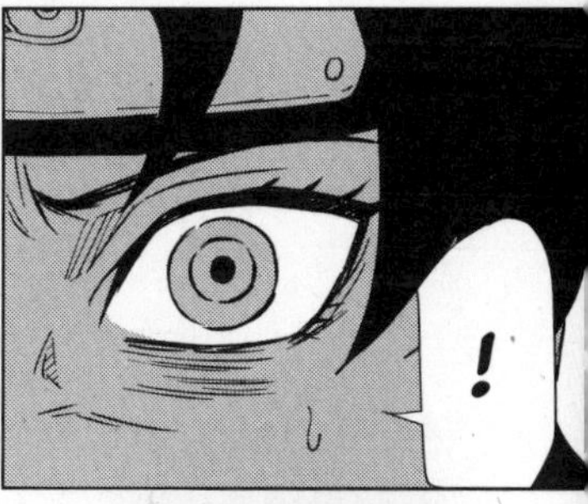
!
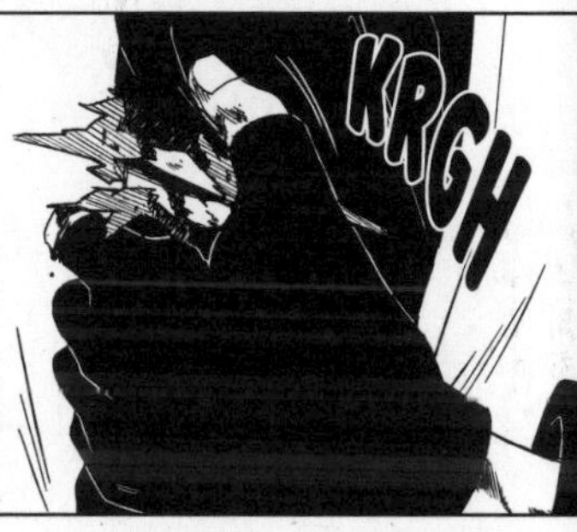
KRGH
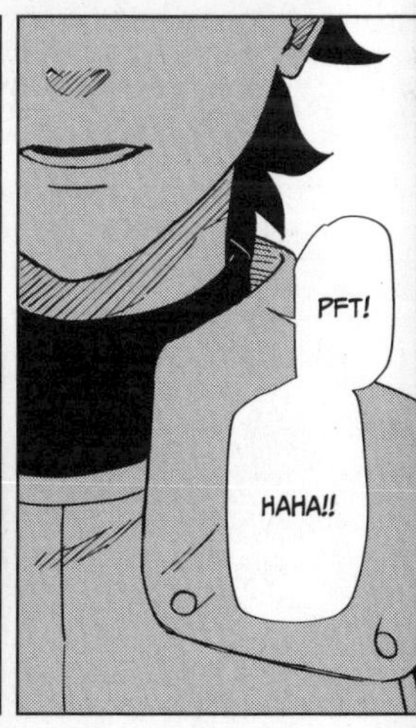
PFT!
HAHA!!
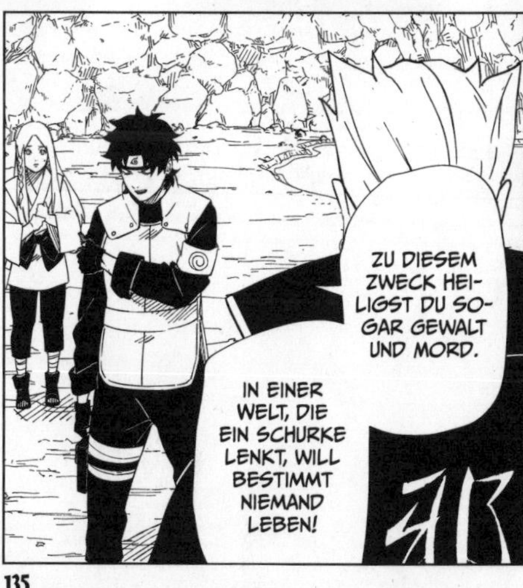
ZU DIESEM ZWECK HEI-LIGST DU SO-GAR GEWALT UND MORD.
IN EINER WELT, DIE EIN SCHURKE LENKT, WILL BESTIMMT NIEMAND LEBEN!

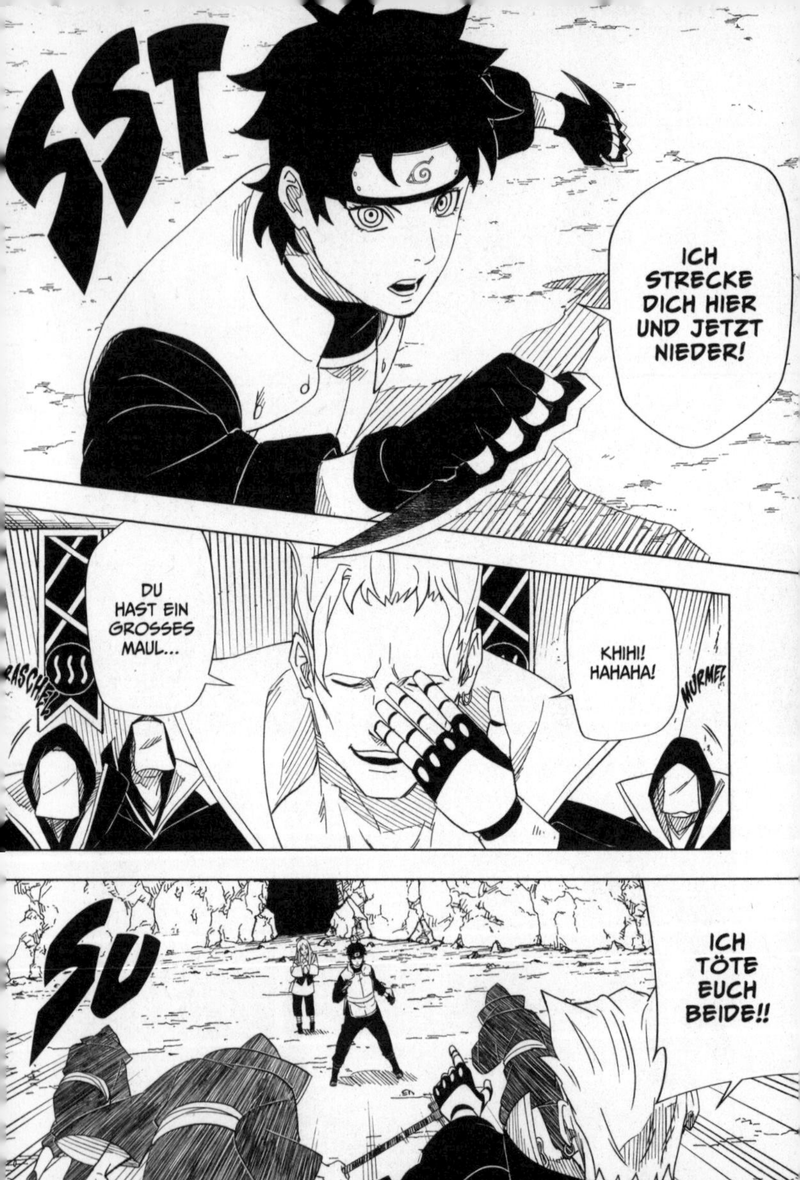

SST
ICH STRECKE DICH HIER UND JETZT NIEDER!
KHIHI! HAHAHA!
MURMEL
DU HAST EIN GROSSES MAUL...
RASCHEL
ICH TÖTE EUCH BEIDE!!
SU
RA

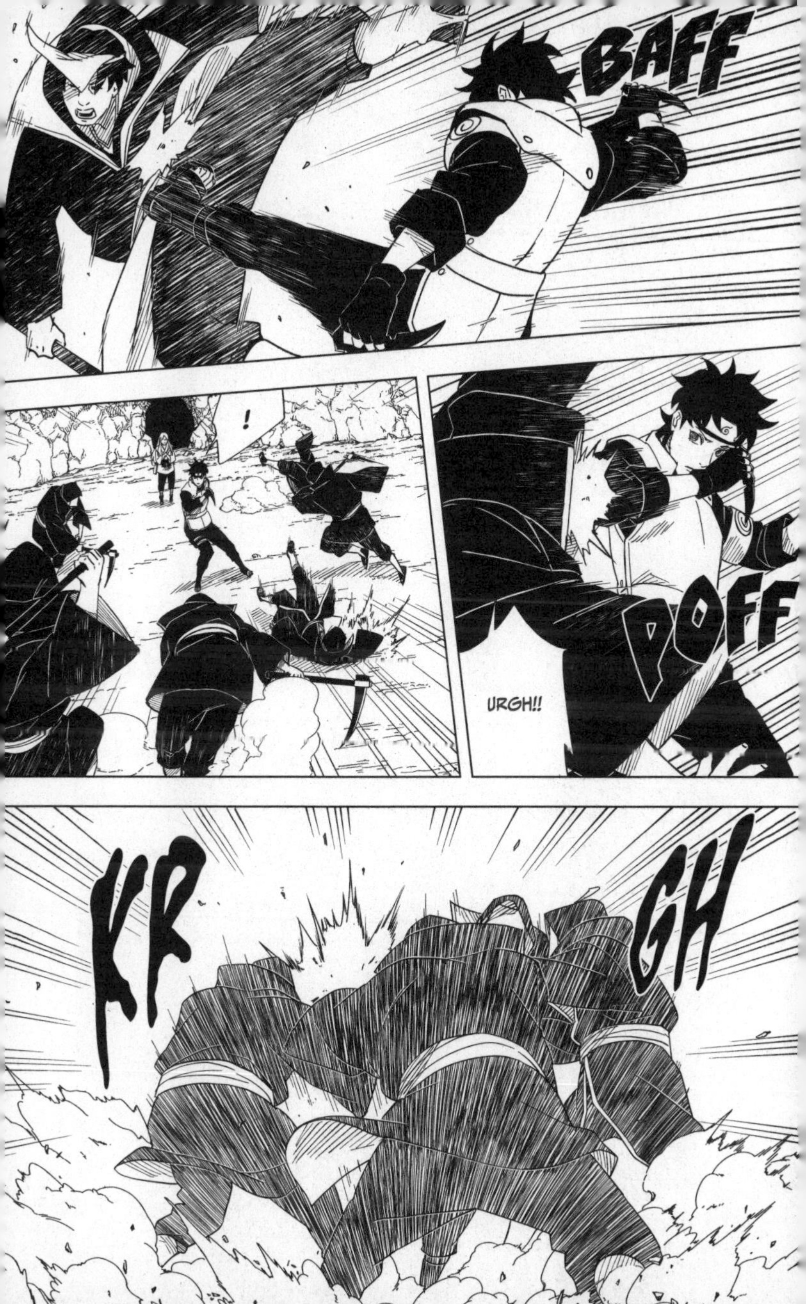
BAFF
DOFF
URGH!!
!
KR
GH

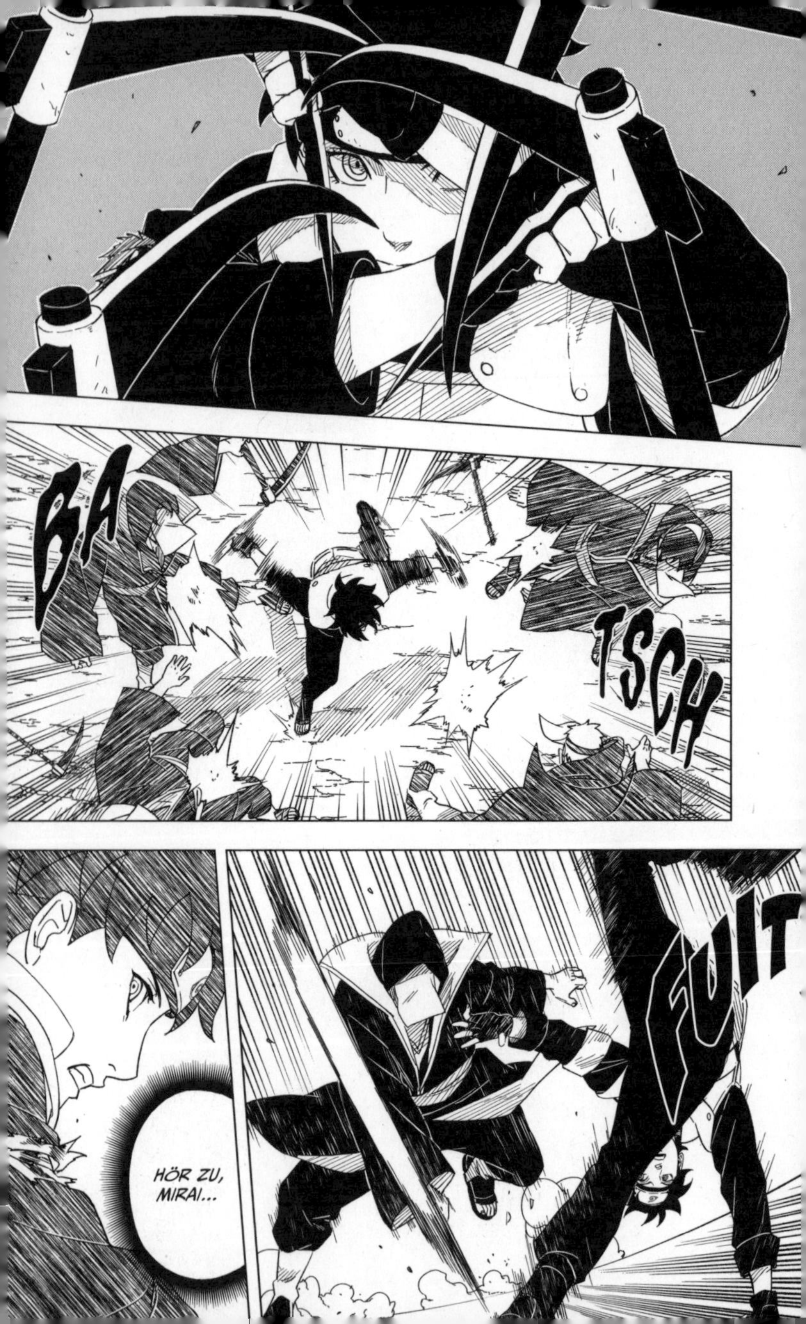

BA
TSCH
FUIT
HÖR ZU,
MIRAI...

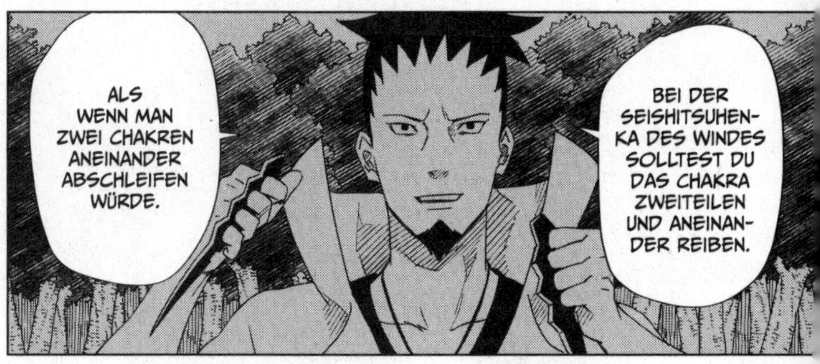
BEI DER SEISHITSUHEN-KA DES WINDES SOLLTEST DU DAS CHAKRA ZWEITEILEN UND ANEINAN-DER REIBEN.
ALS WENN MAN ZWEI CHAKREN ANEINANDER ABSCHLEIFEN WÜRDE.

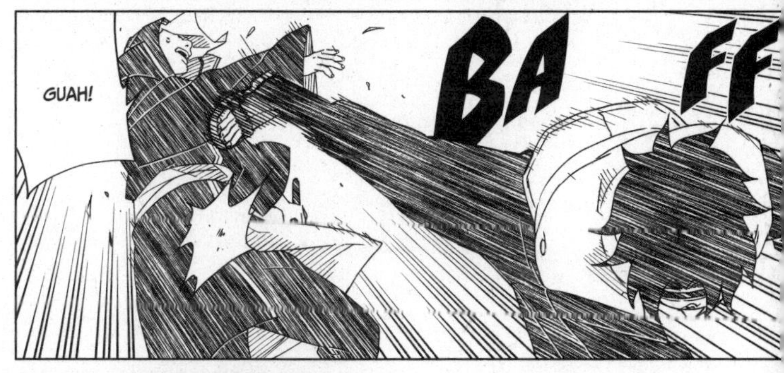
BAFF
GUAH!

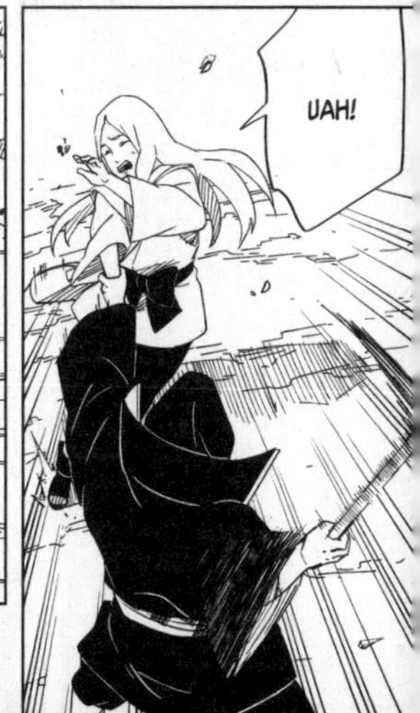
UAH!

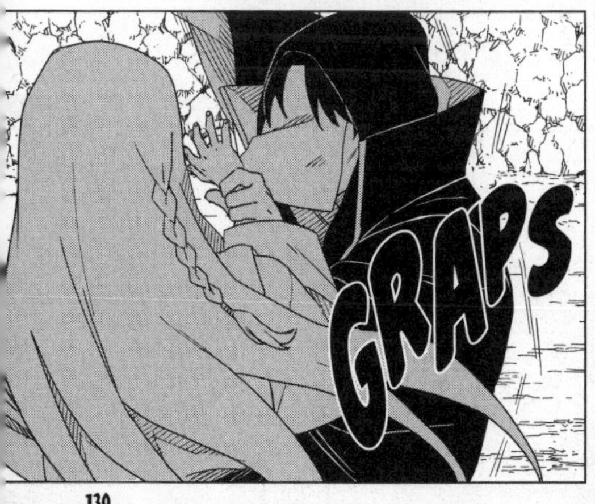
GRAPS

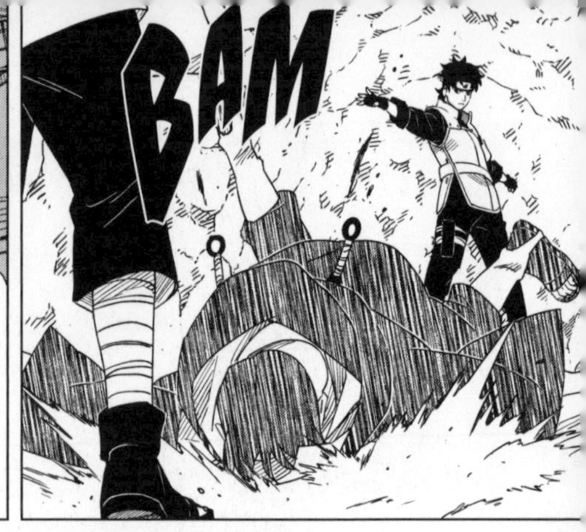
BAM

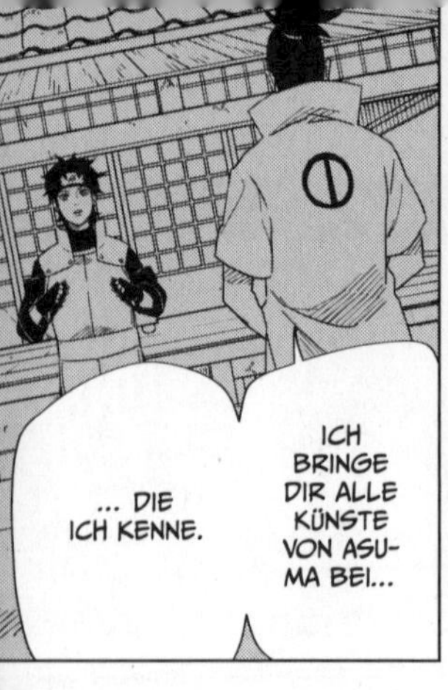
ICH BRINGE DIR ALLE KÜNSTE VON ASUMA BEI...
... DIE ICH KENNE.

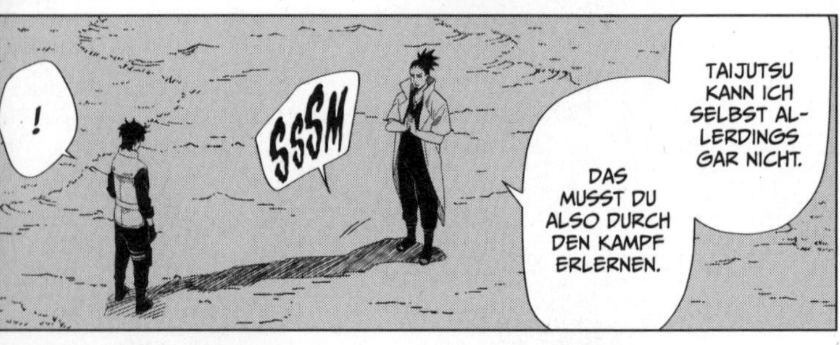
TAIJUTSU KANN ICH SELBST ALLERDINGS GAR NICHT.
DAS MUSST DU ALSO DURCH DEN KAMPF ERLERNEN.
SSSM
!

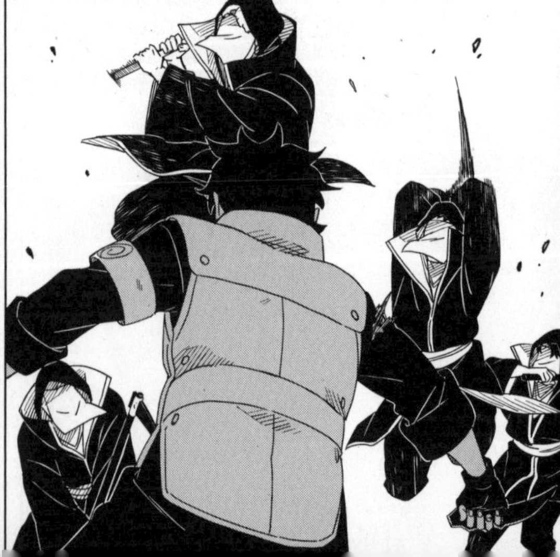

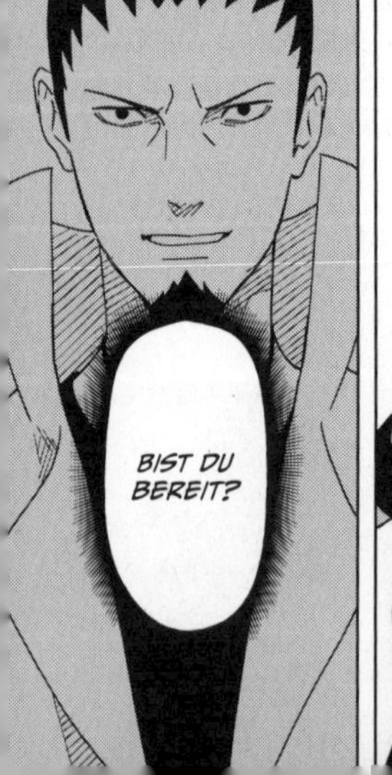
BIST DU BEREIT?

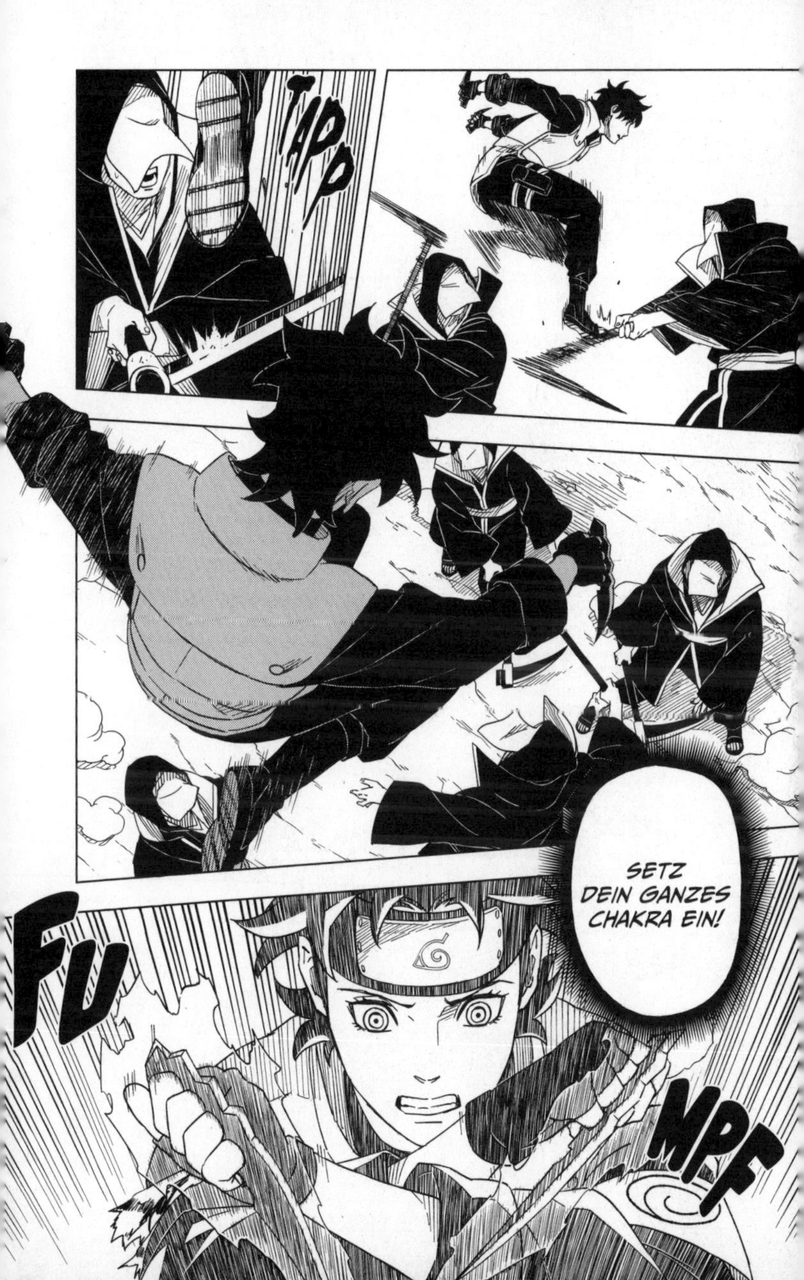
TAPP
SETZ DEIN GANZES CHAKRA EIN!
FU
MPF

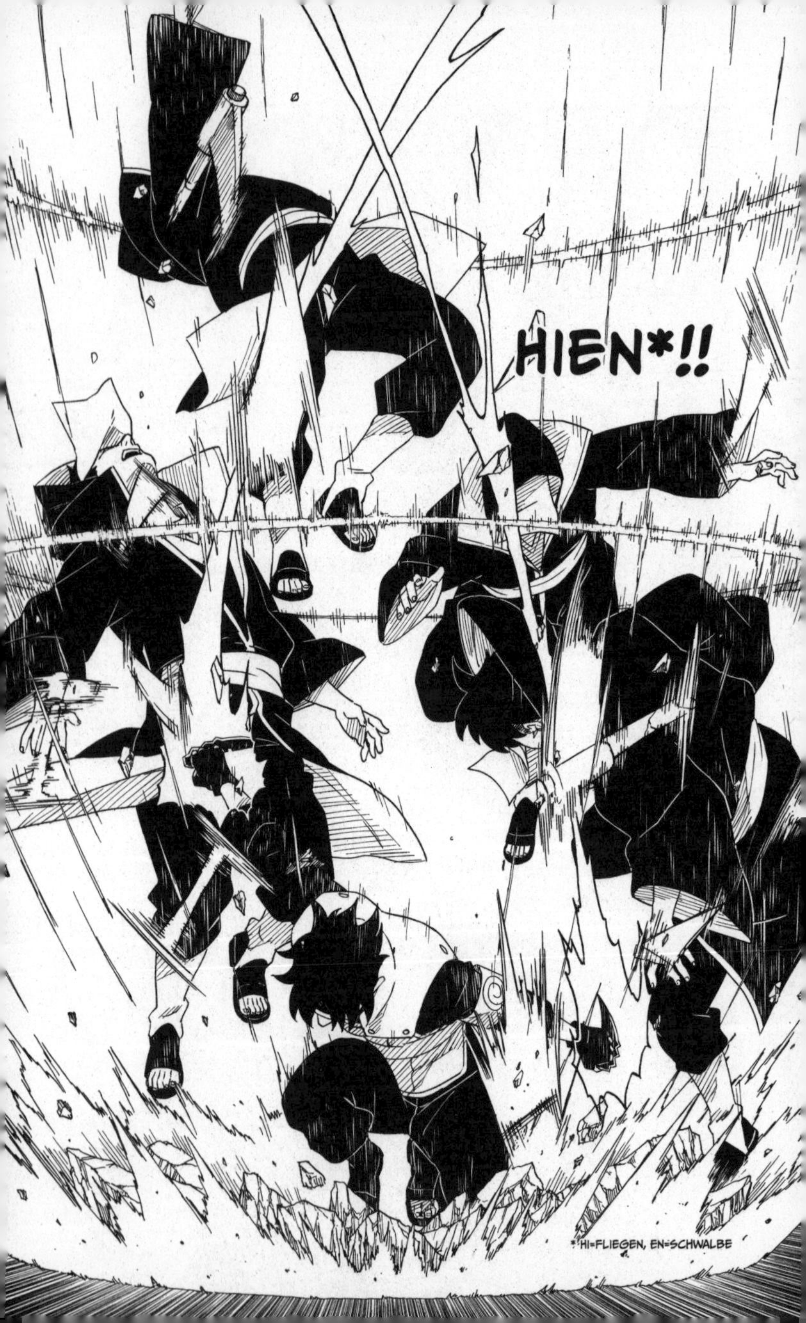
HIEN*!!
* HI=FLIEGEN, EN=SCHWALBE

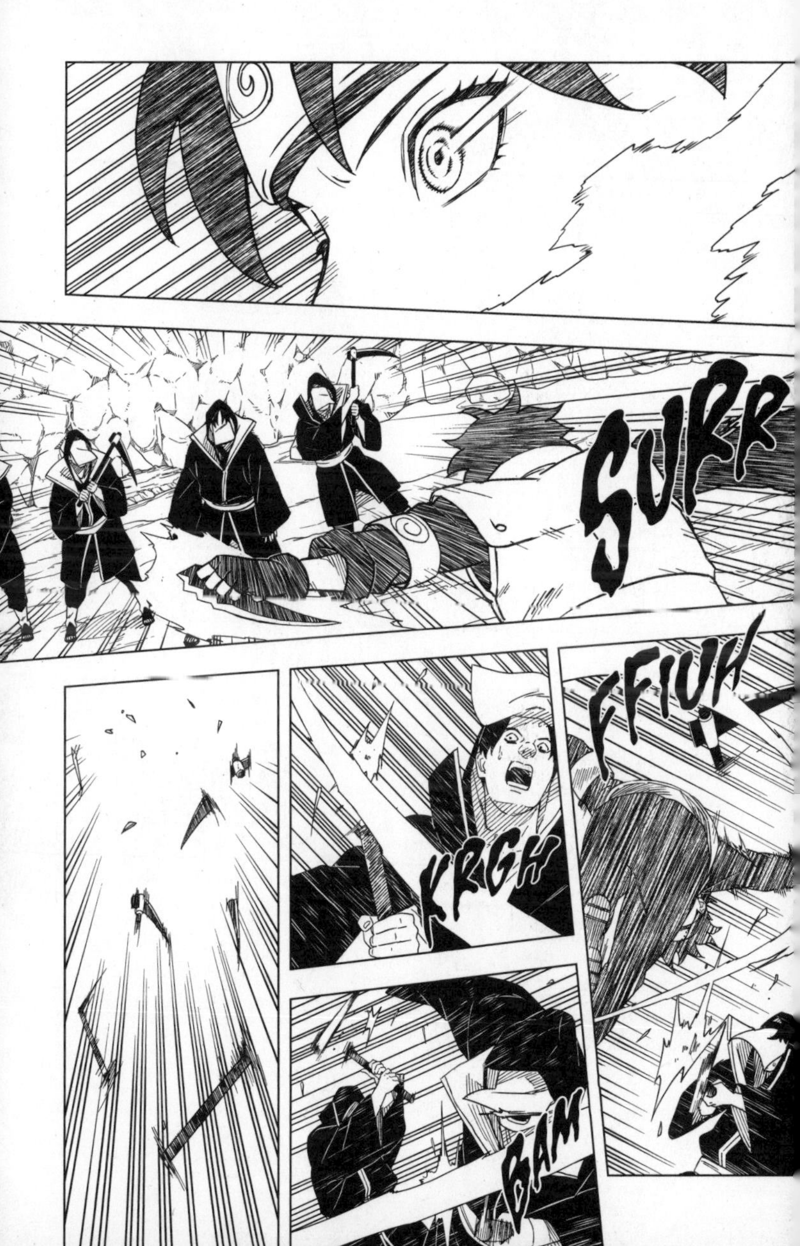
SURR
FFIUH
KRGH
BAM

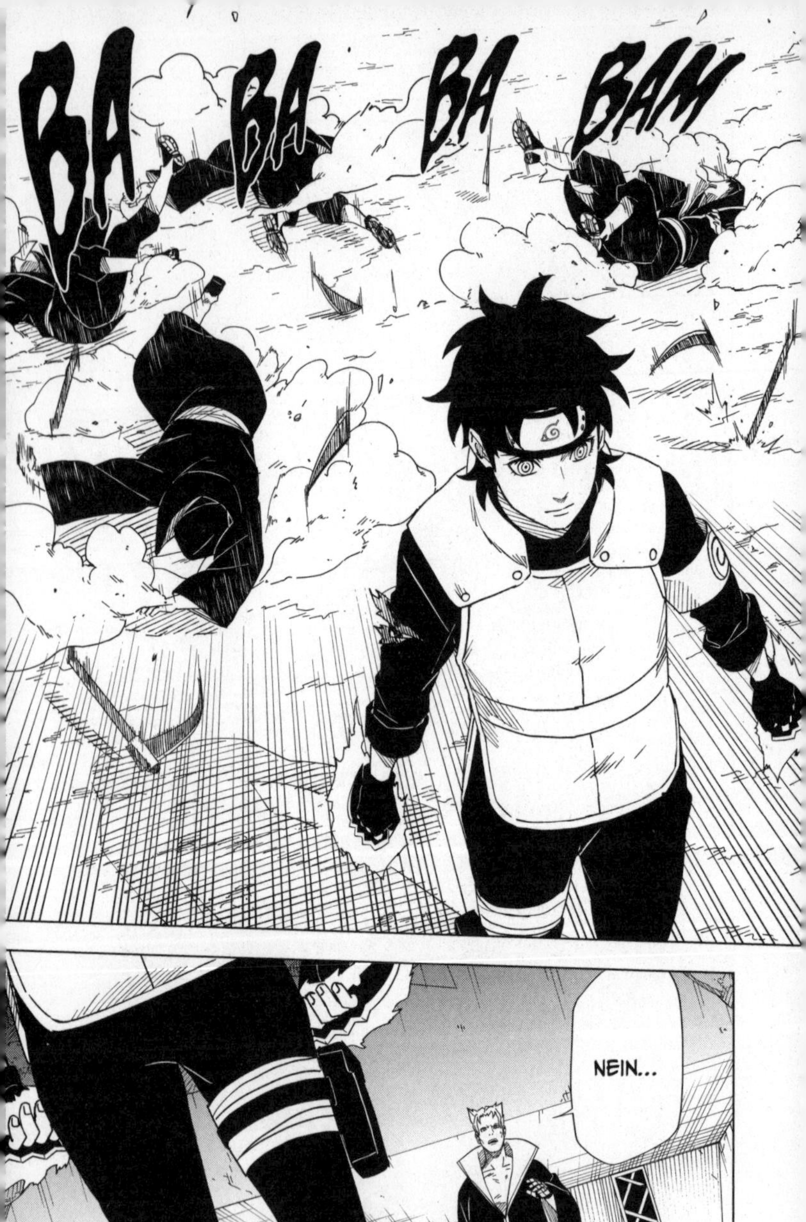
BA BA BA BAM
NEIN...

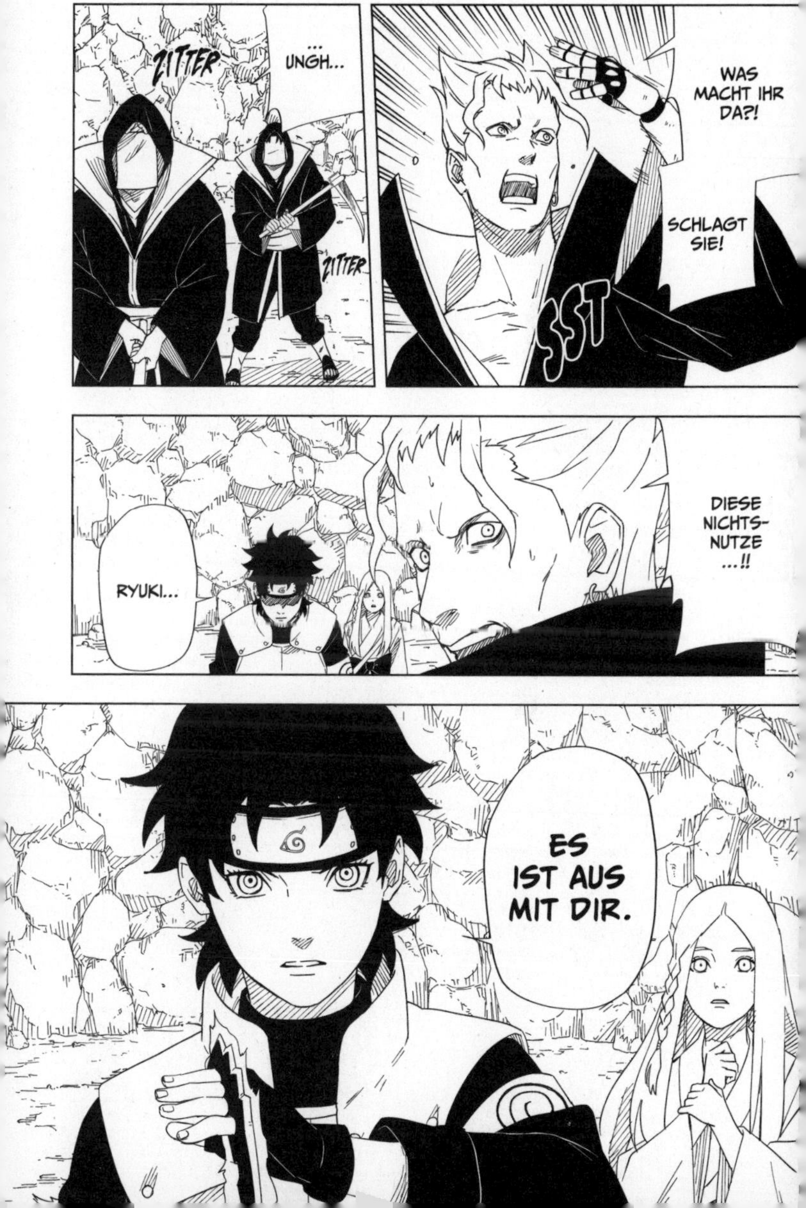

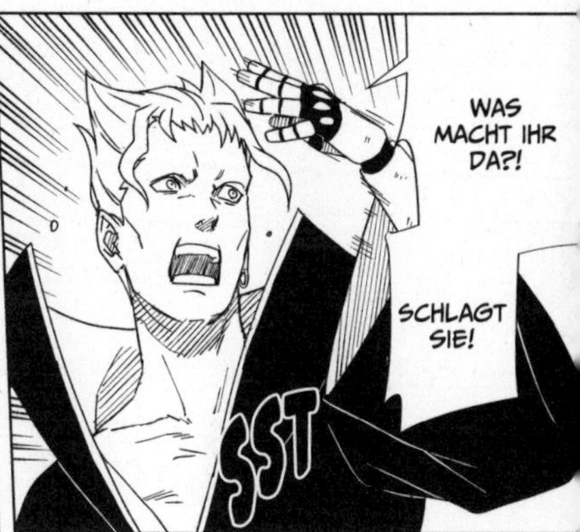

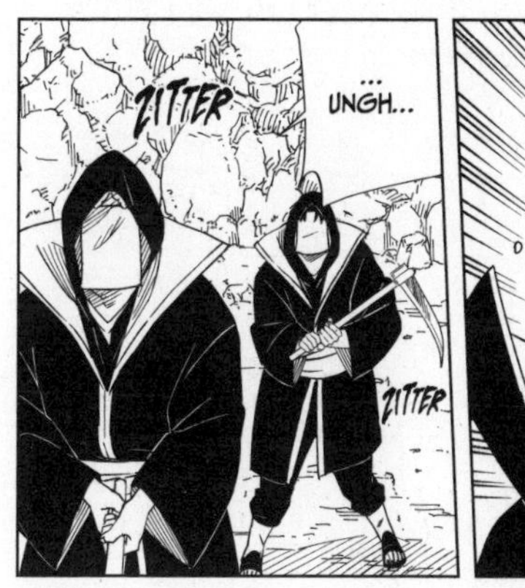

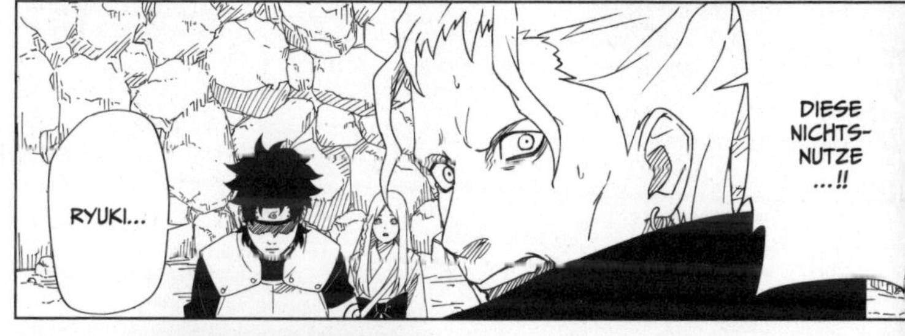

ES IST AUS MIT DIR.

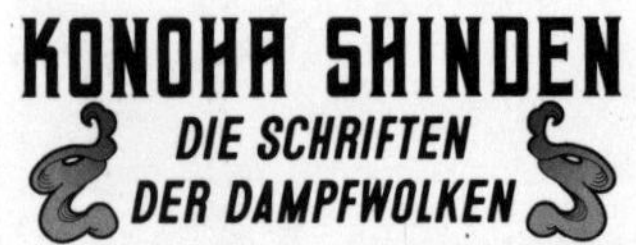
KONOHA SHINDEN
DIE SCHRIFTEN
DER DAMPFWOLKEN

NR. 13: DER FLUCH DER JASHIN!!

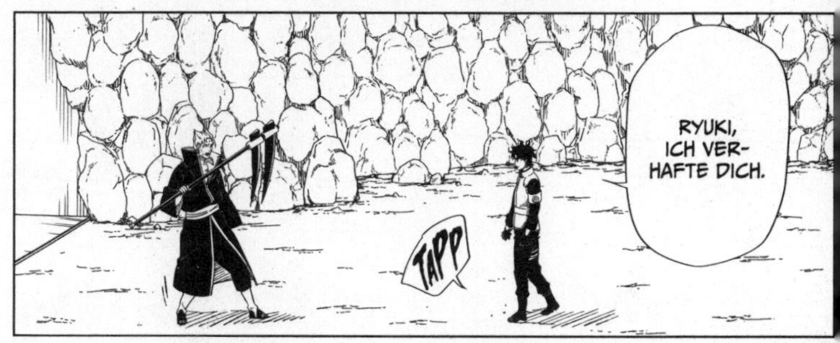

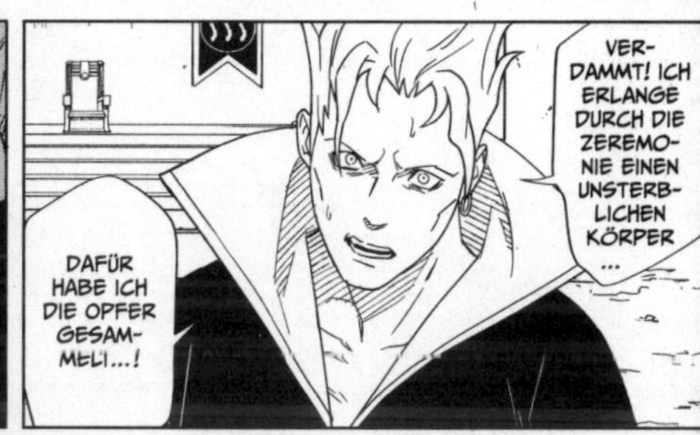

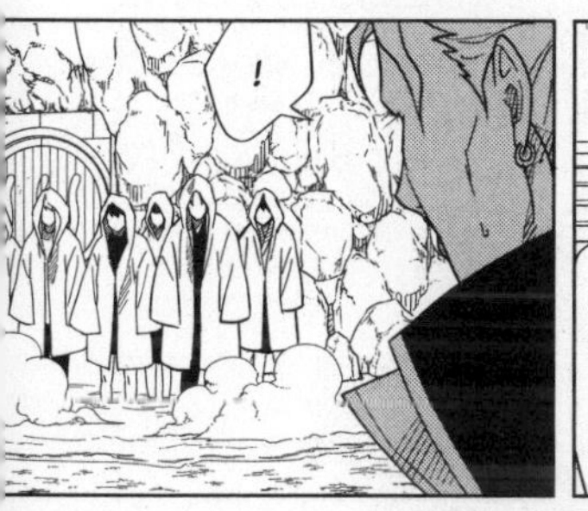

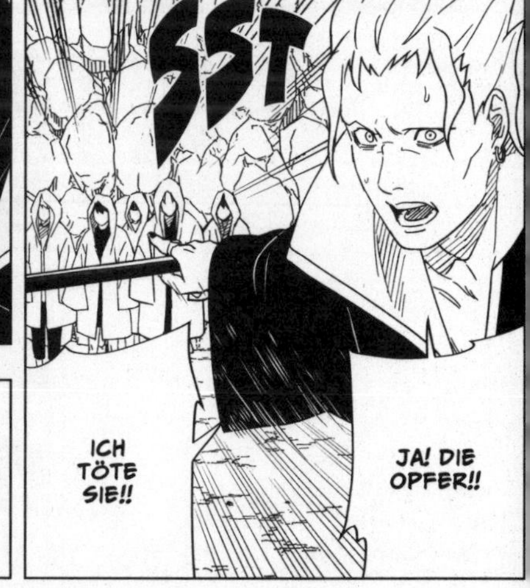

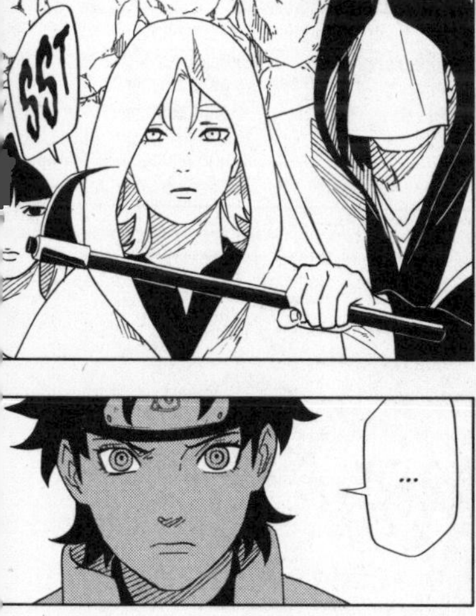

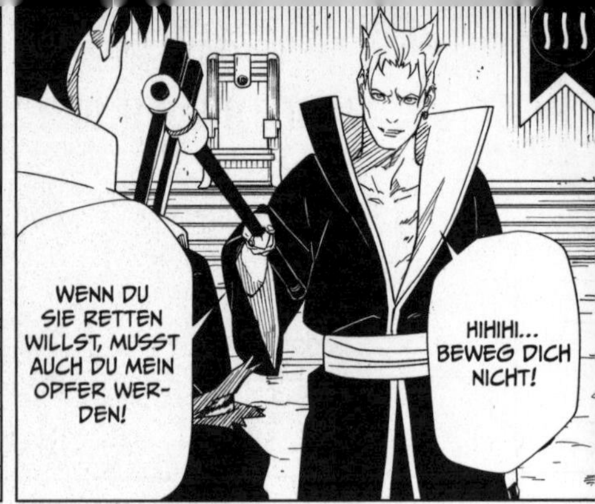
HIHIHI... BEWEG DICH NICHT!
WENN DU SIE RETTEN WILLST, MUSST AUCH DU MEIN OPFER WERDEN!

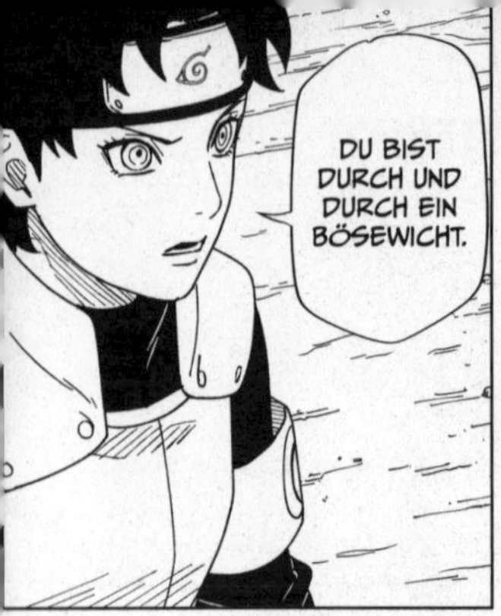
DU BIST DURCH UND DURCH EIN BÖSEWICHT.

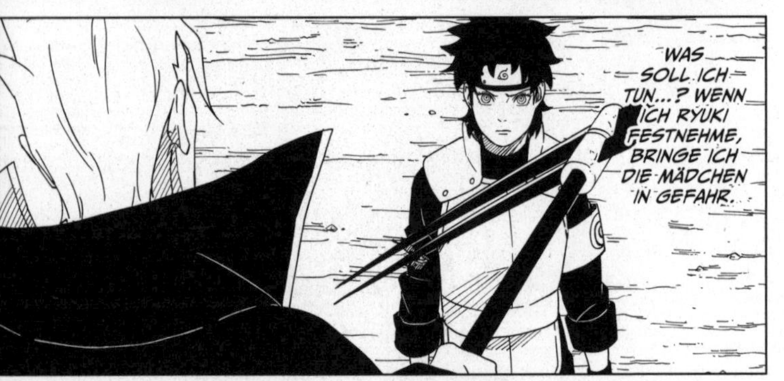
WAS SOLL ICH TUN...? WENN ICH RYÛKI FESTNEHME, BRINGE ICH DIE MÄDCHEN IN GEFAHR...

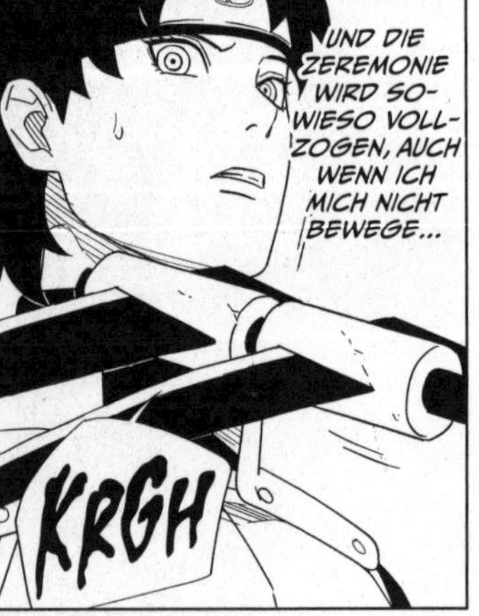
UND DIE ZEREMONIE WIRD SOWIESO VOLLZOGEN, AUCH WENN ICH MICH NICHT BEWEGE...
KRGH

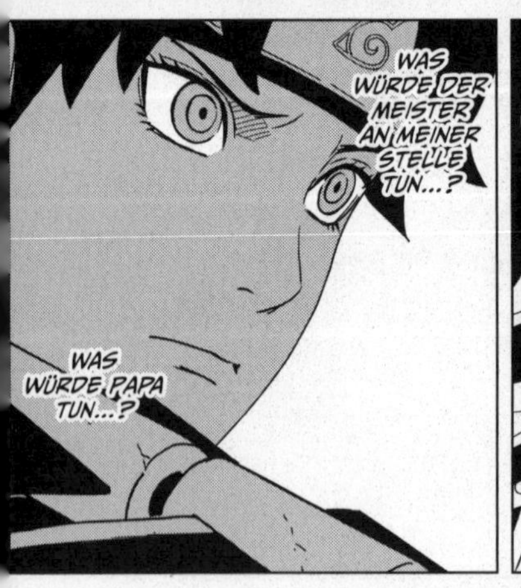
WAS WÜRDE DER MEISTER AN MEINER STELLE TUN...?
WAS WÜRDE PAPA TUN...?

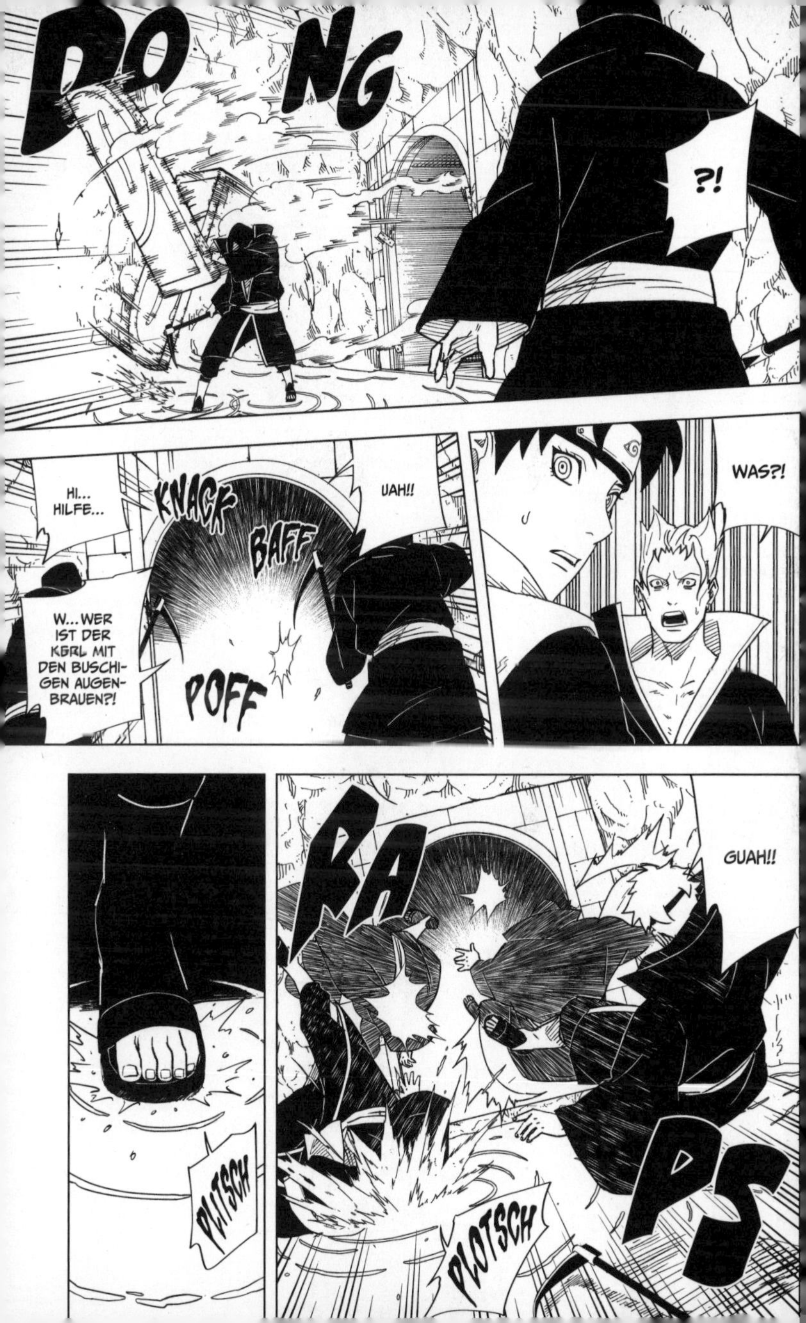

DONG
?!
WAS?!
UAH!!
KNACK
BAFF
POFF
HI... HILFE...
W... WER IST DER KERL MIT DEN BUSCHIGEN AUGENBRAUEN?!
BA
PS
GUAH!!
PLOTSCH
PLOTSCH

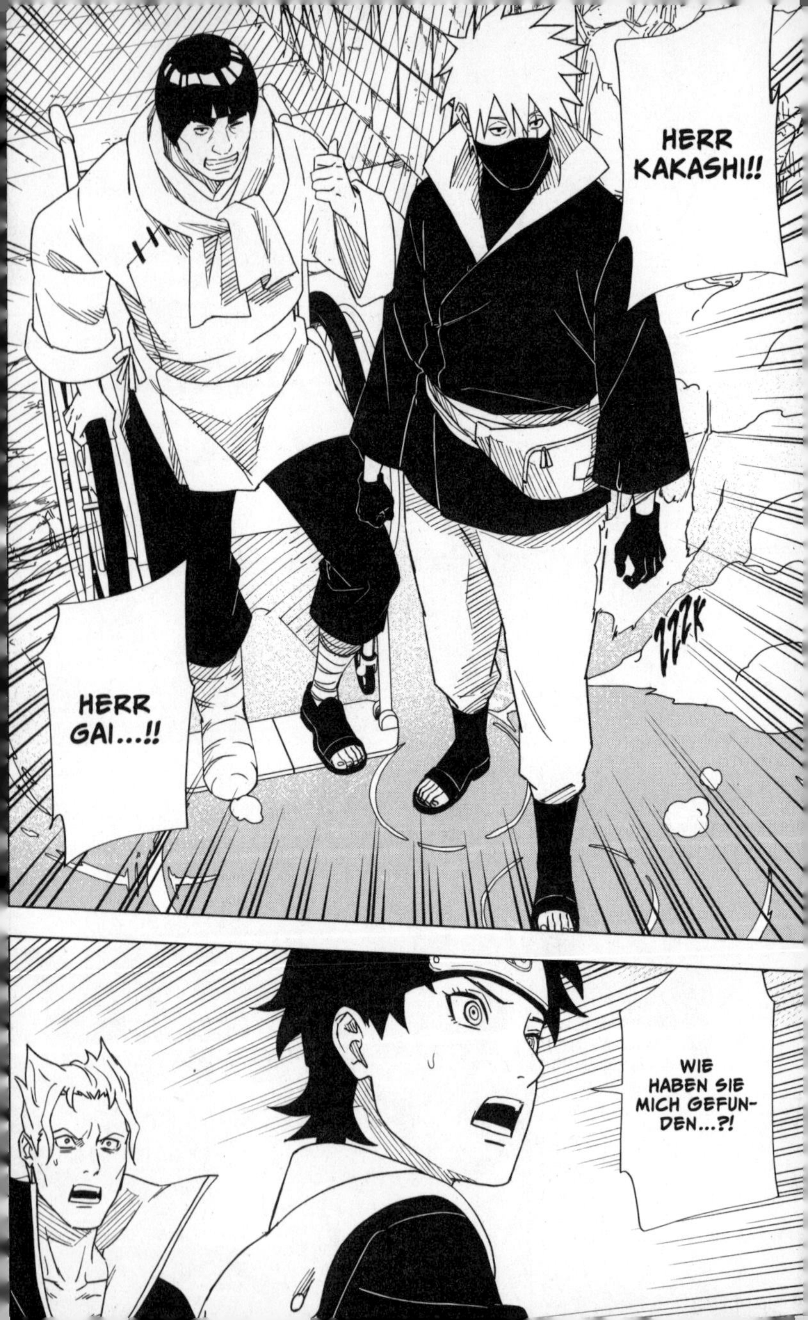
HERR KAKASHI!!
HERR GAI...!!
ZZZK
WIE HABEN SIE MICH GEFUN-DEN...?!

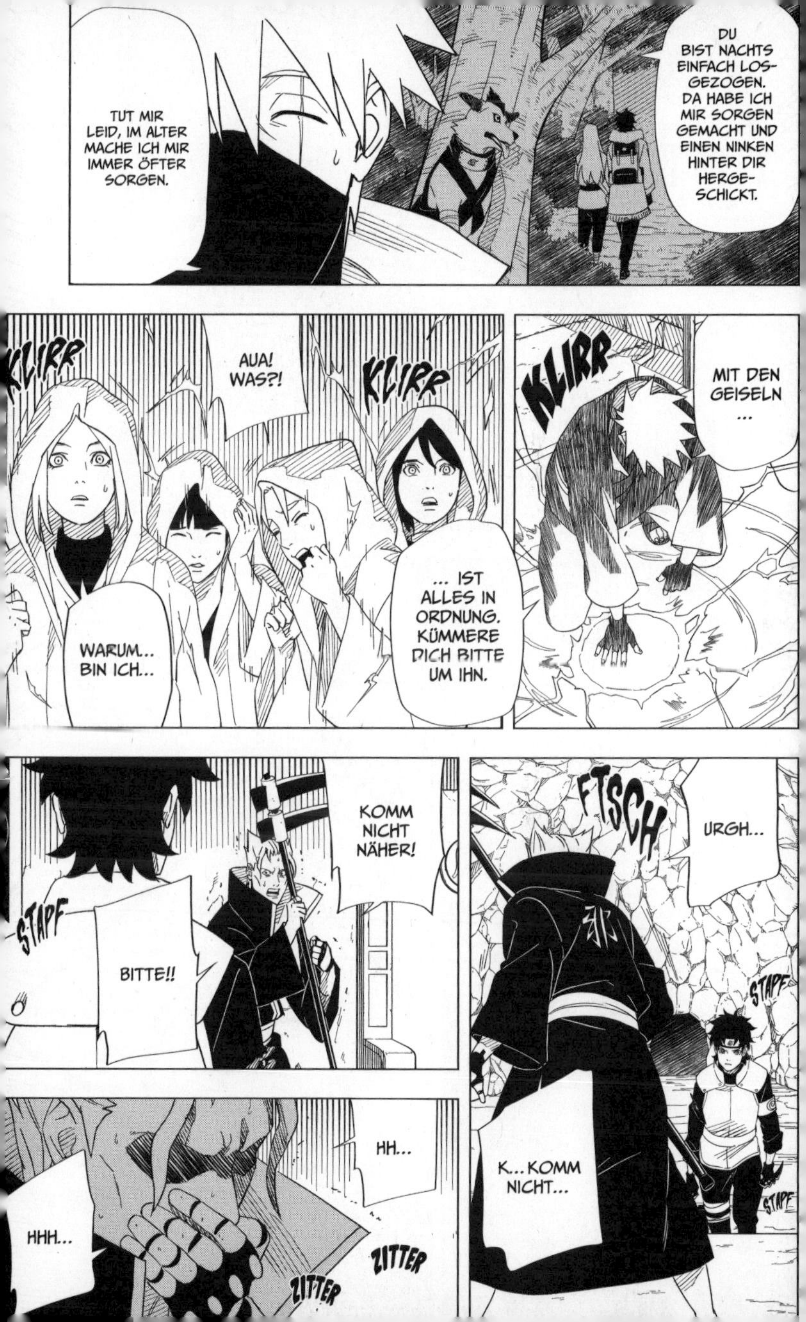

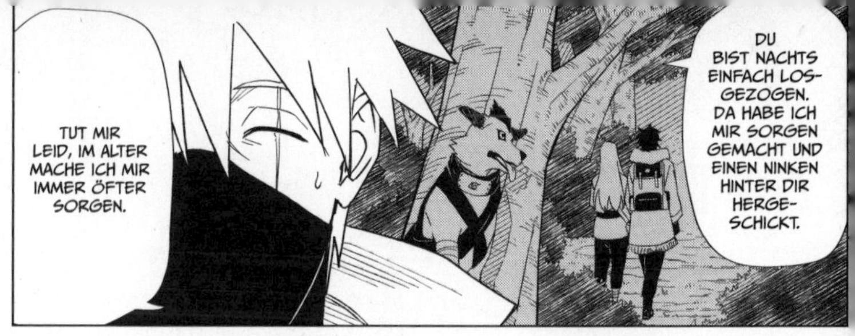

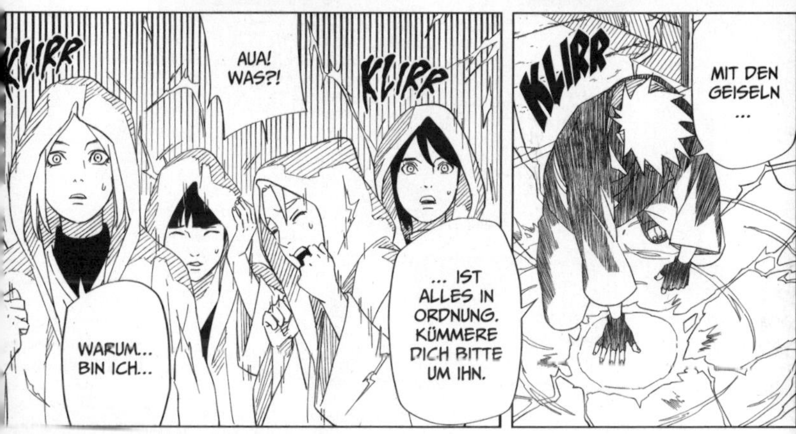

FTSCH
URGH...
STAPF
K...KOMM NICHT...
STAPF
KOMM NICHT NÄHER!
STAPF
BITTE!!
HH...
ZITTER
HHH...
ZITTER

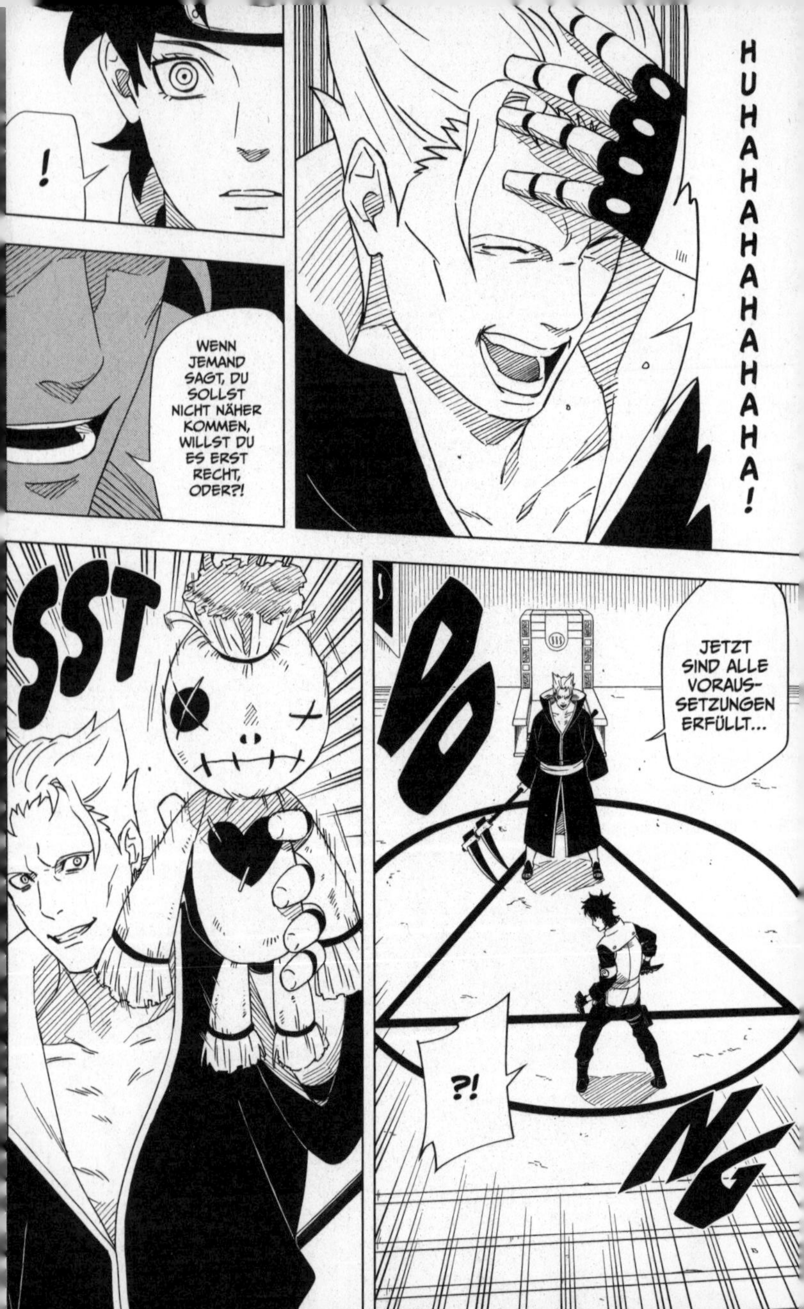
HUHAHAHAHAHAHAHA!
!
WENN JEMAND SAGT, DU SOLLST NICHT NÄHER KOMMEN, WILLST DU ES ERST RECHT, ODER?!
JETZT SIND ALLE VORAUS-SETZUNGEN ERFÜLLT...
DONG
?!
SST

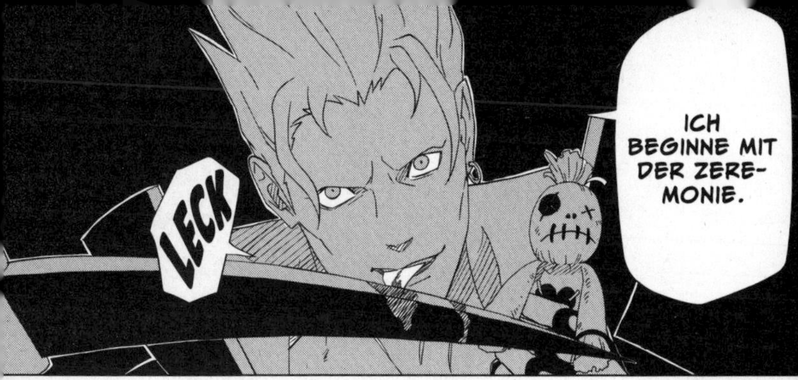
ICH BEGINNE MIT DER ZERE- MONIE.
LECK

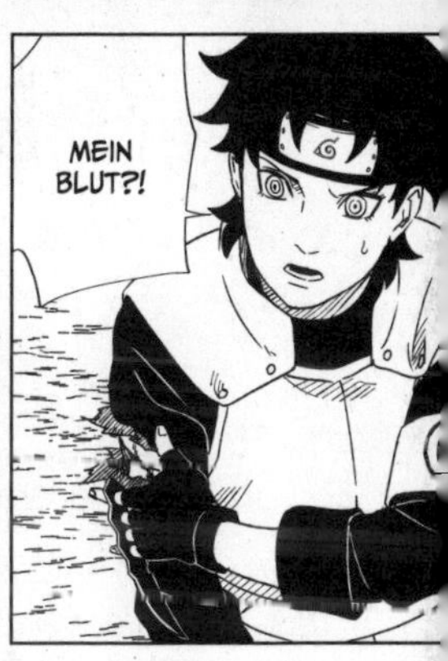
MEIN BLUT?!

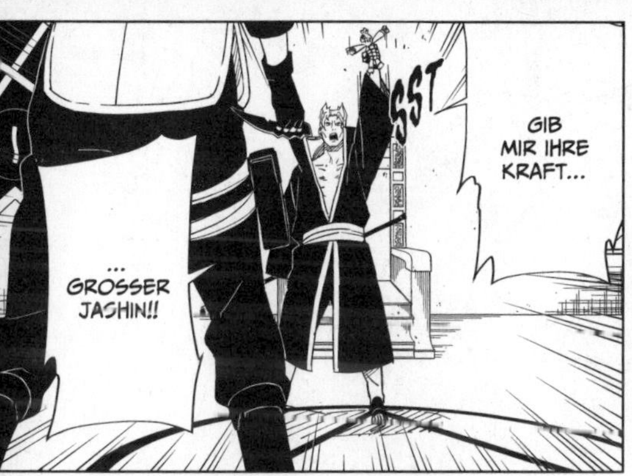
SST
GIB MIR IHRE KRAFT...
... GROSSER JASHIN!!

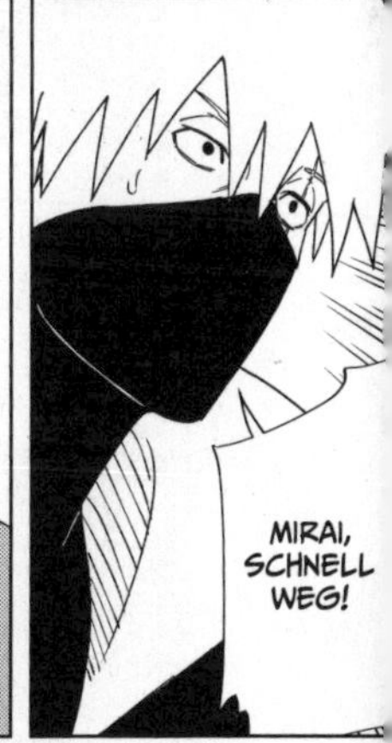
MIRAI, SCHNELL WEG!

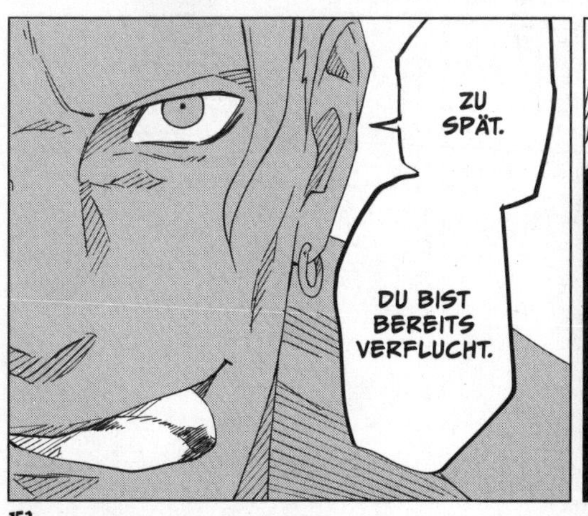
ZU SPÄT.
DU BIST BEREITS VERFLUCHT.

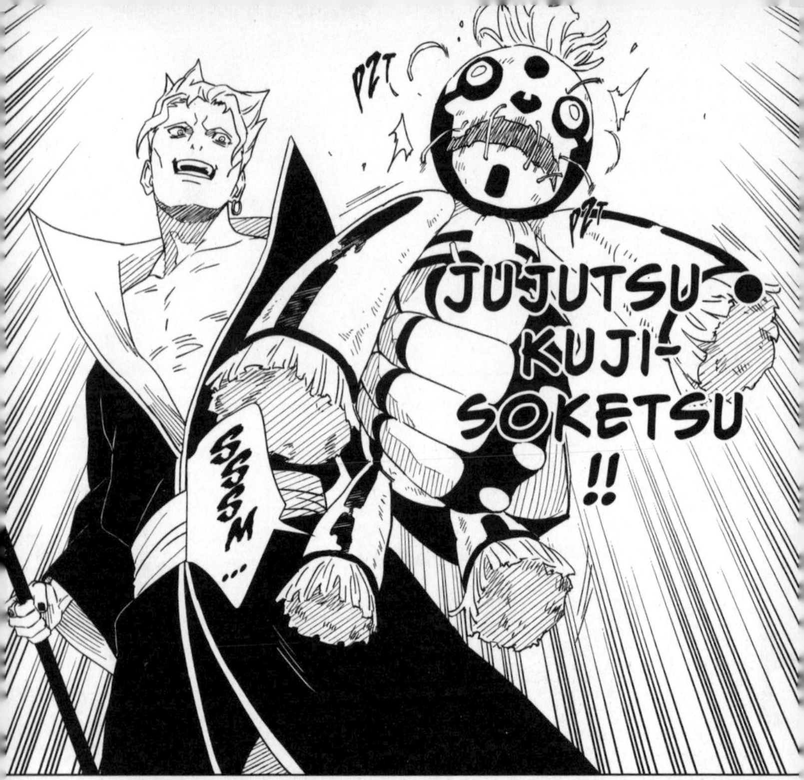

PZT

PZT

JUJUTSU KUJI-SOKETSU!!

SSSM…

JUJUTSU: FLUCH-KUNST (JU=FLUCH); KU=KÖRPER, JI/SHI=BEDIENEN, SO=STEUERN, KETSU=BLUT

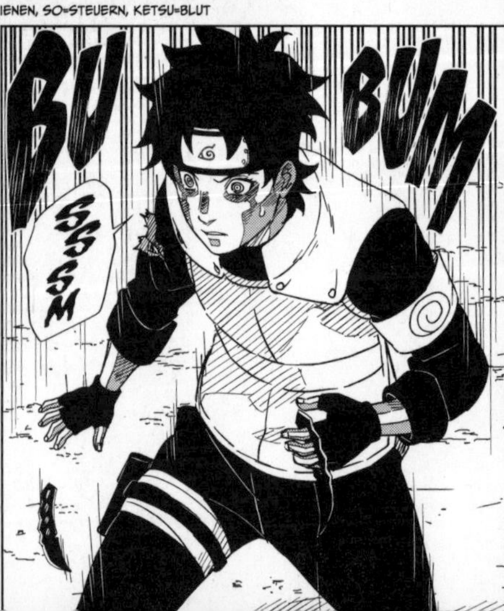

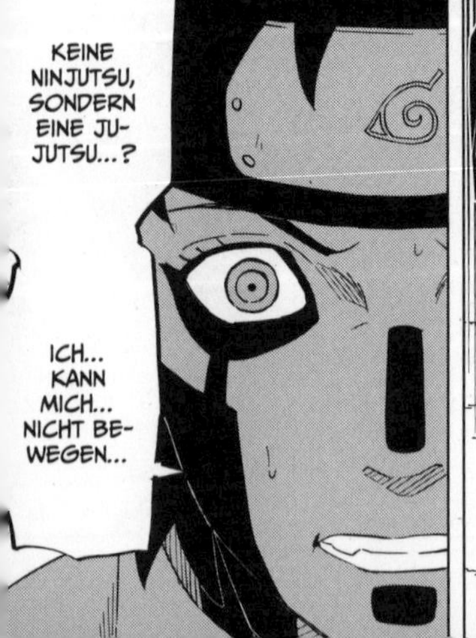

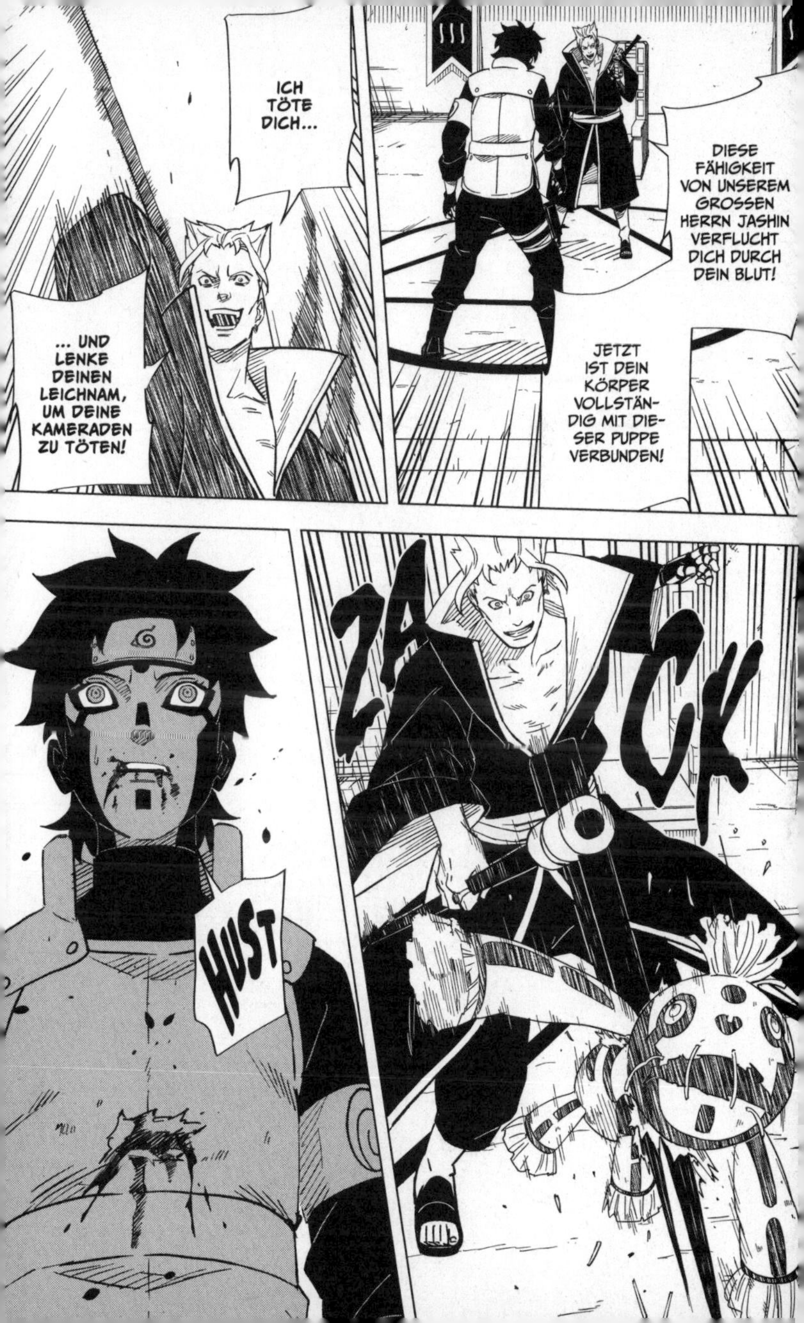
DIESE FÄHIGKEIT VON UNSEREM GROSSEN HERRN JASHIN VERFLUCHT DICH DURCH DEIN BLUT!
JETZT IST DEIN KÖRPER VOLLSTÄNDIG MIT DIESER PUPPE VERBUNDEN!
ICH TÖTE DICH...
... UND LENKE DEINEN LEICHNAM, UM DEINE KAMERADEN ZU TÖTEN!
ZACK
HUST

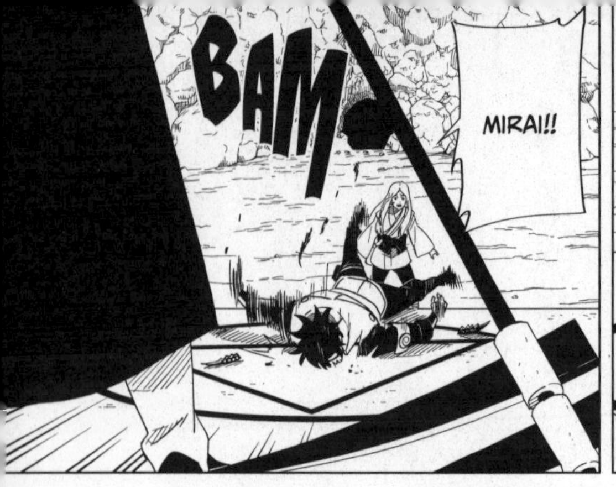
BAM
MIRAI!!
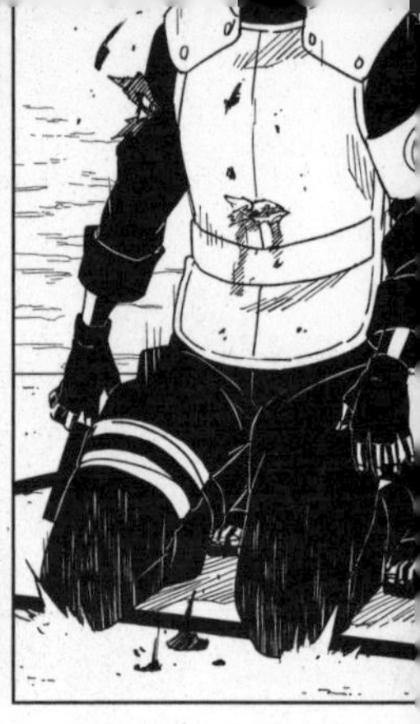
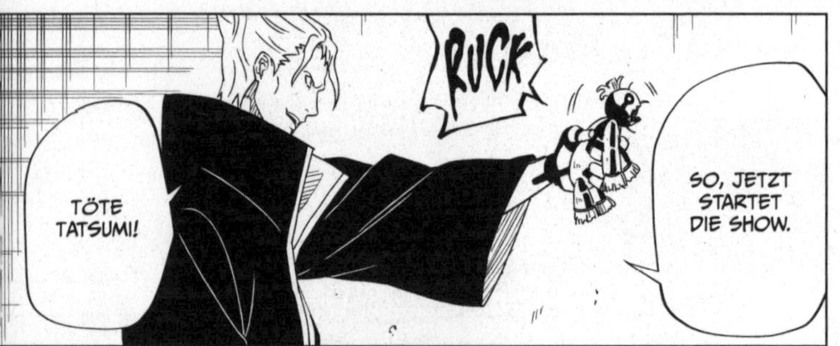
SO, JETZT STARTET DIE SHOW.
RUCK
TÖTE TATSUMI!
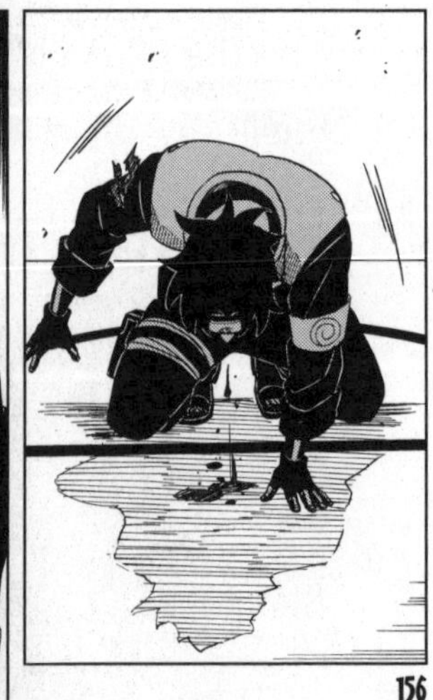
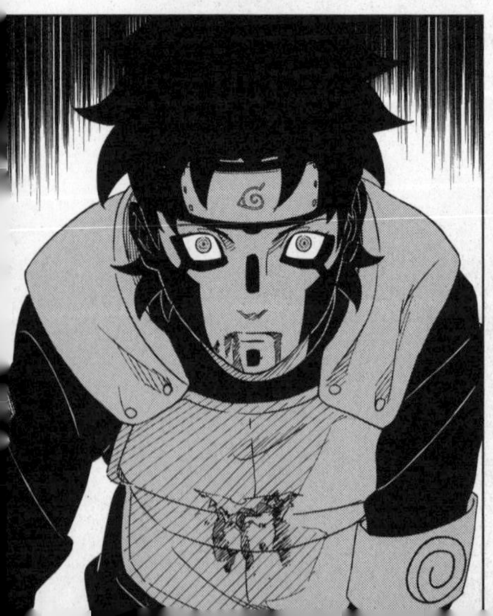

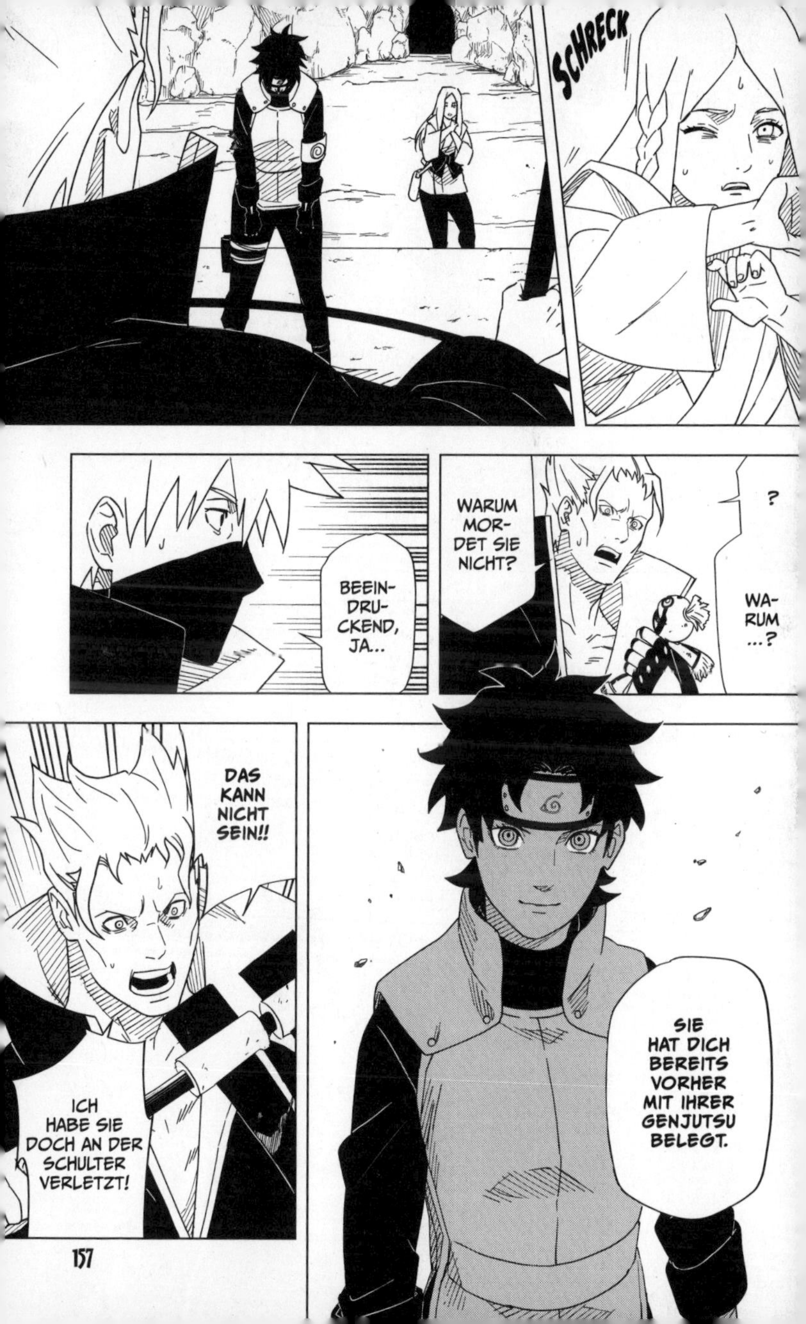

SCHRECK

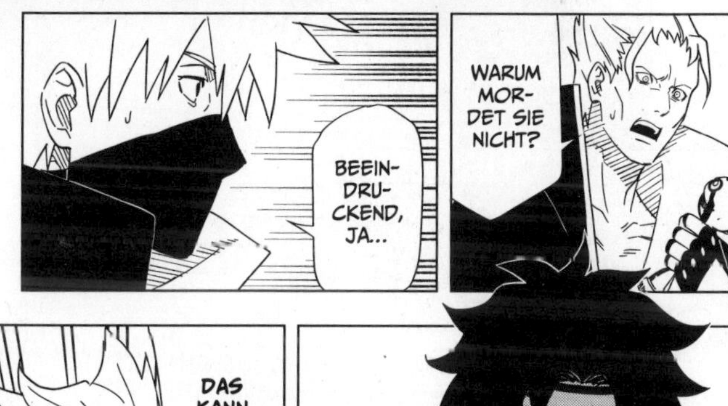
?
WARUM …?
WARUM MOR-DET SIE NICHT?
BEEIN-DRU-CKEND, JA…

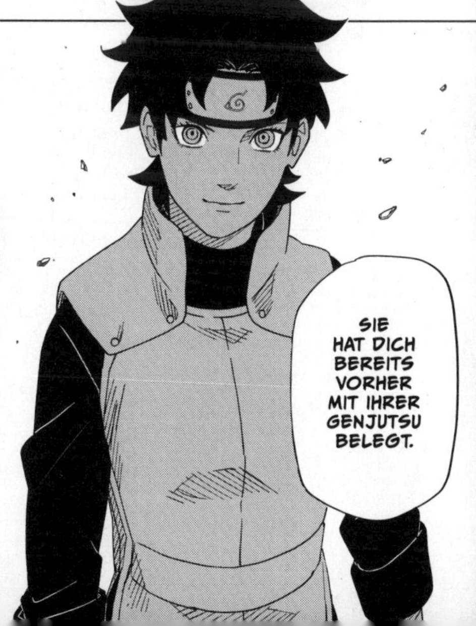
SIE HAT DICH BEREITS VORHER MIT IHRER GENJUTSU BELEGT.

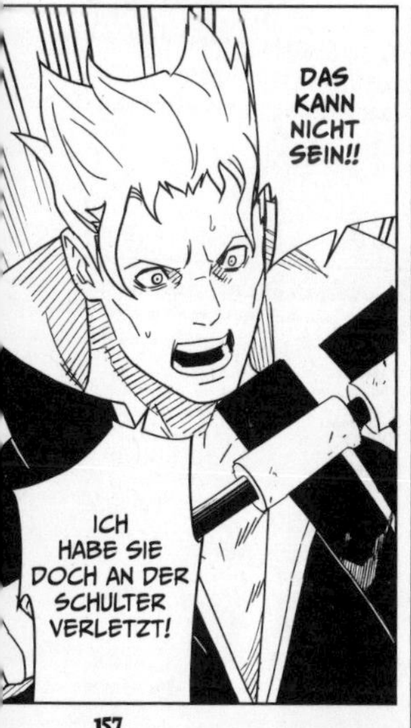
DAS KANN NICHT SEIN!!
ICH HABE SIE DOCH AN DER SCHULTER VERLETZT!

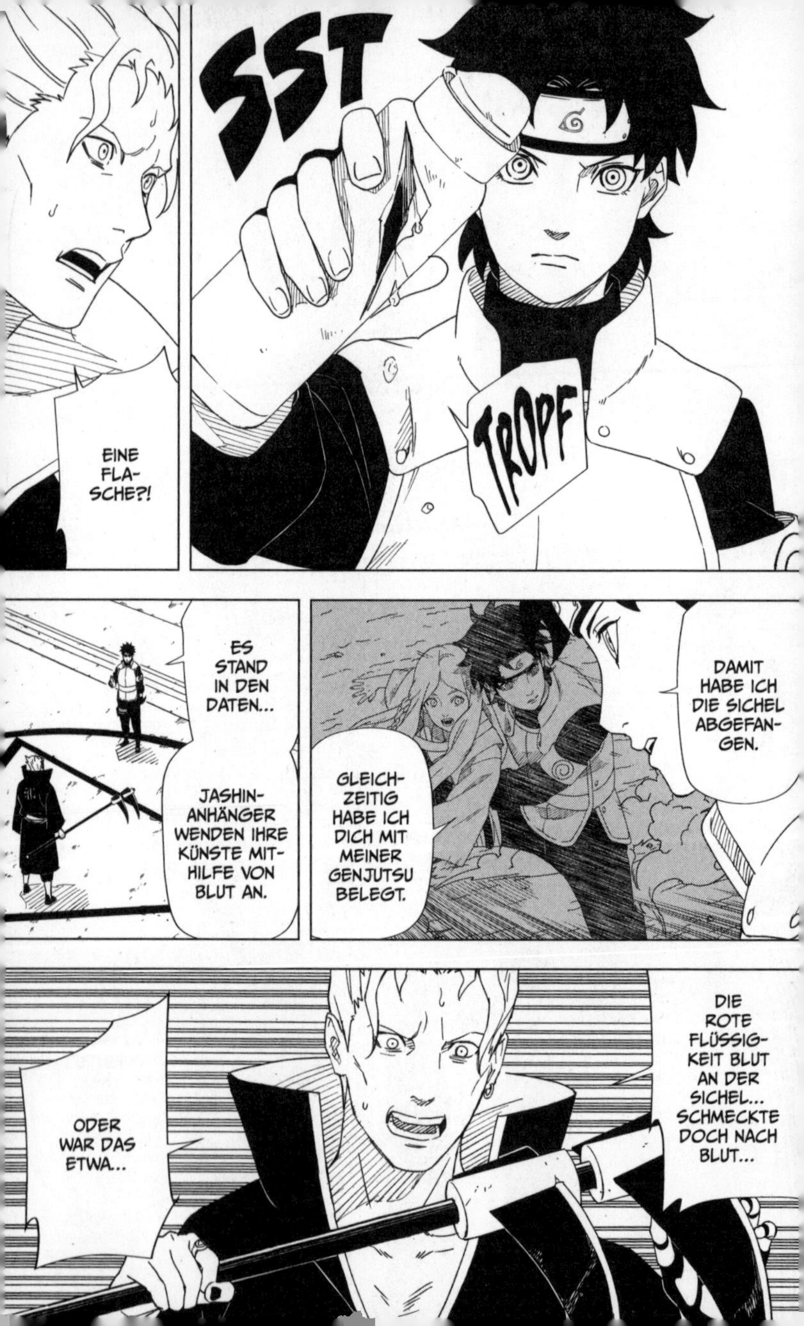

SST
TROPF
EINE FLASCHE?!
DAMIT HABE ICH DIE SICHEL ABGEFANGEN.
GLEICHZEITIG HABE ICH DICH MIT MEINER GENJUTSU BELEGT.
ES STAND IN DEN DATEN...
JASHIN-ANHÄNGER WENDEN IHRE KÜNSTE MITHILFE VON BLUT AN.

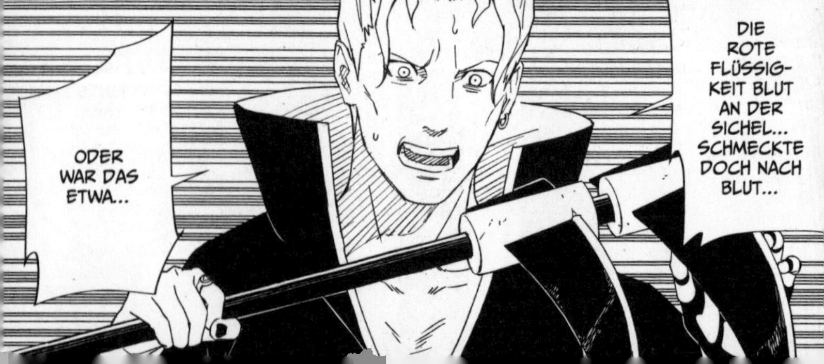

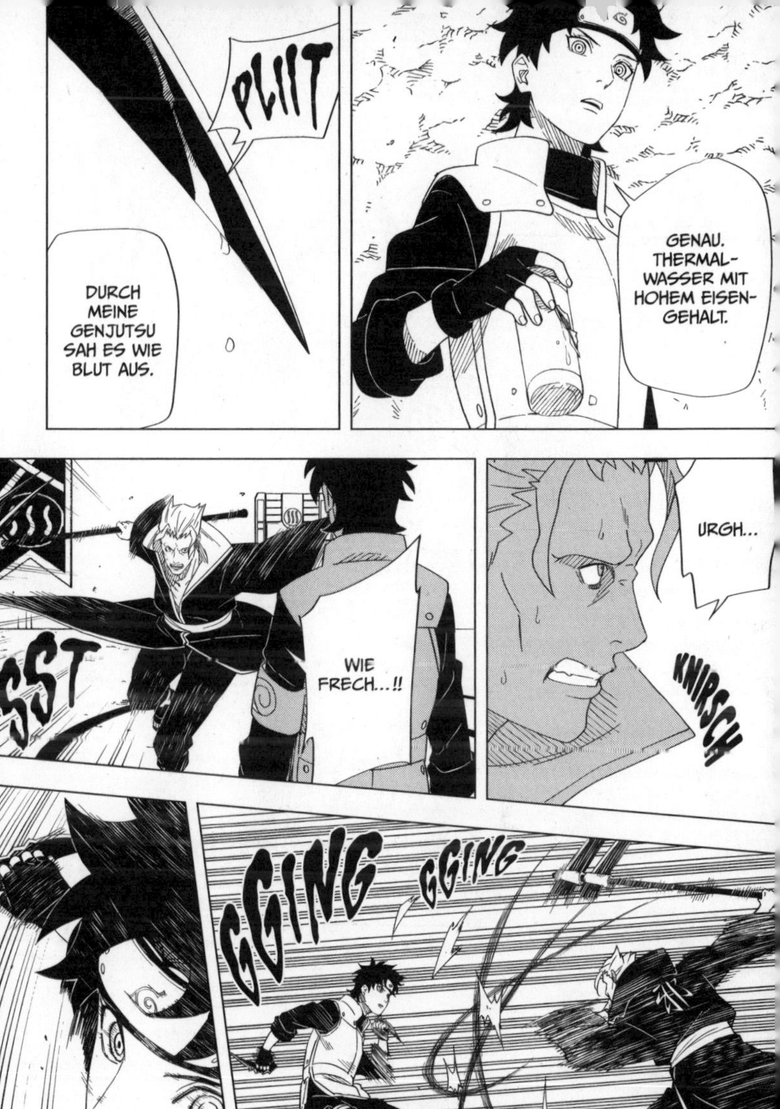
GENAU. THERMAL-WASSER MIT HOHEM EISEN-GEHALT.
PLIIT
DURCH MEINE GENJUTSU SAH ES WIE BLUT AUS.
URGH...
KNIRSCH
WIE FRECH...!!
SST
GGING
GGING
KRCK

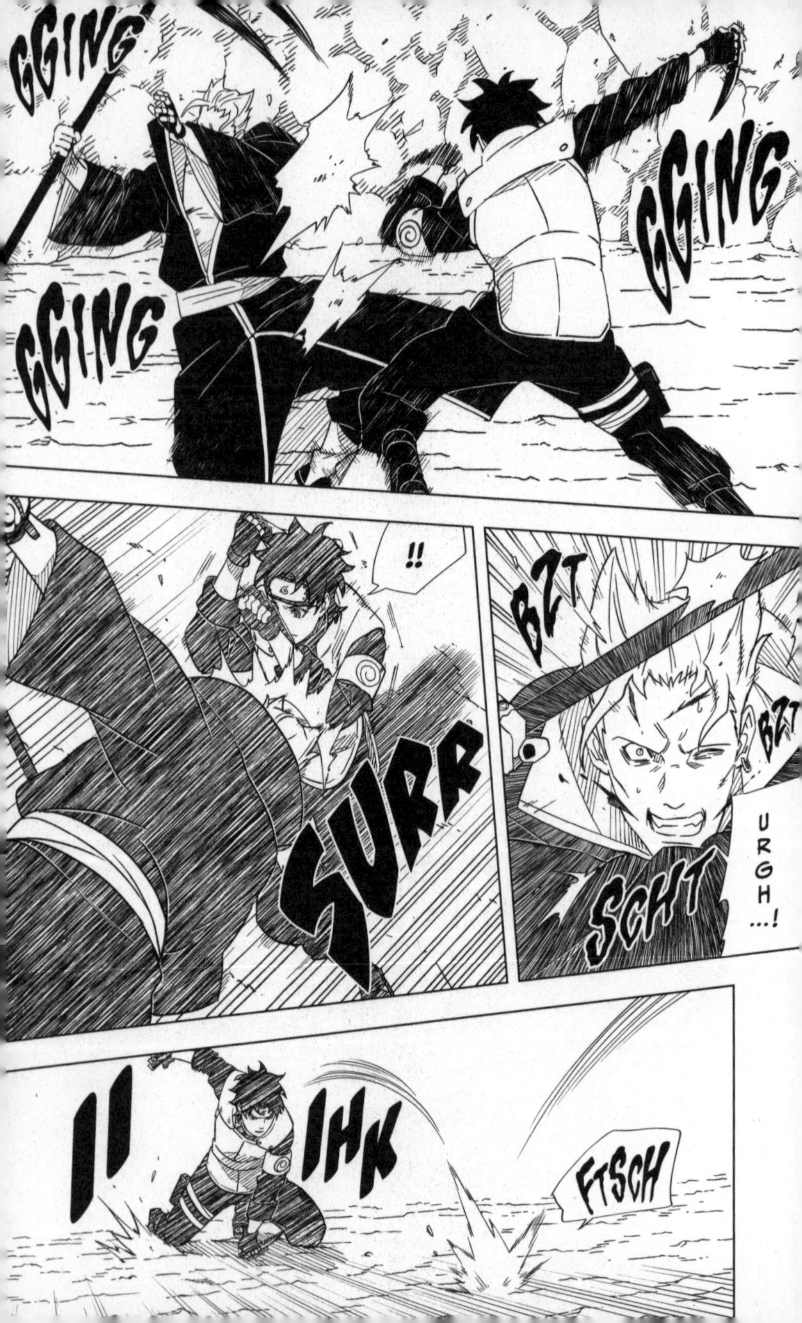
GGING
GGING
GGING
BZT
BZT
SCHT
URGH ...!
!!
SURR
FTSCH
IHK

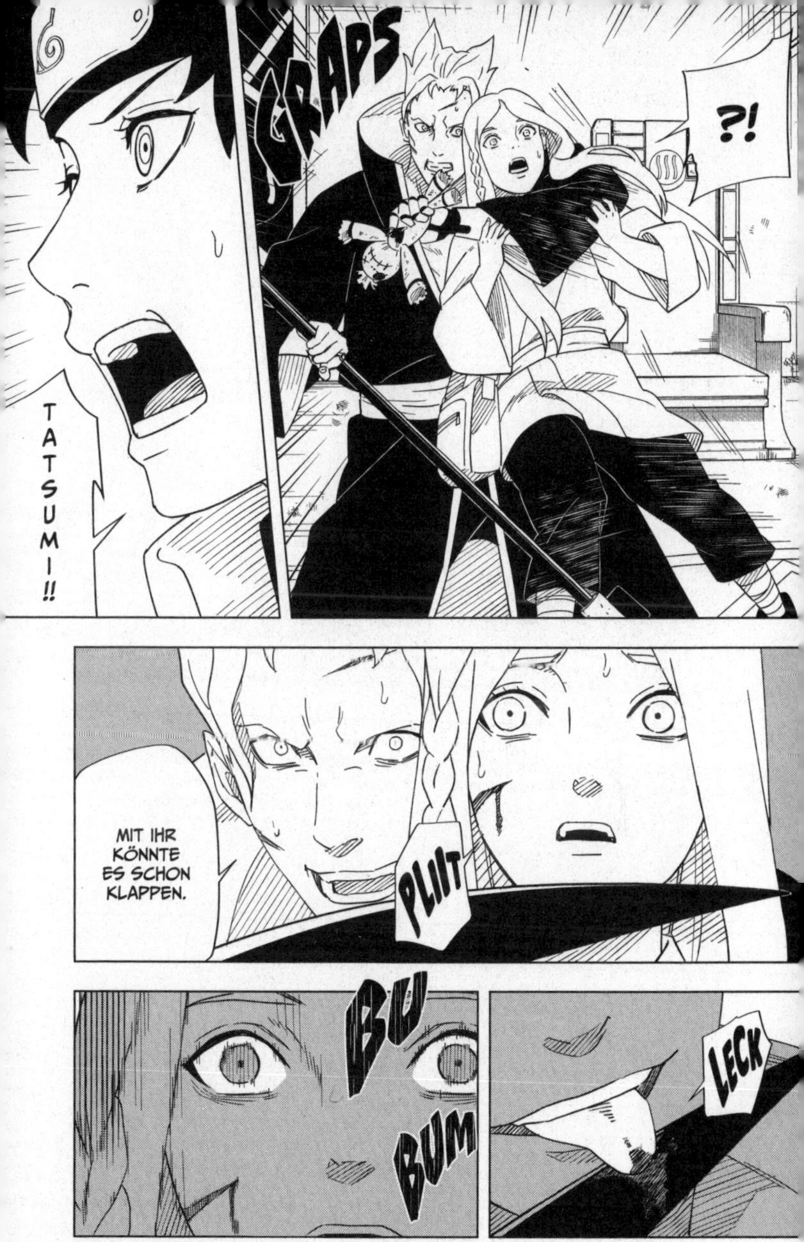

?!

GRAPS

TATSUMI!!

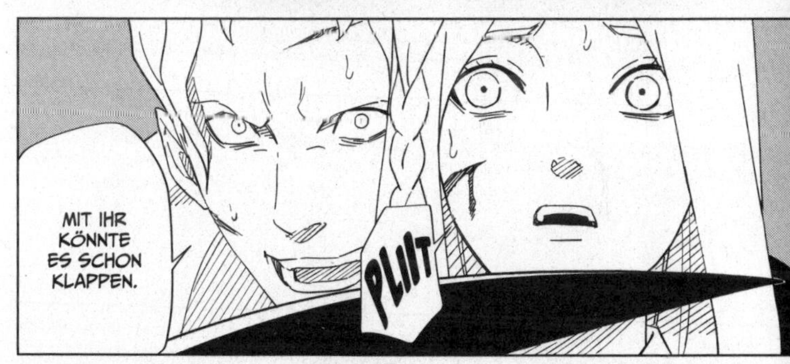

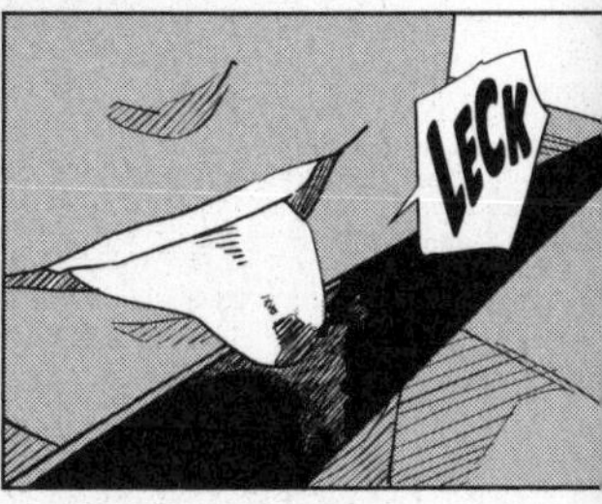

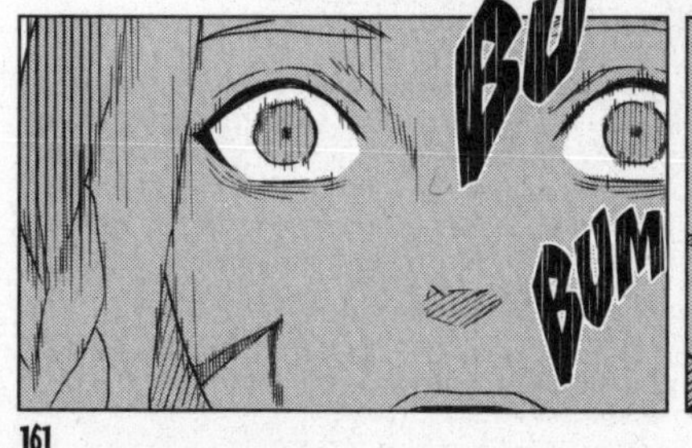

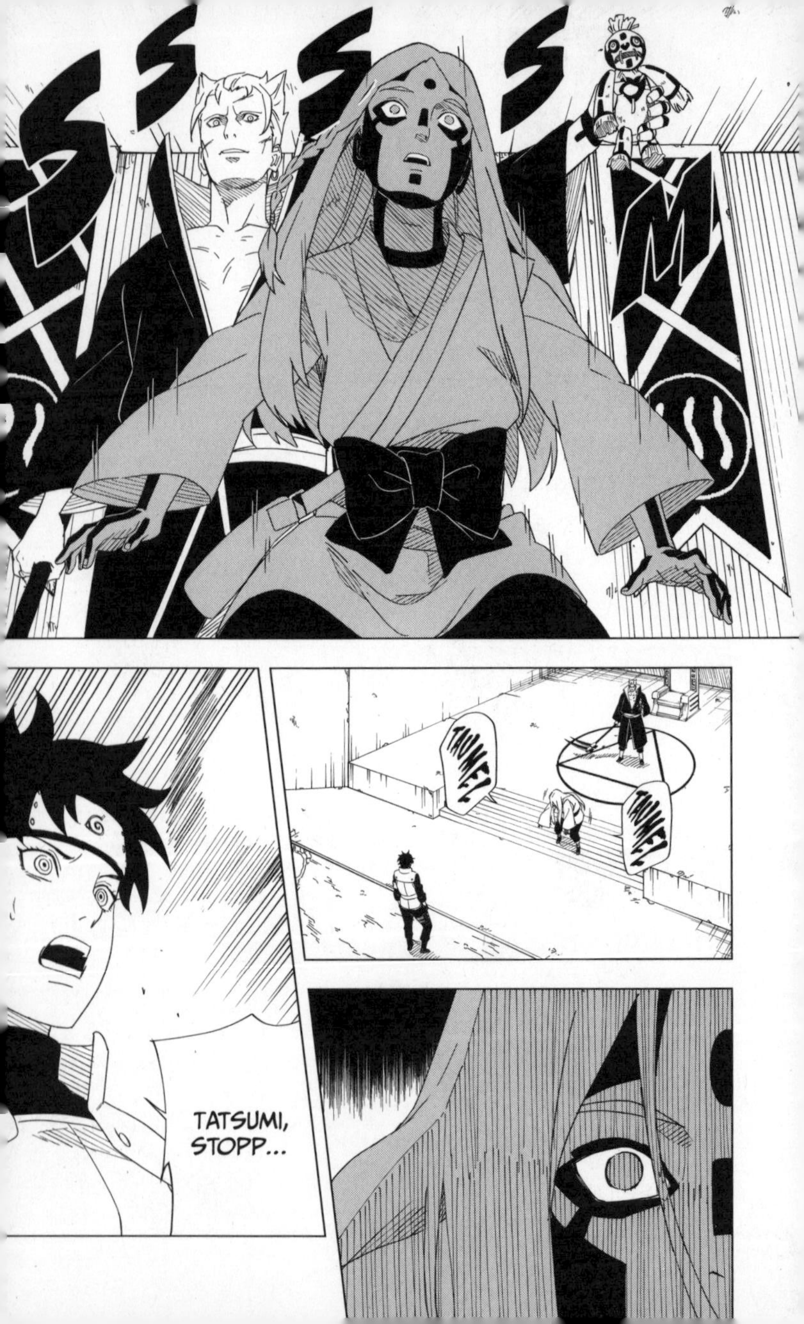

SSSSSM

TAUMEL

TAUMEL

TATSUMI, STOPP ...

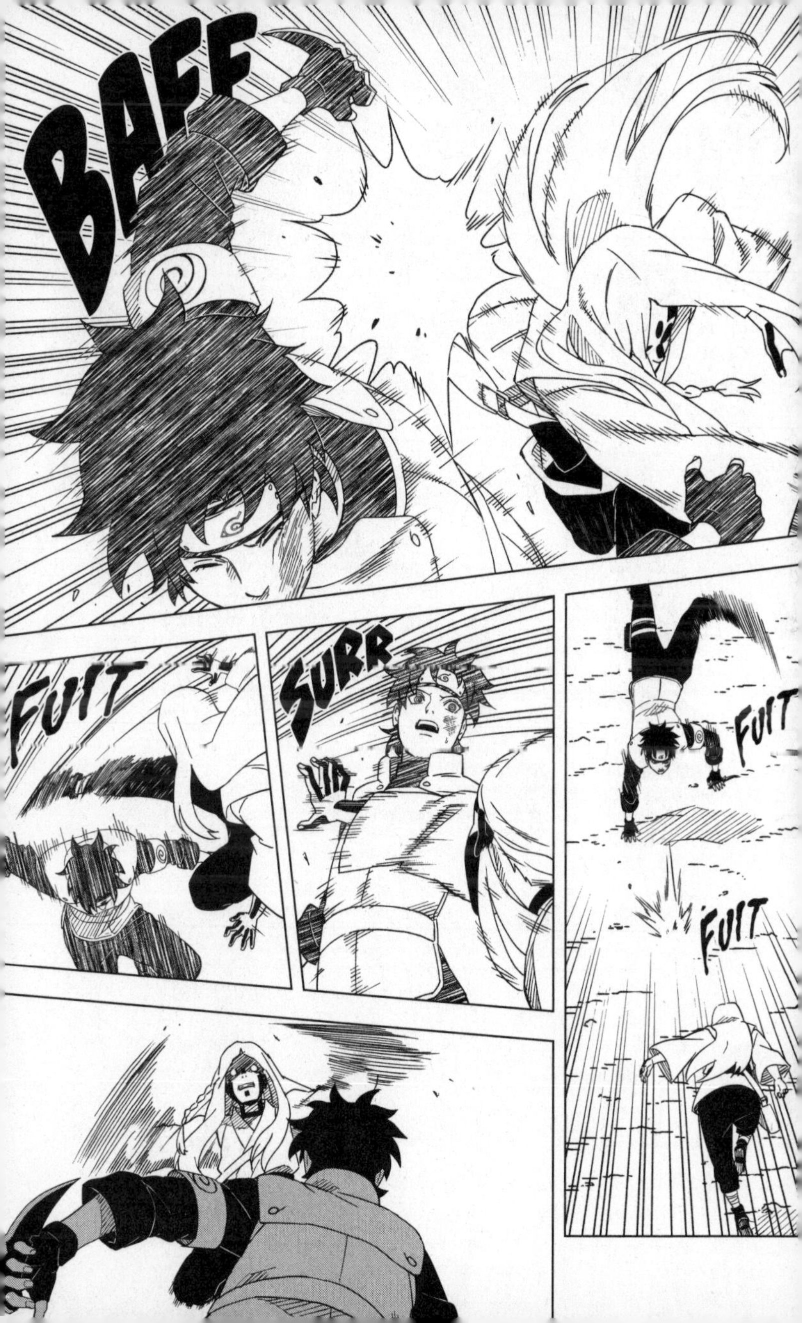
BAFF
FUIT
FUIT
SURR
FUIT

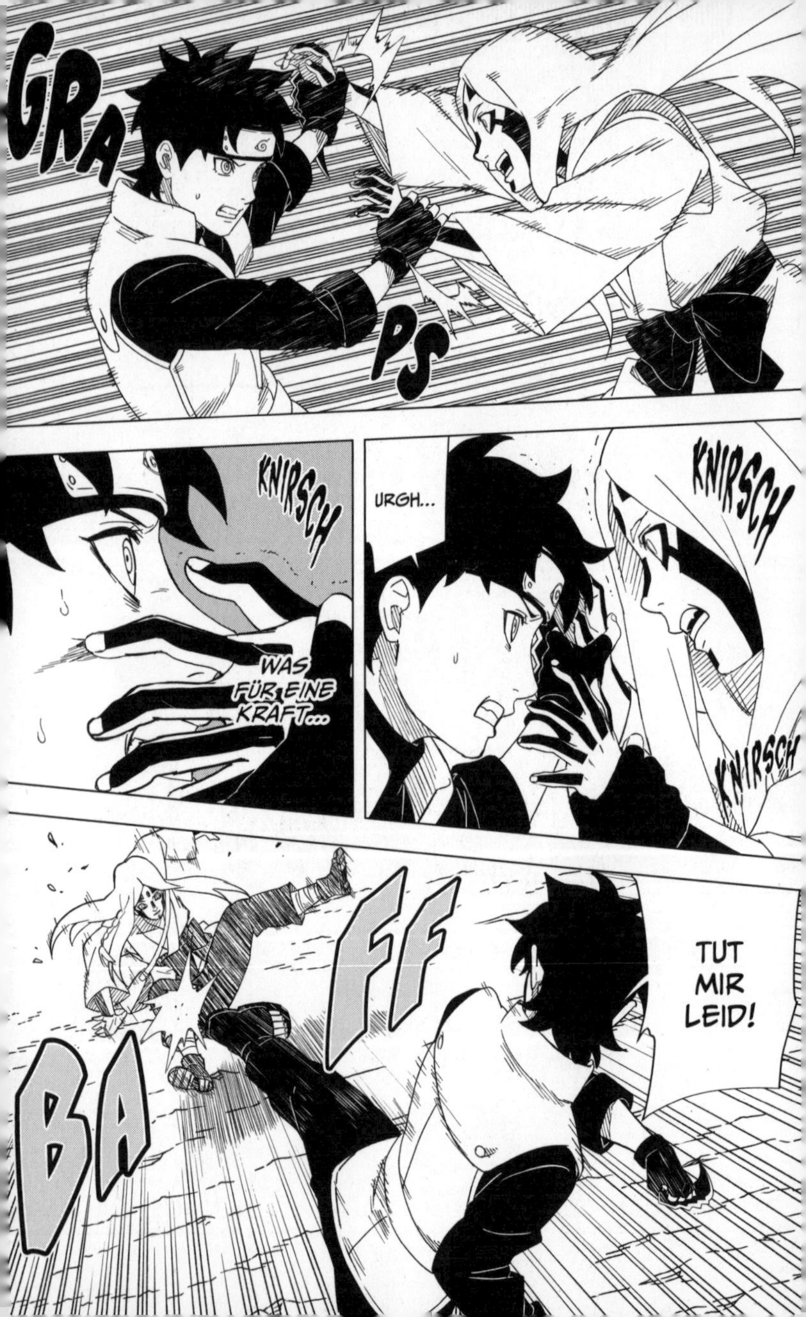
GRAPS
KNIRSCH
URGH...
KNIRSCH
WAS FÜR EINE KRAFT...
KNIRSCH
TUT MIR LEID!
BAFF

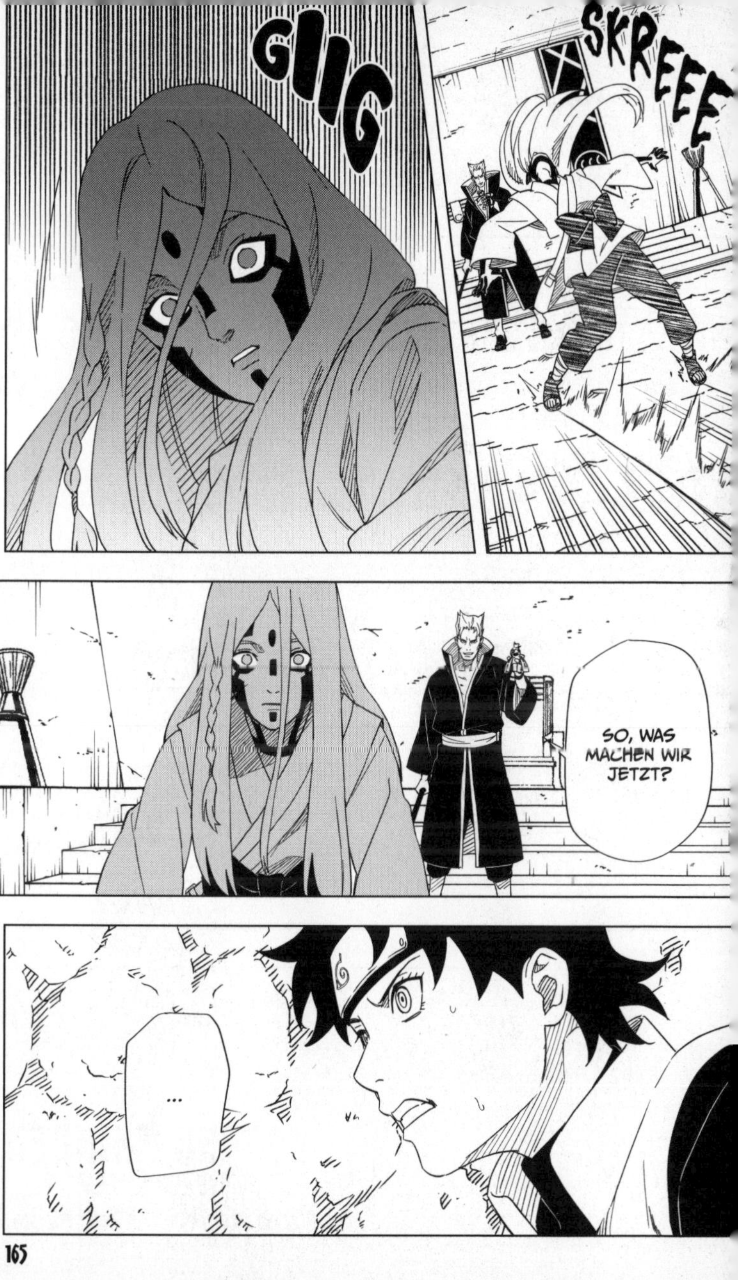

GIIG

SKREEEE

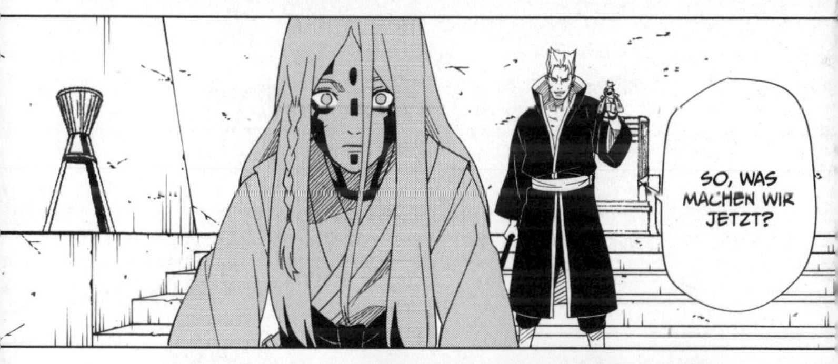

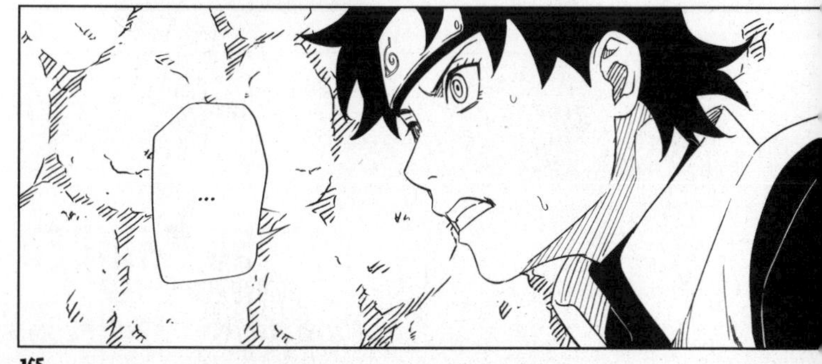

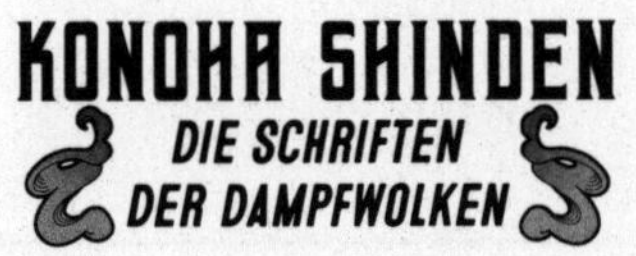
KONOHA SHINDEN
DIE SCHRIFTEN
DER DAMPFWOLKEN

NR. 14: DER WERT EINER FRIEDLICHEN WELT!!

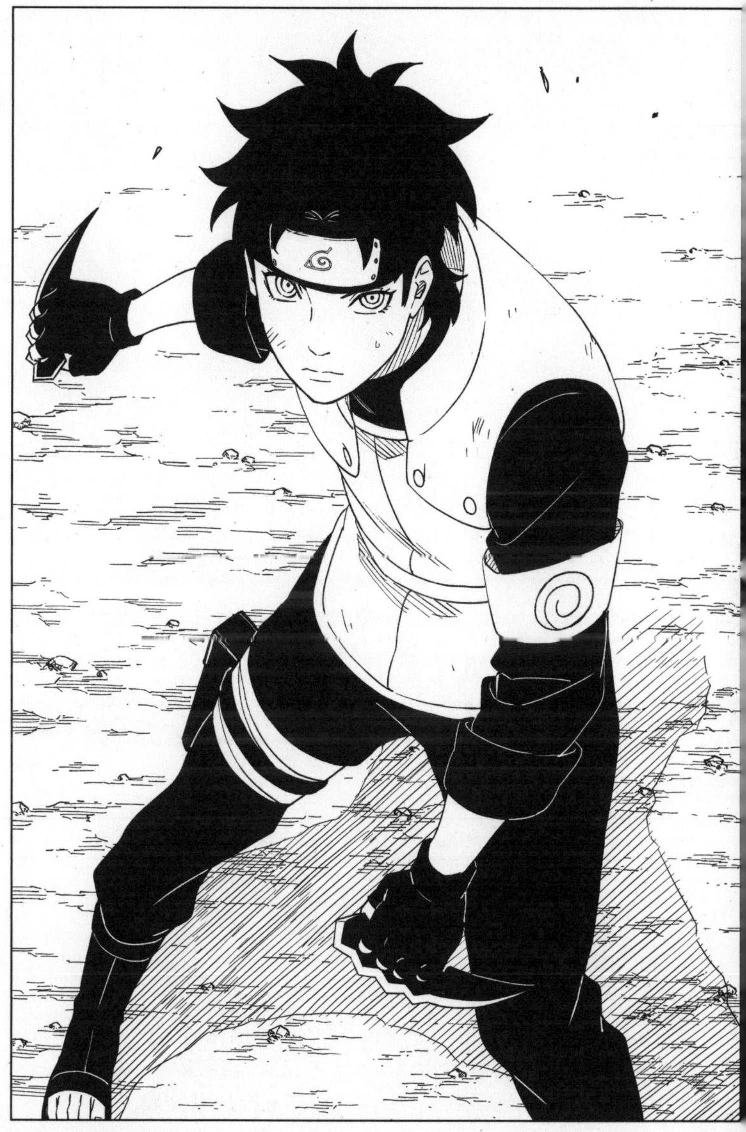

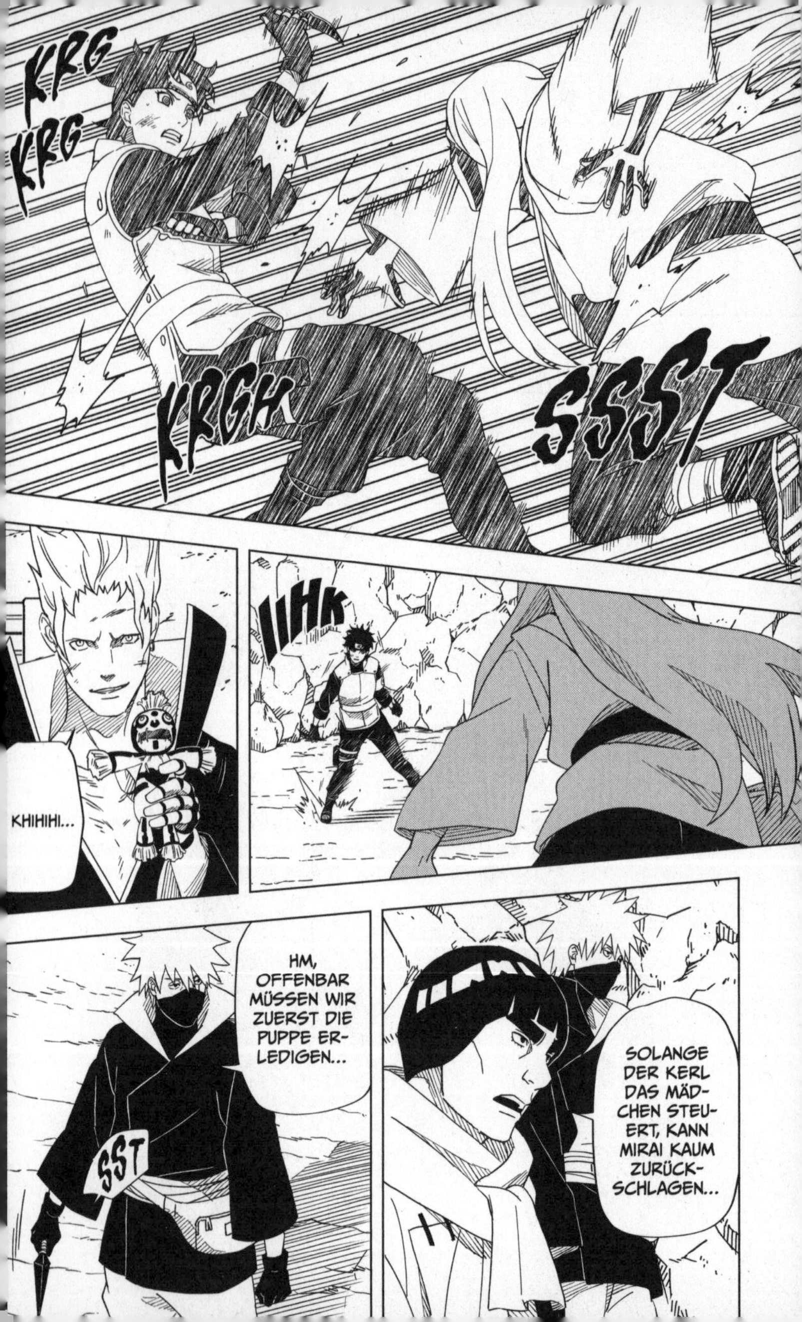

SSST
KRGH
KRG KRG
IIHK
KHIHIHI...
SOLANGE DER KERL DAS MÄDCHEN STEUERT, KANN MIRAI KAUM ZURÜCKSCHLAGEN...
HM, OFFENBAR MÜSSEN WIR ZUERST DIE PUPPE ERLEDIGEN...
SST

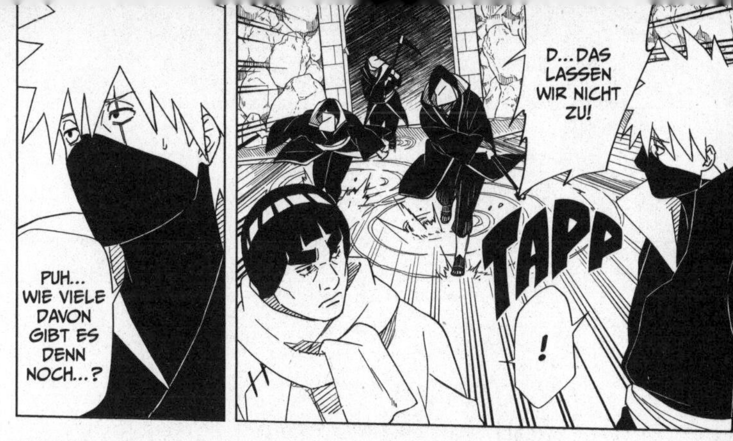
D...DAS LASSEN WIR NICHT ZU!
TAPP
!
PUH... WIE VIELE DAVON GIBT ES DENN NOCH...?

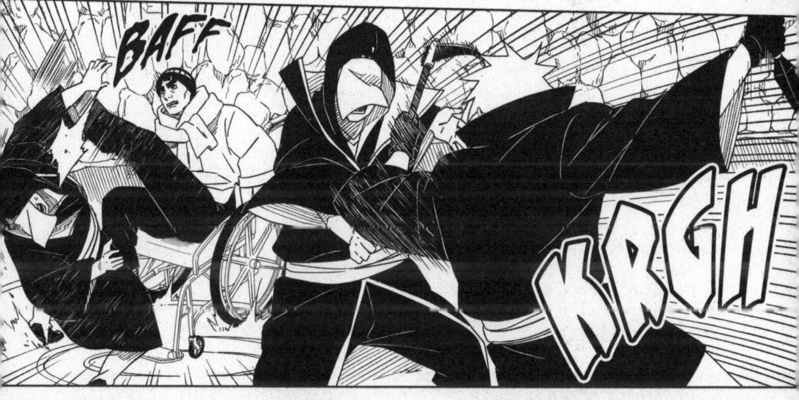
KRGH
BAFF

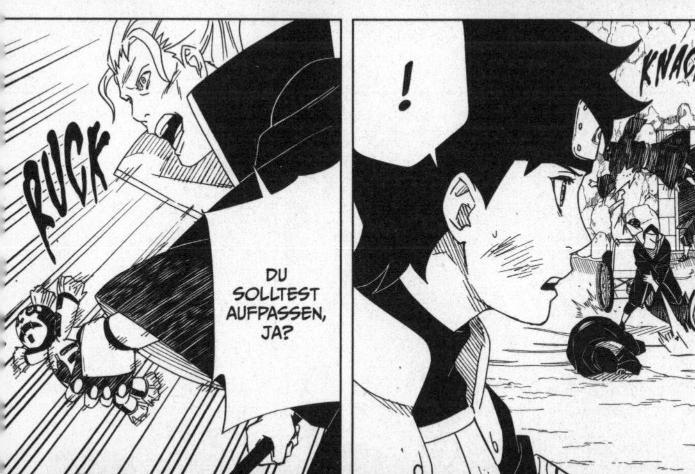
KNACK
RATSCH
!
RUCK
DU SOLLTEST AUFPASSEN, JA?

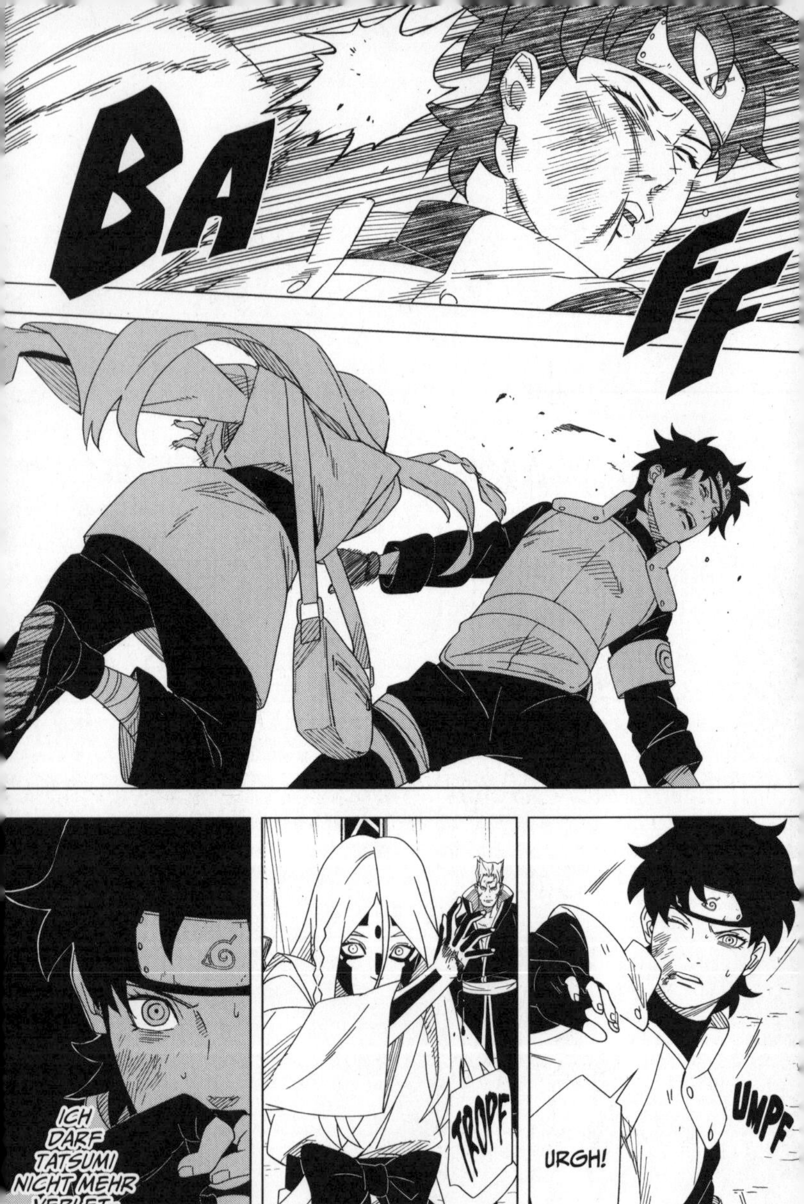
BAFF
UMPF
URGH!
TROPF
ICH DARF TATSUMI NICHT MEHR VERLET-ZEN...

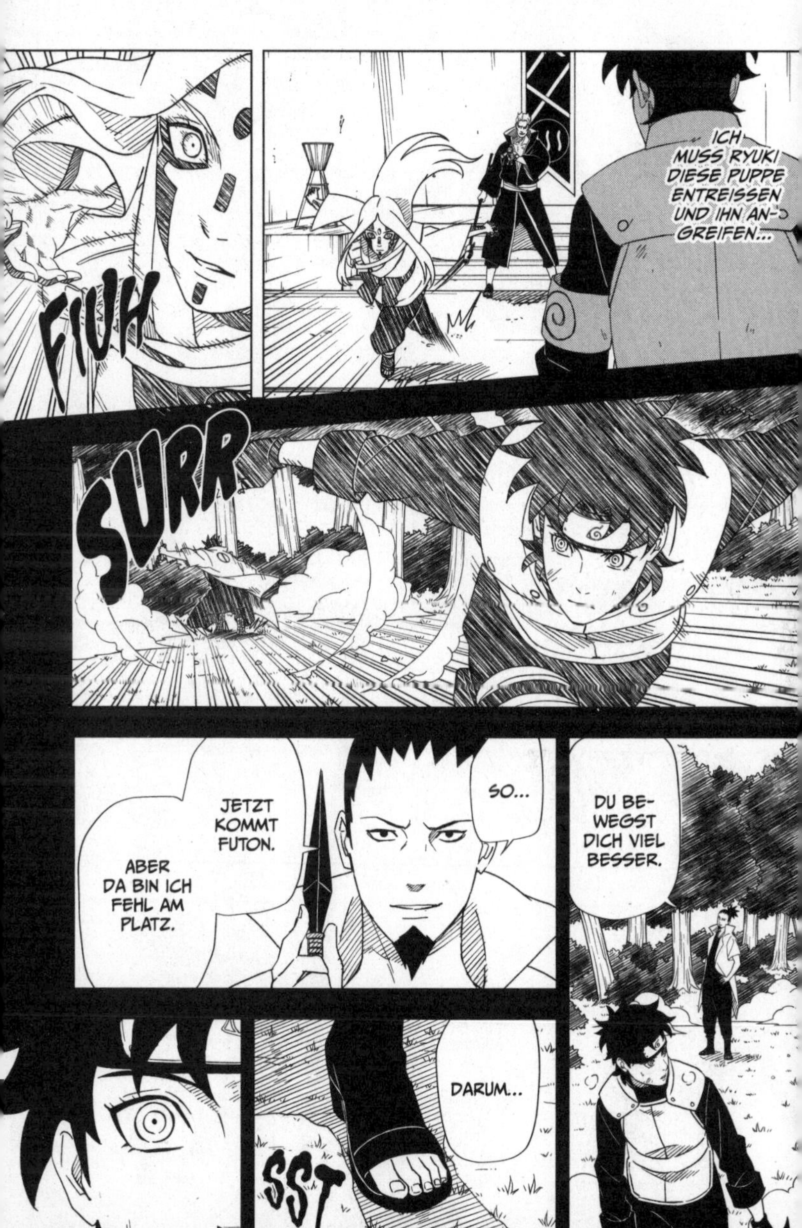
ICH MUSS RYUKI DIESE PUPPE ENTREISSEN UND IHN AN-GREIFEN...
FIUH
SURR
DU BE-WEGST DICH VIEL BESSER.
SO...
JETZT KOMMT FUTON.
ABER DA BIN ICH FEHL AM PLATZ.
DARUM...
SST

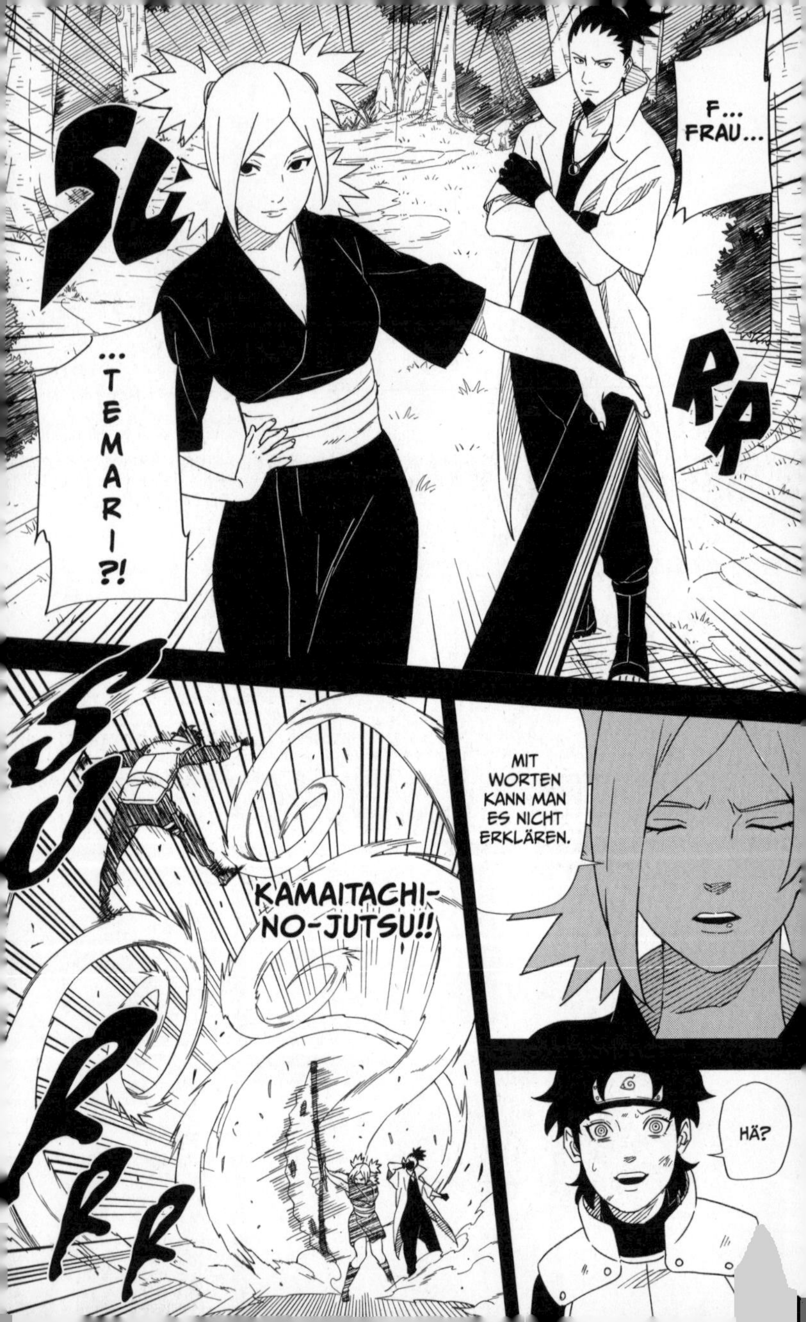
F... FRAU...
...TEMARI?!
MIT WORTEN KANN MAN ES NICHT ERKLÄREN.
HÄ?
KAMAITACHI-NO-JUTSU!!

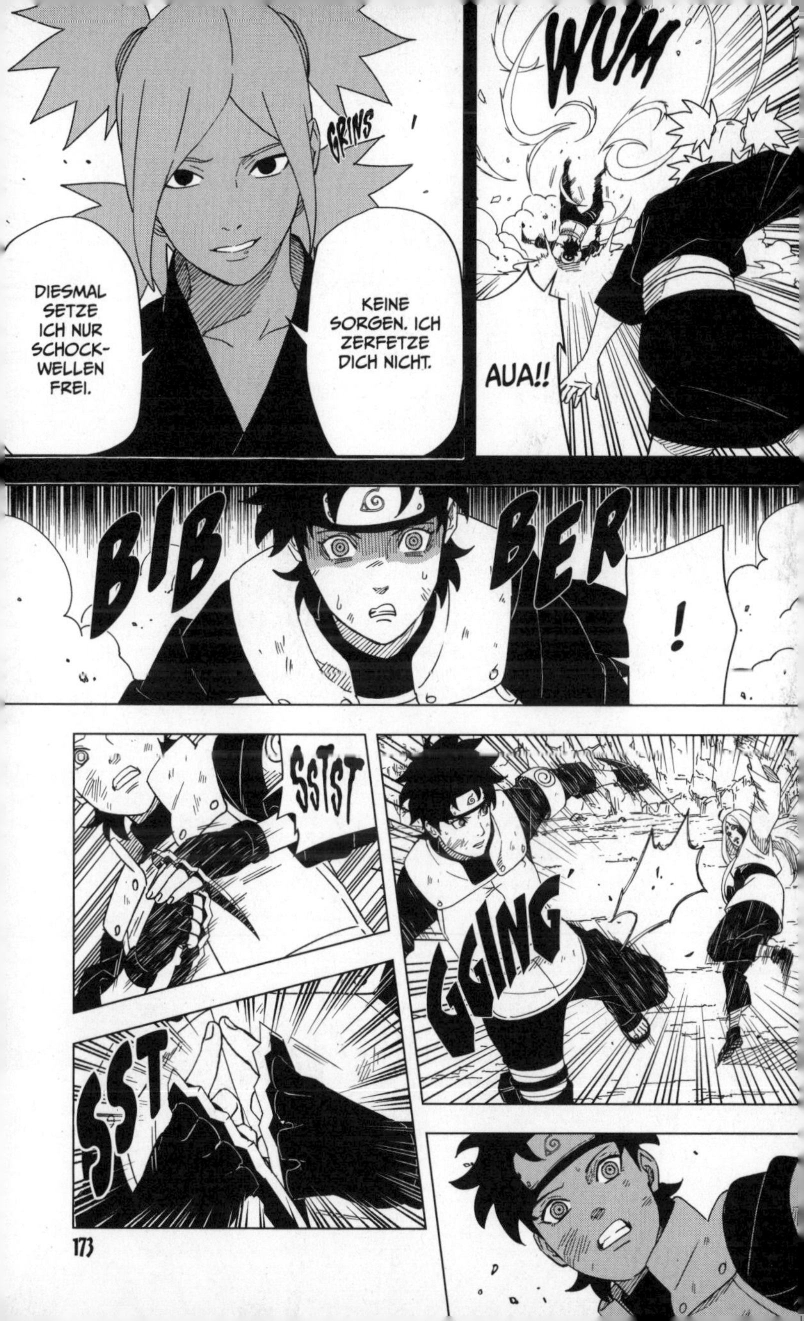

WUM

AUA!!

GRINS

KEINE SORGEN. ICH ZERFETZE DICH NICHT.

DIESMAL SETZE ICH NUR SCHOCK-WELLEN FREI.

!

BIB BER

!

GGING

SSTST

SST

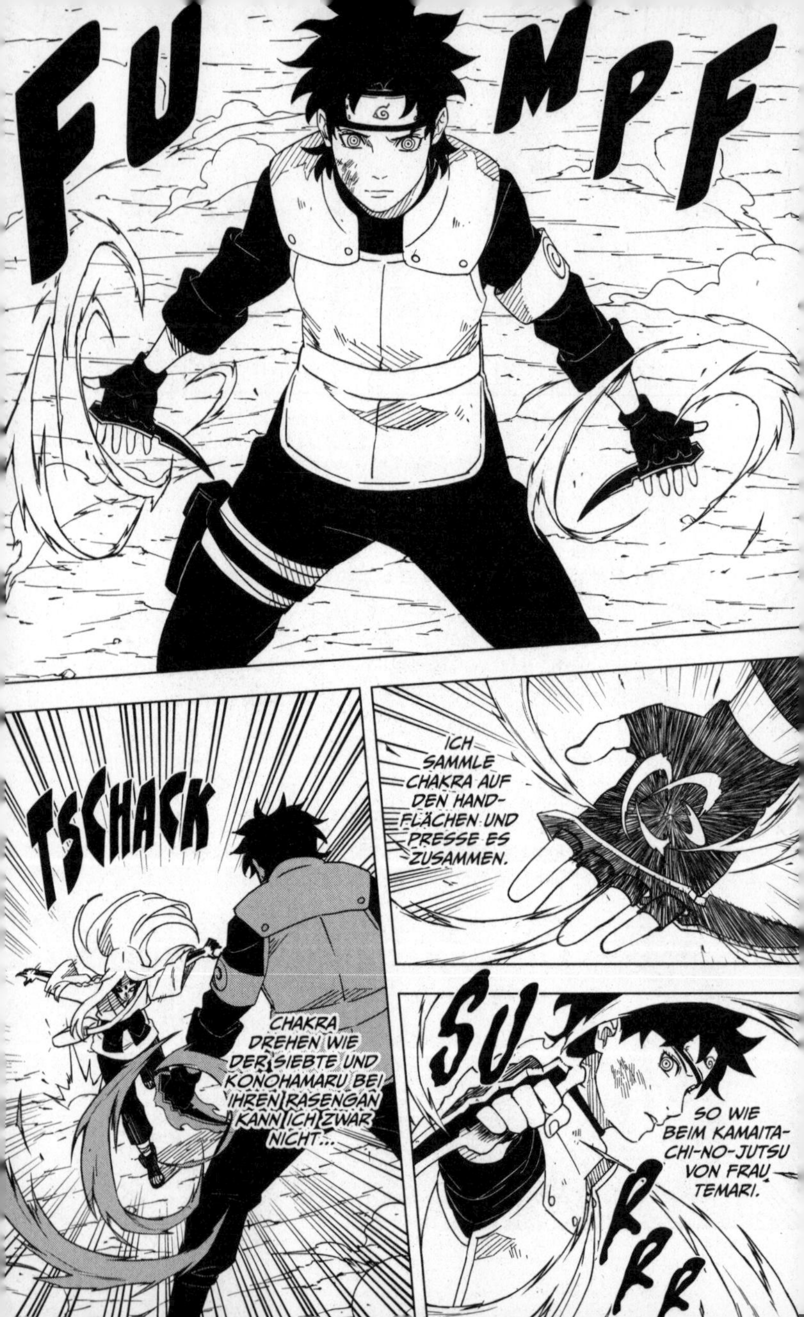
FUMPF
ICH SAMMLE CHAKRA AUF DEN HAND-FLÄCHEN UND PRESSE ES ZUSAMMEN.
TSCHACK
CHAKRA DREHEN WIE DER SIEBTE UND KONOHAMARU BEI IHREN RASENGAN KANN ICH ZWAR NICHT ...
SO WIE BEIM KAMAITA-CHI-NO-JUTSU VON FRAU TEMARI.
SU
RRR

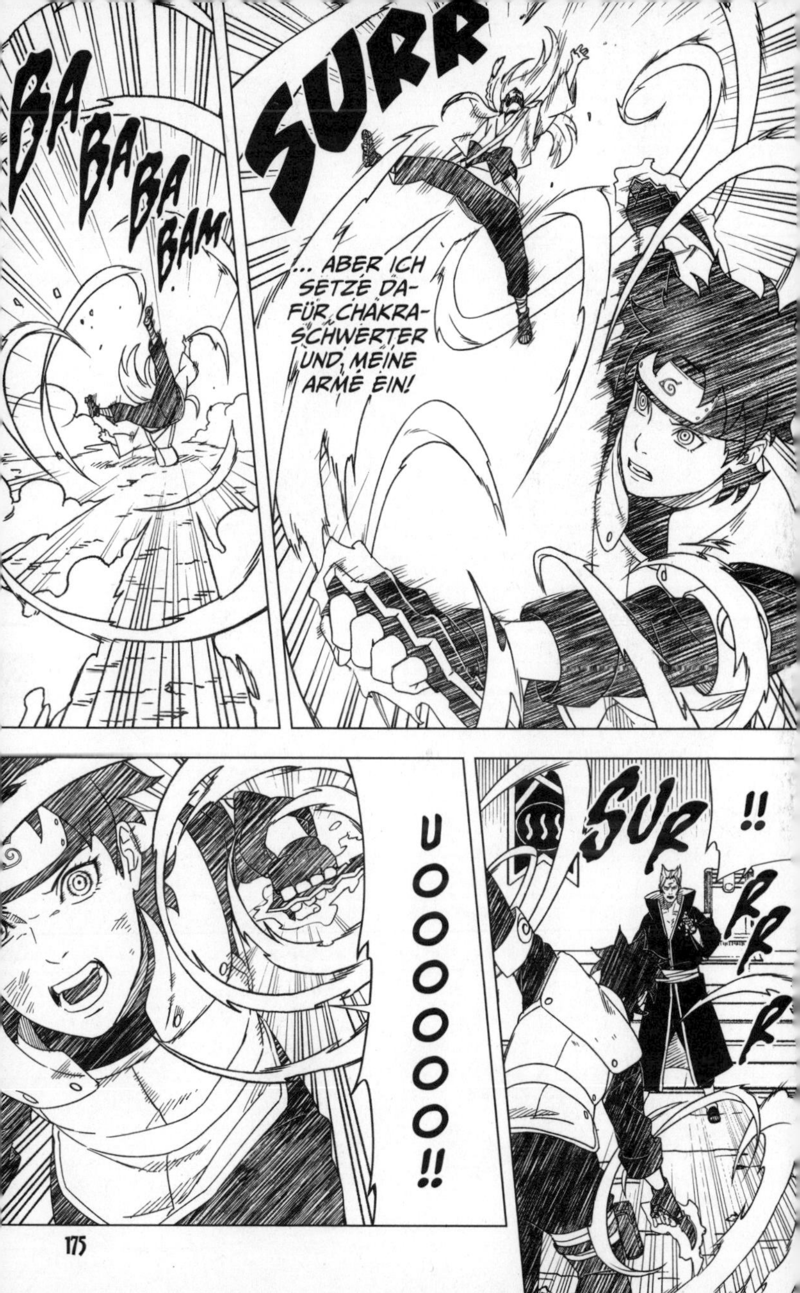

SURR

... ABER ICH SETZE DAFÜR CHAKRA-SCHWERTER UND MEINE ARME EIN!

BA BA BA BAM

SURRR!!

UOOOOOOO!!

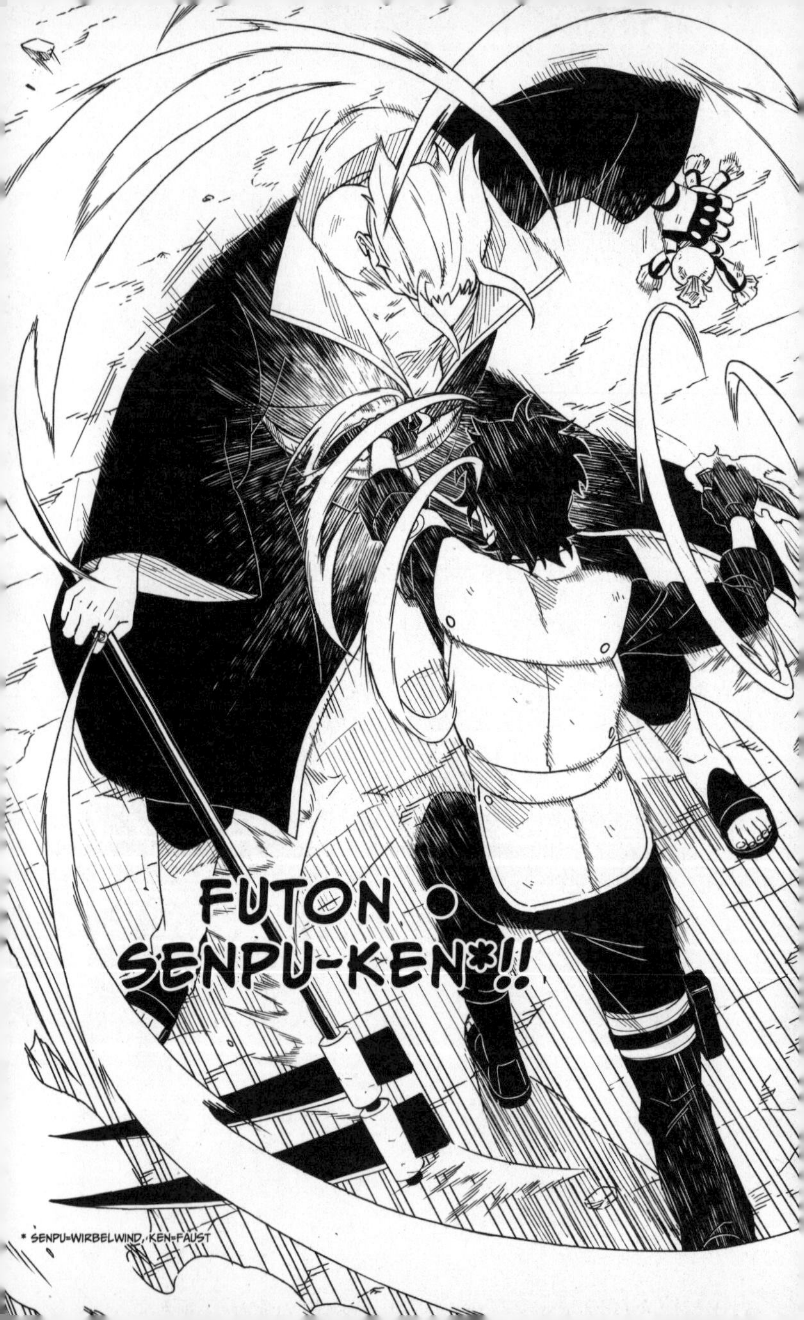
FUTON • SENPU-KEN*!!
* SENPU=WIRBELWIND, KEN=FAUST

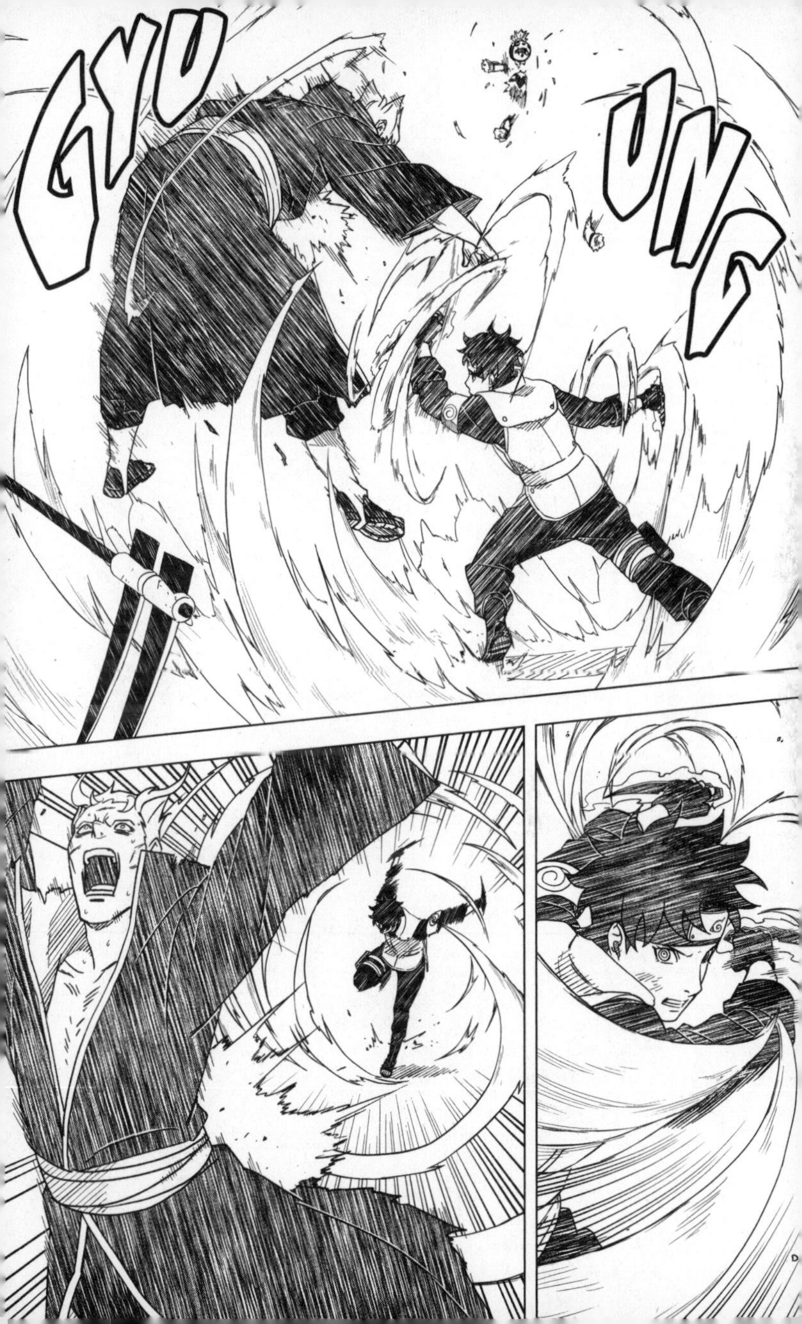
GYU
UNG

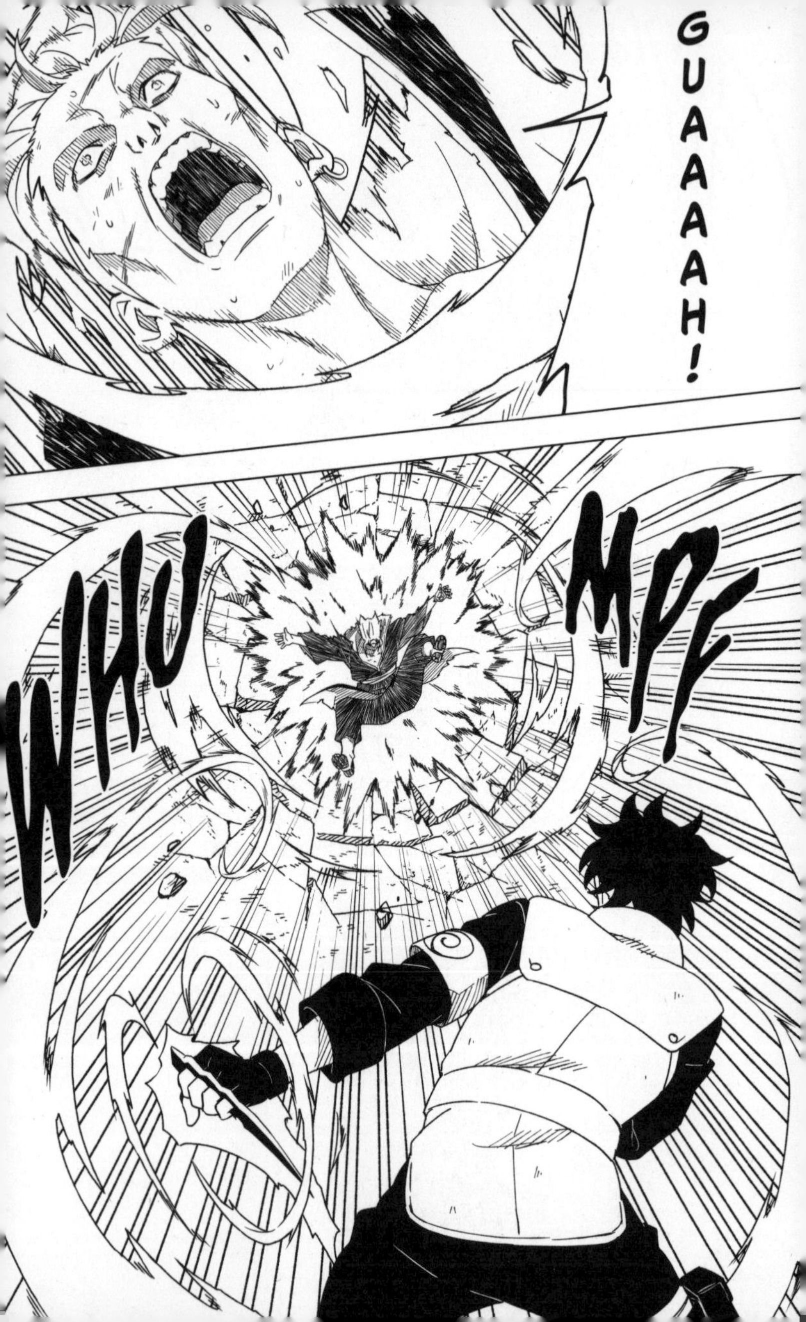
GUAAAAAH!
WHUMPF!

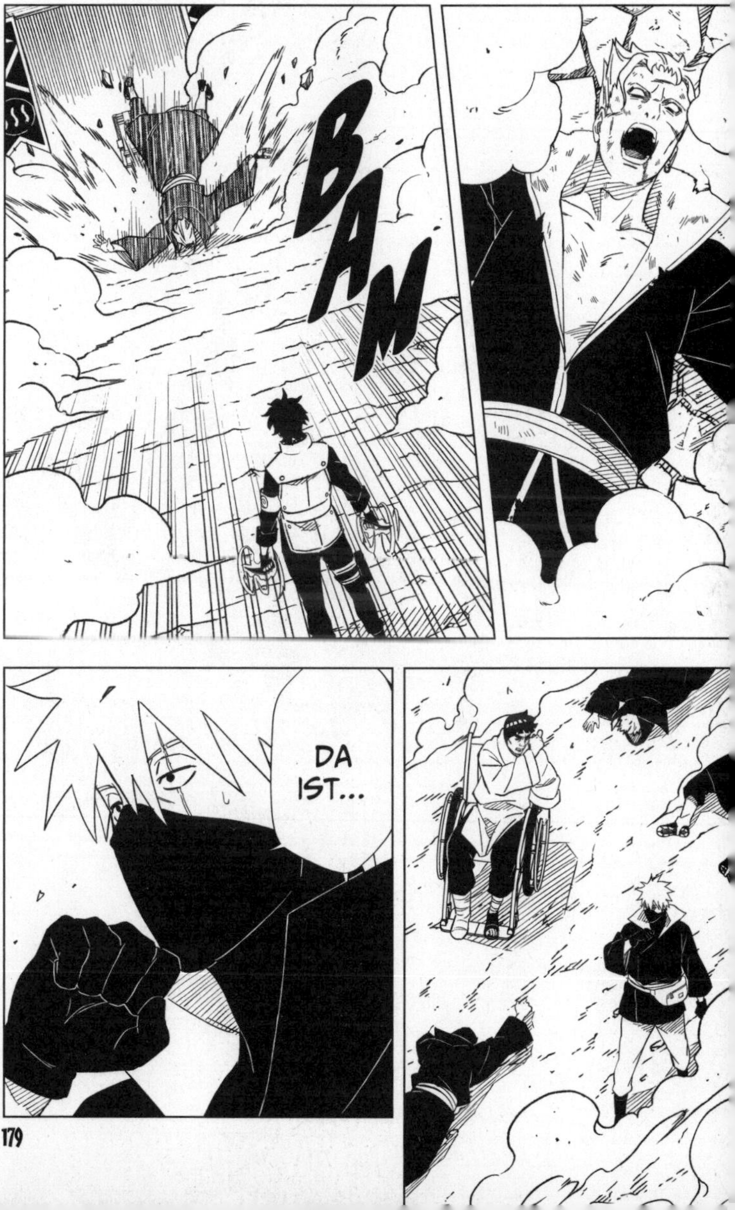

BAM

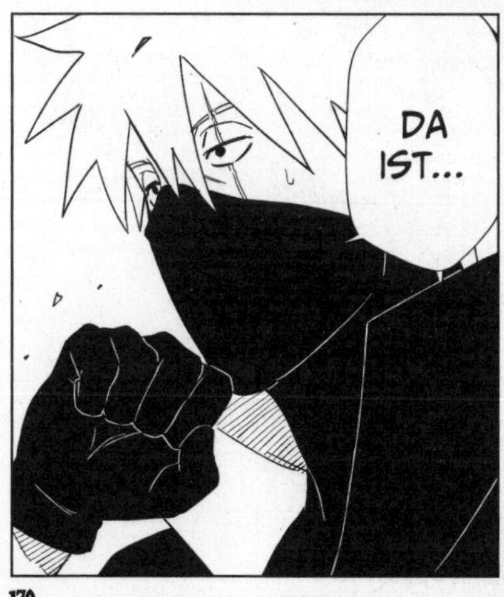

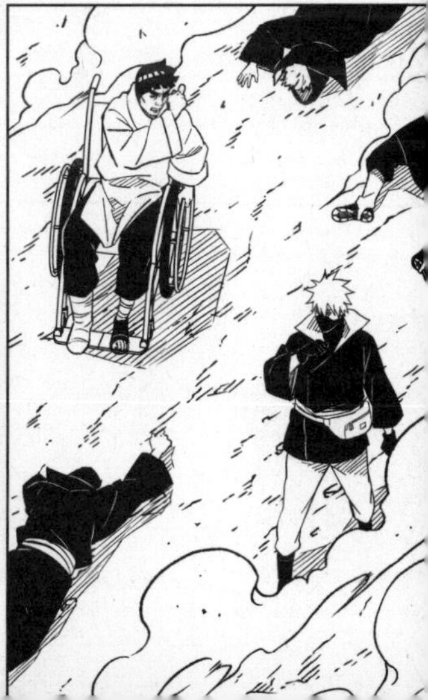

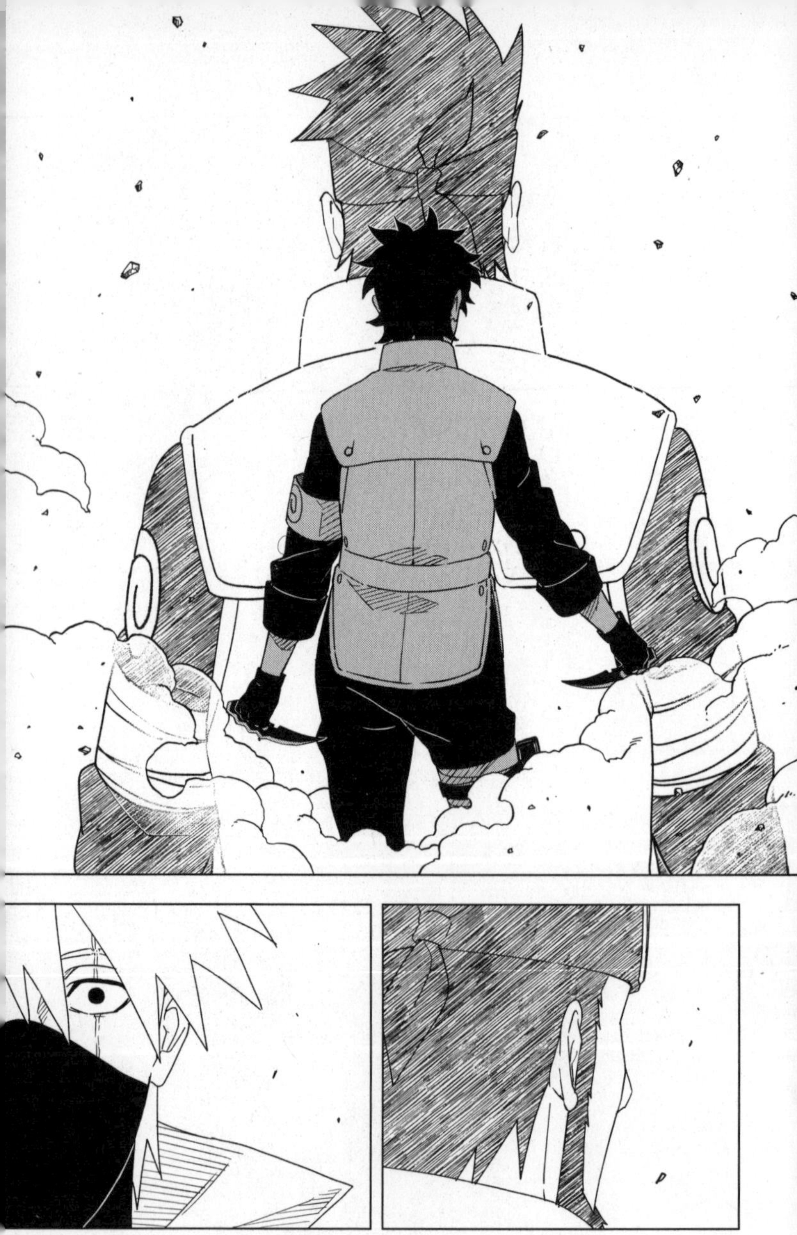

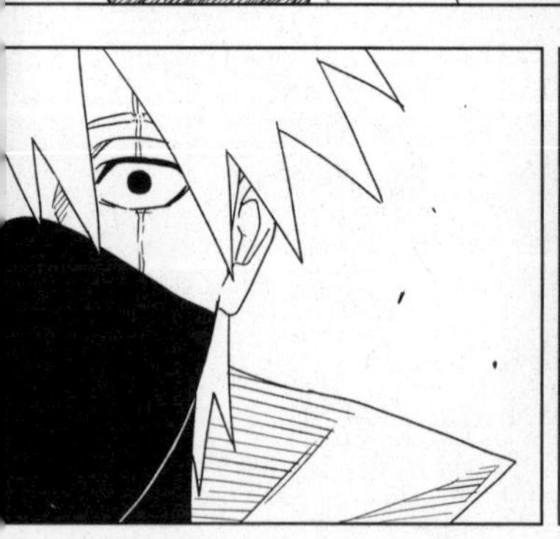

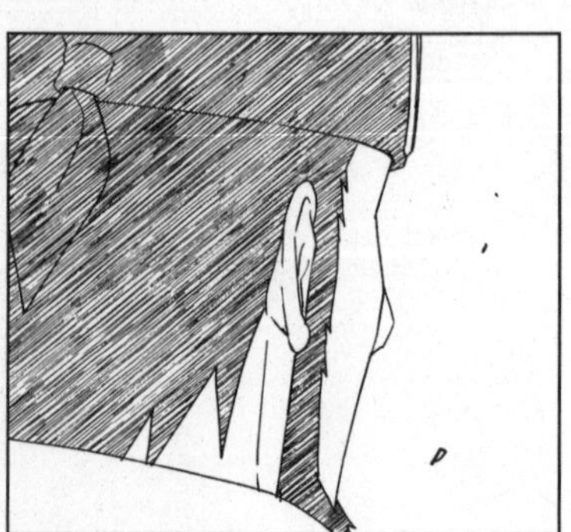

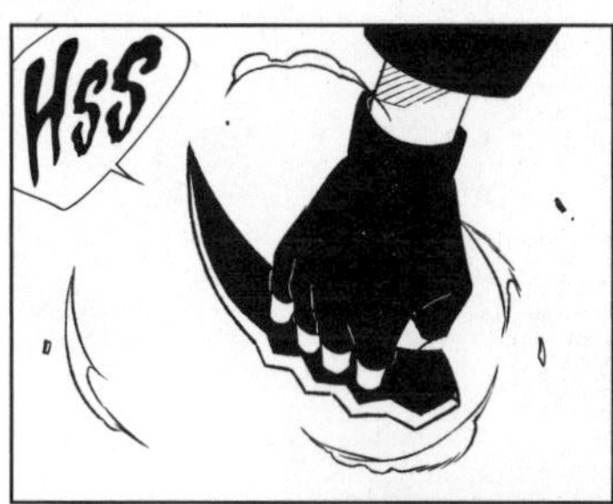
HSS
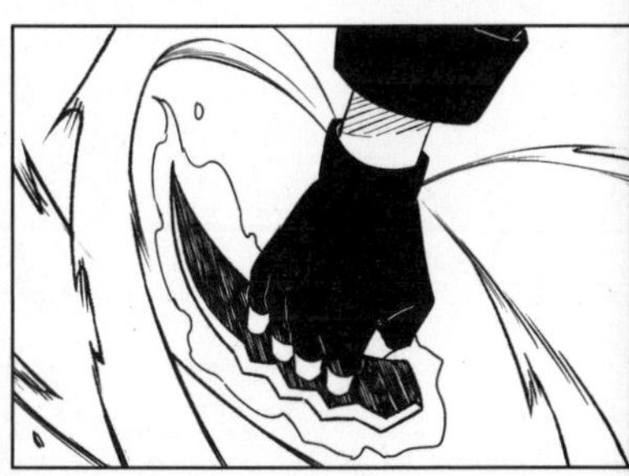
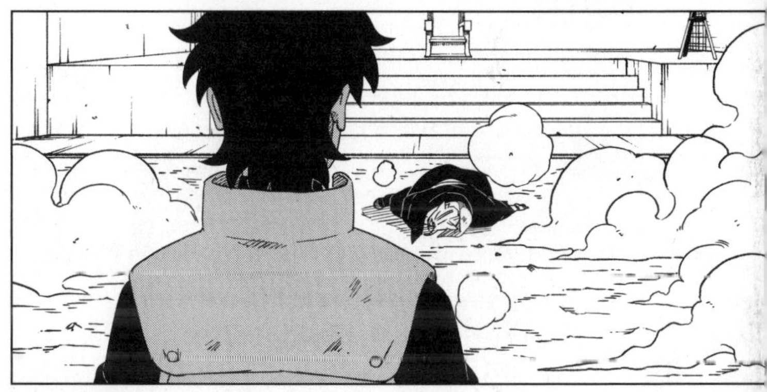
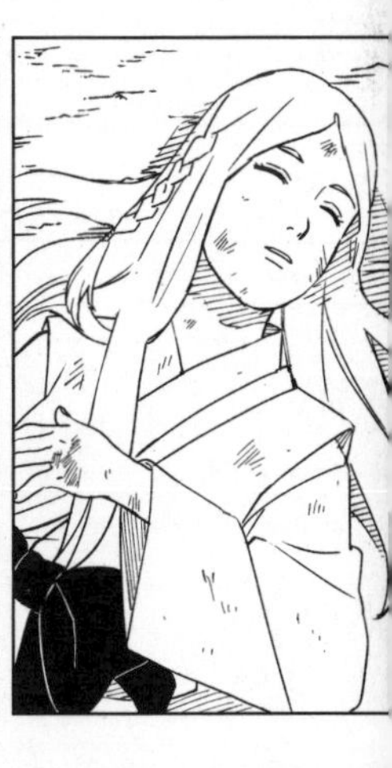
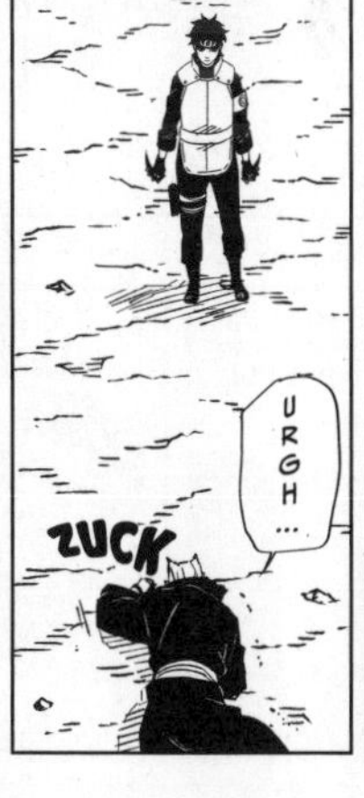
URGH ...
ZUCK
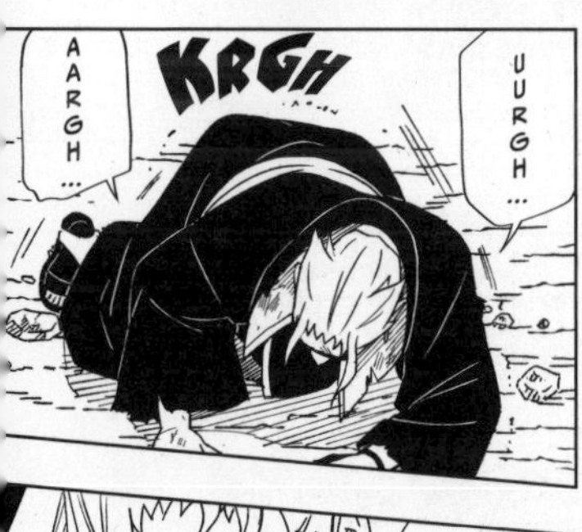
UURGH ...
KRGH
AARGH ...
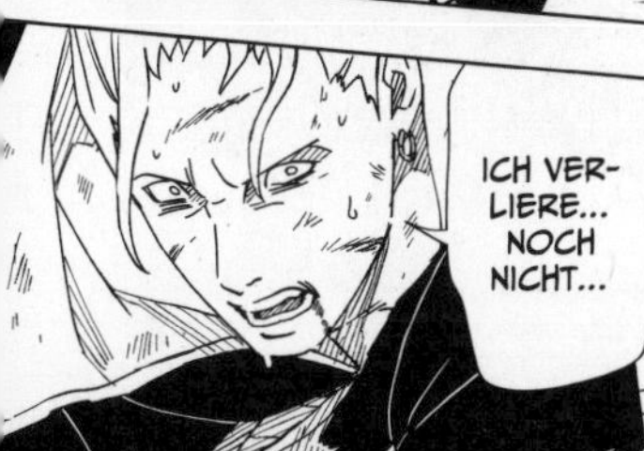
ICH VERLIERE... NOCH NICHT...

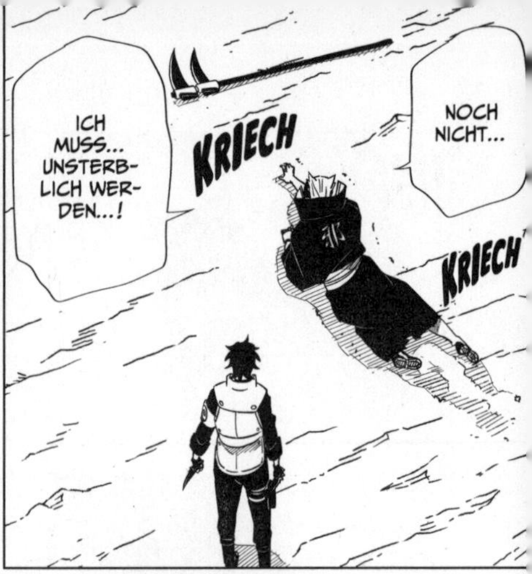
NOCH NICHT...
KRIECH
KRIECH
ICH MUSS... UNSTERBLICH WERDEN...!

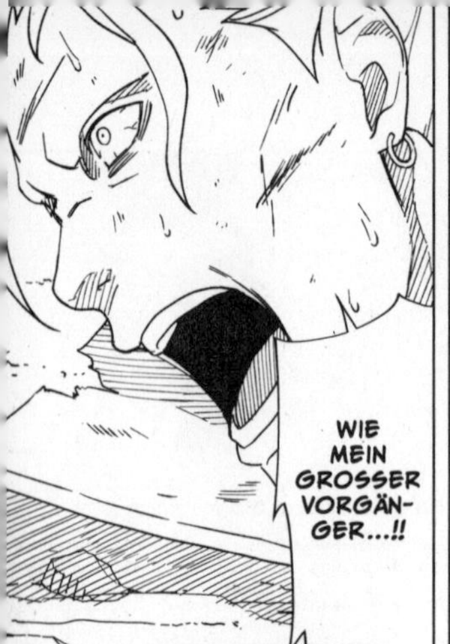
WIE MEIN GROSSER VORGÄNGER...!!

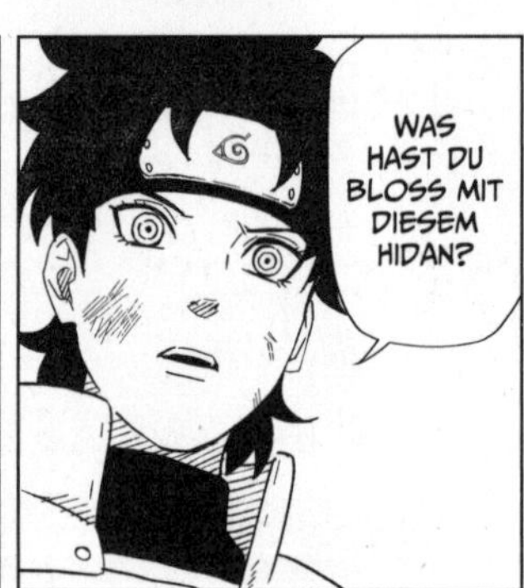
WAS HAST DU BLOSS MIT DIESEM HIDAN?

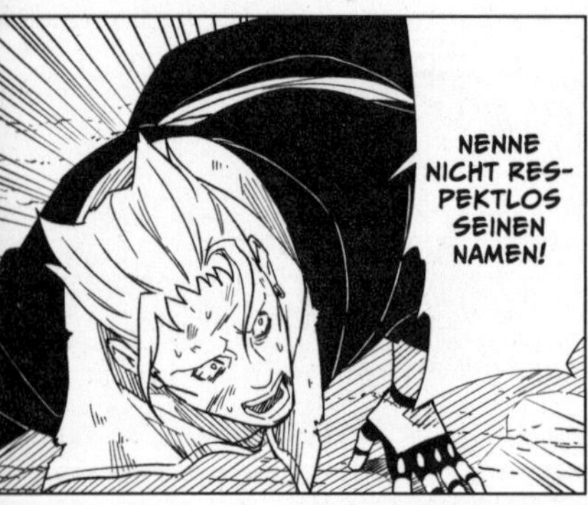
NENNE NICHT RESPEKTLOS SEINEN NAMEN!

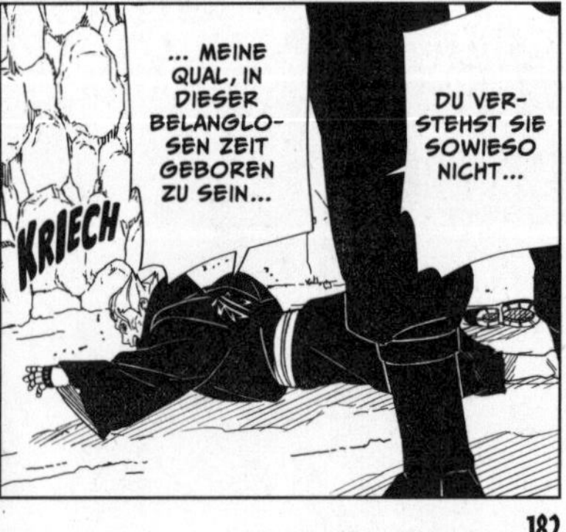
DU VERSTEHST SIE SOWIESO NICHT...
... MEINE QUAL, IN DIESER BELANGLOSEN ZEIT GEBOREN ZU SEIN...
KRIECH

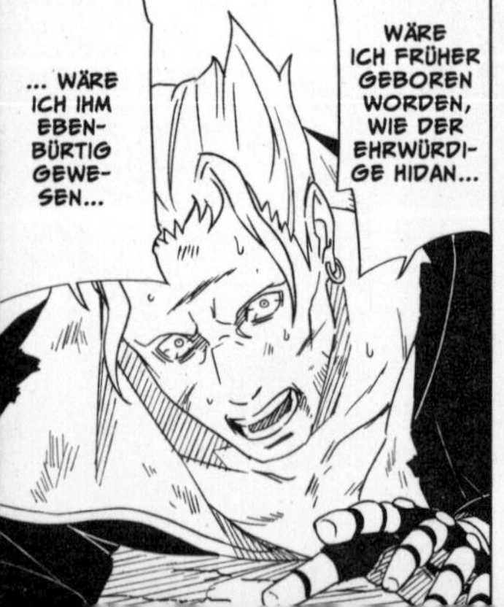
WÄRE ICH FRÜHER GEBOREN WORDEN, WIE DER EHRWÜRDIGE HIDAN...
... WÄRE ICH IHM EBENBÜRTIG GEWESEN...

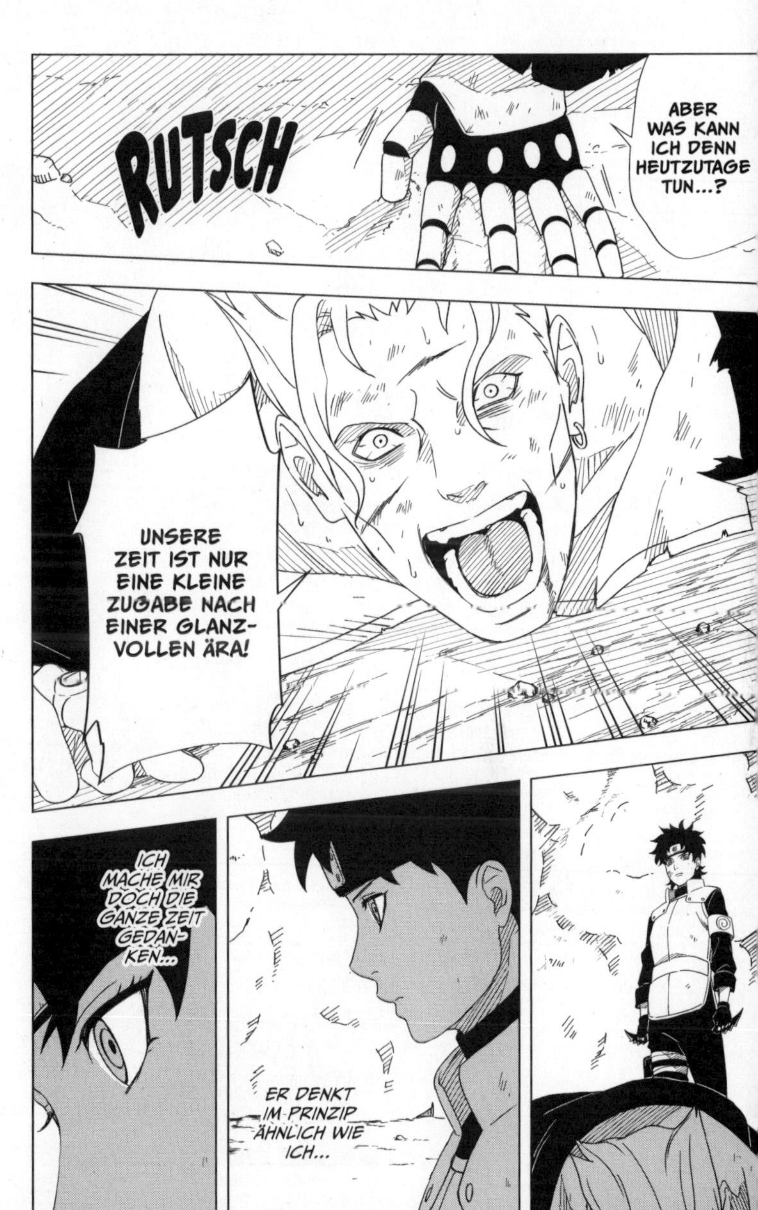
RUTSCH
ABER WAS KANN ICH DENN HEUTZUTAGE TUN...?
UNSERE ZEIT IST NUR EINE KLEINE ZUGABE NACH EINER GLANZ-VOLLEN ÄRA!
ICH MACHE MIR DOCH DIE GANZE ZEIT GEDAN-KEN...
ER DENKT IM PRINZIP ÄHNLICH WIE ICH...

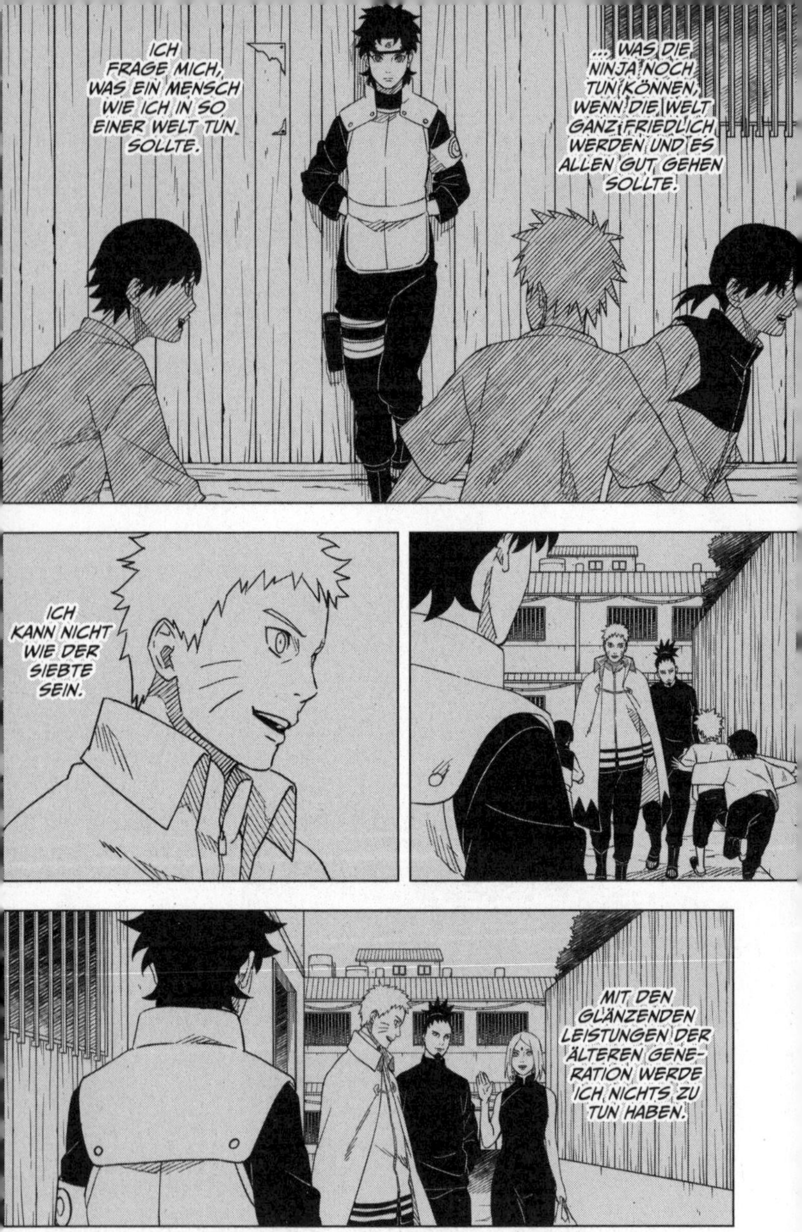

... WAS DIE NINJA NOCH TUN KÖNNEN, WENN DIE WELT GANZ FRIEDLICH WERDEN UND ES ALLEN GUT GEHEN SOLLTE.

ICH FRAGE MICH, WAS EIN MENSCH WIE ICH IN SO EINER WELT TUN SOLLTE.

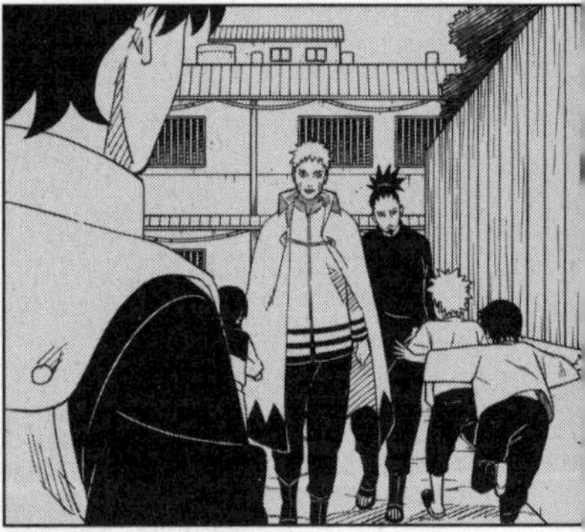

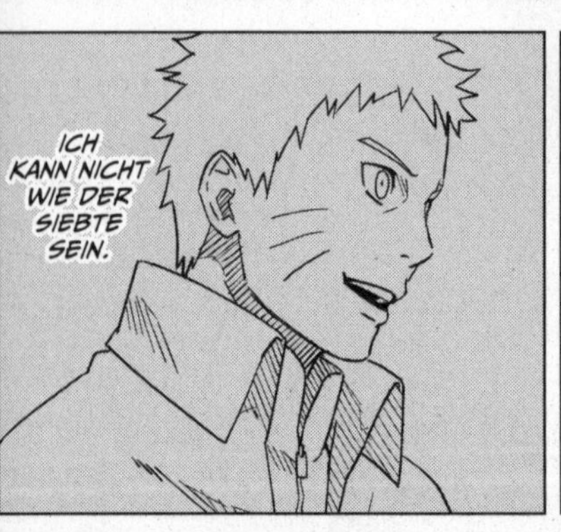

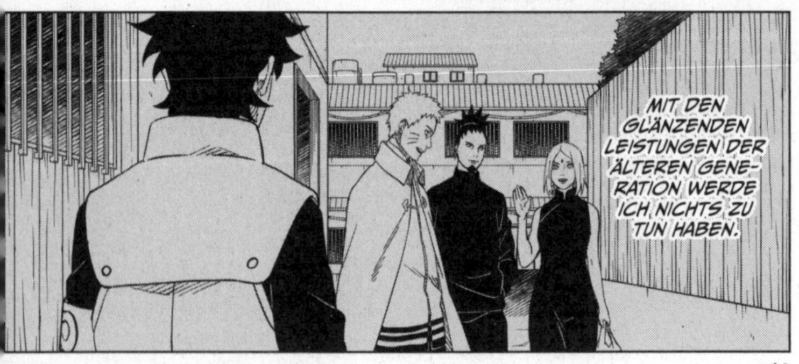

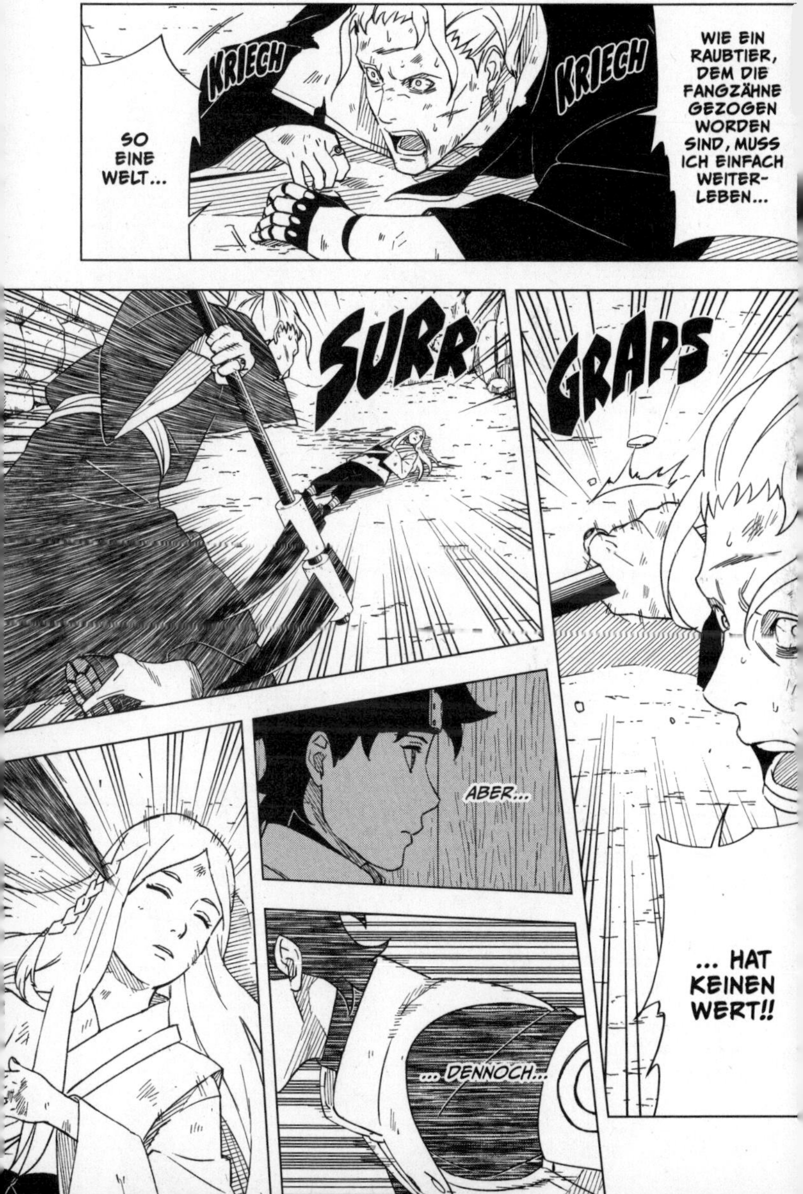

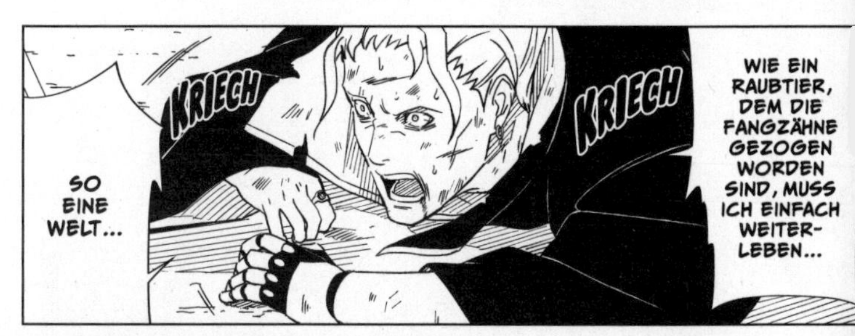

SURR

GRAPS

ABER...

... DENNOCH...

... HAT KEINEN WERT!!

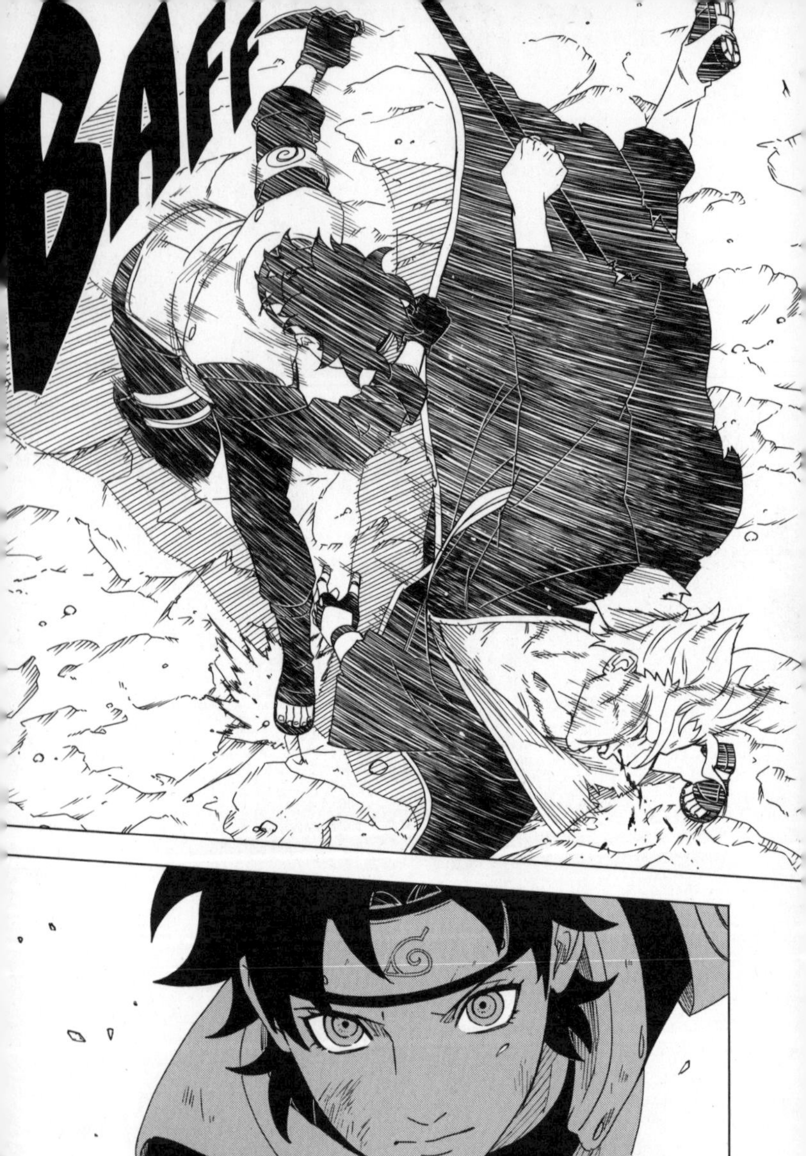
BAFF

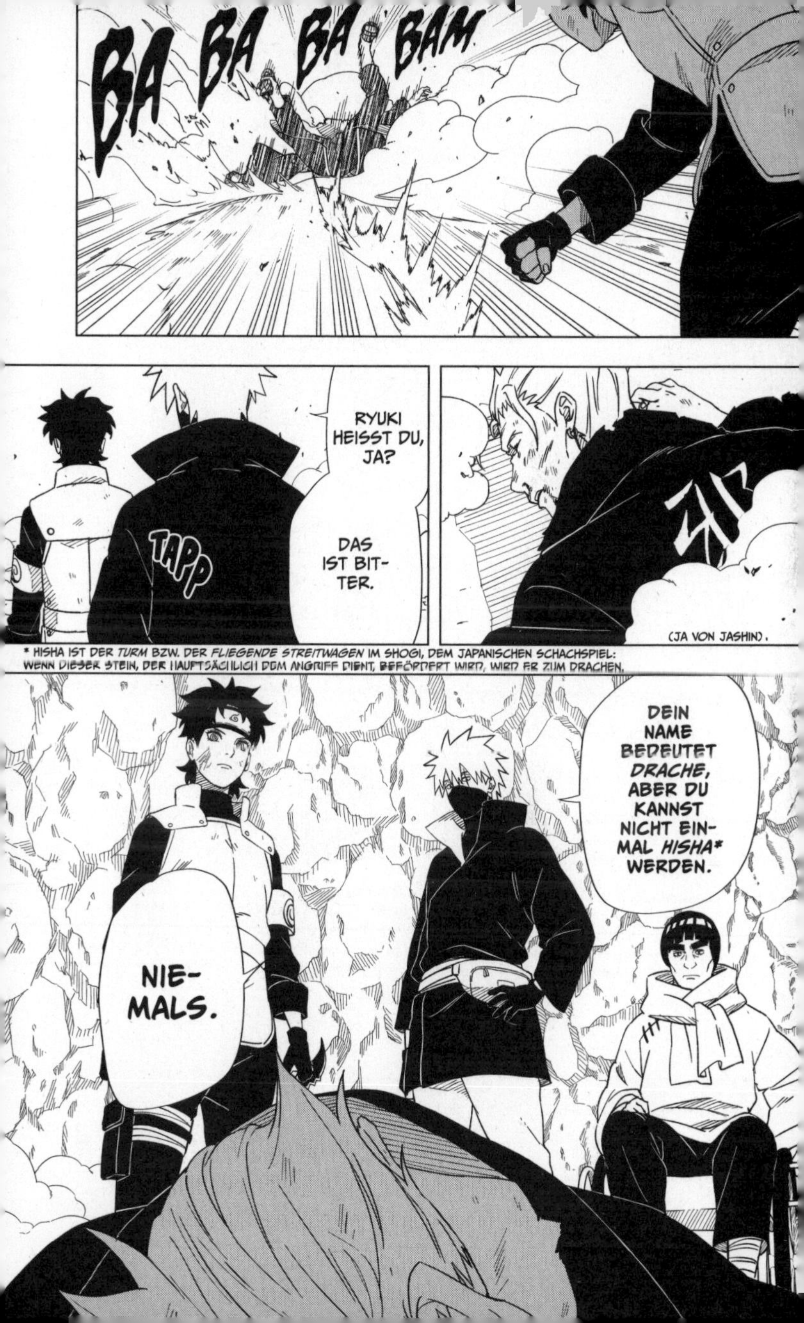

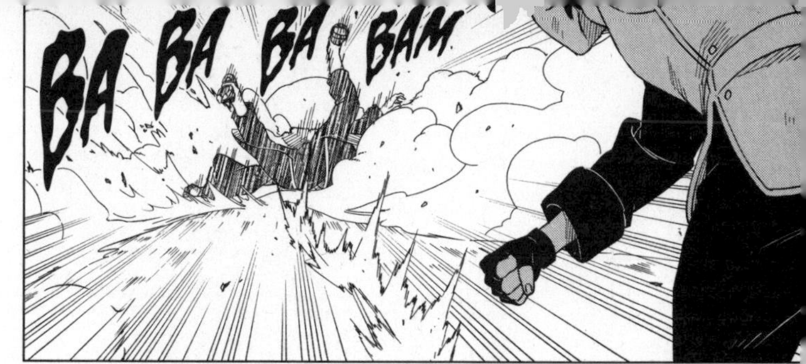

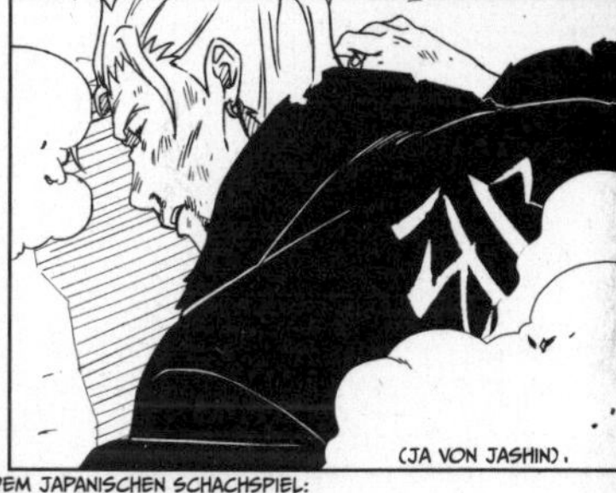

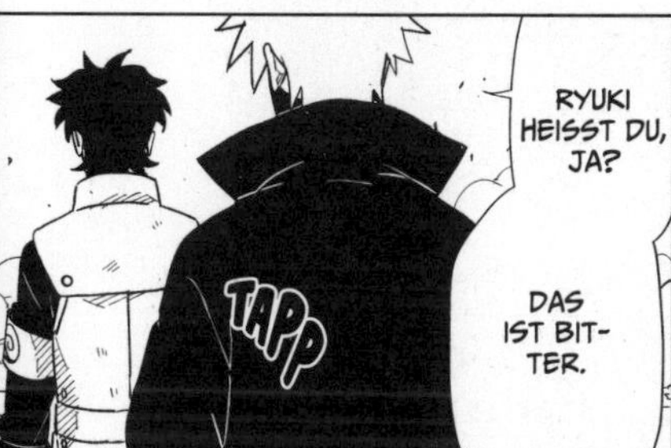

DEIN NAME BEDEUTET *DRACHE*, ABER DU KANNST NICHT EINMAL *HISHA** WERDEN.

NIEMALS.

* HISHA IST DER *TURM* BZW. DER *FLIEGENDE STREITWAGEN* IM SHOGI, DEM JAPANISCHEN SCHACHSPIEL: WENN DIESER STEIN, DER HAUPTSÄCHLICH DEM ANGRIFF DIENT, BEFÖRDERT WIRD, WIRD ER ZUM DRACHEN.

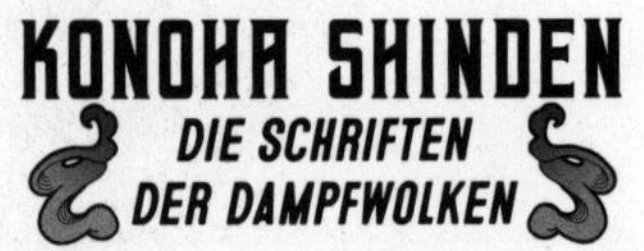
KONOHA SHINDEN
DIE SCHRIFTEN
DER DAMPFWOLKEN

NR. 15: MIRAIS »KÖNIG«

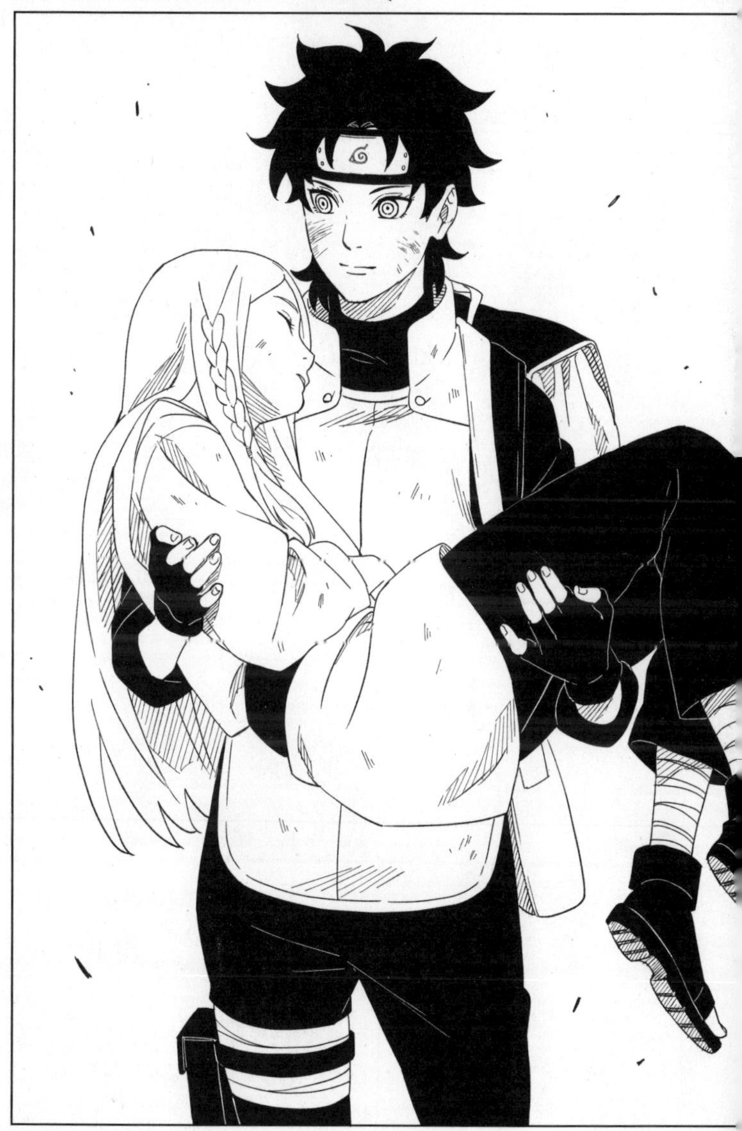

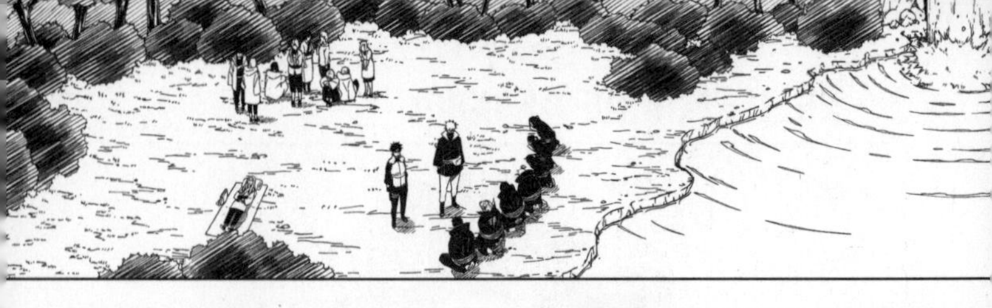

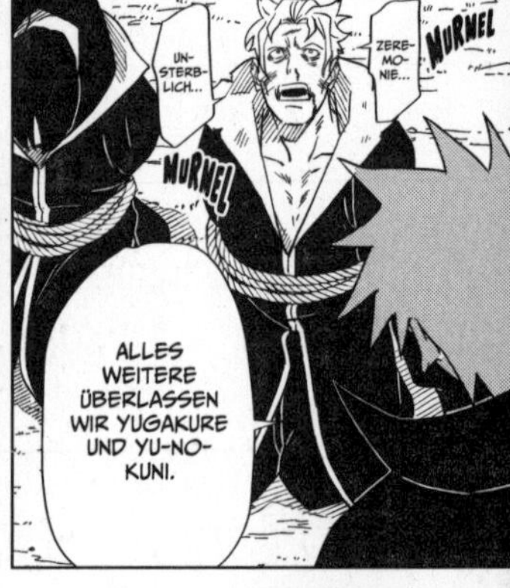
ZERE-MO-NIE...
MURMEL
UN-STERB-LICH...
MURMEL
ALLES WEITERE ÜBERLASSEN WIR YUGAKURE UND YU-NO-KUNI.

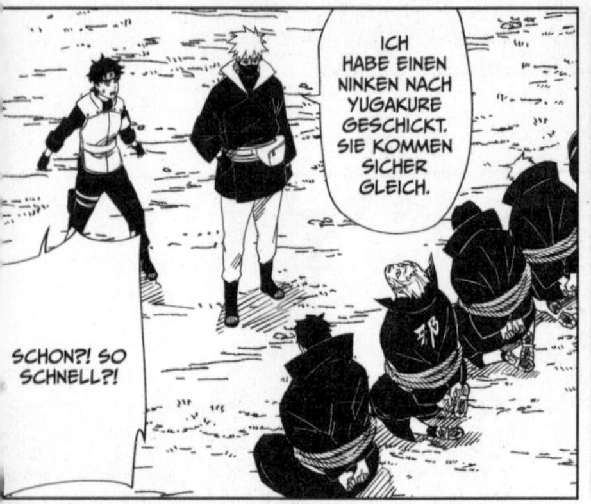
ICH HABE EINEN NINKEN NACH YUGAKURE GESCHICKT. SIE KOMMEN SICHER GLEICH.
SCHON?! SO SCHNELL?!

OFFEN GESAGT WAR ES DAS ZIEL DIESER REISE, SIE AUSZUKUND-SCHAFTEN.

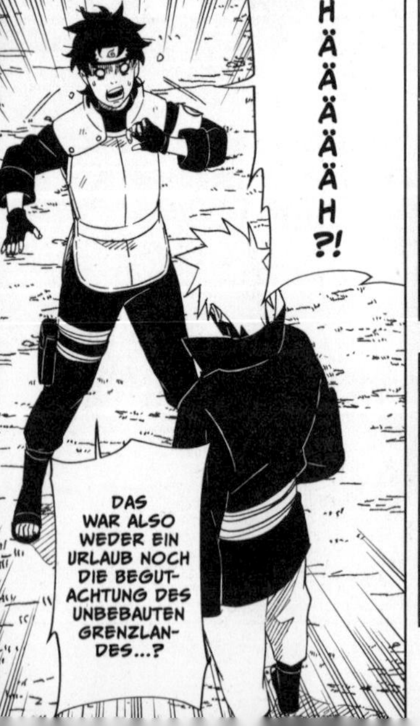
HÄÄÄÄH?!
DAS WAR ALSO WEDER EIN URLAUB NOCH DIE BEGUT-ACHTUNG DES UNBEBAUTEN GRENZLAN-DES...?

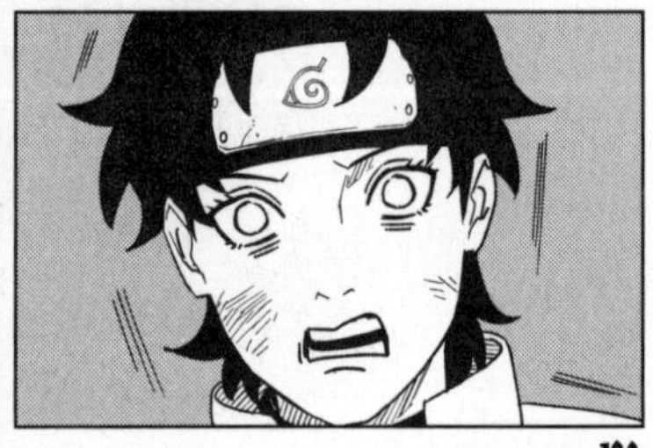

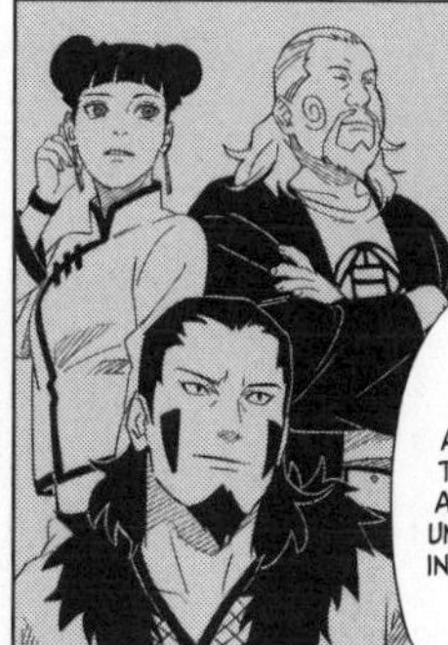
WIR WOLLTEN DIE JASHIN-ANHÄNGER AUSSPÄHEN, DIE IN LETZTER ZEIT HINTER DEN KULISSEN ÜBELTATEN ZU BEGEHEN SCHIENEN.
KIBA UND ANDERE TARNTEN SICH AUCH ALS TOURISTEN UND SAMMELTEN INFORMATIONEN.

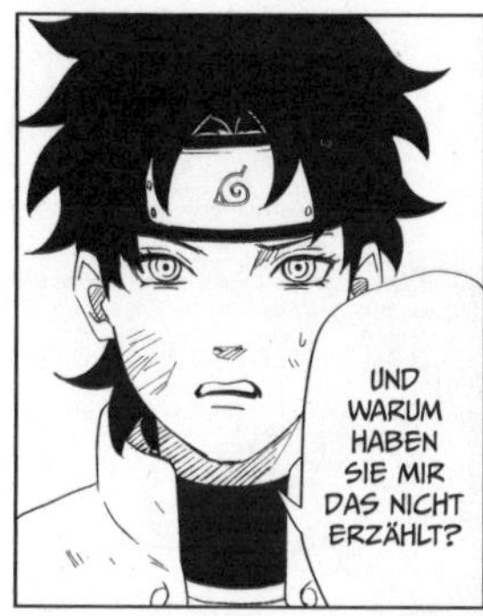
UND WARUM HABEN SIE MIR DAS NICHT ERZÄHLT?

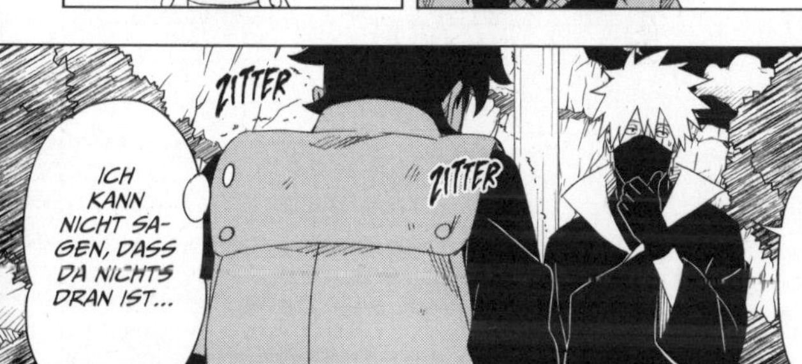
NA JA, ICH HABE HIN UND HER ÜBERLEGT...
ABER ICH HATTE BEDENKEN, DASS DU DICH BEIM ANBLICK VON BEUTE WIE EIN RAUBTIER VERHALTEN WÜRDEST...
ZITTER
ZITTER
ICH KANN NICHT SAGEN, DASS DA NICHTS DRAN IST...

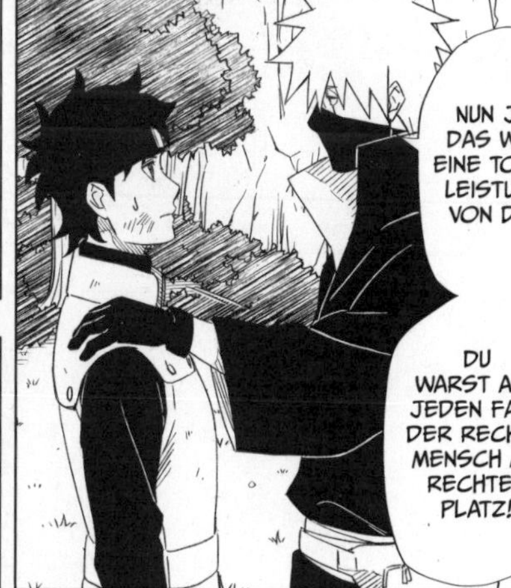
NUN JA! DAS WAR EINE TOLLE LEISTUNG VON DIR!
DU WARST AUF JEDEN FALL DER RECHTE MENSCH AM RECHTEN PLATZ!

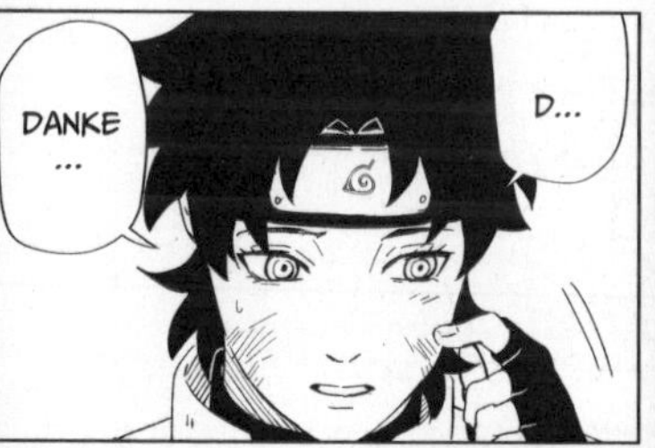
D...
DANKE ...

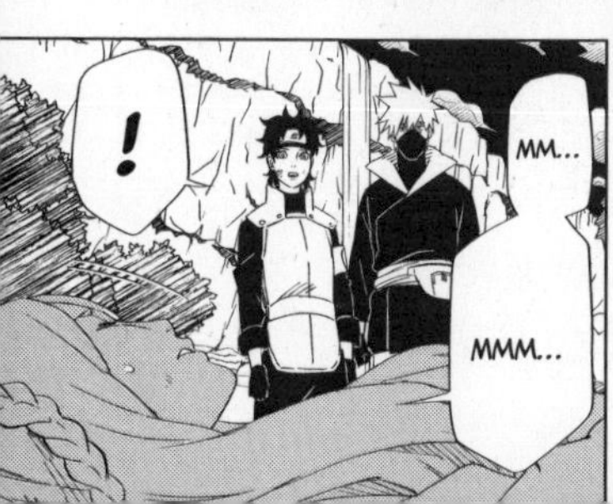
MM...
MMM...
!

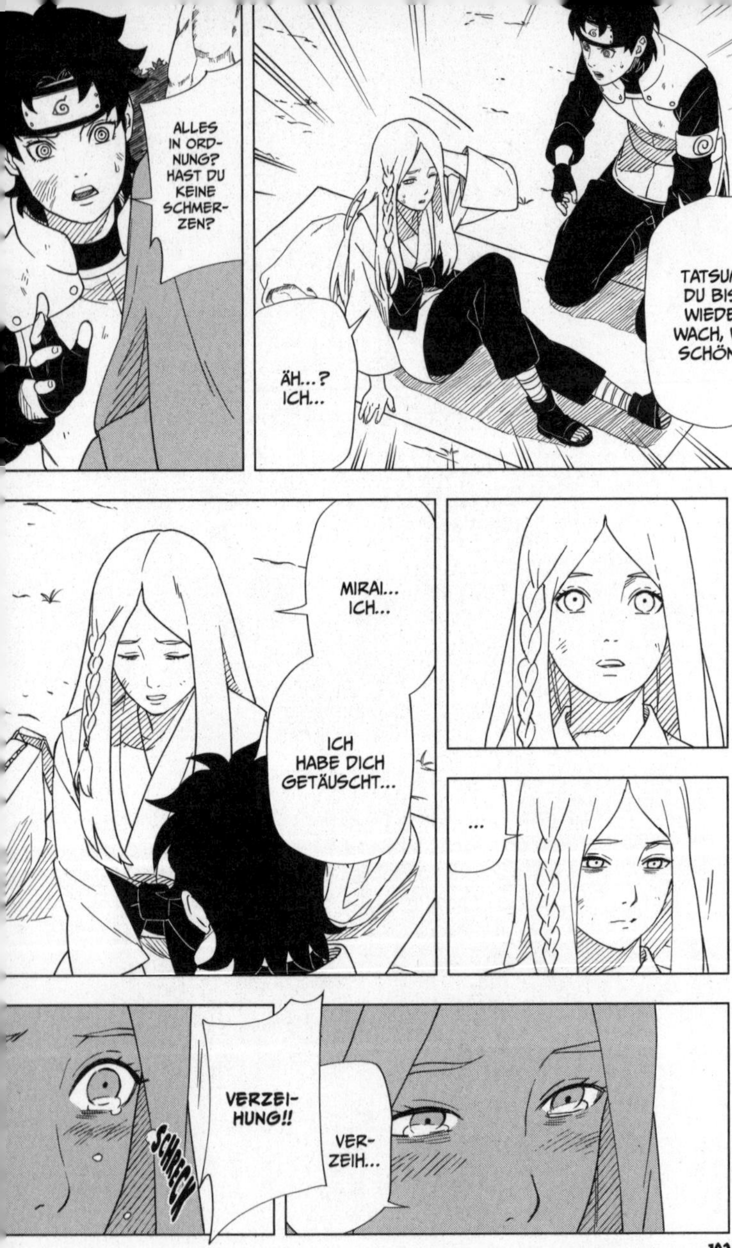

TATSUMI! DU BIST WIEDER WACH, WIE SCHÖN...

ÄH...? ICH...

ALLES IN ORDNUNG? HAST DU KEINE SCHMERZEN?

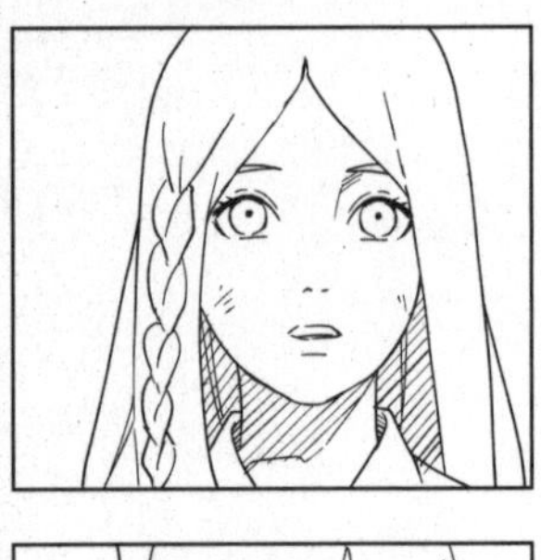

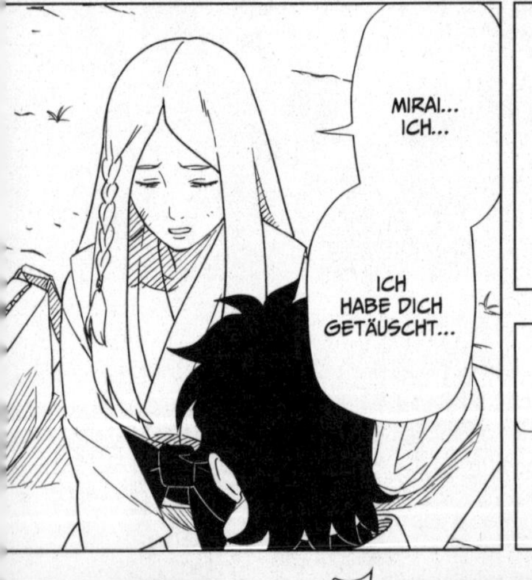

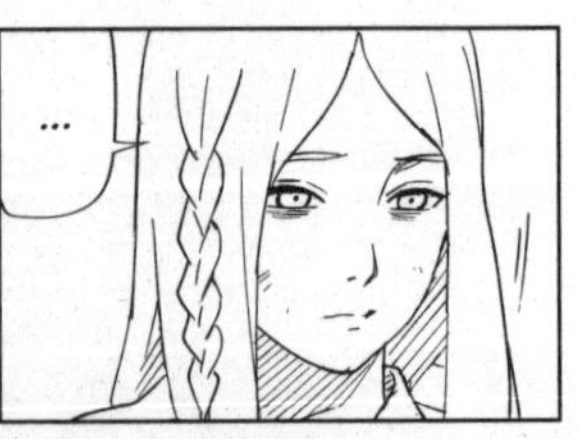

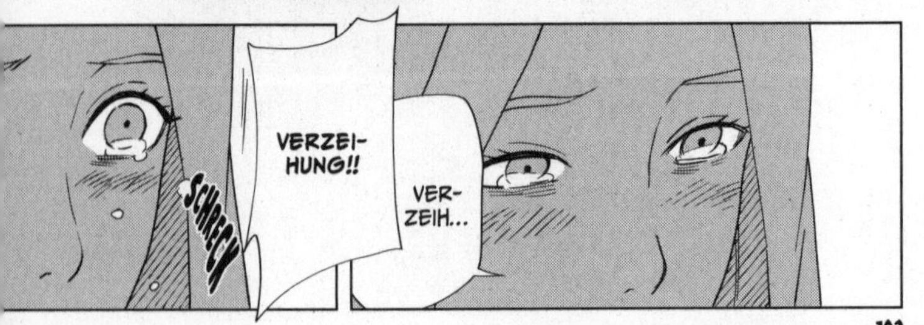

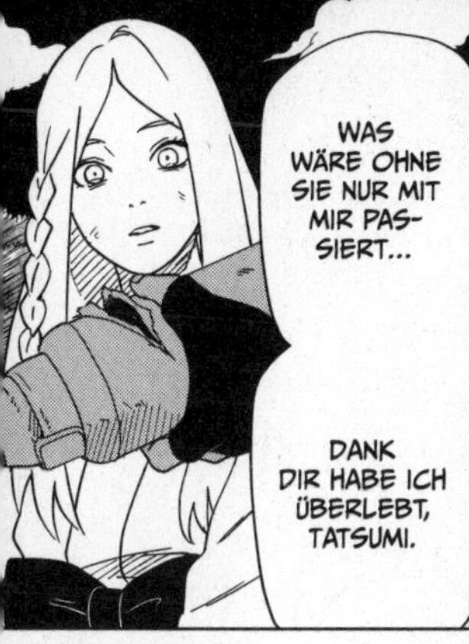
WAS WÄRE OHNE SIE NUR MIT MIR PASSIERT...
DANK DIR HABE ICH ÜBERLEBT, TATSUMI.

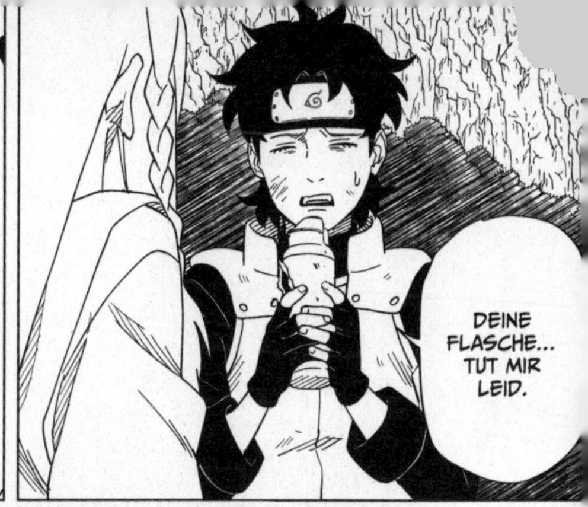
DEINE FLASCHE... TUT MIR LEID.

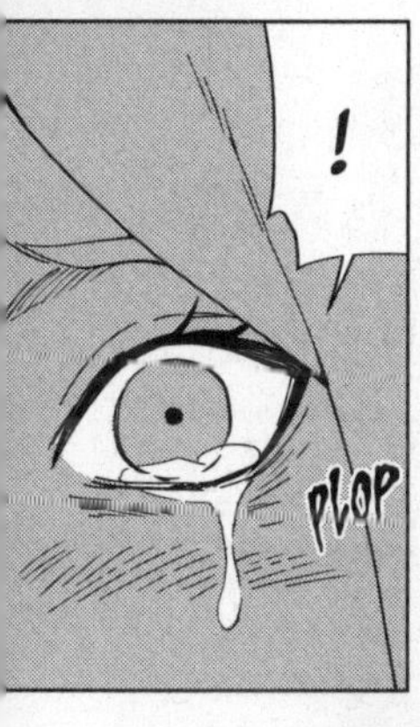
!
PLOP

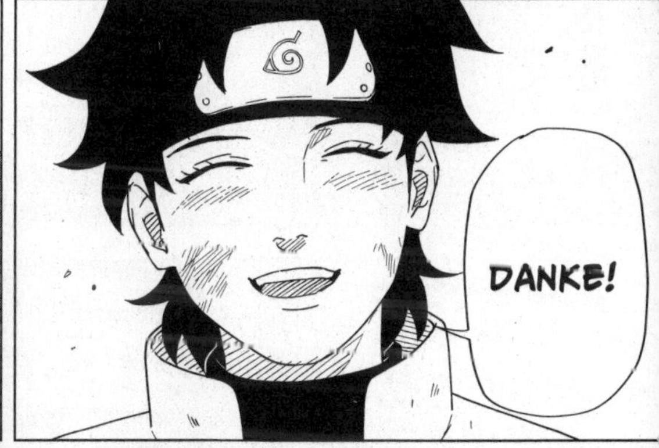
DANKE!

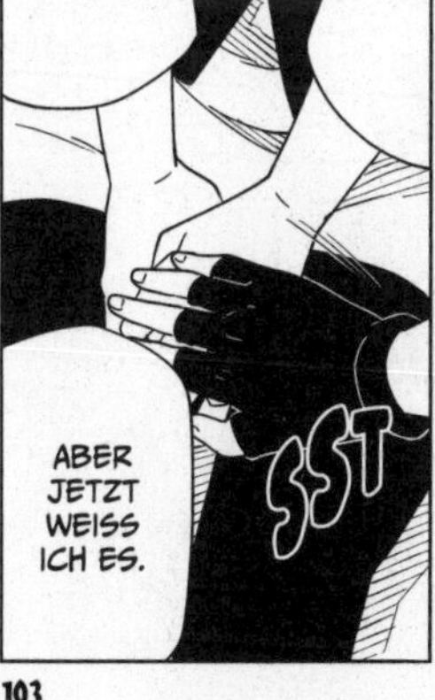
SST
ABER JETZT WEISS ICH ES.

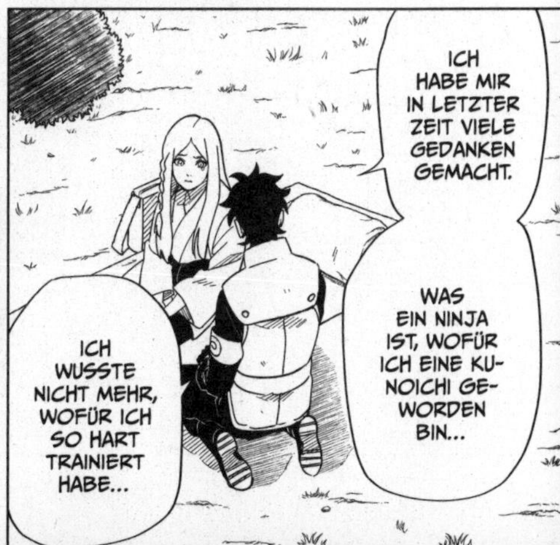
ICH HABE MIR IN LETZTER ZEIT VIELE GEDANKEN GEMACHT.
WAS EIN NINJA IST, WOFÜR ICH EINE KUNOICHI GEWORDEN BIN...
ICH WUSSTE NICHT MEHR, WOFÜR ICH SO HART TRAINIERT HABE...

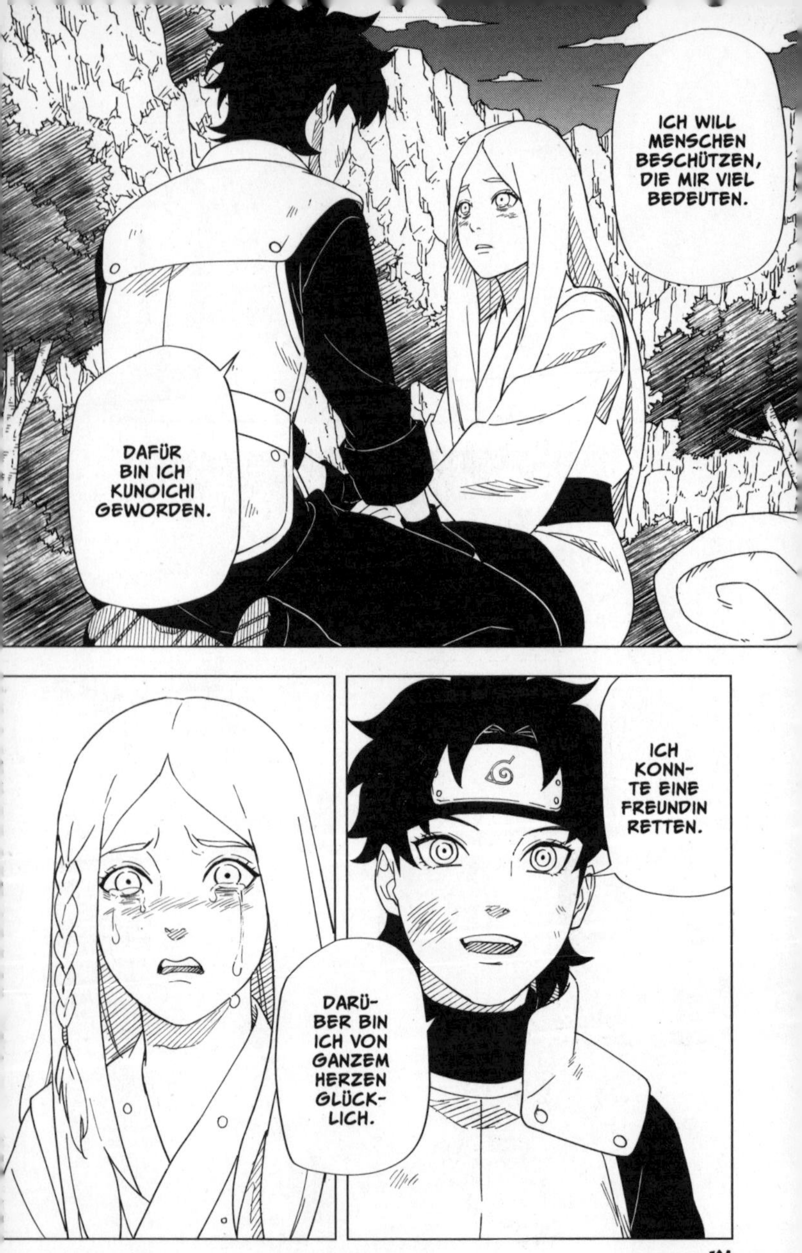

ICH WILL MENSCHEN BESCHÜTZEN, DIE MIR VIEL BEDEUTEN.

DAFÜR BIN ICH KUNOICHI GEWORDEN.

ICH KONNTE EINE FREUNDIN RETTEN.

DARÜBER BIN ICH VON GANZEM HERZEN GLÜCKLICH.

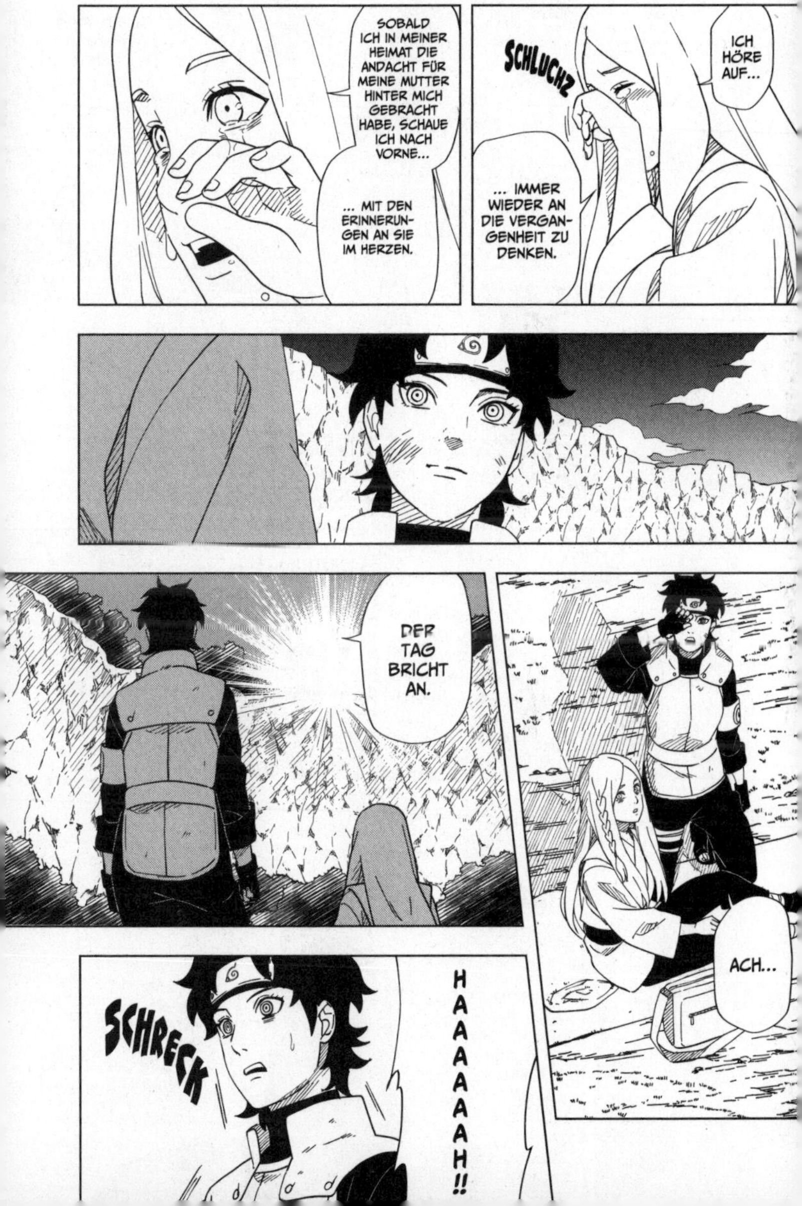

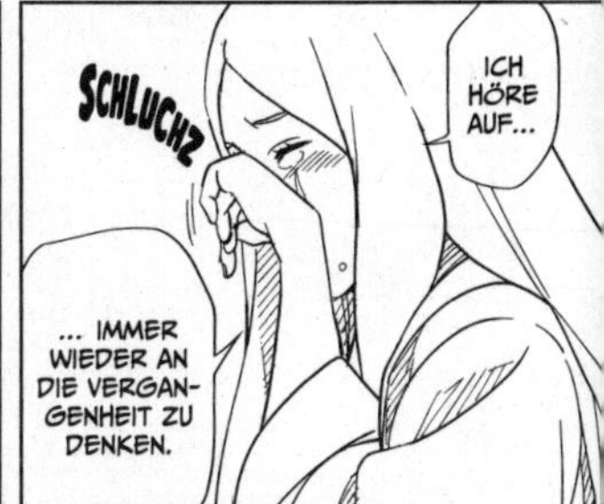
ICH HÖRE AUF...
SCHLUCHZ
... IMMER WIEDER AN DIE VERGANGENHEIT ZU DENKEN.

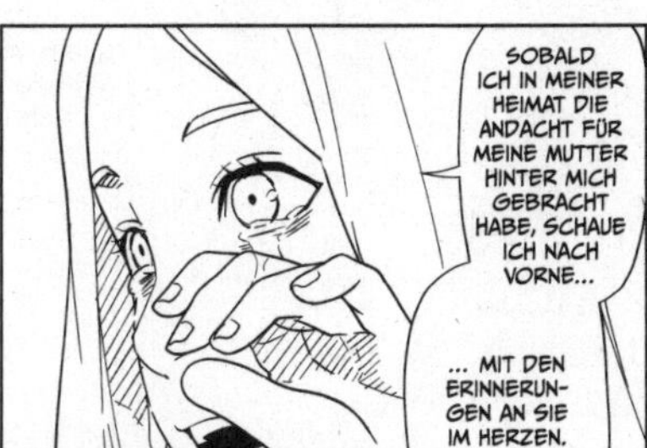
SOBALD ICH IN MEINER HEIMAT DIE ANDACHT FÜR MEINE MUTTER HINTER MICH GEBRACHT HABE, SCHAUE ICH NACH VORNE...
... MIT DEN ERINNERUNGEN AN SIE IM HERZEN.

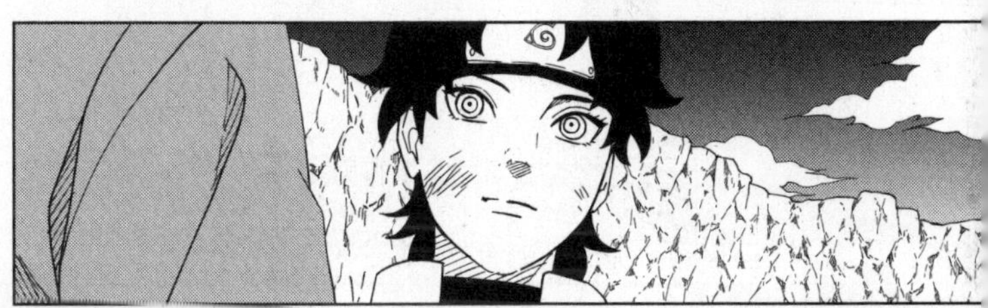

ACH...
DER TAG BRICHT AN.
HAAAAAAAAAH!!
SCHRECK

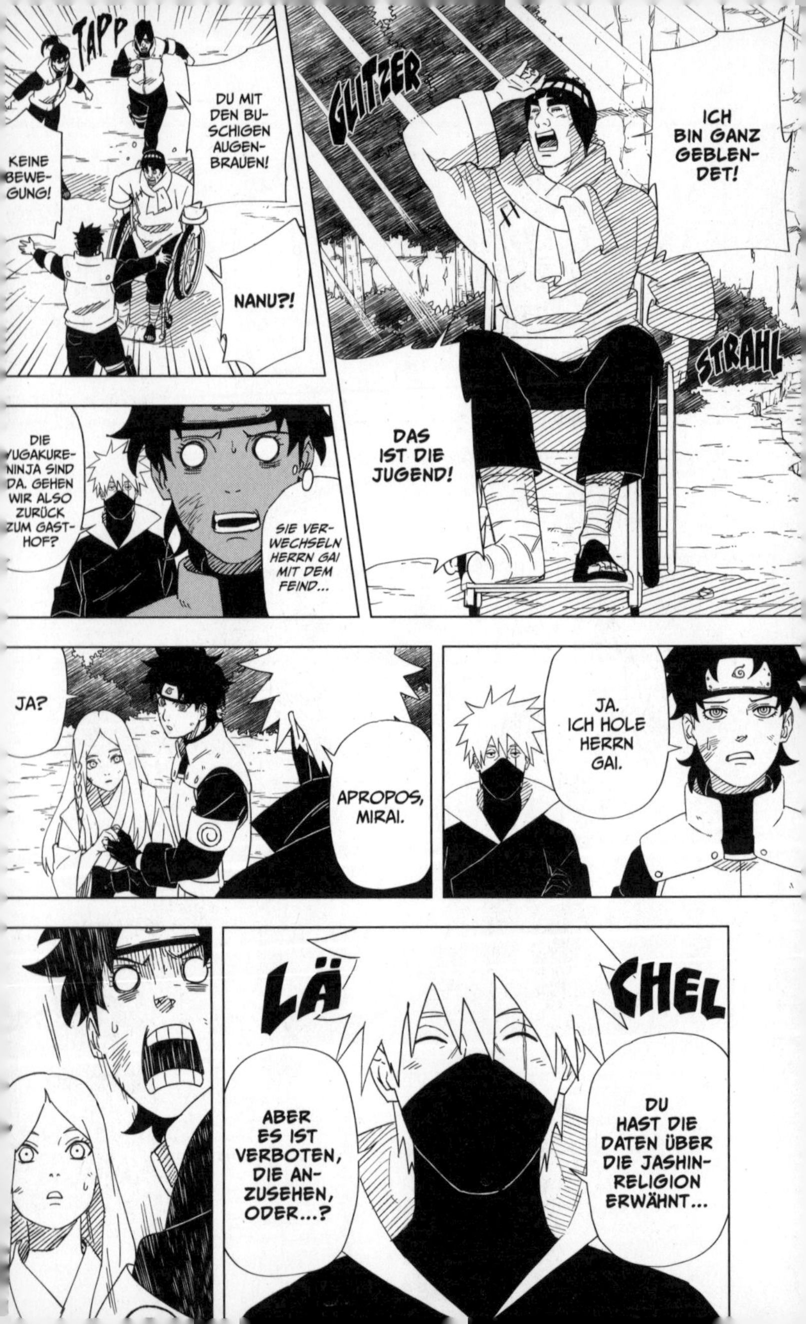

GLITZER
ICH BIN GANZ GEBLENDET!
STRAHL
DAS IST DIE JUGEND!
TAPP
DU MIT DEN BUSCHIGEN AUGENBRAUEN!
KEINE BEWEGUNG!
NANU?!
SIE VERWECHSELN HERRN GAI MIT DEM FEIND...
DIE YUGAKURE-NINJA SIND DA. GEHEN WIR ALSO ZURÜCK ZUM GASTHOF?
JA. ICH HOLE HERRN GAI.
APROPOS, MIRAI.
JA?

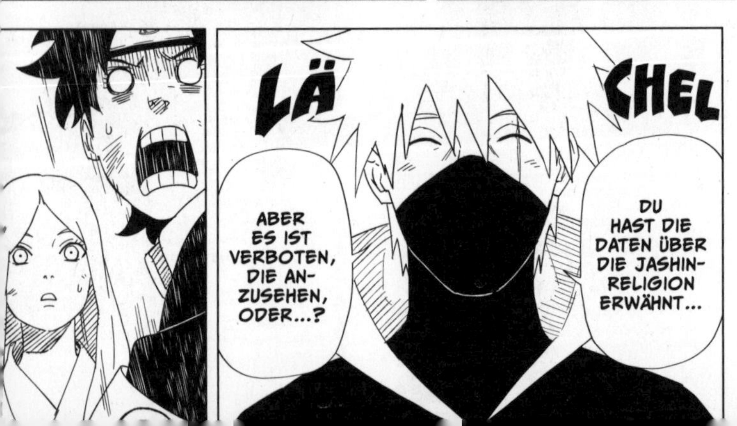

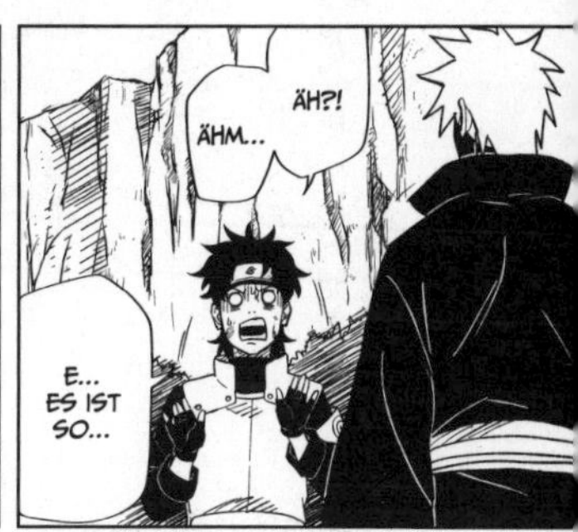
ÄH?!
ÄHM...
E... ES IST SO...

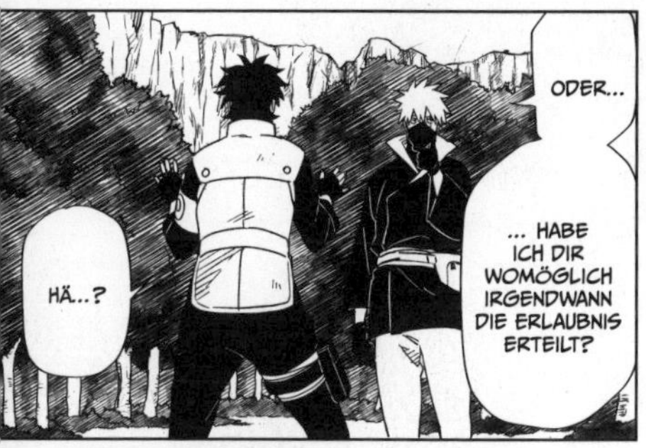
ODER...
... HABE ICH DIR WOMÖGLICH IRGENDWANN DIE ERLAUBNIS ERTEILT?
HÄ..?

MACHEN WIR ES SO, FALLS DU ÄRGER BE-KOMMST, JA?

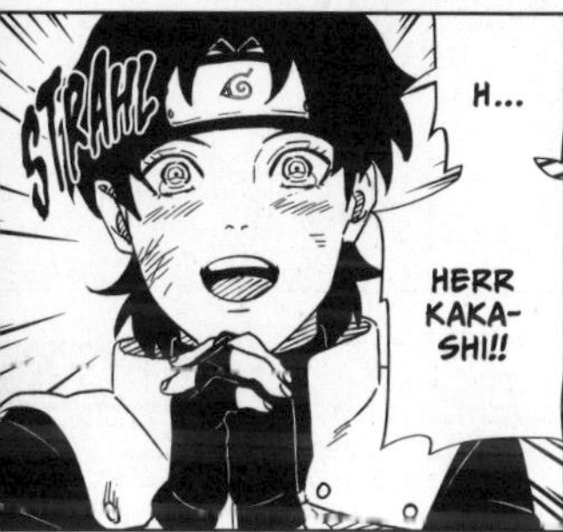
H...
HERR KAKA-SHI!!
STRAHL

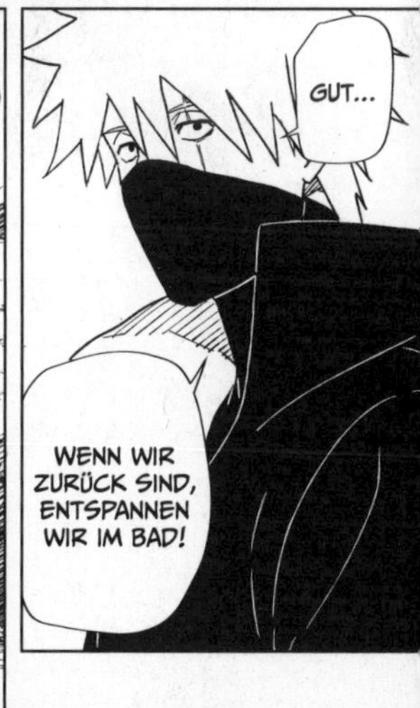
GUT...
WENN WIR ZURÜCK SIND, ENTSPANNEN WIR IM BAD!

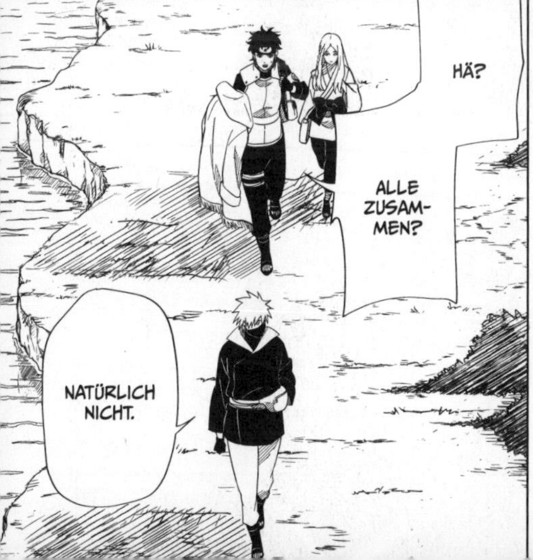
HÄ?
ALLE ZUSAM-MEN?
NATÜRLICH NICHT.

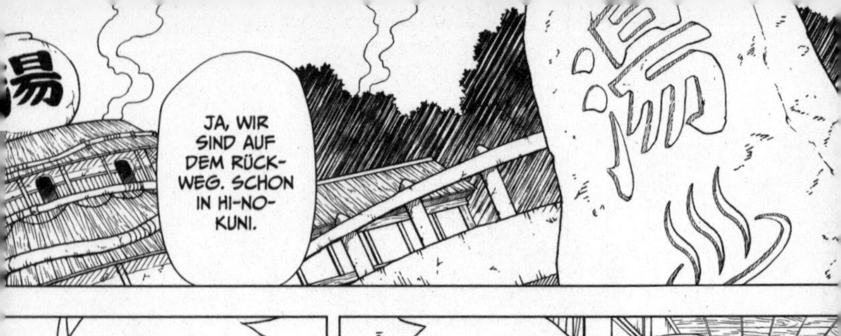
湯
JA, WIR SIND AUF DEM RÜCK-WEG. SCHON IN HI-NO-KUNI.

UND WIE HAT SICH DER FALL ENTWI-CKELT?
VERSTEHE... SASUKE UND SAKURA... DAS IST GUT.
SARADA HAT SICH SICHER GEFREUT.

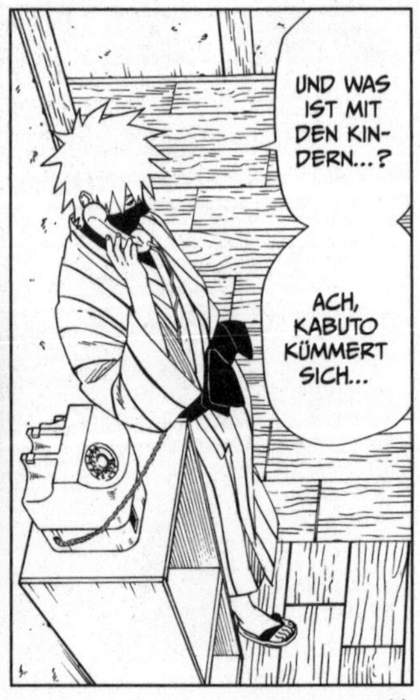
UND WAS IST MIT DEN KIN-DERN...?
ACH, KABUTO KÜMMERT SICH...

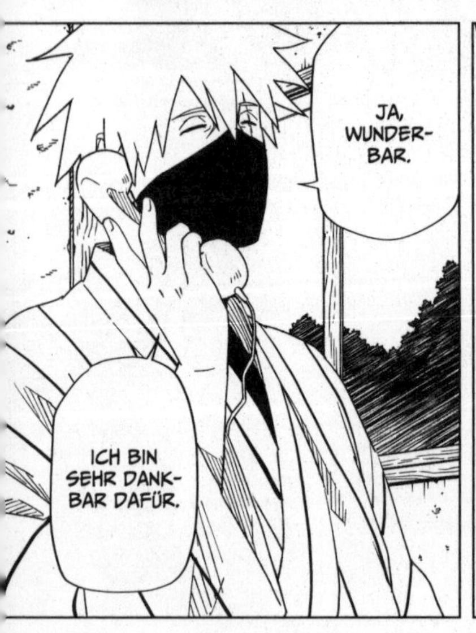
JA, WUNDER-BAR.
ICH BIN SEHR DANK-BAR DAFÜR.

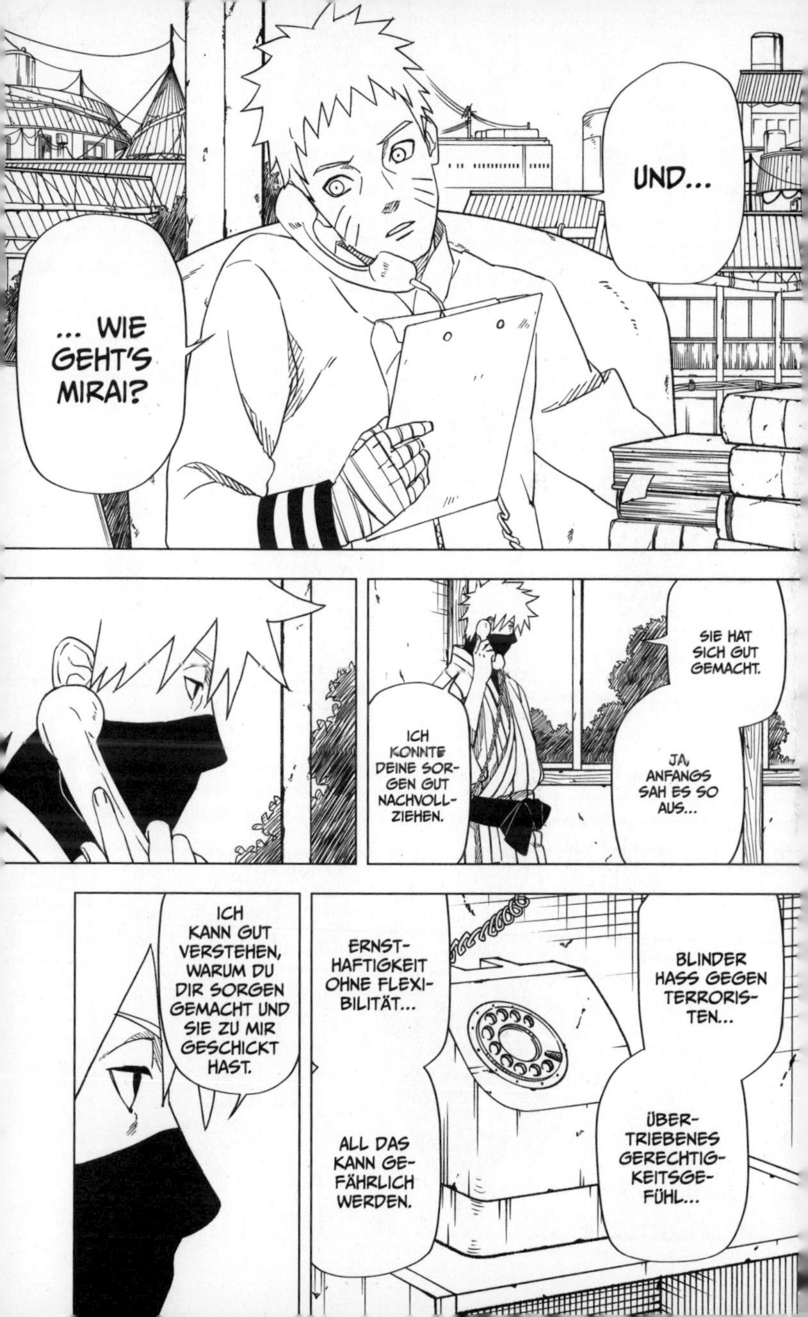
UND...
... WIE GEHT'S MIRAI?
SIE HAT SICH GUT GEMACHT.
JA, ANFANGS SAH ES SO AUS...
ICH KONNTE DEINE SORGEN GUT NACHVOLLZIEHEN.
BLINDER HASS GEGEN TERRORISTEN...
ÜBERTRIEBENES GERECHTIGKEITSGEFÜHL...
ERNSTHAFTIGKEIT OHNE FLEXIBILITÄT...
ALL DAS KANN GEFÄHRLICH WERDEN.
ICH KANN GUT VERSTEHEN, WARUM DU DIR SORGEN GEMACHT UND SIE ZU MIR GESCHICKT HAST.

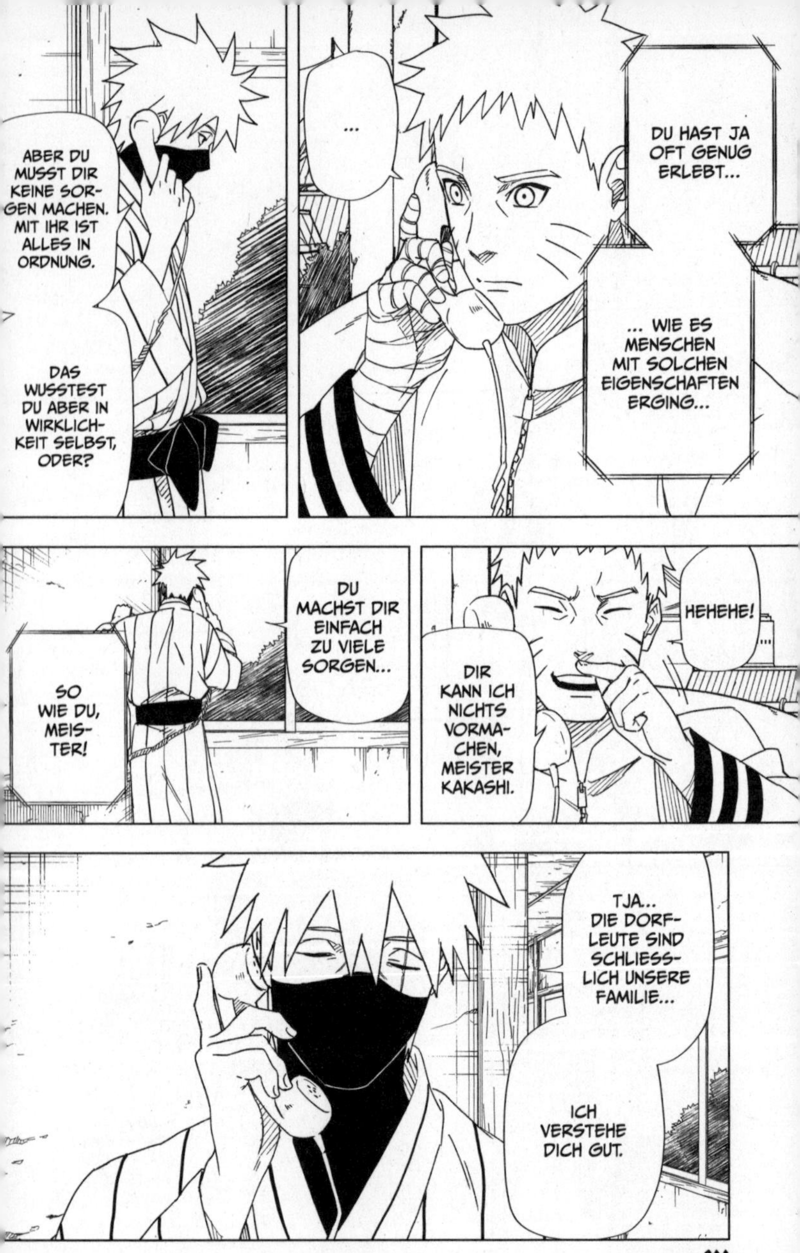

DU HAST JA OFT GENUG ERLEBT...
... WIE ES MENSCHEN MIT SOLCHEN EIGENSCHAFTEN ERGING...
...
ABER DU MUSST DIR KEINE SORGEN MACHEN. MIT IHR IST ALLES IN ORDNUNG.
DAS WUSSTEST DU ABER IN WIRKLICHKEIT SELBST, ODER?

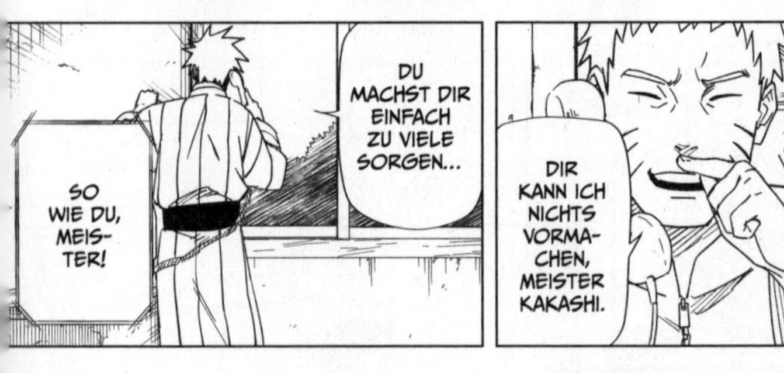

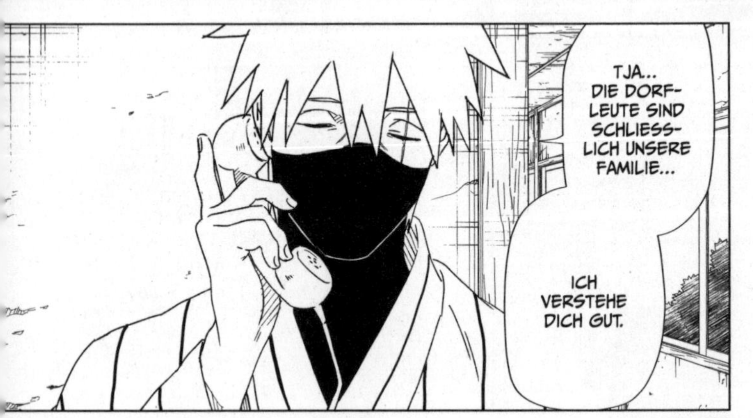

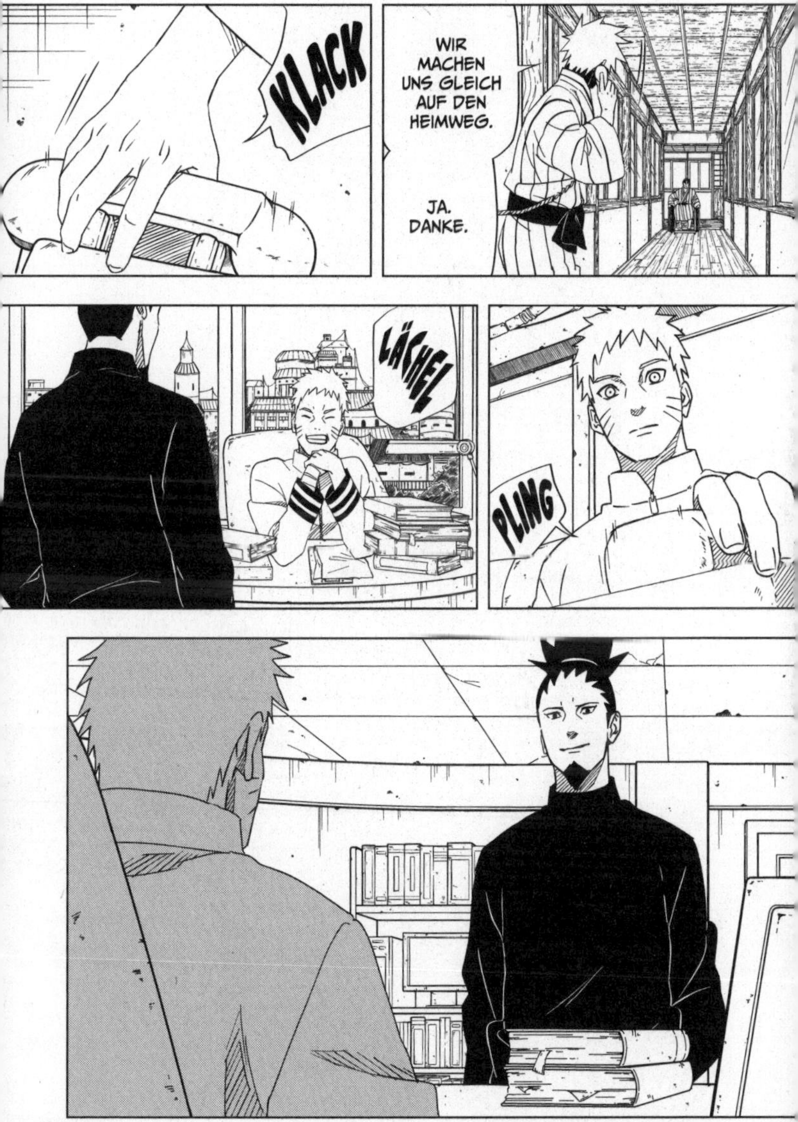

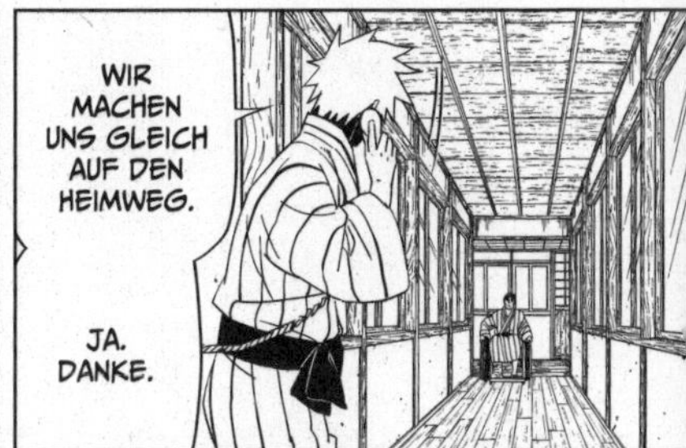
WIR MACHEN UNS GLEICH AUF DEN HEIMWEG.
JA. DANKE.

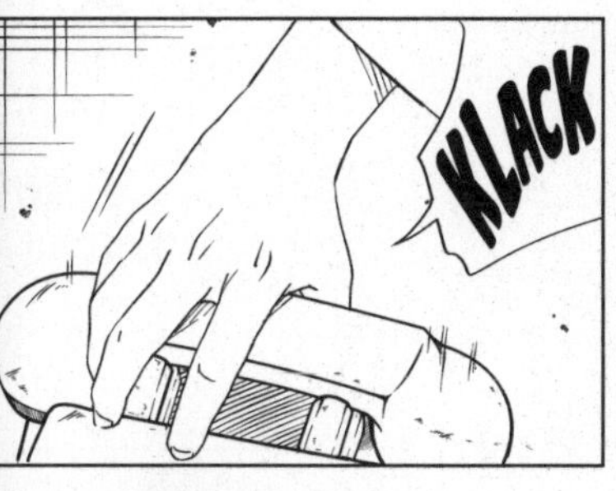
KLACK

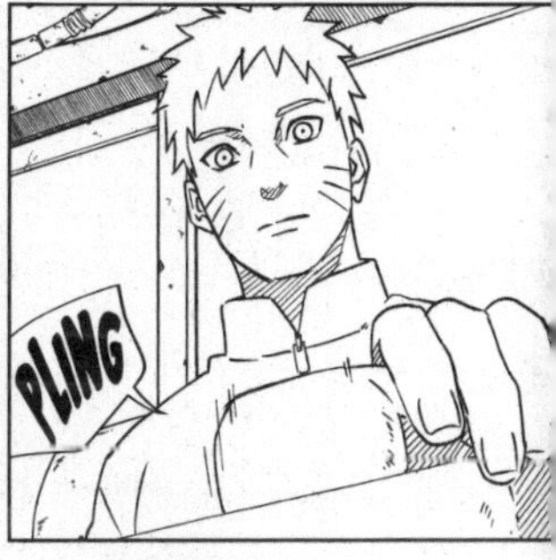
PLING

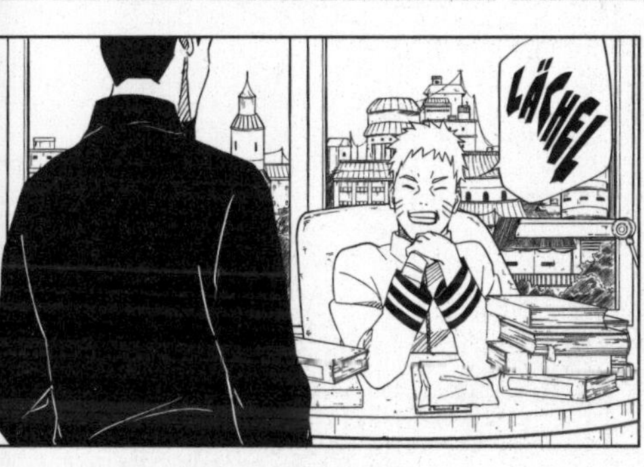
LÄCHEL

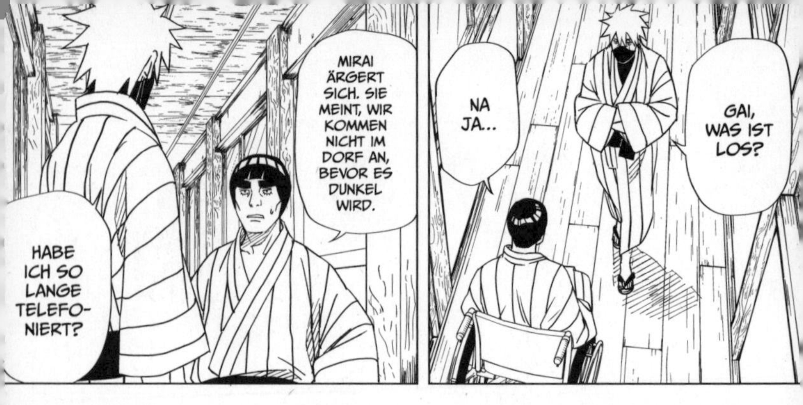
GAI, WAS IST LOS?
NA JA...
MIRAI ÄRGERT SICH. SIE MEINT, WIR KOMMEN NICHT IM DORF AN, BEVOR ES DUNKEL WIRD.
HABE ICH SO LANGE TELEFONIERT?

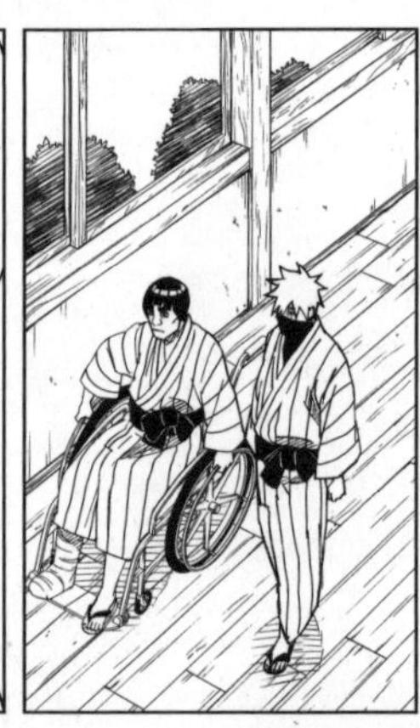

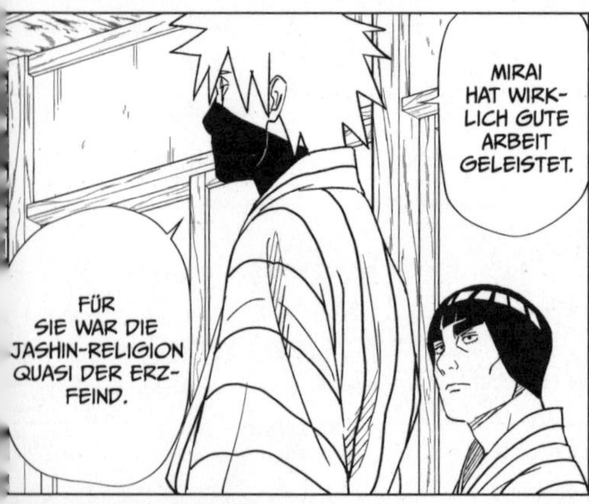
MIRAI HAT WIRKLICH GUTE ARBEIT GELEISTET.
FÜR SIE WAR DIE JASHIN-RELIGION QUASI DER ERZFEIND.

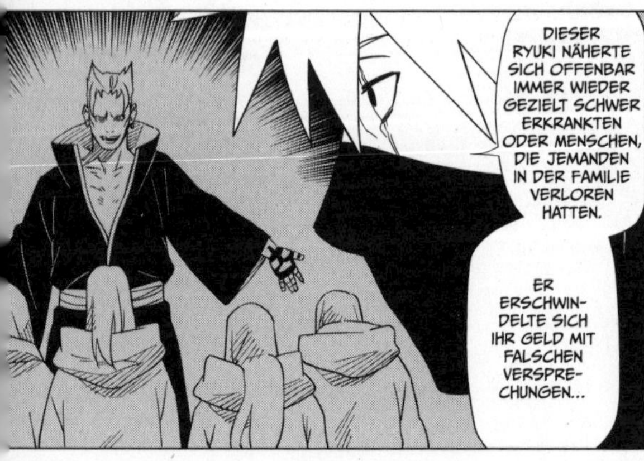
DIESER RYUKI NÄHERTE SICH OFFENBAR IMMER WIEDER GEZIELT SCHWER ERKRANKTEN ODER MENSCHEN, DIE JEMANDEN IN DER FAMILIE VERLOREN HATTEN.
ER ERSCHWINDELTE SICH IHR GELD MIT FALSCHEN VERSPRECHUNGEN...

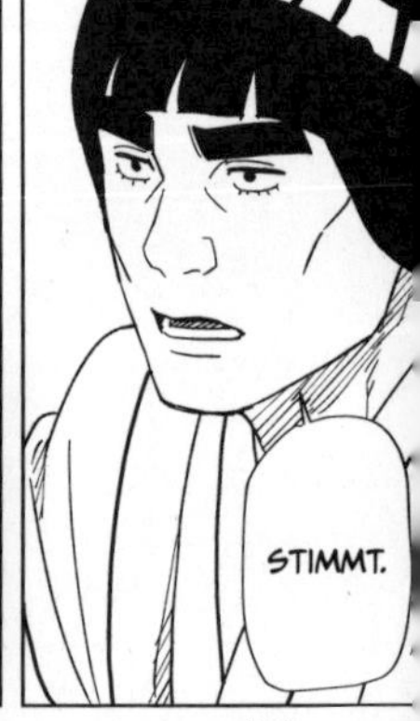
STIMMT.

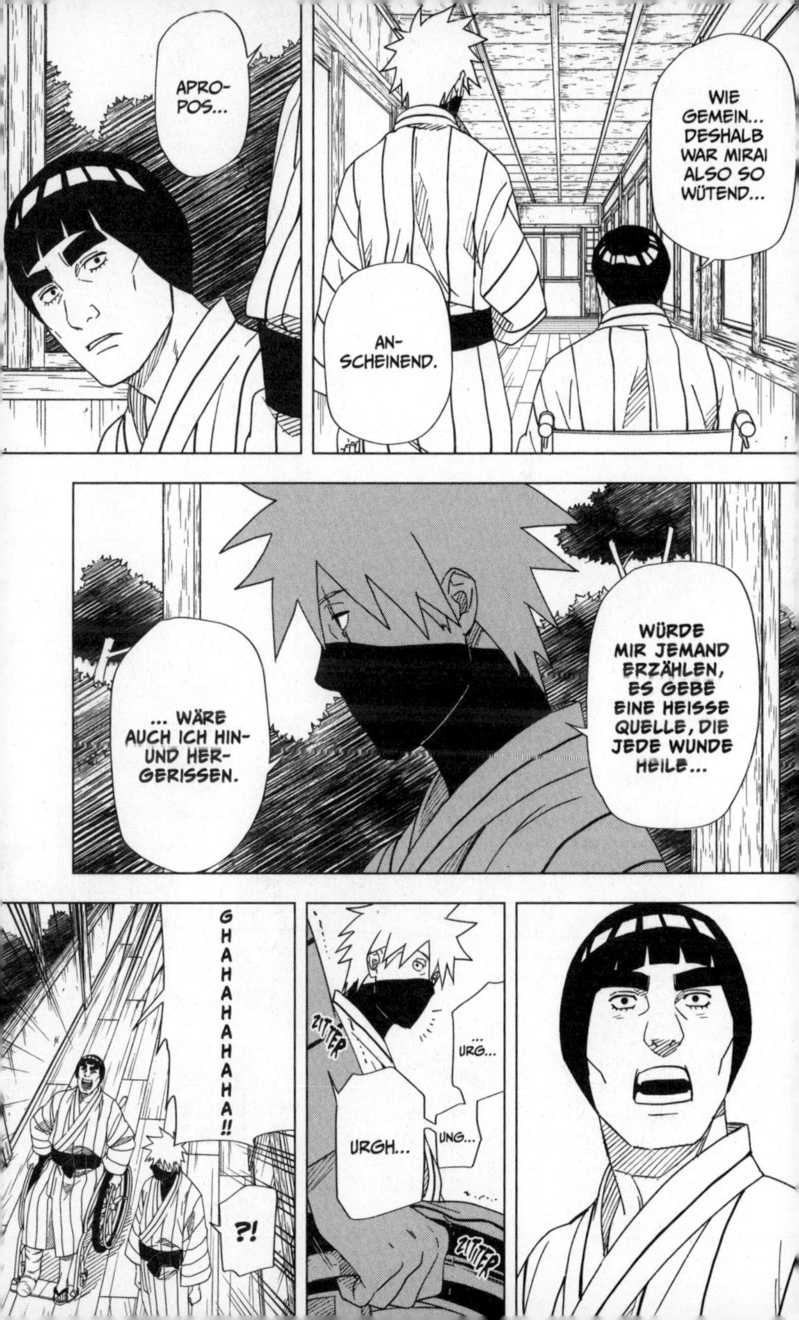

WIE GEMEIN... DESHALB WAR MIRAI ALSO SO WÜTEND...
AN-SCHEINEND.
APRO-POS...
WÜRDE MIR JEMAND ERZÄHLEN, ES GEBE EINE HEISSE QUELLE, DIE JEDE WUNDE HEILE...
... WÄRE AUCH ICH HIN- UND HER-GERISSEN.
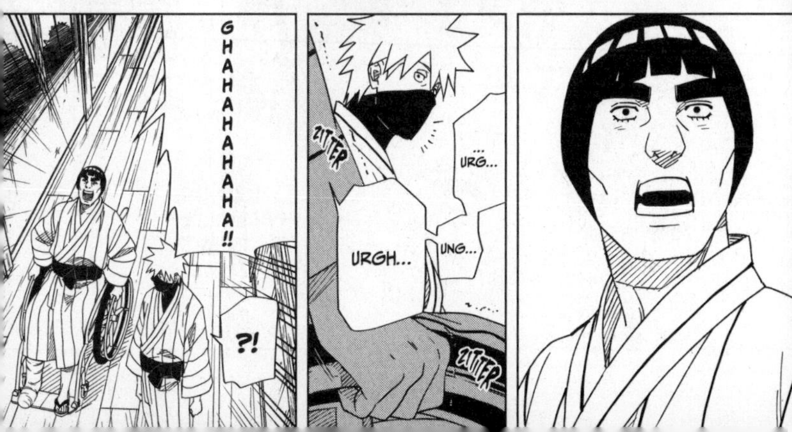
... URG...
ZITTER
UNG...
URGH...
ZITTER
GHAHAHAHAHAHA!!
?!

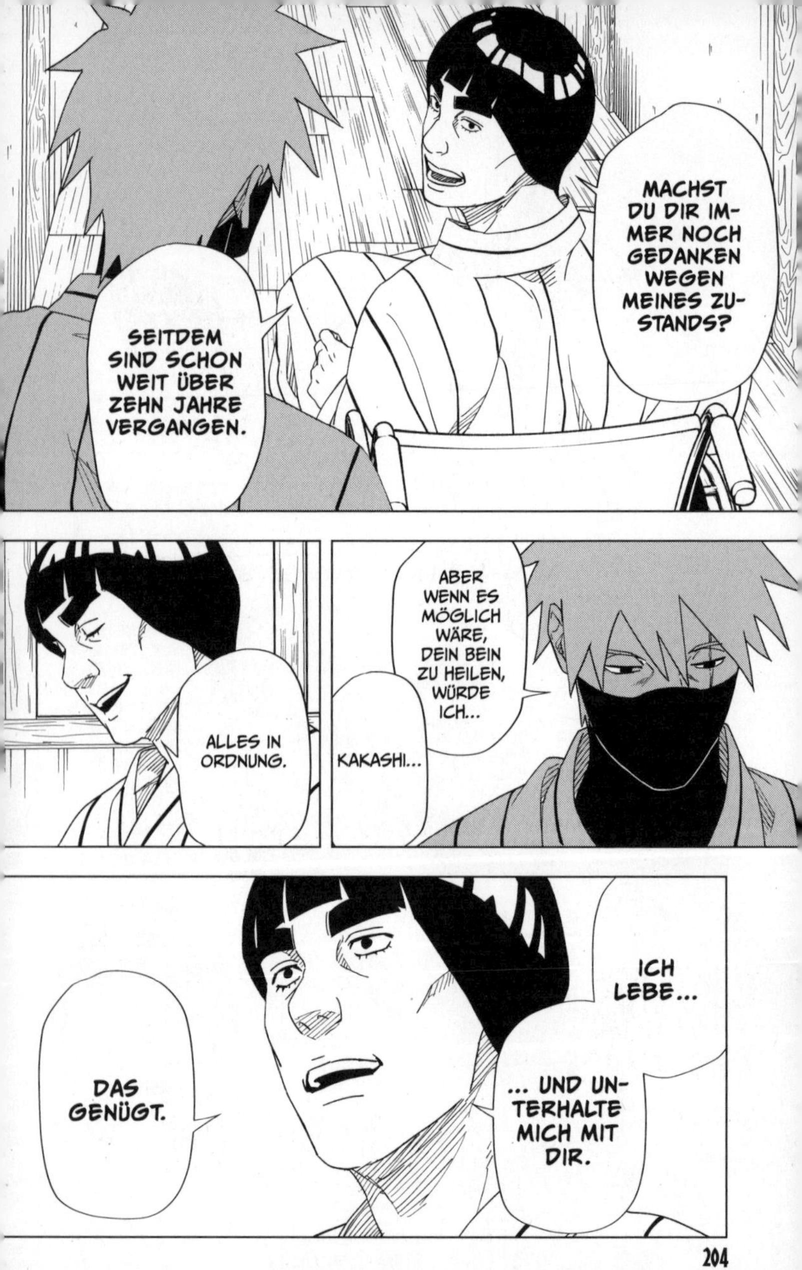

MACHST DU DIR IMMER NOCH GEDANKEN WEGEN MEINES ZUSTANDS?

SEITDEM SIND SCHON WEIT ÜBER ZEHN JAHRE VERGANGEN.

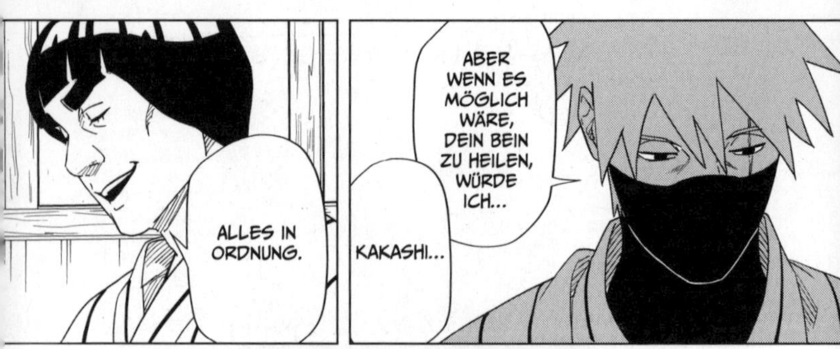

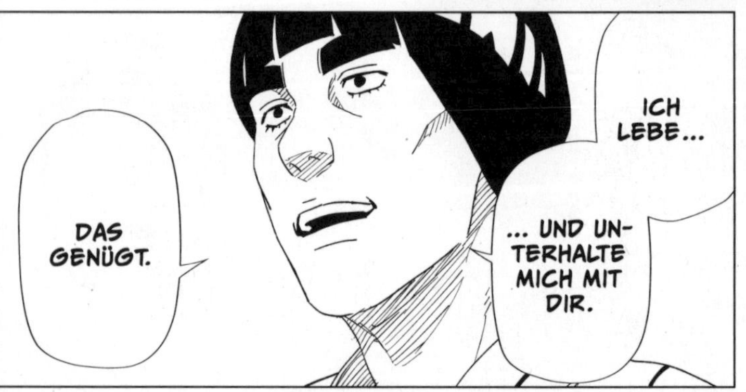

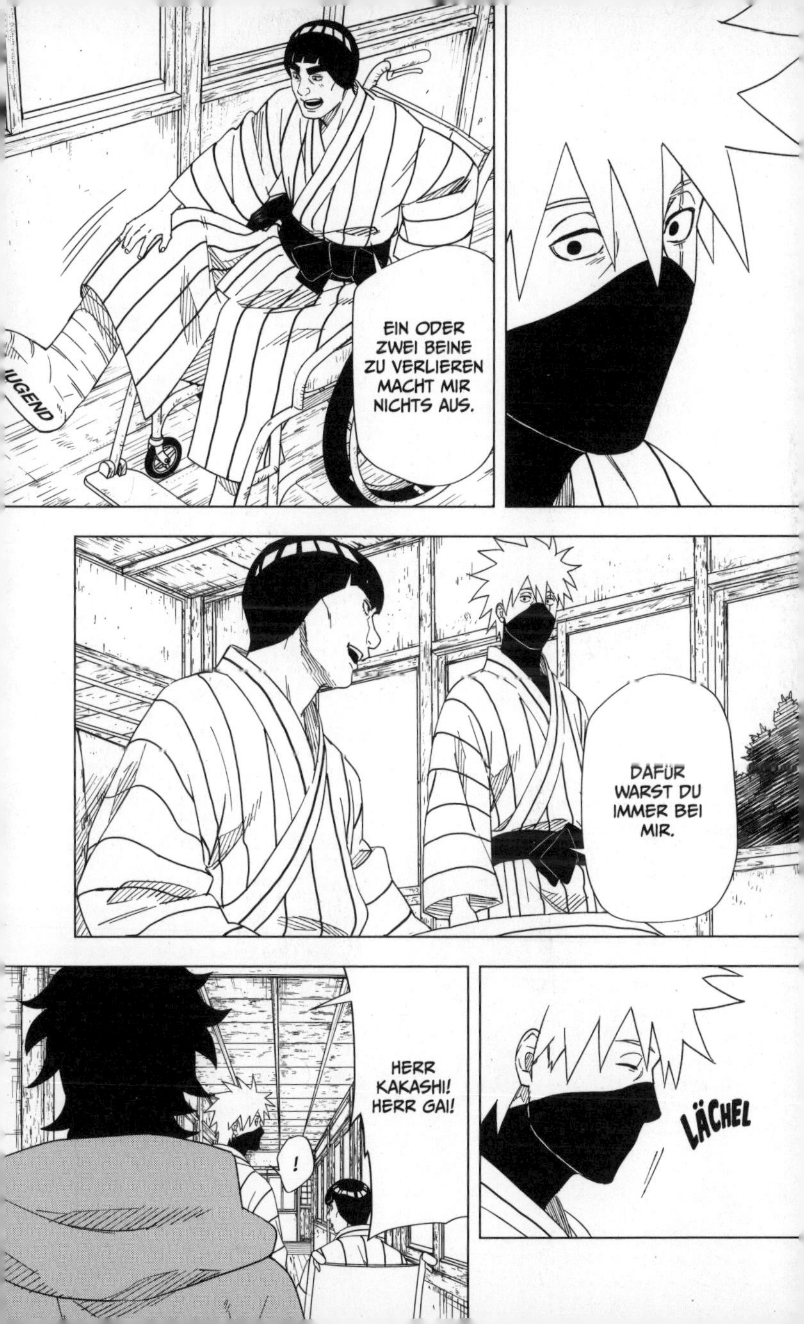

EIN ODER ZWEI BEINE ZU VERLIEREN MACHT MIR NICHTS AUS.

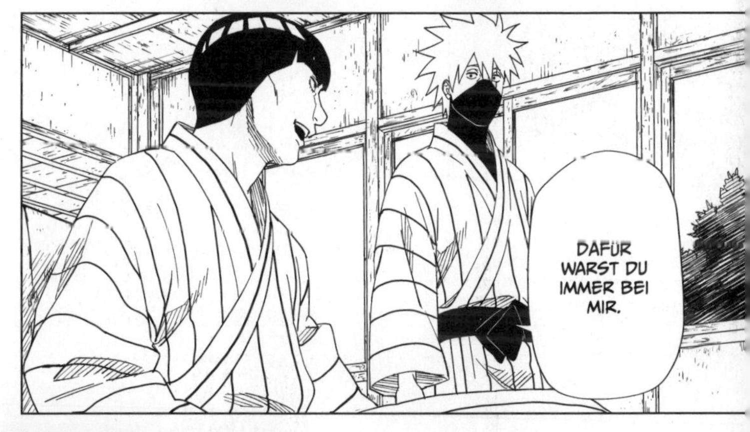

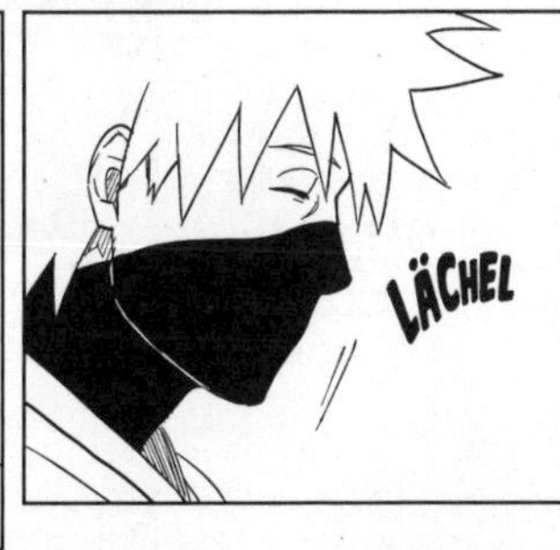

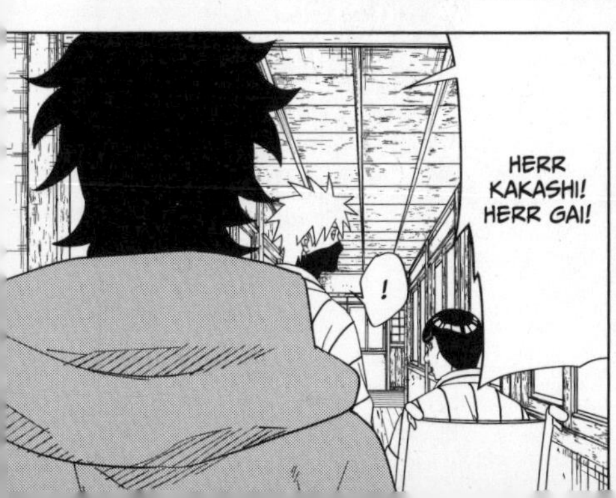

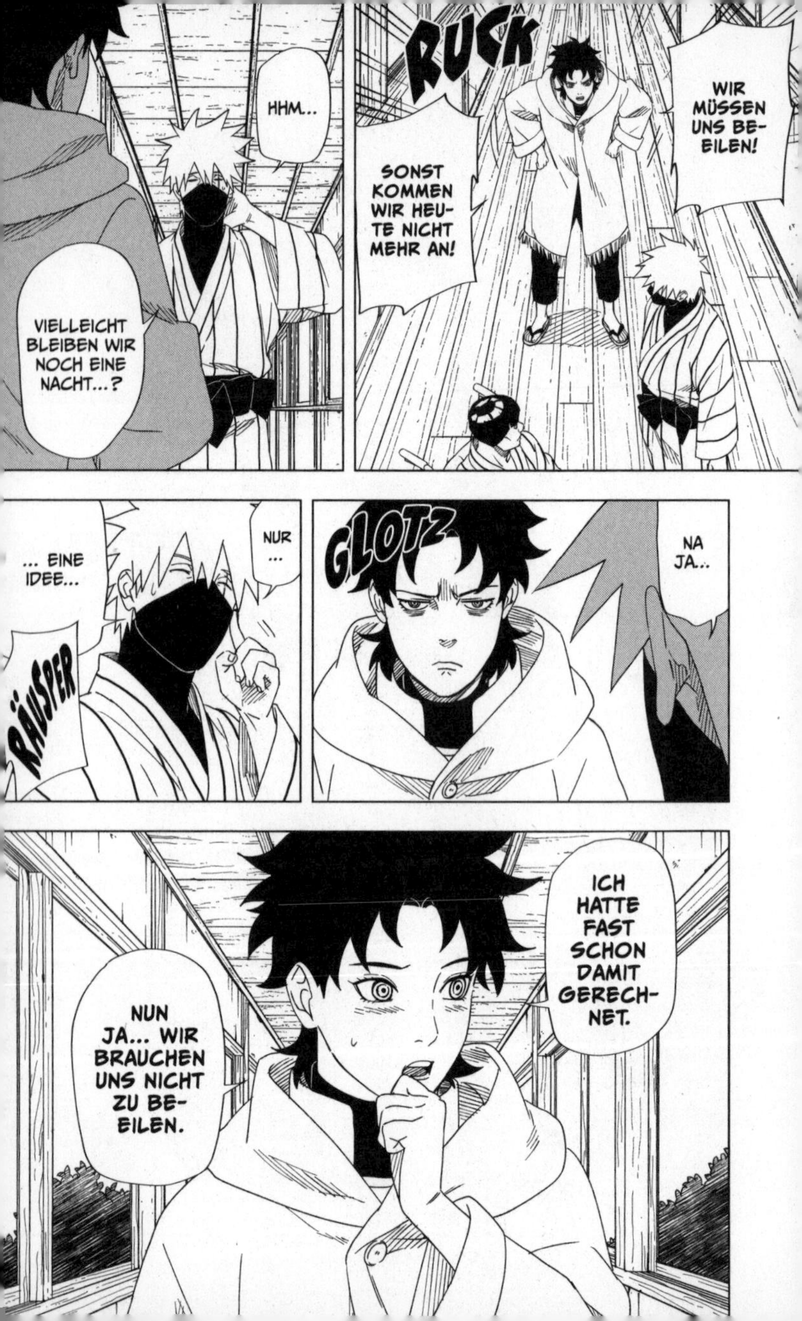

RUCK
WIR MÜSSEN UNS BEEILEN!
SONST KOMMEN WIR HEUTE NICHT MEHR AN!
HHM...
VIELLEICHT BLEIBEN WIR NOCH EINE NACHT...?

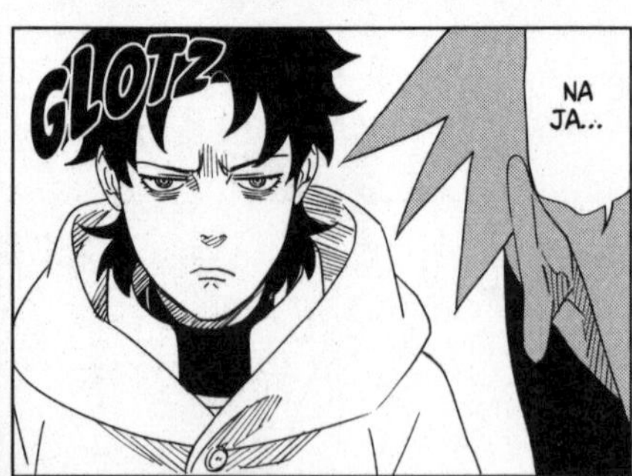

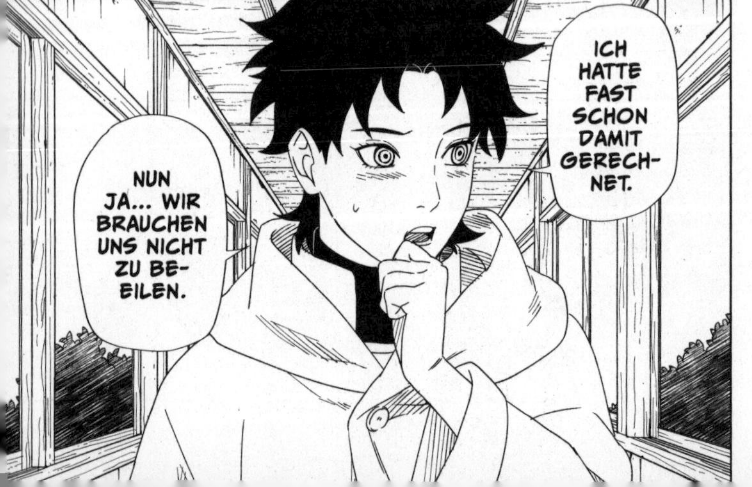

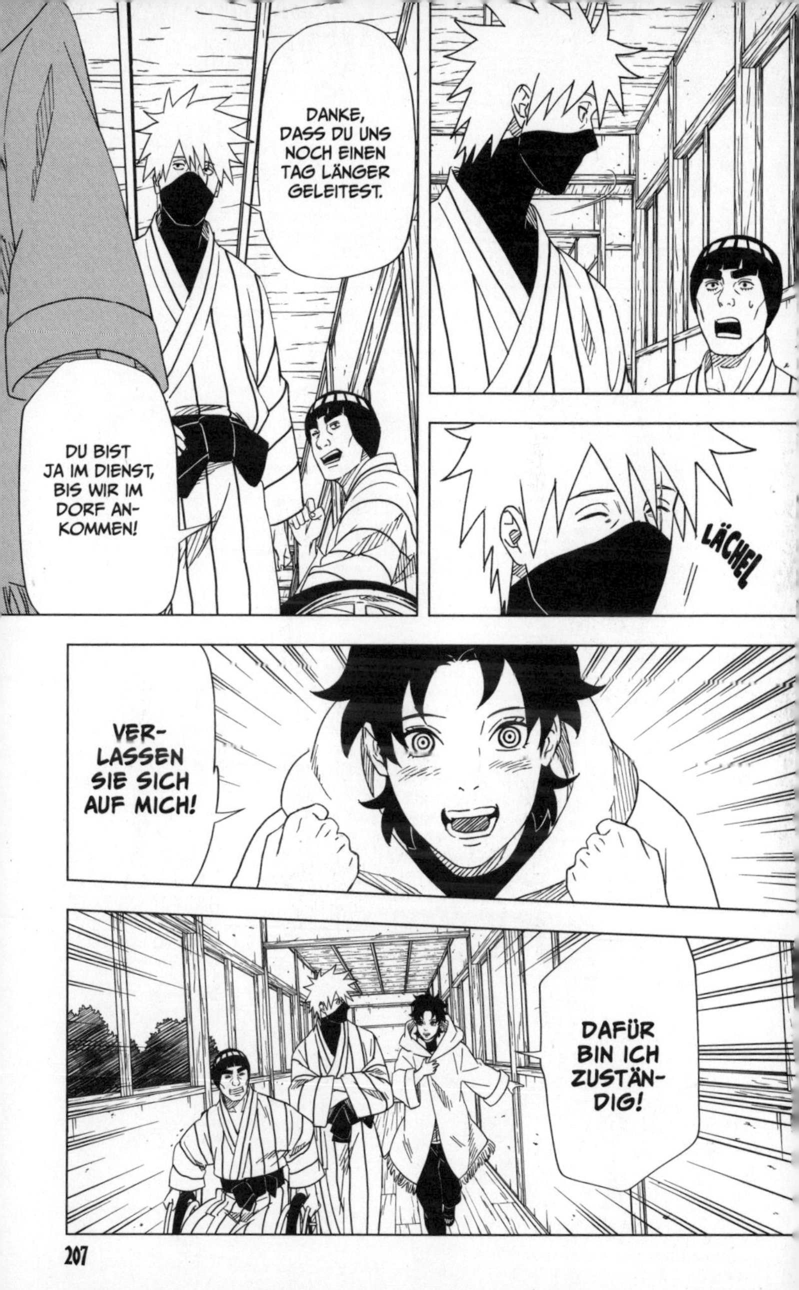

DANKE, DASS DU UNS NOCH EINEN TAG LÄNGER GELEITEST.

DU BIST JA IM DIENST, BIS WIR IM DORF AN-KOMMEN!

LÄCHEL

VER-LASSEN SIE SICH AUF MICH!

DAFÜR BIN ICH ZUSTÄN-DIG!

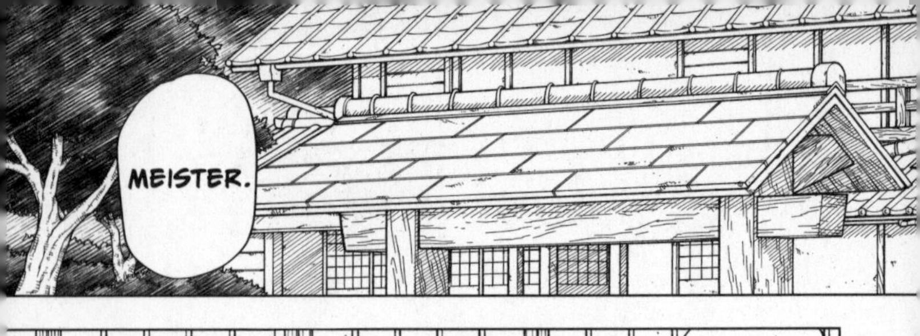
MEISTER.

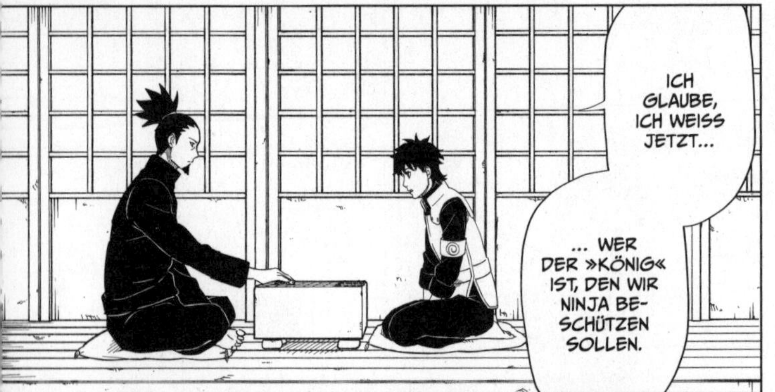
ICH GLAUBE, ICH WEISS JETZT...
... WER DER »KÖNIG« IST, DEN WIR NINJA BESCHÜTZEN SOLLEN.

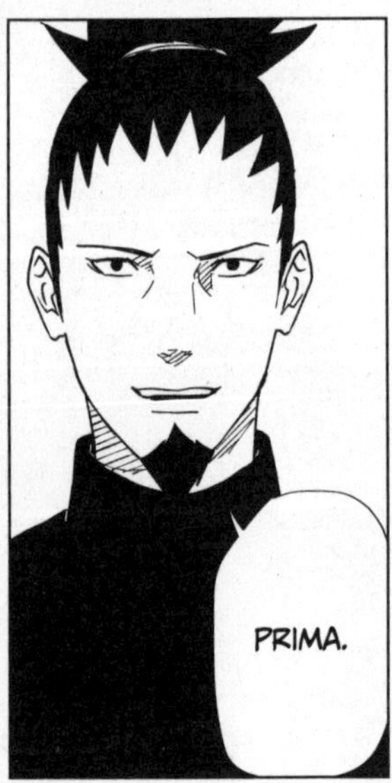
PRIMA.

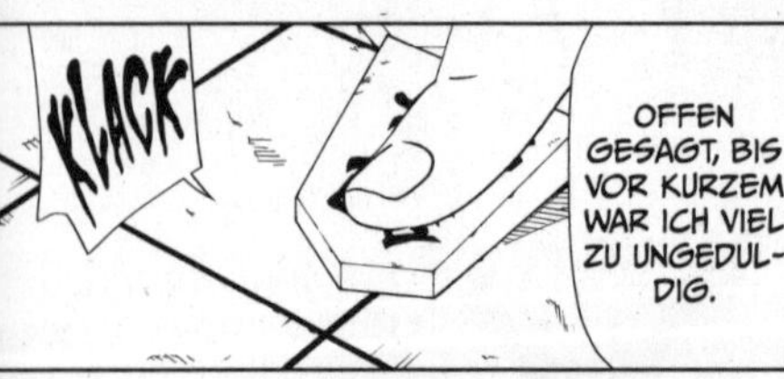
OFFEN GESAGT, BIS VOR KURZEM WAR ICH VIEL ZU UNGEDULDIG.
KLACK

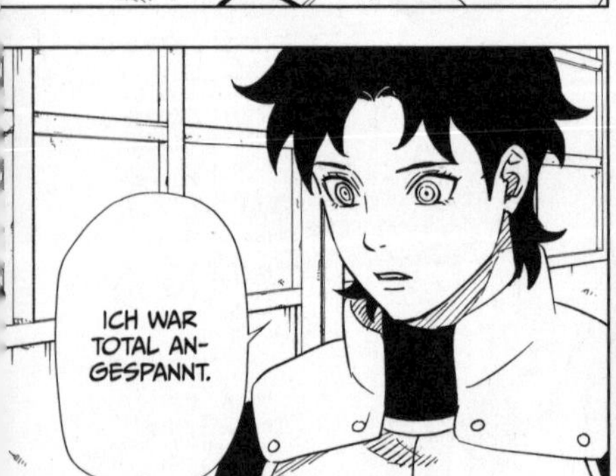
ICH WAR TOTAL ANGESPANNT.

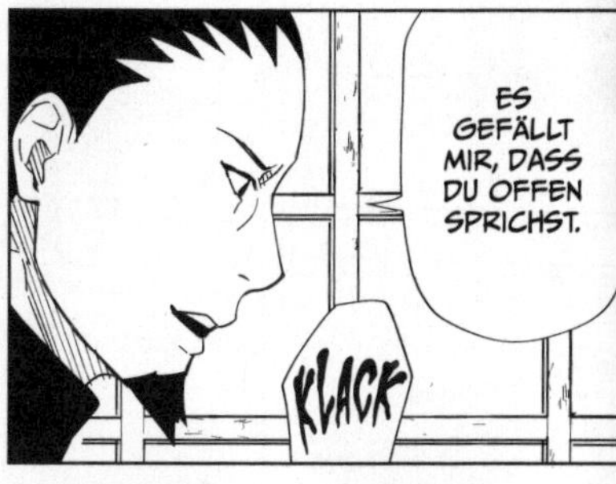
ES GEFÄLLT MIR, DASS DU OFFEN SPRICHST.
KLACK

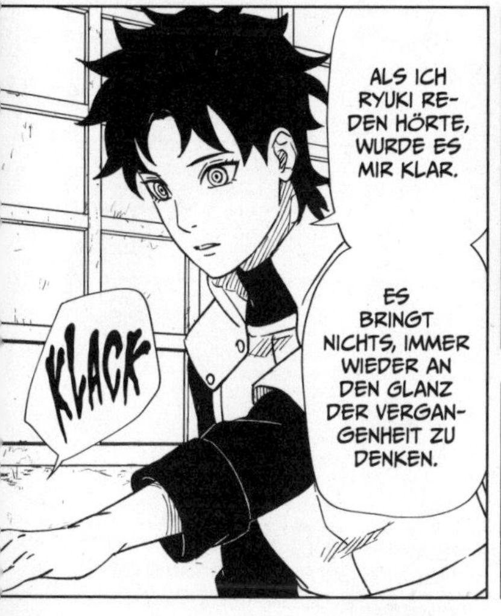
ALS ICH RYUKI REDEN HÖRTE, WURDE ES MIR KLAR.
ES BRINGT NICHTS, IMMER WIEDER AN DEN GLANZ DER VERGANGENHEIT ZU DENKEN.
KLACK

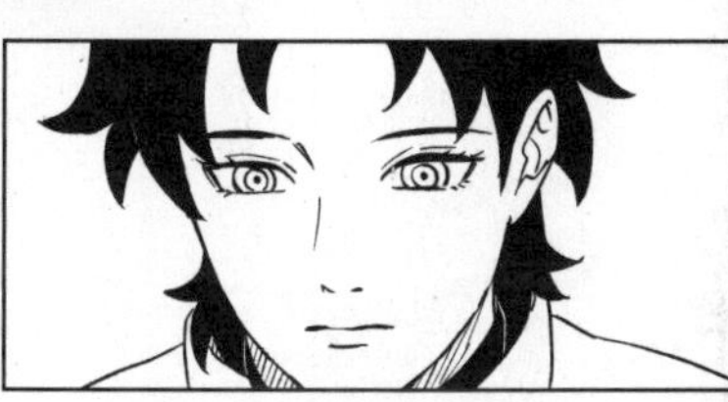

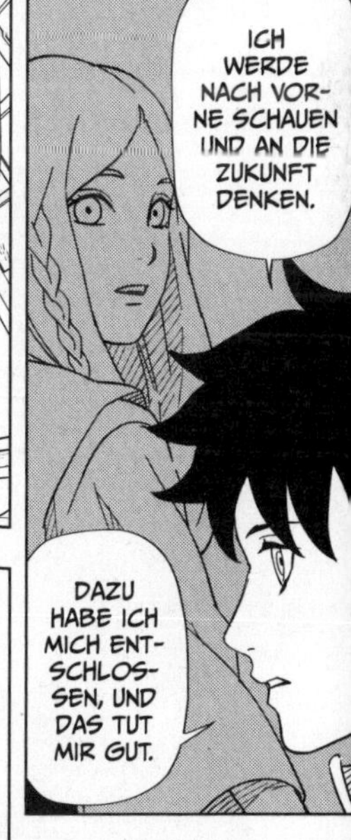
ICH WERDE NACH VORNE SCHAUEN UND AN DIE ZUKUNFT DENKEN.
DAZU HABE ICH MICH ENTSCHLOSSEN, UND DAS TUT MIR GUT.

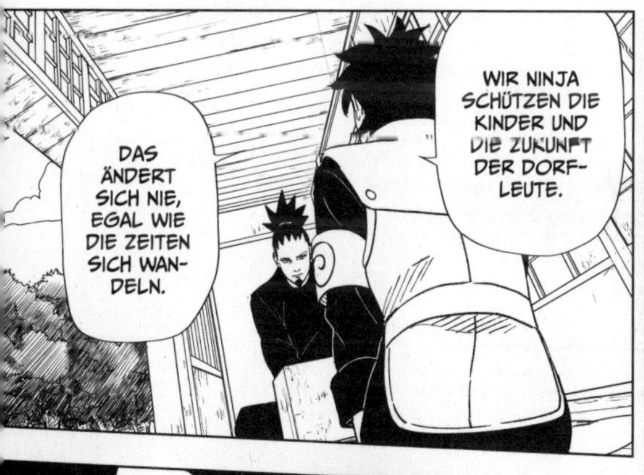
WIR NINJA SCHÜTZEN DIE KINDER UND DIE ZUKUNFT DER DORFLEUTE.
DAS ÄNDERT SICH NIE, EGAL WIE DIE ZEITEN SICH WANDELN.

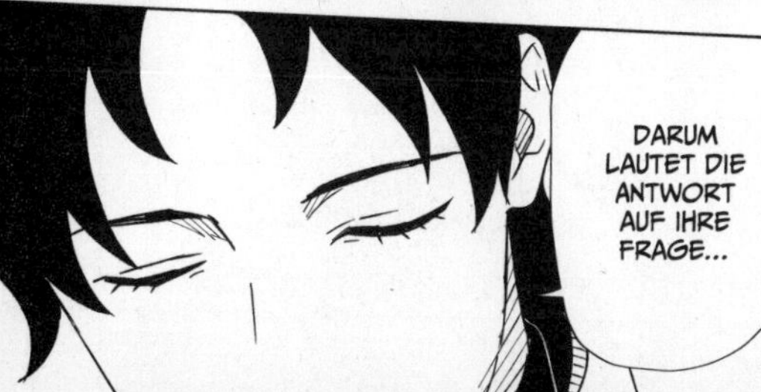
DARUM LAUTET DIE ANTWORT AUF IHRE FRAGE...

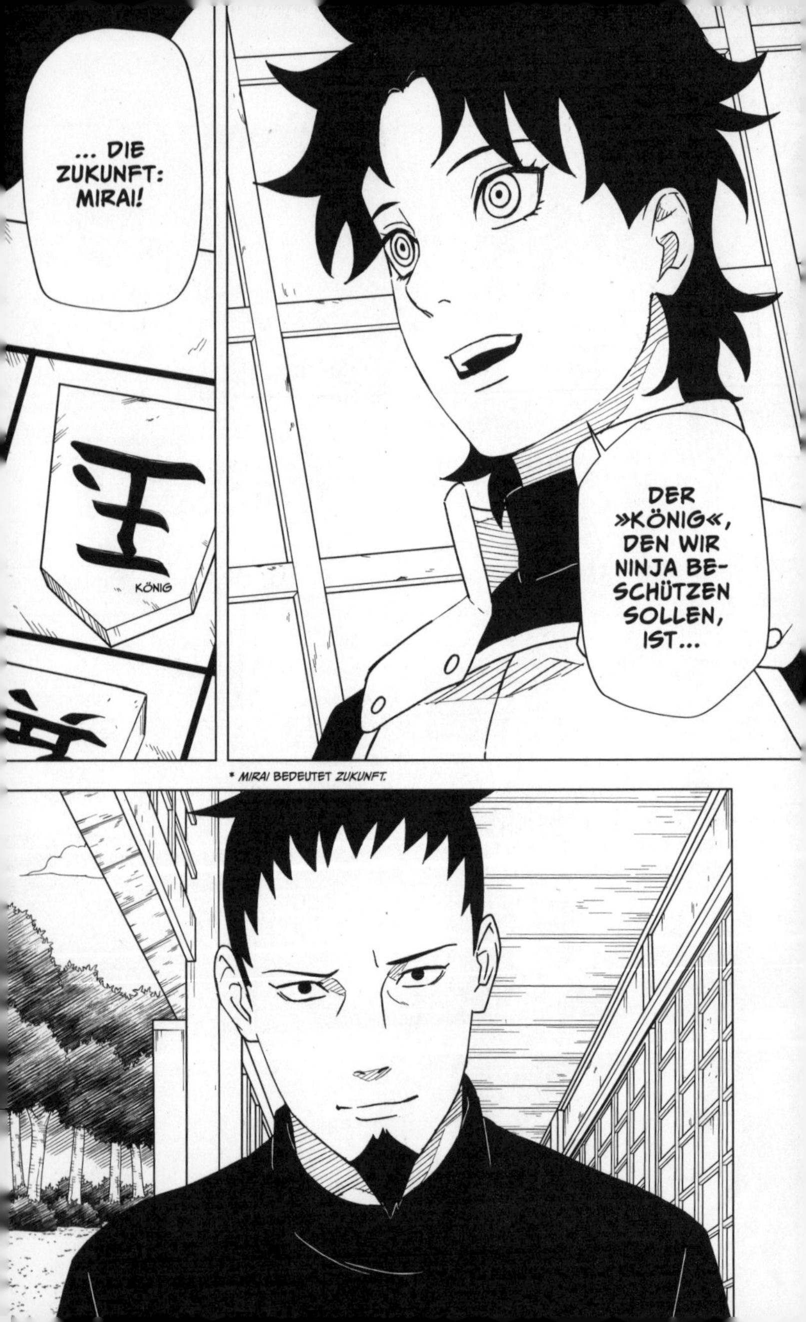

DER »KÖNIG«, DEN WIR NINJA BESCHÜTZEN SOLLEN, IST...

... DIE ZUKUNFT: MIRAI!

KÖNIG

* *MIRAI* BEDEUTET ZUKUNFT.

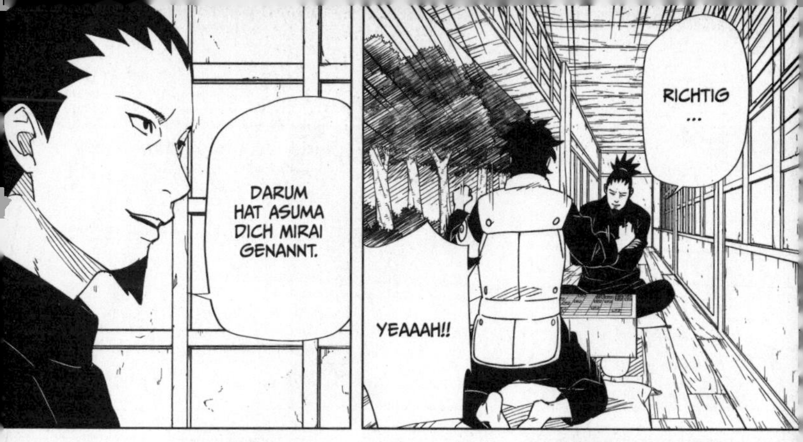
RICHTIG ...
YEAAAH!!
DARUM HAT ASUMA DICH MIRAI GENANNT.

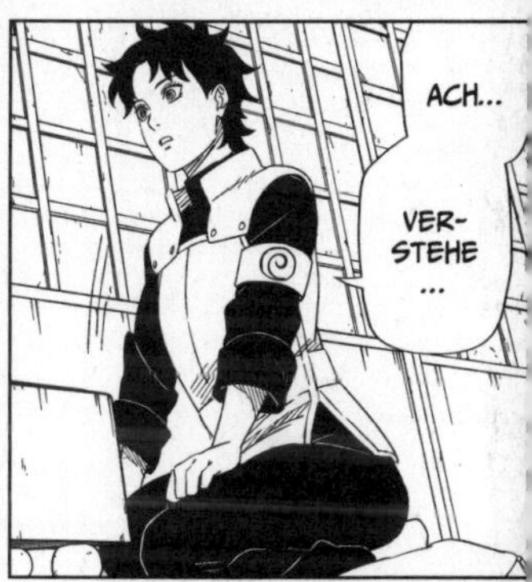
ACH...
VER-STEHE ...

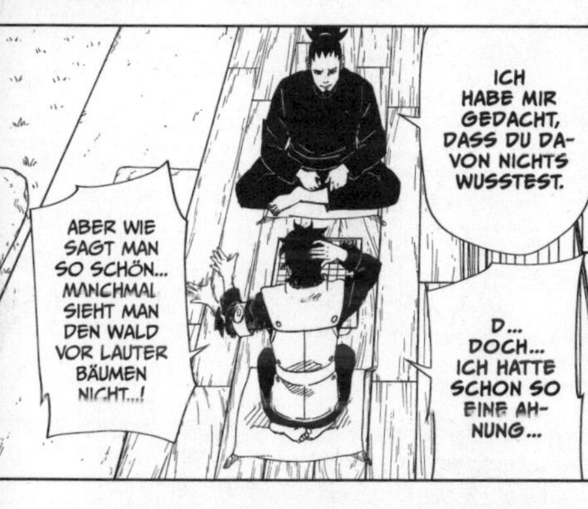
ICH HABE MIR GEDACHT, DASS DU DA-VON NICHTS WUSSTEST.
D... DOCH... ICH HATTE SCHON SO EINE AH-NUNG...
ABER WIE SAGT MAN SO SCHÖN... MANCHMAL SIEHT MAN DEN WALD VOR LAUTER BÄUMEN NICHT...!

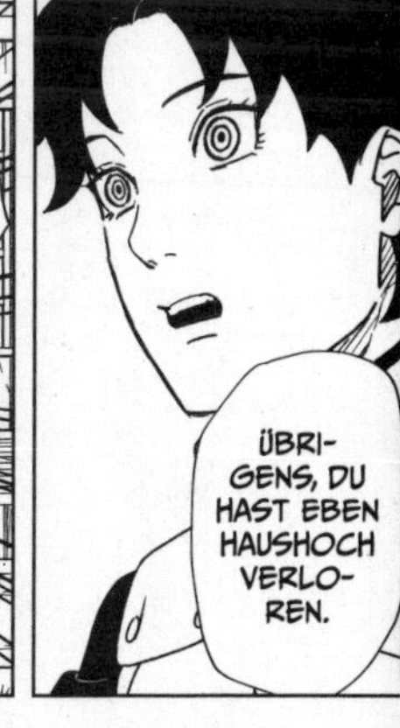
ÜBRI-GENS, DU HAST EBEN HAUSHOCH VERLO-REN.

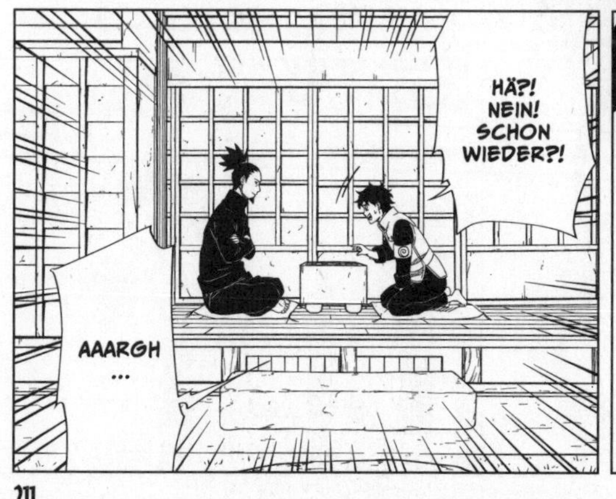
HÄ?! NEIN! SCHON WIEDER?!
AAARGH ...

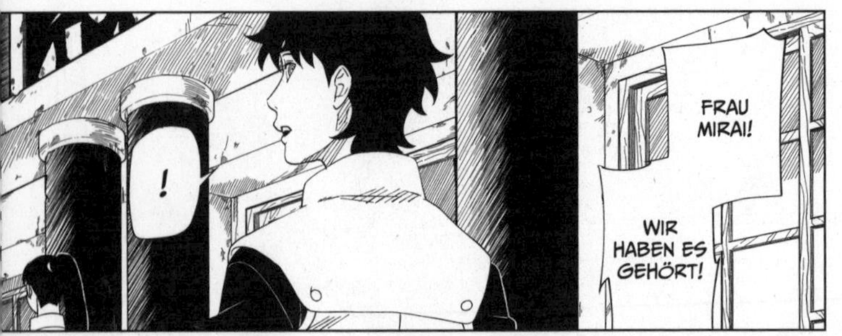
FRAU MIRAI!
WIR HABEN ES GEHÖRT!
!

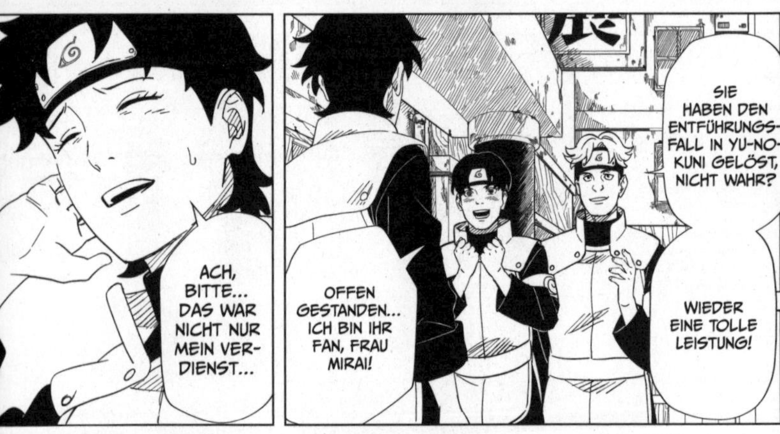
SIE HABEN DEN ENTFÜHRUNGS-FALL IN YU-NO-KUNI GELÖST, NICHT WAHR?
WIEDER EINE TOLLE LEISTUNG!
OFFEN GESTANDEN... ICH BIN IHR FAN, FRAU MIRAI!
ACH, BITTE... DAS WAR NICHT NUR MEIN VER-DIENST...

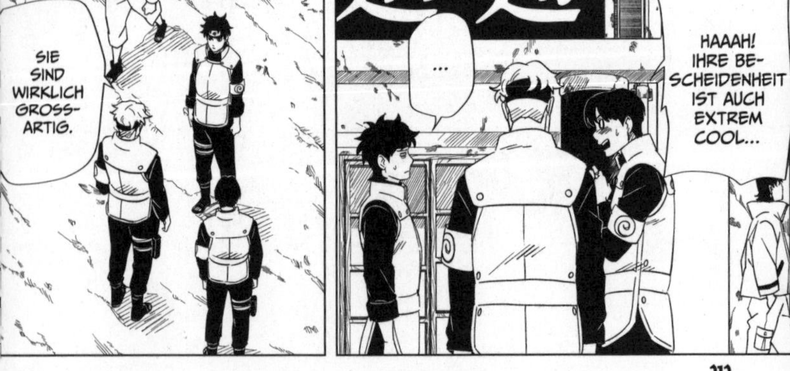
HAAAH! IHRE BE-SCHEIDENHEIT IST AUCH EXTREM COOL...
...
SIE SIND WIRKLICH GROSS-ARTIG.

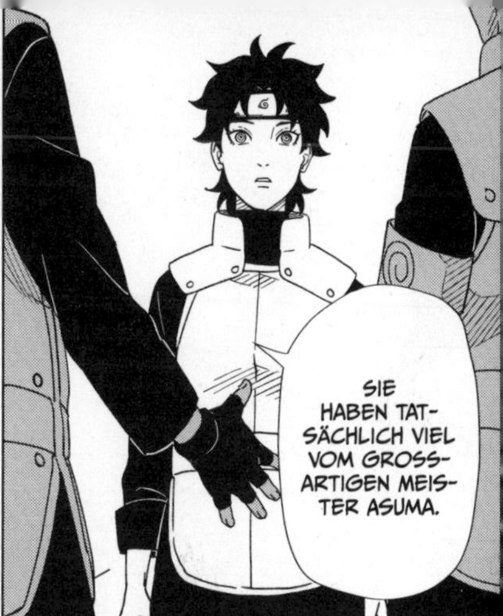
SIE HABEN TATSÄCHLICH VIEL VOM GROSSARTIGEN MEISTER ASUMA.

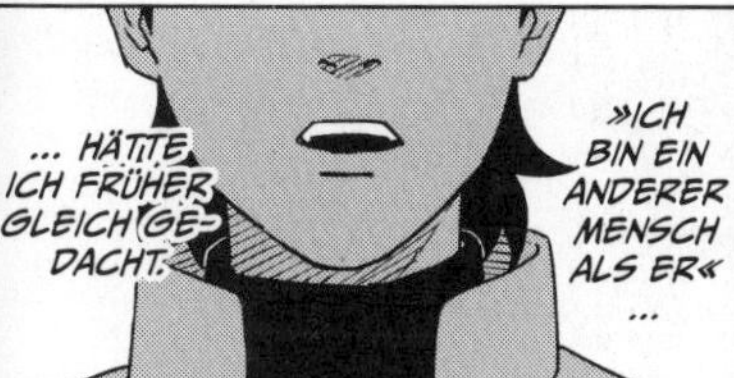
»ICH BIN EIN ANDERER MENSCH ALS ER« ...
... HÄTTE ICH FRÜHER GLEICH GEDACHT.

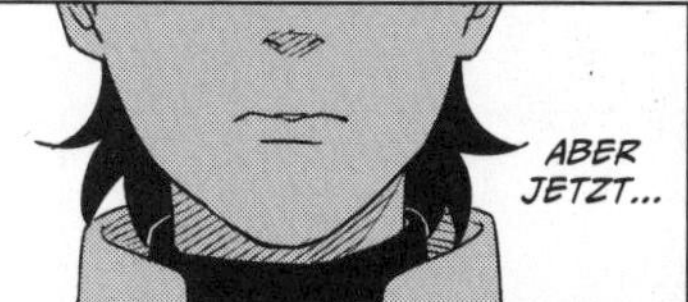
ABER JETZT...

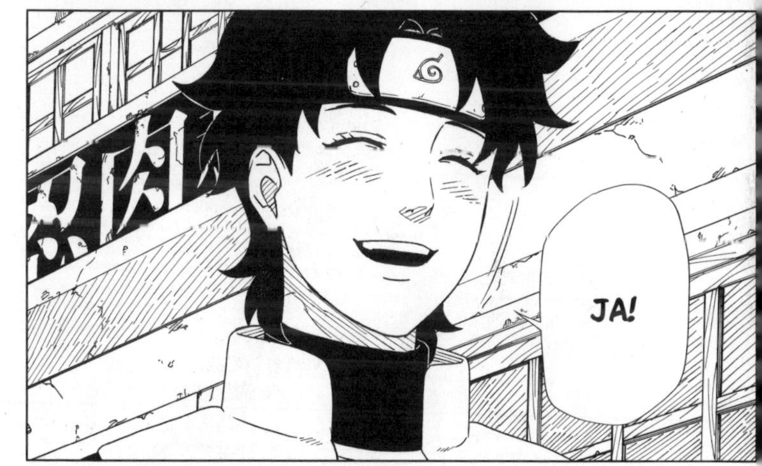
JA!

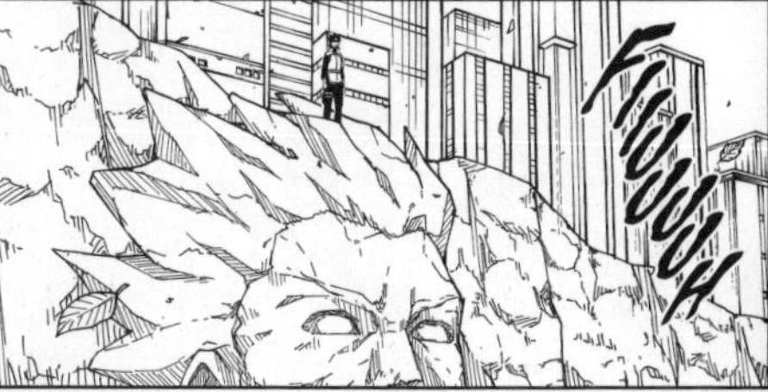
FIUUUUH

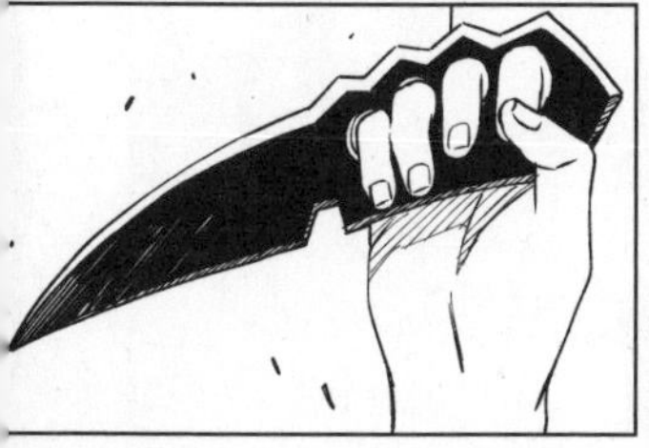

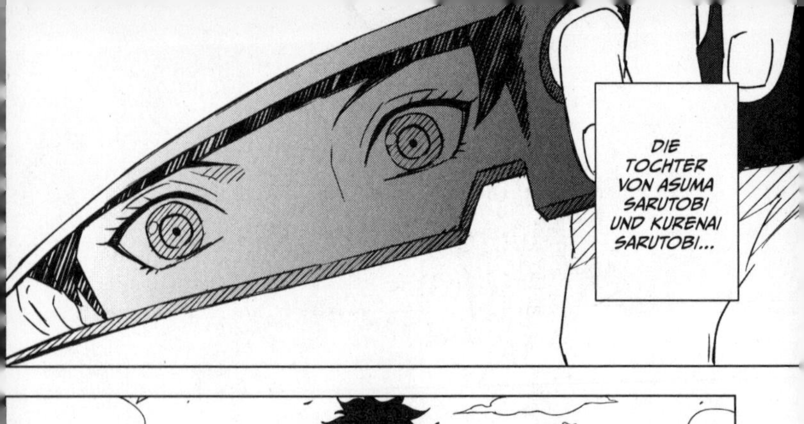

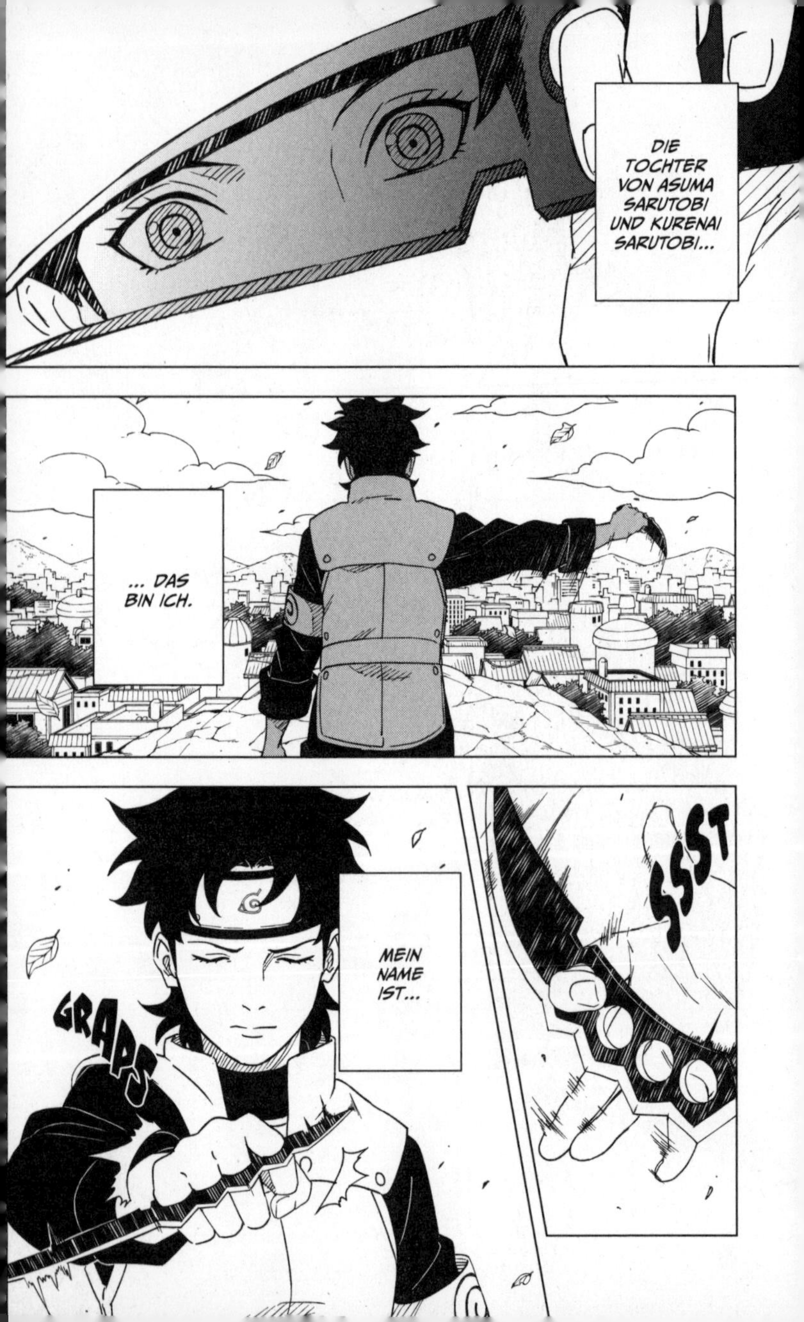

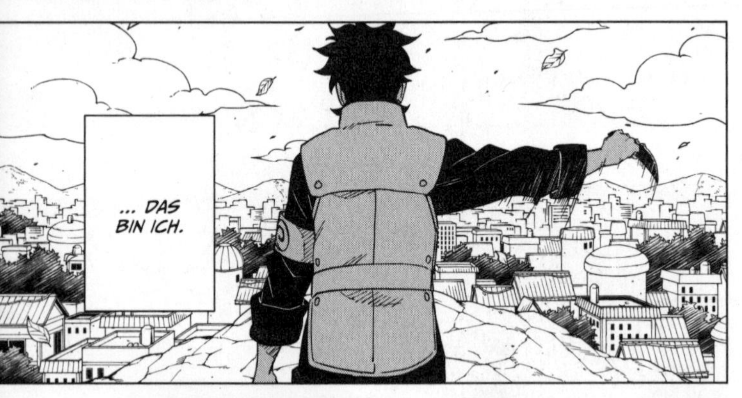

SSST

MEIN NAME IST...

GRAPS

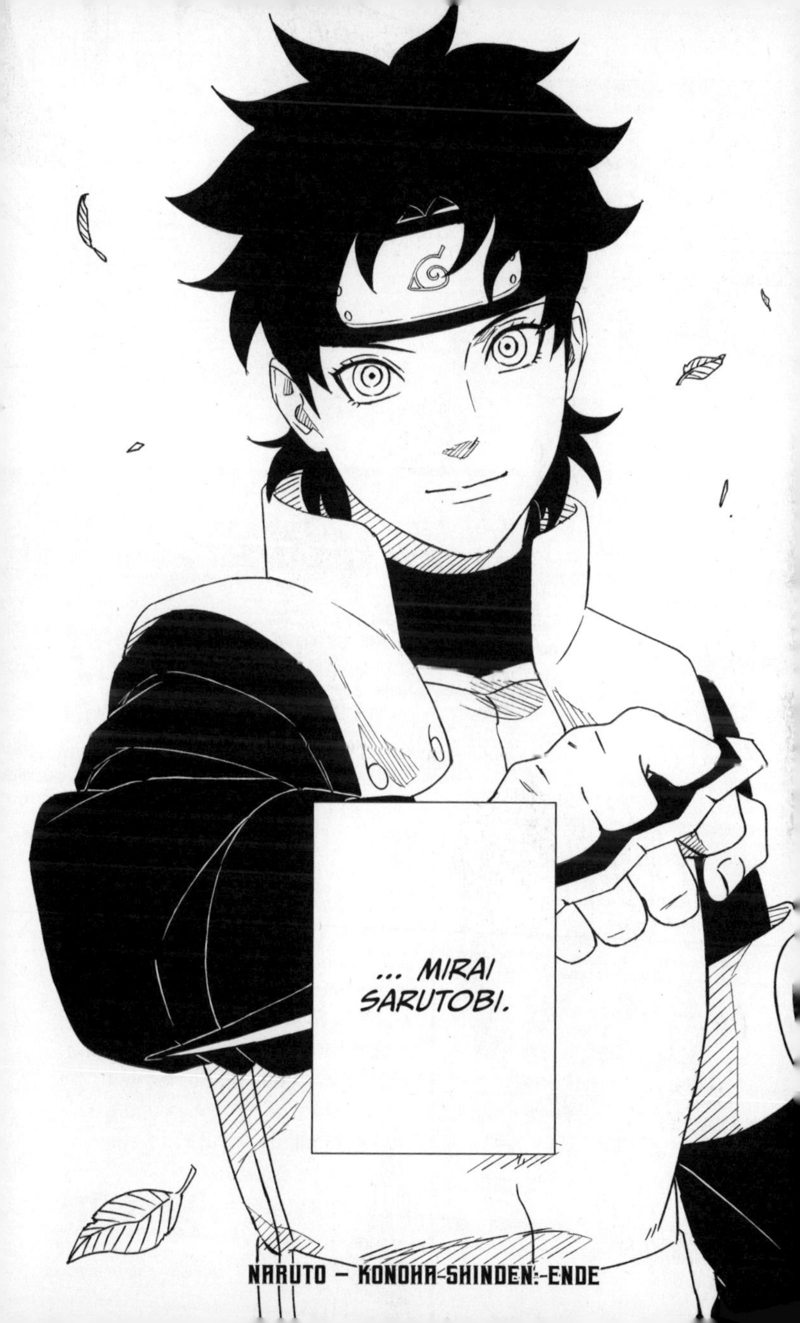
... MIRAI SARUTOBI.
NARUTO – KONOHA-SHINDEN: ENDE

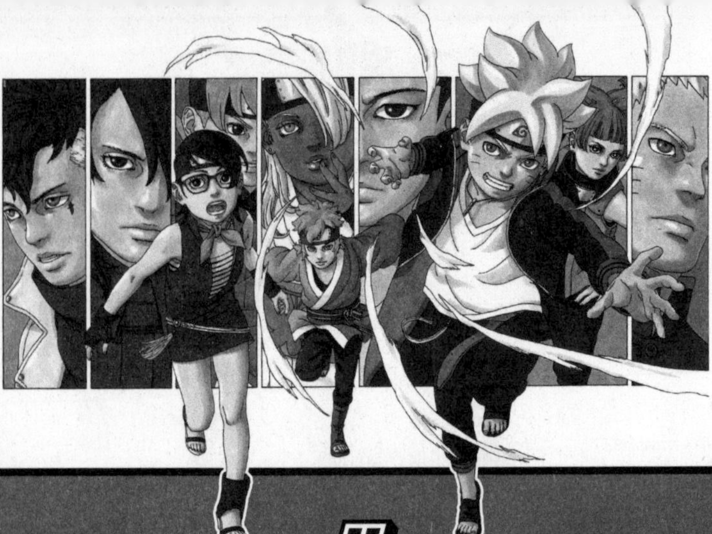

DIE NÄCHSTE NINJA-GENERATION!

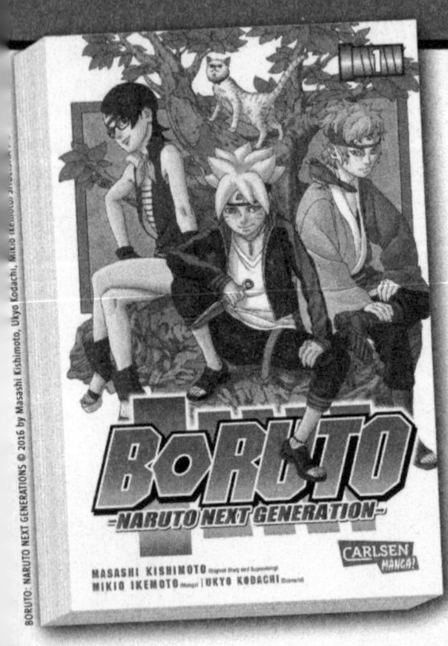

Naruto Uzumaki ist endlich Hokage und stolzer Vater von zwei Kindern. Sein Sohn Boruto gilt als Wunderkind und ist genauso rebellisch wie einst sein Vater. Boruto ist total genervt von seinem Vater, der nichts außer die Arbeit zu kennen scheint.
Er beschließt gegen die veraltete Denkweise der Ninja zu rebellieren und bittet Sasuke ihn zu trainieren, um ein besserer Ninja als Naruto zu werden ...

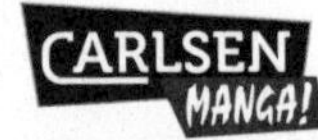

www.carlsenmanga.de

Comics

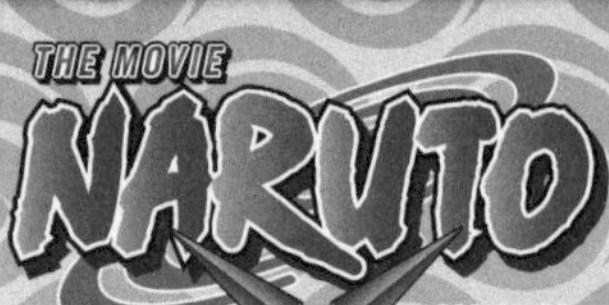
THE MOVIE
NARUTO
Original work by
MASASHI KISHIMOTO

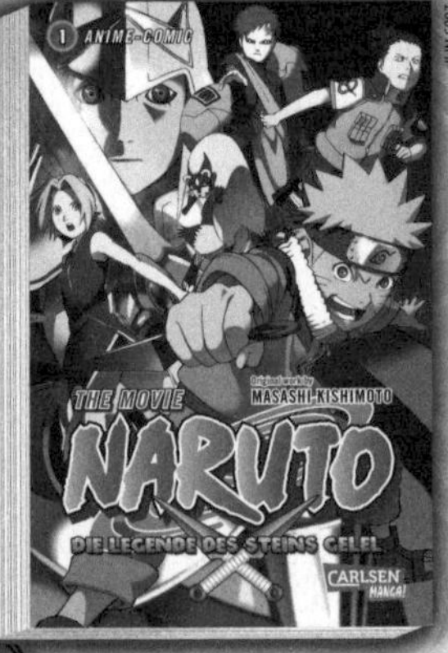
1 ANIME-COMIC
Original work by
MASASHI KISHIMOTO
THE MOVIE
NARUTO
DIE LEGENDE DES STEINS GELEL
CARLSEN MANGA!

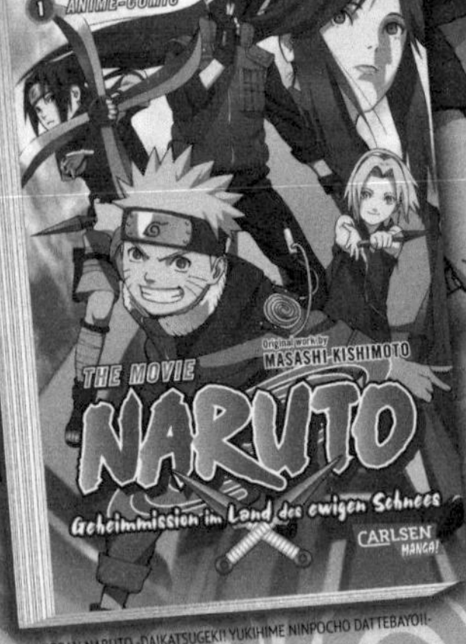
1 ANIME-COMIC
Original work by
MASASHI KISHIMOTO
THE MOVIE
NARUTO
Geheimmission im Land des ewigen Schnees
CARLSEN MANGA!

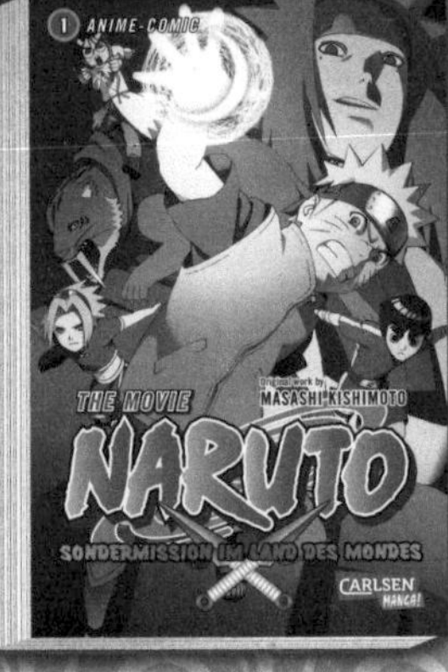
1 ANIME-COMIC
Original work by
MASASHI KISHIMOTO
THE MOVIE
NARUTO
SONDERMISSION IM LAND DES MONDES
CARLSEN MANGA!

ENTDECKE DIE WELT VON

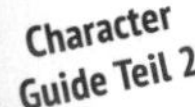

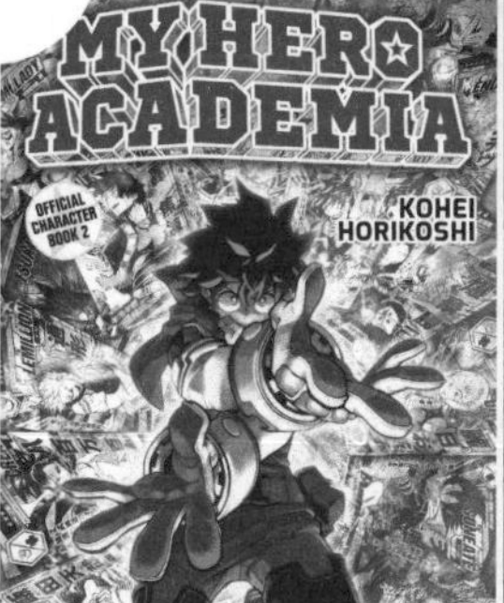

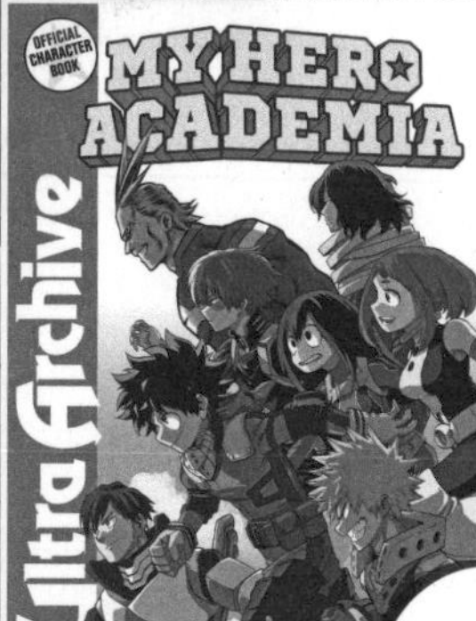

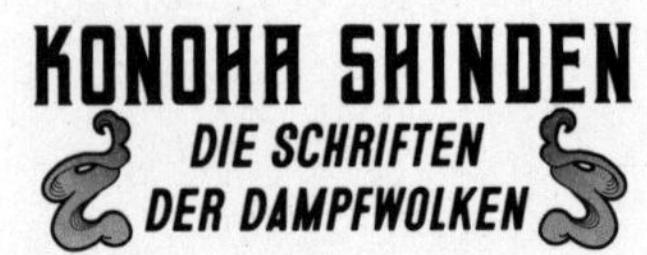
KONOHA SHINDEN
DIE SCHRIFTEN
DER DAMPFWOLKEN

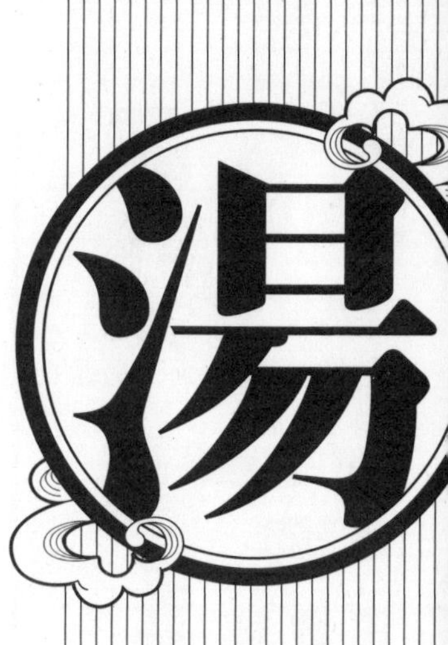

CARLSEN MANGA

Völckersstraße 14–20, 22765 Hamburg
Aus dem Japanischen von Miyuki Tsuji

Die Handlung dieser Geschichte ist frei erfunden. Ähnlichkeiten mit lebenden Personen, realen Organisationen oder Ereignissen sind rein zufällig und unbeabsichtigt.

Redaktion: Anne Berling
Textbearbeitung: Ina Schiele
Grafik: Sonnenfisch Productions – Laura Bartels
Produktionsmanagement: Wiebke Düsedau

ISBN: 978-3-551-80121-0

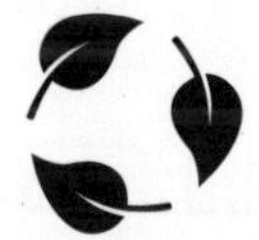

Wir produzieren nachhaltig

- Klimaneutrales Produkt
- Papiere aus nachhaltigen und kontrollierten Quellen
- Hergestellt in Europa

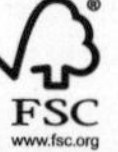

MIX
Papier | Fördert gute Waldnutzung
FSC® C083411

HALT!!!

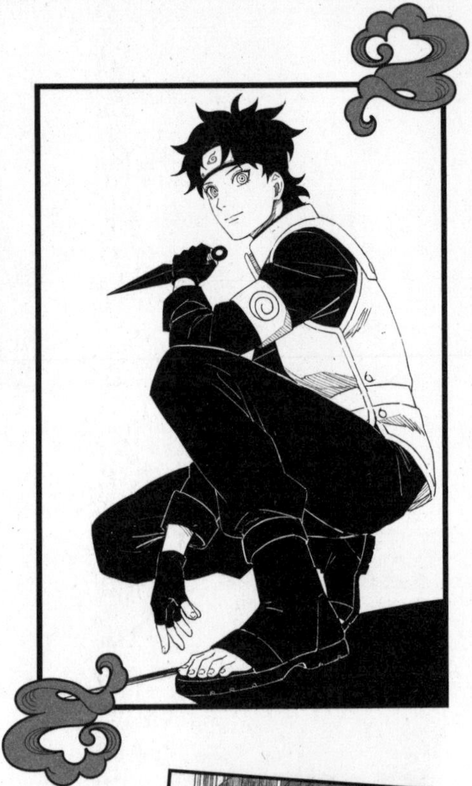

KONOHA SHINDEN

ist eine japanische Serie, die originalgetreu von »hinten« nach »vorne« und von rechts nach links gelesen wird! Schlagt das Taschenbuch also »hinten« auf und blättert Seite für Seite nach »vorne« weiter! Auch die Bilder und Sprechblasen auf jeder Seite werden von rechts oben nach links unten gelesen, wie es in der Grafik gezeigt wird! Auf ins Gefecht!

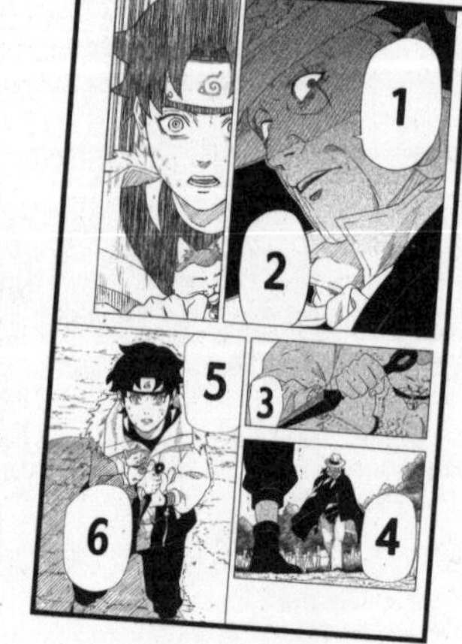